Der Begriff Pädagogik bezeichnet sowohl die Wissenschaft von der Erziehung von Kindern und Erwachsenen als auch die entsprechende Praxis – eine Kunst, die nur wenige intuitiv beherrschen, eine Kunst, die dem Wandel der Gesellschaft und Moden unterworfen ist und somit immer wieder neu interpretiert werden kann und muss.

Aus diesem Grund ist es sinnvoll, wenn das vorliegende Buch einen ersten Schwerpunkt in der Darstellung der Geschichte des Erziehungsdenkens von der Antike bis heute setzt, und zwar deswegen, weil Pädagogen immer wieder an vorangegangene Konzepte anknüpfen, sei es, weil sie Teile davon weiterentwickeln, sei es, weil sie in kritischer Auseinandersetzung mit ihren Vorgängern neue Lösungen für alte Problemstellungen suchen.

Darauf baut als zweiter Schwerpunkt der systematische Teil auf, der die Grundlagen der Erziehung wie die Anthropologie oder die Entwicklungspsychologie, die theoretischen Modelle und Richtungen wie die Genderforschung oder die interkulturelle Pädagogik sowie die einzelnen Methoden, die in der Pädagogik zur Anwendung kommen, beinhaltet.

Den Abschluss bildet eine Einführung in die Teildisziplinen; so werden z. B. die Sonderpädagogik, die Sozialpädagogik oder die Erwachsenenbildung ausführlich vorgestellt.

Der Veranschaulichung des Textes dienen die ganzseitigen Farbgrafiken, die das Geschriebene zusätzlich auch ergänzen oder vertiefen können, denn schon die antike Pädagogik wusste, dass Visualisierung eine Möglichkeit ist, Informationen zu verfestigen.

Franz-Peter Burkard, geb. 1958, studierte Philosophie, Pädagogik und Religionswissenschaft in Würzburg und Tübingen. Er lehrt als Professor für Philosophie und Religionswissenschaft an der Universität Würzburg. Veröffentlichungen zur Anthropologie, Ethik, Kulturphilosophie und Religionsethnologie.

Axel Weiß, geb. 1958, ist Pädagoge und Grafiker. Er arbeitet seit 1985 als freier Sachbuchillustrator und Autor von Jugendbüchern sowie seit 2003 auch als Lehrer für Kunst und Sozialpraktische Grundbildung am Gymnasium Wiesentheid. 1993 wurde er in Verona mit dem ›Premio Internazionale Felice Feliciano‹ für die Gestaltung des ›dtv-Atlas Philosophie‹ ausgezeichnet.
Weitere Informationen: www.weiss-haenitsch.de

In der Reihe ›dtv-Atlas‹ sind bisher erschienen:

Weitere dtv-Atlanten sind in Vorbereitung

Franz-Peter Burkard/Axel Weiß

dtv-Atlas Pädagogik

Mit 112 Abbildungsseiten in Farbe

Grafische Gestaltung der Abbildungen
Axel Weiß

Deutscher Taschenbuch Verlag

Originalausgabe
1. Auflage Dezember 2008
Dieses Werk ist urheberrechtlich geschützt. Sämtliche,
auch auszugsweise Verwertungen bleiben vorbehalten.
© 2008 Deutscher Taschenbuch Verlag GmbH & Co. KG, München
www.dtv.de
Umschlagkonzept: Balk & Brumshagen
Umschlagfoto: Corbis/Françoise Gervais
Gesamtherstellung: Firmengruppe APPL, aprinta druck, Wemding
Printed in Germany · ISBN 978-3-423-03327-5

Vorwort

Der ›dtv-Atlas Pädagogik‹ wendet sich an alle, die im Studium, in zahlreichen Berufsfeldern oder als Eltern mit pädagogischen Fragen befasst sind oder einfach am Aufbau und der Entwicklung des Bildungswesens interessiert sind.

Er behandelt sowohl die Geschichte der Pädagogik als auch ihre systematischen Grundlagen, Theoriekonzepte und Einzeldisziplinen. Dabei wurde mit Bedacht der geschichtlichen Darstellung mehr Platz eingeräumt, weil die Geschichte der Pädagogik in vielen neueren Einführungen kaum oder nur ab der Aufklärung behandelt wird. Gerade aber die Beschäftigung mit der Geschichte des Erziehungsdenkens erscheint dringend notwendig, um zu vermeiden, dass ein bereits erreichter Problemstand vergessen und längst erkannte Irrwege wieder begangen werden.

Der zur Verfügung stehende Platz erzwingt strenge Auswahl und knappe Darstellung, was durch den Vorteil der Übersichtlichkeit und Konzentration auf das Wesentliche aufgewogen wird.

Die Tafelseiten sollen den Text veranschaulichen, ergänzen oder einen zusammenfassenden Überblick bieten. Dass die »Doppelcodierung« von Inhalten durch Sprache und Bild zu einer erhöhten Aufmerksamkeit und besseren Erinnerung beiträgt, war schon der antiken Pädagogik bekannt. Die Verfasser hoffen aber auch, dass der Betrachter das Bild als eigenes Medium schätzt und sich von ihm zur Vertiefung und zu (kritischem) Weiterdenken anregen lässt.

Unser Dank gilt Frau Anna Coseriu vom Deutschen Taschenbuch Verlag und Frau Kathrin Kurz für ihr großes Engagement bei der Betreuung des Atlas.

Würzburg, im Mai 2008 Die Verfasser

Inhalt

■ **Methoden**

■ **Teildisziplinen**

Abkürzungsverzeichnis

Abkürzungen, bei denen nur -isch oder -ich zu ergänzen ist, sind hier zumeist nicht aufgeführt, z. B. histor., ökonom. oder unterschiedl., staatl.

Abb.	Abbildung	i. d. R.	in der Regel
arab.	arabisch	ital.	italienisch
Aufl.	Auflage	Jh.	Jahrhundert
Ausg.	Ausgabe	kath.	katholisch
Bd.	Band	lat.	lateinisch
Bde.	Bände	Lj.	Lebensjahr
bearb.	bearbeitet	NA	Neuauflage
begr.	begründet	n. S.	nächste Seite
bes.	besonders, beson-	o. g.	oben genannt
	derer	o. J.	ohne Jahr
Bsp.	Beispiel	pädagog.	pädagogisch
bzgl.	bezüglich	polit.	politisch
bzw.	beziehungsweise	röm.	römisch
ca.	circa	S.	Seite
d. h.	das heißt	s.	siehe
dt.	deutsch	s. a.	siehe auch
ebd.	ebenda	sog.	so genannt
engl.	englisch	u.	und
erg.	ergänzt	u. a.	und andere; unter
ev.	evangelisch		anderem
f.	folgende	übers.	übersetzt
Fak.	Fakultät	u. ö.	und öfter
ff.	fortfolgende	urspr.	ursprünglich
franz., frz.	französisch	usw.	und so weiter
geb.	geboren	u. U.	unter Umständen
gegr.	gegründet	v.	von
ggf.	gegebenenfalls	v. a.	vor allem
gr., griech.	griechisch	v. Chr.	vor Christus
Hg.	Herausgeber(in)	z. B.	zum Beispiel
hg.	herausgegeben	z. T.	zum Teil
i. Allg.	im Allgemeinen	zw.	zwischen

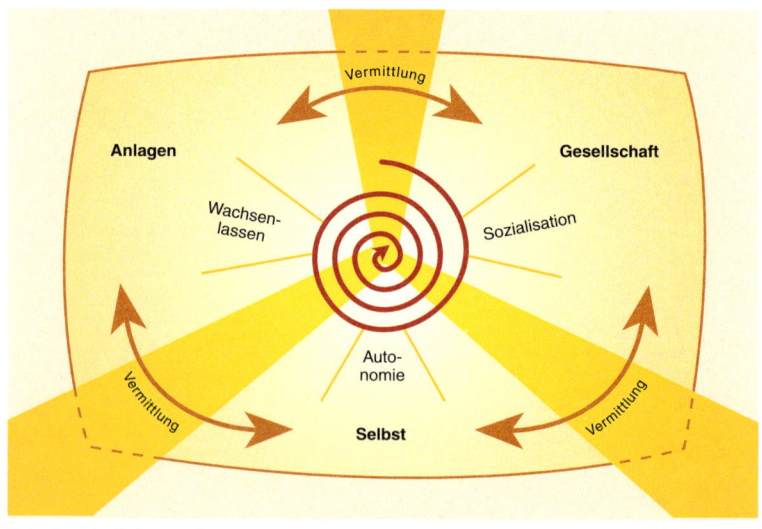

Ägypten: Musikunterricht

China: Schreibunterricht

Griechenland: ›Schale des Duris‹

A Schulszenen aus frühen Hochkulturen

Anlagen

Gesellschaft

Vermittlung

Wachsen-
lassen

Sozialisation

Auto-
nomie

Vermittlung

Vermittlung

Selbst

B Anthropologische Aspekte und Aufgaben der Pädagogik

In frühen Zeiten vollzieht sich Erziehung als unmittelbare Teilhabe an der Lebenswelt der Erwachsenen. Als eigener Kulturbereich, mit für diese Aufgabe betrauten Spezialisten, etabliert sich Pädagogik erst in gesellschaftl. differenzierten Hochkulturen (A).

> **Pädagogik,** von gr. *paidagōgikē téchnē* 'Knabenführungskunst', bezeichnet die Wissenschaft der Erziehung von Kindern und Erwachsenen.

Die Zunahme an Wissen und techn. Fertigkeiten, eine arbeitsteilige Gesellschaft und die Notwendigkeit, die jüngere Generation auf vielfältige öffentl. Aufgaben vorzubereiten, bedingen die Entstehung einer *institutionalisierten* und *professionellen* Erziehung.

Im Abendland vollzieht sich diese Entwicklung in der **griechischen Antike.** Sie wird bereits begleitet von einer theoret. Reflexion über Voraussetzungen, Methoden und Ziele der Pädagogik (z. B. bei Platon, Aristoteles), die aber im Rahmen anderer Disziplinen stattfindet, v. a. der Philosophie und später auch der Theologie. Dennoch gibt es lange Zeit weder eine institutionalisierte Bildung für alle, noch gewinnt Pädagogik den Status einer eigenständigen Wissenschaft.

Dies ändert sich erst im Zeitalter der **Aufklärung.** Hier treffen zwei widerstreitende und doch sich gegenseitig bedingende Entwicklungsstränge aufeinander:
- Einerseits die Betonung der *Freiheit* und *Mündigkeit* des Individuums. »Wage selbst zu denken« ist der Wahlspruch der Aufklärung, verbunden mit der Forderung nach Emanzipation aus ständischer und kirchlicher Bevormundung. Dieses Programm verlangt eine umfassende Bildung für *alle* und die Entfaltung und Förderung der *individuellen* Fähigkeiten.
- Andererseits als Kehrseite des Glaubens an die Vernunft ihre *Instrumentalisierung* in Form der Herrschaft des Menschen über die Natur und damit über sich selbst. Pädagogik wird zum Instrument, mit dem der Mensch brauchbar werden soll für die Anforderungen der Gesellschaft.

Während zuvor Erziehung eine Angelegenheit privater oder kirchlicher Initiative war, beginnt nun der Aufbau eines staatlich kontrollierten Schulwesens. Zum einen bedurfte das zentral organisierte und mit immer mehr Aufgaben betraute Staatswesen einer gebildeten Beamtenschaft, zum anderen verlangte auch die allmählich beginnende Industrialisierung immer mehr qualifizierte Arbeitskräfte.

Der damit erreichte Problemstand für die pädagog. **Zielsetzung** ist bis in die Gegenwart bestimmend:

Ist Erziehung und Bildung primär dem *Individuum,* der Entfaltung seiner Anlagen um seiner selbst willen verpflichtet oder der *Gesellschaft* und deren Interesse an der Ausbildung für ihre Aufgaben und der Sozialisierung in ihr Normensystem?

Die Beantwortung dieser Frage ist, will man sie nicht bloß pragmatisch lösen, abhängig vom zugrunde liegenden **Menschenbild:** Anthropolog. kann der Mensch verstanden werden als Werk der *Natur,* als Werk der *Gesellschaft* oder als Werk *seiner selbst.*

Primär auf einen dieser Aspekte ausgerichtete pädagog. Konzepte sehen dann Erziehung als *Wachsenlassen* innerer Anlagen, als planbare *Sozialisation* oder als Förderung der eigenen Autonomie, d. h. der eigenverantwortlichen *Selbsttätigkeit* (B). Alle drei Aspekte haben anthropolog. gesehen ihre Gültigkeit, was die Pädagogik vor die – nicht harmonisch zu lösende – Aufgabe ihrer **praktischen Vermittlung** stellt:
- Der Mensch entwickelt sich nicht von selbst zu einem Kulturwesen. Die ihm innewohnenden *Potenziale* müssen geweckt und gefördert werden, zugleich bedeutet jede bestimmte Förderung eine Entscheidung, die Ziele vorgibt und andere Möglichkeiten begrenzt.
- Der Mensch ist ein *soziales Wesen* und kann nur im Rahmen einer Gesellschaft und Kultur seine Möglichkeiten realisieren. Dazu gehört auch das Eingebundensein in moral. Verbindlichkeiten. Insofern hat Pädagogik eine sozialisierende Funktion. Andererseits muss sie aber ihr letztes Ziel darin haben, den Menschen zu befähigen, seine eigene Lebensform gemäß seinen bes. Fähigkeiten zu finden.
- Emanzipation und *Autonomie* als Ziel der Pädagogik ist mit dem Paradox konfrontiert, dass Erziehung lange nur innerhalb einer ungleichen Beziehung (Eltern, Lehrer) stattfinden kann. Bildung jedoch kann letztlich nicht von außen bewirkt, sondern nur von der Person selbst geleistet werden.

Die genuin pädagog. Aufgabe wurzelt in drei **Fragestellungen:**
1. Was *ist* der Mensch? In dieser Frage ist der Bezug zur Anthropologie, Psychologie und Soziologie enthalten.
2. Was *soll* der Mensch sein? Damit auf die Ethik verwiesen.
3. *Wie* kann der Mensch zu diesen Zielen erzogen werden? Hieraus ergeben sich wiederum Bezugspunkte zur Psychologie, Soziologie und Politik.

Die beiden ersten Fragen sind voneinander getrennt zu beantworten. Durch seine anthropolog. »*Nichtfestgestelltheit*« ist sein Sein offen für unabsehbare Möglichkeiten. Umgekehrt zeigt erst im Licht des Sollens die Spannbreite des Seins. Ebenso ist auch das »Wie?« nicht von den anderen Fragen zu trennen, weil nicht alle Erziehungsmittel angemessen oder ethisch erlaubt sind.

Systematische Pädagogik
Historische Pädagogik
Spezielle Pädagogik
Philosophie
Psychologie
Soziologie
der Erziehung
Theoretische Modelle
Methoden
Sonder-pädagogik
Sozial-pädagogik
Schul-pädagogik
Geistigbehinderten-Pädagogik
Erwachsenen-bildung
Theorie der Schule
Körperbehinderten-Pädagogik
Medien-pädagogik
Didaktik
Lernbehinderten-Pädagogik
Berufs-pädagogik
Fach-didaktik
...
...
...

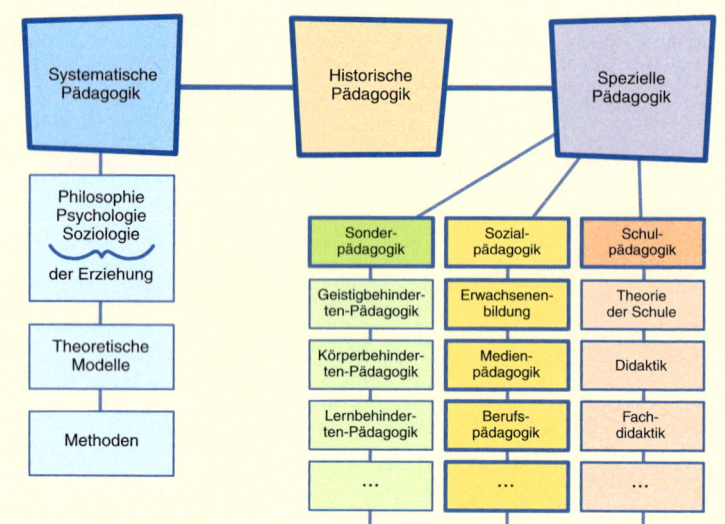

A Disziplinen der Pädagogik

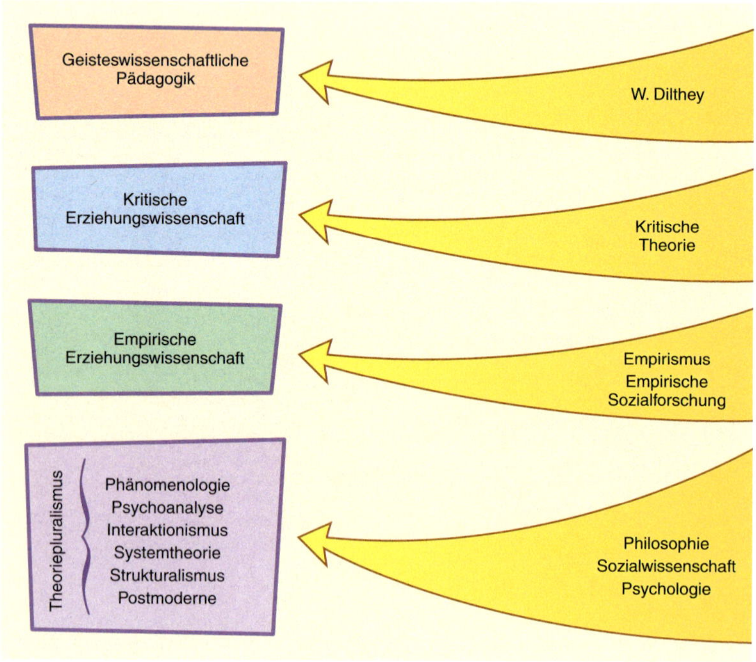

Geisteswissenschaftliche Pädagogik
W. Dilthey
Kritische Erziehungswissenschaft
Kritische Theorie
Empirische Erziehungswissenschaft
Empirismus
Empirische Sozialforschung
Theoriepluralismus
Phänomenologie
Psychoanalyse
Interaktionismus
Systemtheorie
Strukturalismus
Postmoderne
Philosophie
Sozialwissenschaft
Psychologie

B Theorieansätze

Frühe Anfänge der Begründung einer Pädagogik als *eigenständiger Disziplin* finden sich bereits in der Antike bei den Sophisten. Der Beginn einer nachhaltig systemat. Ausarbeitung ist erst im 18./19. Jh. anzusetzen (Herbart, Schleiermacher). Der erste dt. Lehrstuhl wurde Ende des 18. Jh. in Halle eingerichtet.

Die **Wissenschaftsgeschichte** der Pädagogik ist gekennzeichnet durch die Rezeption theoret. Konzepte und Methoden aus anderen Fachgebieten, die sie in Bezug auf ihre eigenen Fragestellungen verarbeitet und weiterentwickelt hat.

Innerhalb der **Bereiche** der Pädagogik lassen sich auf der obersten Ebene unterscheiden (A):

Historische Pädagogik (Geschichte der Pädagogen, Theorien und Bildungswirklichkeit), *Systematische Pädagogik* (Wissenschaftstheorie, interdisziplinäre Grundlagen der Erziehung, Theoriebildung, Methoden) und *Spezielle Pädagogik* (einzelne Teilbereiche wie Sonderpädagogik, Erwachsenenbildung, Schulpädagogik).

Die **Historische Pädagogik** bedient sich hermeneut., philolog. und sozialwissenschaftl. Methoden, um die Geschichte des Erziehungsdenkens und der Erziehungswirklichkeit zu rekonstruieren und für heutige Problemstellungen fruchtbar zu machen.

Damit liefert sie auch wichtiges Material, auf dem die Systematische Pädagogik aufbauen kann. Ohne histor. Bewusstsein besteht die Gefahr, hinter den bereits erreichten Wissensstand zurückzufallen und gegebenenfalls »Irrwege« zu wiederholen. Indem die Historische Pädagogik die Abhängigkeit von Erziehungswirklichkeit und -theorie vom soziokulturellen Kontext aufzeigt, schärft sie auch das kritische Bewusstsein gegenüber jeweils aktuellen Konzepten.

Die **Systematische Pädagogik** klärt die wissenschaftl. Grundlagen des Fachs von verschiedenen Seiten her.

Zunächst muss sich ein angemessenes Bild vom »Gegenstand« des Fachs, dem Menschen in seiner Bildungsfähigkeit, machen. Dafür ist eine **interdisziplinäre Zusammenarbeit** mit anderen Wissenschaften, bes. der Philosophie (Wissenschaftstheorie, Anthropologie, Ethik), Psychologie und Soziologie erforderlich:
- Die *Philosophie* dient der Klärung der Grundlagen pädagog. Theoriebildung, des leitenden Menschenbildes, der anthropolog. Möglichkeiten und Grenzen der Erziehung, der Ziele pädagog. Handelns.
- Die *Psychologie* beschreibt die Entwicklungsphasen des Kindes, auf die das erzie-

herische Handeln entsprechend eingestellt werden muss, und entwirft lerntheoret. Modelle, die dem besseren Verständnis von Lehr- und Lernprozessen dienen.
- Die *Soziologie* betrachtet den Menschen als gesellschaftl. Wesen, das durch sein soziokulturelles Umfeld geprägt wird. Untersucht werden die Rahmenbedingungen dieser Sozialisation, lebensweltliche Interaktionen und der Einfluss der Gesellschaft auf die Identitätsbildung.

Aussagen über Funktion, Ziele und Mittel der Erziehung liegen **theoretische Modelle** (B) zugrunde. Drei Richtungen sind in der jüngeren Zeit bes. wirksam geworden:

1. Im Anschluss an W. Dilthey war bis in die 50er Jahre des 20. Jh. in Deutschland die *geisteswissenschaftliche Pädagogik* führend. Über die Interpretation der Ausdrucksformen erzieherischer Theorie und Praxis soll ein vertieftes Selbstverständnis der Pädagogik ermöglicht werden, das Aussagen über Grundlagen, Ziele und Mittel zulässt.

2. Die *kritisch-konstruktive Erziehungswissenschaft* verweist auf die Notwendigkeit der kritischen Analyse des sozialen Bedingungen pädagog. Handelns und Denkens. Ihr geht es um Emanzipation des Individuums und die Veränderung der gesellschaftl. Praxis.

3. Die *empirisch-analytische Erziehungswissenschaft* will mit Hilfe standardisierter, überprüfbarer Verfahren zu objektiven Ergebnissen gelangen, die nicht von subjektiv-normativen Voraussetzungen und Vorgehensweisen abhängig sein sollen.

Daneben gibt es heute eine *Vielzahl von Konzepten,* die sich unterschiedl. philosoph. und sozialwissenschaftl. Richtungen anschließen (z. B. Phänomenologie, Interaktionismus, Postmoderne).

Ebenso findet sich eine Vielfalt von **Methoden,** die in der Pädagogik zur Anwendung kommen können:

Neben der klassisch *hermeneutischen* Vorgehensweise kommen heute v. a. Methoden der *empirischen Sozialforschung* zum Einsatz, sowohl in ihrer quantitativen (auf messbaren Größen basierenden) als auch qualitativen (Bedeutungen rekonstruierenden) Ausrichtung.

Der Gesamtbereich der Pädagogik ist weiterhin in eine Vielzahl spezieller Teildisziplinen aufgegliedert, die unter dem Begriff **Spezielle Pädagogik** zusammengefasst werden. Sie ergeben sich aus den bes. Anforderungen des Aufgabengebietes, speziellen Methoden und der Zusammenarbeit mit anderen Fächern, z. B. Medizin, Wirtschaft, Medienwissenschaft.

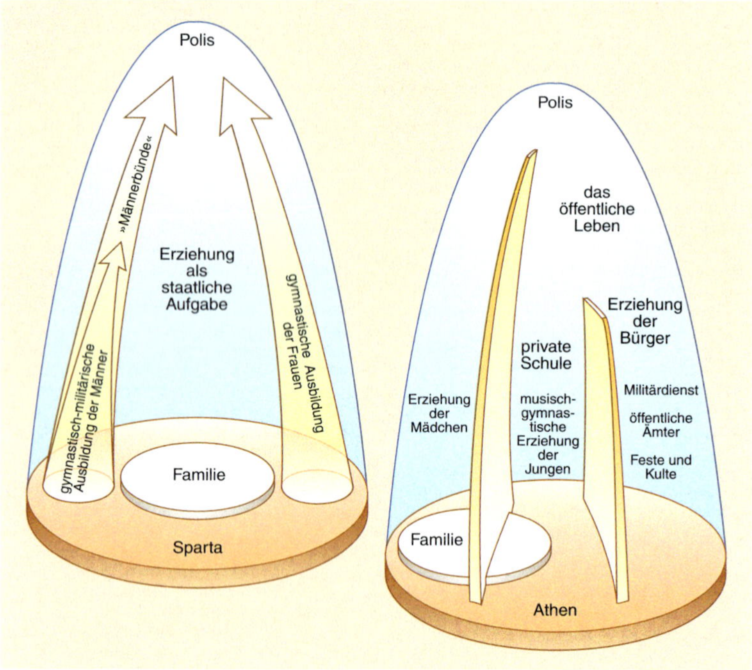

A   Erziehung in Sparta und Athen

Sparta

Polis

Erziehung als staatliche Aufgabe

»Männerbünde«

gymnastisch-militärische Ausbildung der Männer

gymnastische Ausbildung der Frauen

Familie

Athen

Polis

das öffentliche Leben

Erziehung der Bürger

Erziehung der Mädchen

private Schule

musisch-gymnastische Erziehung der Jungen

Militärdienst

öffentliche Ämter

Feste und Kulte

Familie

B   Formung der Seele

Das rechte Maß

Harmonie der Seele

Rhythmus

Bewegung

Sprache

Handeln

Die Erziehung in der **griechischen Frühzeit** (bis zum 5. Jh. v. Chr.) ist geprägt von der *aristokratischen Gesellschaftsordnung.* Die mit der Zugehörigkeit zur Adelsschicht verbundenen Anforderungen verlangen eine Ausbildung v. a. in zwei Richtungen: die *gymnastische* Bildung im Hinblick auf die Kriegsführung und den höfischen Wettkampf, die *musische* für das gesellschaftl. Leben bei Hof.

Das Selbstverständnis der Adelsgesellschaft drückt sich im Begriff der *aretē* aus, dessen Bedeutung zu dieser Zeit sich am ehesten mit den ritterl. Tugenden vergleichen lässt.

> Arete ist die durch Übung zu vervollkommnende, vorbildliche Leistung aufgrund eines angeborenen Vermögens.

Die Zusammengehörigkeit von gymnastischer und musischer Bildung mit dem sittlichen Ziel der vollendeten Arete ist ein bleibender Grundzug des griech. Bildungsgedankens.

Er findet seinen Ausdruck im Ideal der **Kalokagathie,** der Harmonie des Schönen und Guten (gr. *kalos kai agathos* 'schön und gut').

Greifbar ist das Leben dieser altgriech. Adelskultur im Werk Homers (um 800 v. Chr.). Seine Epen sind aber nicht nur Dokumentation, sondern werden selbst zum Lehrbuch der griech. Jugenderziehung schlechthin.

Für die **klassische Zeit** (5./4. Jh. v. Chr.) wird das neue polit. Selbstverständnis der griech. Stadtstaaten maßgebend.

Die **Polis** als Gemeinschaft der (freien) Bürger verlangt von allen die Übernahme von Verantwortung für den Staat, weshalb ein polit. Interesse an der Erziehung des Einzelnen besteht, der seine gemeinschaftl. Aufgaben wahrnehmen können soll.

Sparta und Athen repräsentieren zwei verschiedene Typen der griech. Polis (A):

In **Sparta** herrscht eine kleine Oberschicht, deren Leben ganz auf die Staatsgeschäfte und die Kriegsführung ausgerichtet ist.

Der einzelne Bürger wird völlig in den Dienst des Staatswesens gestellt, dessen Organisation v. a. der militär. Leistungsfähigkeit dient. Dementsprechend ist die Erziehung eine *öffentliche* Angelegenheit. Die Kinder bleiben nur bis zum Alter von sechs Jahren in der Familie, danach leben die Jungen bis zum 30. Lebensjahr in öffentl. Anstalten, wo sie durch die *gymnastische* Ausbildung (ergänzt durch Musik und Tanz) für den Wehrdienst erzogen werden. Auch die Mädchen erhalten eine staatl. gymnastische Bildung und nehmen, anders als in Athen, am öffentl. Leben teil.

In **Athen** schlagen sich dagegen die freiheitlich-demokrat. Verfassung und die weitläufigen Handelsbeziehungen in einem vielfältigeren Erziehungsgeschehen nieder.

Zwar wird auch in Athen für die Polis erzogen, aber dieses Erziehungsziel verwirklicht sich in der umfassenden Entfaltung der *sittlich-geistigen Vermögen,* die eines freien Bürgers würdig sind.

Die *musisch-gymnastische* Erziehung ist vom siebten Lebensjahr an für die Jungen Pflicht, die zu privaten Lehrern in die Schule gehen. Was die zu Hause bleibenden Mädchen lernen, hängt von den jeweiligen Familien ab.

Der *musische* Unterricht beinhaltet Gesang, Spielen von Instrumenten und Tanz, weiterhin Lesen und Schreiben sowie die Lektüre der Werke Homers, Hesiods, Äsops und anderer. Die Beschäftigung mit der Literatur dient zugleich der Vermittlung von geschichtl., geograf. und naturkundl. Kenntnissen. Eine bes. Bedeutung kommt dem Auswendiglernen und dem Vortrag zu, da die Sprachmelodie als innerlich formend betrachtet wird.

Die Erziehung schließt im Alter von 18–20 Jahren mit der nun staatl. geleiteten gymnastisch-militär. Ausbildung der mündigen Männer (Epheben) ab.

Neben der schulische Erziehung tritt als bildende Kraft die *Teilnahme am öffentlichen Leben* der Polis. Jeder freie männliche Bürger ist verpflichtet, regelmäßig ein Amt zu übernehmen. Dies setzt nicht nur die schulische Bildung voraus, sondern verlangt Vertrautheit mit den rechtlich-polit. Grundsätzen der Gemeinschaft. Hinzu kommt die aktive Beteiligung an den öffentl. Festen und Kulten (als Sänger und Tänzer), die eine starke Integration in das gemeinschaftl. Ethos darstellen.

Grundzüge des griechischen Bildungsgedankens *(paideia)* sind:
- Der Wert des Maßes und der Angemessenheit im Denken und Handeln fordert Selbstdisziplin und bewusste Lebensführung *(sophrosyne).*
- Der Mensch vollendet sich nur in der staatl. Gemeinschaft. Erziehung geschieht daher für und durch die *Polis.*
- Ästhetische und ethische Formung *(Kalokagathie):* Das Gute und Schöne gründen in der Harmonie der Seele. Dem entspricht die Einheit der musisch-gymnastischen Bildung, da sich seelische Zustände im Körper ausdrücken und körperliche auf die Seele einwirken (psychophysische Wechselwirkung). (B)
- Die Bedeutung des Wettstreits *(agon),* durch den der Beste seine herausragende Arete unter Beweis stellt.

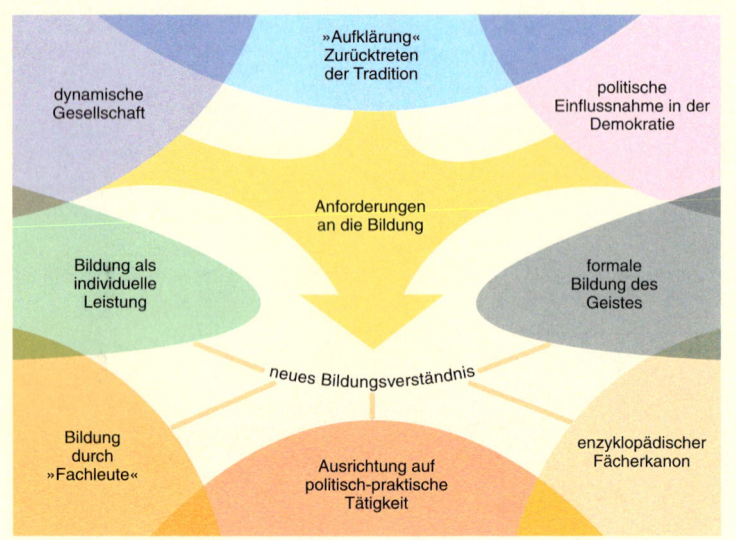

»Aufklärung«
Zurücktreten
der Tradition

dynamische
Gesellschaft

politische
Einflussnahme in der
Demokratie

Anforderungen
an die Bildung

Bildung als
individuelle
Leistung

formale
Bildung des
Geistes

neues Bildungsverständnis

Bildung
durch
»Fachleute«

Ausrichtung auf
politisch-praktische
Tätigkeit

enzyklopädischer
Fächerkanon

A Das Wirkungsfeld der Sophisten

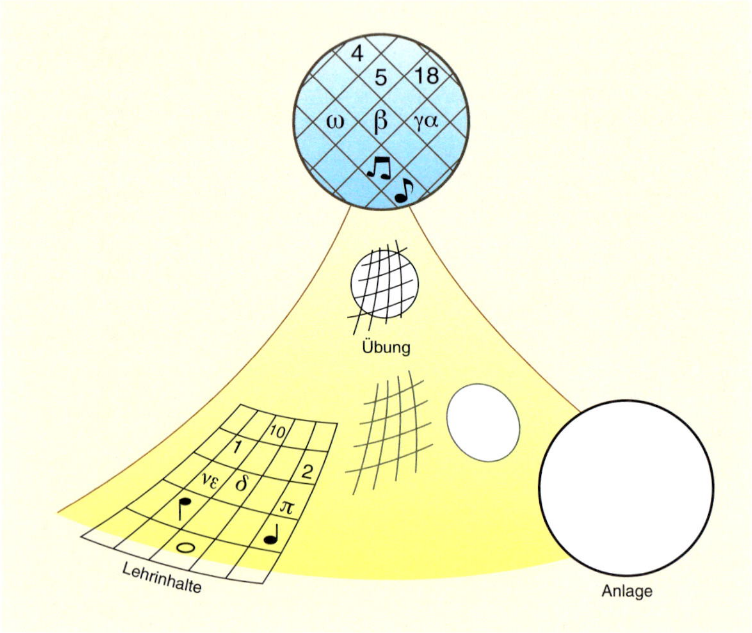

Übung

Lehrinhalte

Anlage

B Der pädagogische Ternar

Die ursprüngliche musisch-gymnastische Bildung beruhte auf Einübung, Vermittlung der Tradition und Hineinwachsen in die Gemeinschaft. Im Denken der **vorsokratischen Philosophen** (6.–5. Jh. v. Chr.) vollzieht sich die Herausbildung eines neuen Begriffs von Erkenntnis und damit von Bildung und Lernen:

Die **Vernunft** *(lógos)* wird als die Kraft zur Geltung gebracht, durch die das Individuum eigenständig Erkenntnis erlangen und sich von den überlieferten Autoritäten lösen kann.

Die alltägl. Erfahrung gilt als unsicher und zeigt nur die äußere Seite der Dinge, hinter der das Denken zu den Gründen vordringen muss. Die mythische Interpretation der Welt wird von einer rationalen Erklärung abgelöst.

Pythagoras (um 570 – um 500 v. Chr.) gründet in Unteritalien eine ordensähnliche Gemeinschaft von Lehrern und Schülern. Seine Philosophie sieht im Wesen der *Zahl* das Prinzip der Ordnung im Kosmos und der Erkennbarkeit ihrer Gesetzlichkeit.

Seine Schule verbindet eine religiös-ethisch geprägte Lebensweise (tägliche Selbstprüfung und Rechenschaft, Askese) mit systemat. Geistesarbeit, die der Katharsis von Körper und Seele dienen.

Lernen vollzieht sich aus eigener Kraft, als konzentrierte Schau *(theoría)* der geistigen Gegenstände.

Durch Pythagoras gelangen die **mathematischen Wissenschaften** (das spätere mittelalterl. Quadrivium) in den Lehrplan: Arithmetik, Geometrie, Astronomie und Musiktheorie.

Die Entdeckung der Reichweite der Vernunfterkenntnis ist eine Voraussetzung für das Wirken der **Sophisten** (»Lehrer der Weisheit«), die ihr eine *emanzipatorisch-aufklärerische* Wendung geben (A). Ab Mitte des 5. Jh. tauchen in den Stadtstaaten Wanderlehrer auf, die sich anbieten, gegen Honorar den Bürgern eine höhere Bildung zu vermitteln.

Der Hintergrund für den Erfolg der Sophisten ist in der gewandelten **gesellschaftspolitischen Situation** zu sehen:

Zum einen hat der gewachsene Wohlstand das Bedürfnis nach weiter gehender Bildung aufkommen lassen, zum anderen erweist sich ein überzeugendes rhetorisches Können bei Versammlungen und vor Gericht als Voraussetzung polit. Wirkens in der Demokratie.

Die **bildungsgeschichtliche Bedeutung** der Sophisten liegt darin, dass sie als Erste

• ausdrücklich die Bedingungen pädagog. Tuns reflektieren,
• Erziehung nicht mehr als Funktion der Gemeinschaft und Tradition verstehen,

sondern als frei gestaltetes und geplantes Werk eines professionellen Lehrers.

Die Sophisten wollen zwar weiterhin den Bürger zur Tauglichkeit für die Gesellschaft erziehen, aber deren Ordnung erscheint als eine kulturell bedingte, vom Menschen gemachte. Daher hängt es auch allein von den erworbenen Fähigkeiten des Einzelnen ab, welche Rolle er in der Gesellschaft spielt.

Inhalte und Funktion der bestehenden Moral, des Rechts und der Religion werden von den Sophisten kritisch hinterfragt und relativiert.

Der praktisch-politischen Ausrichtung entsprechend liegt das Zentrum der sophistischen Lehrtätigkeit in der **Rhetorik**. Die Schüler erhalten Regeln für den Aufbau einer Rede, Zusammenstellungen von Kunstmitteln (Figuren), Musterreden als Beispiele und müssen üben, selbst Reden zu entwerfen und zu halten. Die Ausformung der Rhetorik zu einer eigenen Disziplin ist bes. **Gorgias** (um 485 – um 380 v. Chr.) zu verdanken.

Zur Ausbildung des Redners gehört weiterhin das Wissen um die Gesetzmäßigkeit der *Sprache* (Grammatik, Metrik, Etymologie). **Protagoras** (um 485 – um 415 v. Chr.) legt in seinem Erziehungskonzept bes. Wert auf die analytisch-argumentative Schulung *(Dialektik)*. Seine Schüler sollen lernen, aus dem Stegreif das Pro und Kontra einer Sache zu erörtern und die schlagenden Argumente zu finden. Zu diesem Zweck werden auch die Werke der Dichter in Form und Inhalt analysiert und beurteilt.

Der **Bildungsprozess** wird durch drei Faktoren, den sog. *pädagogischen Ternar*, bestimmt: Anlage *(phýsis)*, Übung *(áskesis)* und Lehrinhalt *(máthesis)* (B).

Die Sophisten erkennen die Möglichkeit einer *allgemein-formalen* Schulung des Geistes, wie sie schon die rhetorische und dialektische Ausbildung beinhaltet. Ihr liegt die Einsicht zugrunde, dass der Geist aufgrund psycholog. Gesetzlichkeiten unabhängig von konkreten Inhalten geschult werden kann.

Hippias (5. Jh. v. Chr.) bedient sich zu diesem Zweck auch der *mathematischen Wissenschaften*. Sein Unterricht hat darüber hinaus eine stark *enzyklopädische* Ausrichtung und erstreckt sich auf alle bekannten Wissensgebiete.

Die Sophisten können als Begründer der **höheren Allgemeinbildung** *(enkýklios paidêia)* gelten. Bei ihnen finden sich bereits die im Mittelalter als »Artes liberales« klassisch gewordenen Fächer Grammatik, Rhetorik, Dialektik *(Trivium)* und Arithmetik, Geometrie, Astronomie, Musiktheorie *(Quadrivium)*.

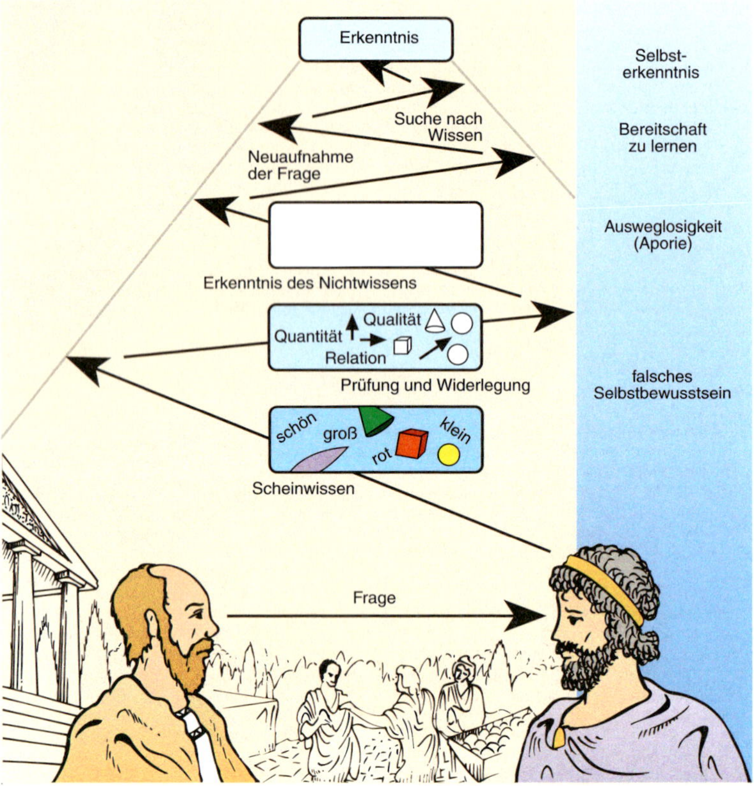

Erkenntnis
Selbst-
erkenntnis
Suche nach
Wissen
Bereitschaft
zu lernen
Neuaufnahme
der Frage
Ausweglosigkeit
(Aporie)
Erkenntnis des Nichtwissens
Qualität
Quantität
Relation
Prüfung und Widerlegung
falsches
Selbstbewusstsein
schön
groß
rot
klein
Scheinwissen
Frage

A Die sokratische Elenktik

a²= 4
a = 2
Frage
a²= 8
a = ?
1. Versuch
a = 4
?
?
2. Versuch
a²=16 (16≠8)
a = 3
a²=9 (9≠8)
?
Halbierung
durch
Diagonale
3. Ver-
such
1/2 a²
1/2 a²
a
Lösung

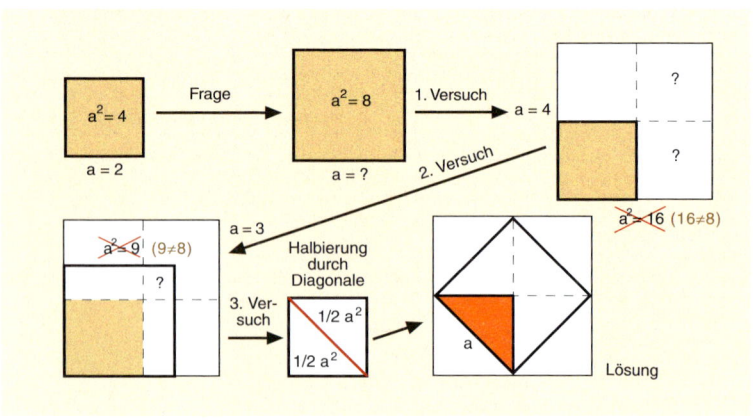

B Lernen aus eigener Einsicht (Beispiel: ›Menon‹)

Sokrates von Athen (um 470–399 v. Chr.) gilt nicht nur als Urbild des Philosophen, sondern nimmt auch in der Geschichte der Pädagogik eine vorbildhafte Stellung ein. Das Bild, das uns von ihm in den platonischen Frühdialogen übermittelt ist, zeigt ihn im täglichem Gespräch mit der Jugend und den Bürgern Athens. Er prüft ihr Wissen und fordert sie zu sittlichem Lebenswandel auf. Dass seine kritische Tätigkeit Aufsehen erregte, beweist das gegen ihn geführte Gerichtsverfahren wegen »Verführung der Jugend«, an dessen Ende er zum Tode verurteilt wird.

Sokrates versteht sich nicht als Lehrer im gewöhnlichen Sinn. Ihm geht es nicht um die Vermittlung von Sachwissen und Fertigkeiten *(technē)*, sondern um die Möglichkeiten der **Selbstbildung** durch Selbsterkenntnis.

Daher präsentieren ihn die platonischen Dialoge in der Auseinandersetzung mit der Lehrtätigkeit der Sophisten. Deren Behauptung, den Menschen durch Wissen auch sittlich besser zu machen, bildet den Ansatzpunkt für die Frage, ob Tugend *(aretē)* überhaupt lehrbar ist. Sokrates leugnet nicht die Vermittelbarkeit von Fachwissen, betont aber, dieses erworbene Wissen habe nur dann einen inneren Wert, wenn der Mensch sich um Selbsterkenntnis und den Erwerb einer *ethischen* Einsicht und Haltung bemühe.

Was diese innere Formung betrifft, so kann der Lehrer dem Schüler nichts geben, was dieser nicht von selbst sich erwirbt.

Sokrates versteht daher seine Tätigkeit als **Mäeutik** (»Hebammenkunst«): Der Lehrer hilft nur bei der Suche nach Einsicht, die jeder selbst finden muss.

Die erste und wichtigste Aufgabe des Menschen ist die *Sorge um die Seele,* d. h. er muss in sittlicher Verantwortung die eigene Selbstbildung angehen.

Dabei besteht für Sokrates ein enger Zusammenhang zwischen Erkenntnis und ethischer Haltung, weil Unwissenheit, als Unordnung der Seele begriffen, zu falschem Handeln führt.

Das Haupthindernis auf dem Weg zur Selbsterkenntnis ist für Sokrates das Scheinwissen. Wer glaubt zu wissen, aber nicht weiß, sucht nicht mehr nach wahrer Einsicht.

Das pädagog. Verfahren liegt daher darin, den Einzelnen im vernünftigen **Dialog** zur Erkenntnis seines *Nichtwissens* und auf den Weg des Suchens nach Erkenntnis zu bringen.

Die dabei angewandte Methode der **Elenktik** lässt sich schematisiert so wiedergeben (A):

Am Beginn steht eine Frage von Sokrates als Herausforderung an den Gesprächspartner, der seinen Wissensanspruch unter Beweis stellen soll. Dessen Antwort wird geprüft und ggf. widerlegt, wodurch aus der Einsicht in das Nichtwissen ein erneuter Ansatz erfolgen kann.

Die *Änderung der Bewusstseinshaltung* erweist sich als bildendes Moment: Der Gesprächspartner befindet sich zunächst auf der Stufe eines naiven Selbstbewusstseins bis durch die sokratische Prüfung sein Wissen als Scheinwissen entlarvt wird, und das Selbstbewusstsein der Unsicherheit und schließlichen Einsicht in das eigene Nichtwissen weicht. Ist dieser Punkt erreicht, ist der Weg offen für die Suche nach dem eigentlichen Wissen und die Bereitschaft zu lernen. In der Elenktik erweist sich so das *Fragen* als das Wesen des Lernens.

> *»Glaubst du nun, er würde sich vorher bemüht haben, das zu suchen oder zu lernen, was er glaubte zu wissen, ohne es zu wissen, bevor er überzeugt, nicht zu wissen, in die Ausweglosigkeit* (Aporie) *geriet und sich nach dem Wissen sehnte.«*

Wenn aber die Antwort auf das Gesuchte nicht vorgegeben ist, so muss in der **Methode** selbst die Gewähr für die Richtigkeit des Vorgehens liegen.

Das Suchen ist möglich kraft der dem Gebrauch der *Vernunft* inneliegenden Gesetzlichkeit, die dem Wesen der Wirklichkeit adäquat ist.

Ein bekanntes Beispiel für diese Vorgehensweise findet sich in Platons Dialog ›Menon‹. Sokrates zeigt, wie mit Hilfe von Fragen ein mathematisch nicht vorgebildeter Junge selbstständig das Problem löst, welche Seitenlänge einem Quadrat zugrunde liegt, das zu einem gegebenen Quadrat die doppelte Fläche hat. Nachdem zunächst die naiv naheliegende Antwort: die doppelte, dann die einundhalbfache Seitenlänge geometrisch anschaulich sich als falsch erweisen, gelingt dem Jungen die Einsicht in den richtigen Zusammenhang (B).

Für Sokrates ist Lernen ein gemeinsamer Prozess der Bildung im Gespräch. Lehrer und Lernender sind in diesem verbunden durch ein gemeinsames, auf die Sache und die Person gerichtetes Streben.

Dieses auf Erkenntnis zielende Streben bezeichnet Platon im ›Symposion‹ als *Eros.*

Von Seiten des Lehrers ist es die pädagog. Haltung, die den Schüler beim suchenden Aufstieg hilft, ihn aber in seiner Eigenständigkeit fördert und belässt.

Die sokratische Methode des Lernens durch Suchen, Fragen und Selbsterkenntnis kann als ein didakt. Grundmodell gesehen werden, das sich bes. in Fachgebieten bewährt, die sich auf Gesetzlichkeiten des Denkens selbst gründen, z. B. Mathematik und Philosophie.

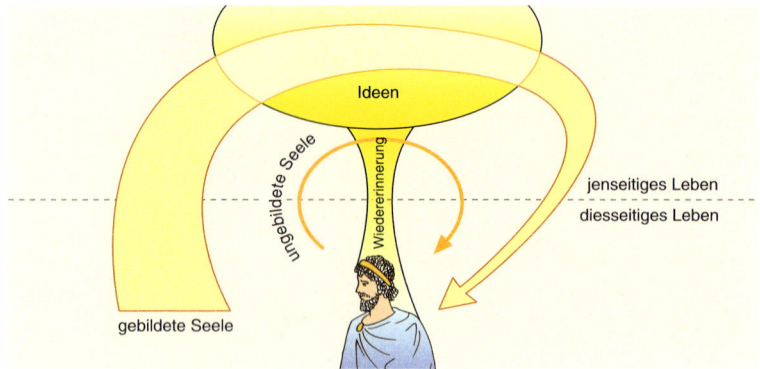

A Seelenwanderung: Lernen als Wiedererinnerung

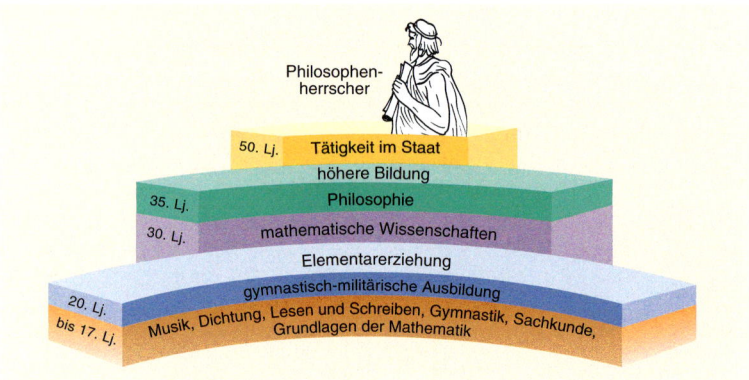

B Ausbildung der Bürger im ›Staat‹

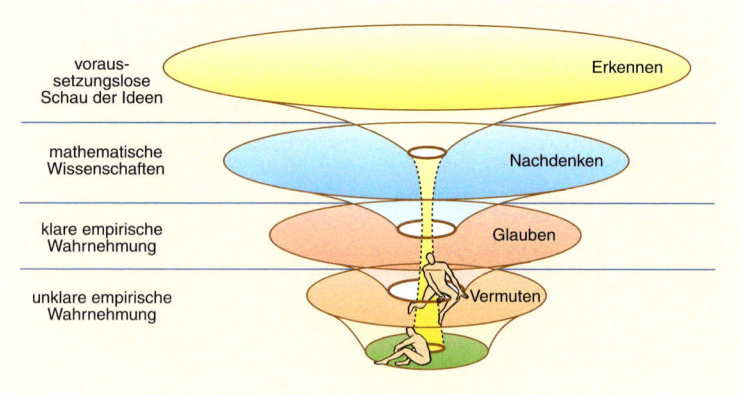

C Bildung als Aufstieg zu den Ideen

Platon (427–347 v. Chr.) ist der bedeutendste Schüler von Sokrates. Sein Werk zählt mit dem des Aristoteles zu den einflussreichsten Gedankengebäuden der Philosophie. Die Auseinandersetzung mit politisch-pädagog. Fragen gehört zu den zentralen Themen in Platons Denken. Die *Philosophie* selbst wird zur wesentlichen Bildungskraft.

Die von ihm gegründete, über 900 Jahre bestehende *Akademie* ist nach pythagoreischem Vorbild eine Gemeinschaft des Lebens, Lehrens und Lernens. Sie kann als Urform der späteren Hochschulen gelten.

Der Kern der platonischen Philosophie ist die **Ideenlehre,** die auch für das Verständnis seiner Pädagogik grundlegend ist.

> Die empirische, sinnlich wahrnehmbare Welt ist für Platon nur ein trügerisches Abbild des eigentlichen, unveränderlichen Seins, des Reichs der *Ideen.* Diese sind die nur im Denken erfassbaren, unveränderlichen Urbilder alles Seienden.

Deshalb ist wahre Erkenntnis nur möglich, wenn sich die Seele auf die Ideen als ihren Erkenntnisgegenstand richtet und nicht auf die vielgestaltige, veränderliche Welt, die mit den Sinnen wahrgenommen wird.

Die **Seele** des Menschen besteht nach Platon aus drei Teilen: dem *triebhaften,* dem *wollenden* und dem *vernünftigen* Teil. Letzterer stammt urspr. aus dem Reich der Ideen und ist diesen daher ähnlich und unsterblich. Nach dem Tod des Menschen kehrt er wieder dorthin zurück und kann erneut die Ideen im Reinzustand erblicken, bis er wiedergeboren wird. Mit dem Wiedereintritt in den Körper vergisst die Seele aber, was sie im Jenseits gesehen hat.

Lernen und Erkennen bedeutet daher, die *Erinnerung* an die vergessenen Urbilder zu erwecken (A).

Im Umgang mit den Ideen wird der Mensch selbst vollkommen, weil er an der der Welt zugrunde liegenden Ordnung teilhat.

Auf der Grundlage dieser Gedanken entwirft Platon in seinem Hauptwerk ›Der Staat‹ (›Politeia‹) das Modell eines idealen Staates, in dem die Gerechtigkeit verwirklicht sein soll und der auf die richtige *Erziehung* seiner Bürger gegründet ist.

Analog zu den drei Teilen der Seele gibt es im Staat drei *Stände:* als untersten den der Handwerker und Bauern, dann den der Krieger und den der Philosophenherrscher.

Gerechtigkeit ist dann erreicht, wenn jeder Stand (und jeder Seelenteil) die ihm zukommende Aufgabe und *Tugend* verwirklicht. Diese ist für den untersten Stand die Besonnenheit, für den zweiten die Tapferkeit und für den obersten die Weisheit. Alle müssen sich darüber einig sein, dass der Vernunft die Herrschaft zukommt.

Für das Funktionieren des Staates ist die Bildung der beiden oberen Stände entscheidend; die Erziehung des unteren Standes wird nicht behandelt.

Damit sich die Bürger völlig in den Dienst der Gemeinschaft stellen, sieht Platon die Abschaffung des Privateigentums sowie die Auflösung der Familie und Ehegemeinschaft vor. Die Kinder werden in staatl. Einrichtungen aufgezogen und ausgebildet.

In der Elementarerziehung bis zum 17. Lebensjahr beherrscht die **musisch-gymnastische** Erziehung den Unterricht.

> Diese dient v. a. der Ethosbildung und damit der Formung der triebhaft-sinnlichen Antriebe der Seele.

Die Tonarten der Musik und die rhythmische Schulung des Körpers werden unter dem Gesichtspunkt ausgewählt, dass sie in der Seele eine Harmonie erzeugen, die die Grundlage für die später heranreifende Ordnung des Denkens bildet.

Da Platon der in Gewohnheit übergehenden *Nachahmung (mimesis)* einen bedeutenden Stellenwert in der Erziehung zuschreibt, sind auch bei der Auswahl der Schullektüre nur solche Dichtungen zugelassen, in denen gute Charaktereigenschaften der Protagonisten zum Ausdruck kommen.

Im Alter von 17–20 findet der gezielte Gymnastikunterricht und die **militärische** Ausbildung statt.

Es erfolgt nun die Auswahl derer, die die **höhere Bildung** durchlaufen und den Staat leiten sollen. Diese befassen sich zehn Jahre mit den *mathematischen Wissenschaften* (Arithmetik, Geometrie, Stereometrie, Astronomie und Harmonielehre), die der Vorbereitung auf den Umgang mit rein geistigen Größen dienen. Danach erfolgt die fünfjährige Beschäftigung mit der *Philosophie* (Dialektik), die zur Erkenntnis der Ideen führt.

Weitere 15 Jahre müssen sich die künftigen Herrscher in der **politischen Praxis** bewähren, bis die nun 50-Jährigen zur Schau der höchsten *Idee des Guten* geführt werden und die Leitung des Staates übernehmen. (B)

> Platon sieht in einer solchen Ausbildung die Gewähr dafür, dass die Herrscher ihre Macht zum Besten der Gemeinschaft einsetzen.

Im **Liniengleichnis** beschreibt Platon die Stufen, die bis zur Erkenntnis der Ideen zurückgelegt werden müssen (C).

Der erste Schritt führt weg von den irrigen Vermutungen über die empirische Welt hin zu deren deutlicher Wahrnehmung. Im zweiten vollzieht sich die Loslösung von der Empirie durch die Beschäftigung mit abstrakten, mathemat. Größen, bis schließlich in der Philosophie die Erkenntnis des Wesens der Dinge gelingt.

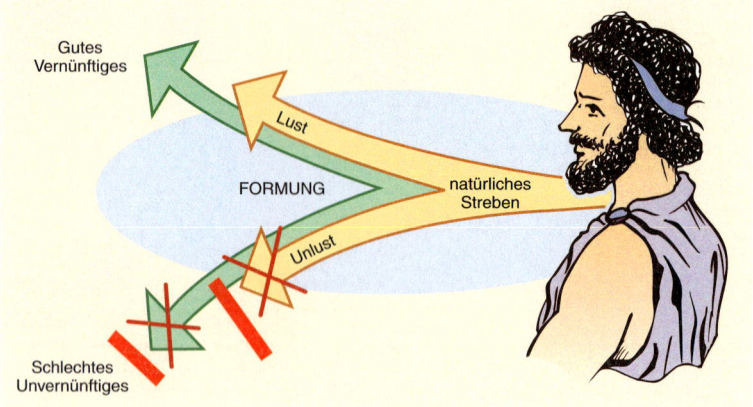

A Ausrichtung des natürlichen Verhaltens durch Erziehung

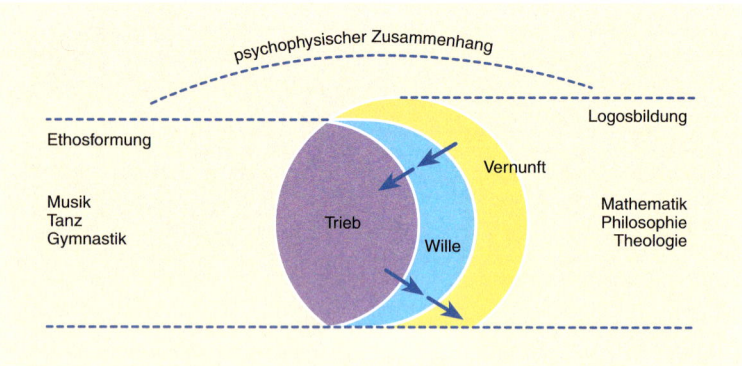

B Bildung der psychischen Kräfte

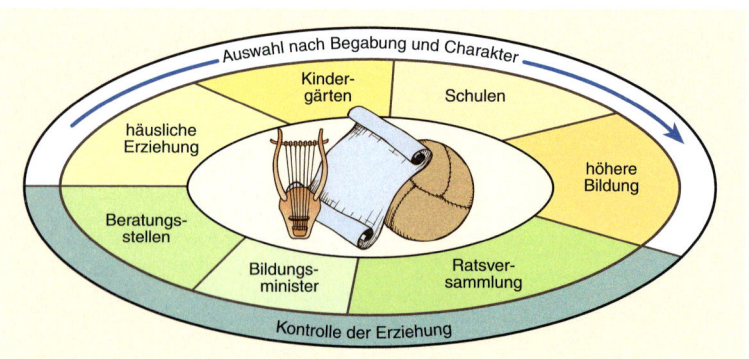

C Erziehung als staatliche Aufgabe in den ›Gesetzen‹

Im **Höhlengleichnis** (im 7. Buch des ›Staates‹) beschreibt Platon die Erkenntnisstufen des Liniengleichnisses und das Wesen der Bildung bildnishaft:

Die Menschen gleichen in Höhlen angeketteten Wesen, die die Welt außerhalb nicht kennen. Sie halten Schatten von künstlichen Gegenständen, die ein Feuer an die Höhlenwand wirft, für die Wirklichkeit, und sie wetteifern darum, diese möglichst gut zu beschreiben. Bildung besteht nun im mühsamen, von einem Lehrer geführten Aufstieg aus der Höhle ans Sonnenlicht und im Erkennen der wirklichen Welt.

Nach diesem Gleichnis bedeutet **Bildung** die *Umwendung der Seele* hin zum Reich des eigentlichen Seins. Sie ist *mühevoll*, weil sie das Verlassen der gewohnten Einstellungen und der alltäglichen Lebenswelt verlangt. Der Lehrer kann führen, aber der »Aufstieg« muss aus eigener Kraft erfolgen. Der Lehrer vermittelt kein Wissen, sondern hilft zur eigenen Einsicht. Während die Höhlenbewohner die zufällig erscheinenden Schatten nur passiv wahrnehmen, ist der Aufstieg *aktiv*. Er wird geleitet vom Erkenntnisstreben und der *Erinnerung der Seele* an die Welt der Ideen. Die Gewöhnung an das zunehmende Licht symbolisiert das *Ähnlichwerden* der Seele mit ihrem Erkenntnisgegenstand, die formende Kraft des Erkennens.

Wie bereits im ›Staat‹ entwirft Platon in seinem Spätwerk ›**Die Gesetze**‹ (›Nomoi‹) das Idealbild eines Staatswesens, dessen Funktionieren durch die richtige Erziehung der Bürger garantiert werden soll.

Während aber im ›Staat‹ die Führung in die Hände der Philosophenherrscher gelegt wird, sind es nun ausführliche *Gesetze* und eine Art Parlament, durch die der Staat geleitet wird.

Platons Interesse gilt jetzt stärker der Gesamtheit der Bürgerschaft und nicht nur der Ausbildung einer Elite.

In den ›Gesetzen‹ wendet er sich der Bedeutung von **Lust** und **Unlust** für die kindliche Entwicklung und die Herausbildung einer *sittlichen* Haltung zu sowie ihres Einflusses auf die *vernünftige* Einsicht selbst. (A)

»Ich behaupte also: Bei Kindern ist die *erste kindliche Empfindung Lust und Schmerz, und dies sind die Gestalten, unter denen sich Tugend und Schlechtigkeit erstmals in den Seelen einstellen. ... wenn nun Lust und Liebe, Schmerz und Hass in der richtigen Weise in den Seelen der Kinder entstehen, solange diese noch nicht zu einem vernünftigen Begreifen fähig sind, und wenn dann, nachdem sie ein vernünftiges Urteil besitzen, diese Gefühle mit der*

Vernunft darin übereinstimmen, durch die angemessene Gewöhnung richtig geleitet worden zu sein, so stellt diese Übereinstimmung die ganze Tugend dar.«

Platon konstatiert damit einen für die Gesamthaltung des Menschen entscheidenden Zusammenhang von Emotionalität und Rationalität (von Ethos und Logos), der auf die Ausbildung einer harmonischen Einheit der psychischen Kräfte zielt. Bildung umfasst die Formung aller Seelenkräfte (Trieb, Wille, Vernunft) zur Verwirklichung der geistigen Bestimmung des Menschen (B).

Die **frühkindliche** Erziehung hat sich daher bes. den emotionalen Faktoren zuzuwenden, und hierbei greift Platon wie im ›Staat‹ auf die Möglichkeiten der *musischen* und *gymnastischen* Erziehung zurück. Dem Menschen liegt urspr. ein Drang nach Bewegung und Betätigung der Stimme inne. Dieser zunächst unkontrollierte Drang soll von Geburt an durch Ordnung der Bewegung (Tanz, Gymnastik) und der Stimme (Gesang) zur Harmonie geführt werden, damit die Gewöhnung an das Gleichmaß einen ausgewogenen Charakter hervorbringt (psychophysischer Zusammenhang).

Platon stellt einen Bezug von ästhetischer Form und ethischem Inhalt her, insofern er in bestimmten Bewegungen und Harmonien den Ausdruck einer Tugend sieht, die so durch die Gewöhnung in die Haltung übergeht.

Als weiteres Erziehungsmittel dient das *Spiel,* in dem bereits gesellschaftl. Rollen eingeübt werden. Für die Drei- bis Sechsjährigen sollen dafür Kindergärten eingerichtet werden. Den Eltern stehen staatl. Beratungsstellen zur Seite, die helfen sollen, Fehler in der häuslichen Erziehung zu vermeiden.

Die **Grundausbildung** für alle Bürger findet in staatl. Schulen statt und umfasst Lesen und Schreiben, Musik, Tanz, Gymnastik und die Lektüre von für den Schulgebrauch bearbeiteter Dichtung. Später kommen die Grundlagen der mathemat. Wissenschaften hinzu.

Den *Gesetzen* des Staates selbst schreibt Platon eine bildende Funktion zu, insofern sie durch ausführliche Einleitungen dem Bürger den Sinn der Werte und Zielsetzungen der staatl. Gemeinschaft erläutern sollen.

Die **höhere Bildung** bleibt den Mitgliedern der Staatsversammlung vorbehalten. Sie besteht zunächst in der Vertiefung der *Mathematik* als Vorbereitung auf die philosophische Prinzipienerkenntnis, dann in der Beschäftigung mit *Dialektik* (Philosophie) und *Theologie.* (C)

gemeinsame sprachlich gestaltete Welt
Befähigung zur Teilnahme am öffentlichen Leben

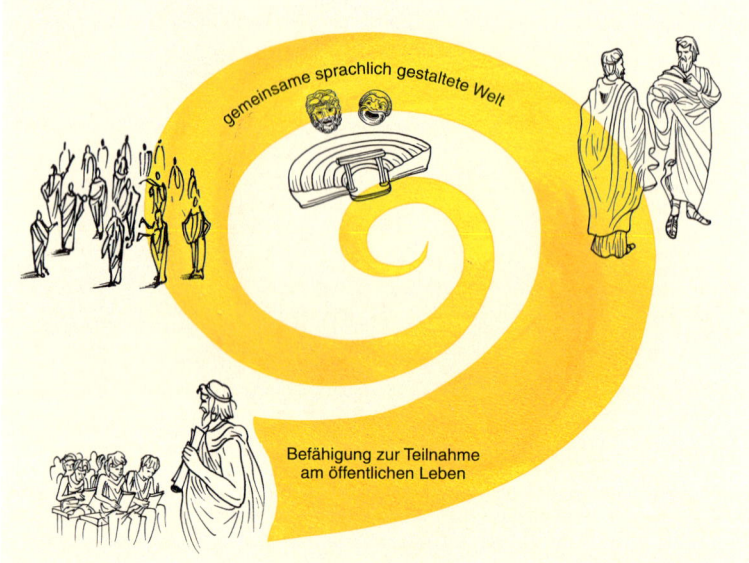

A Isokrates: Erwerb von Sprach- und Handlungskompetenz

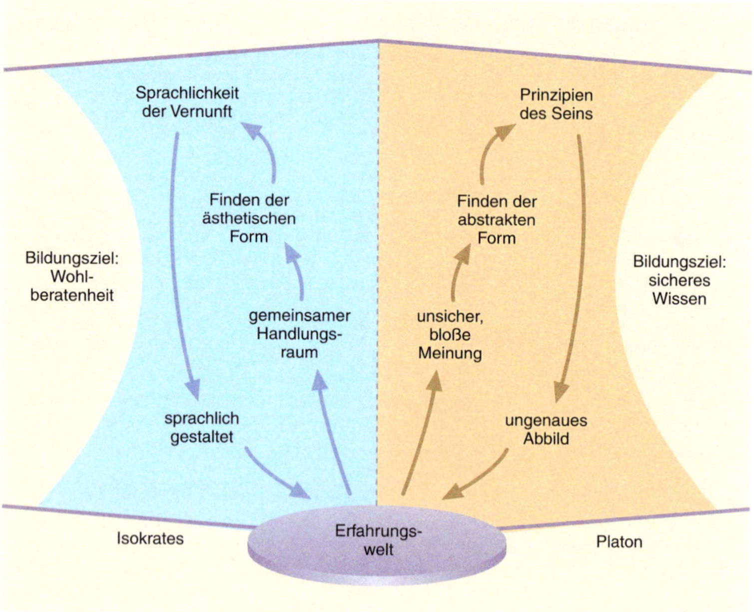
Sprachlichkeit der Vernunft
Finden der ästhetischen Form
gemeinsamer Handlungsraum
sprachlich gestaltet
Bildungsziel: Wohlberatenheit
Prinzipien des Seins
Finden der abstrakten Form
unsicher, bloße Meinung
ungenaues Abbild
Bildungsziel: sicheres Wissen
Isokrates
Erfahrungswelt
Platon

B Rhetorisches und philosophisches Bildungsideal

Isokrates (436–338 v. Chr.) ist Schüler des Sophisten Gorgias und stellt wie dieser die **Rhetorik** in den Mittelpunkt seines Bildungsgedankens. Er gründet in Athen eine Schule, in der Schüler im Alter von 14–18 Jahren unterrichtet werden.

Nach Isokrates liegt das auszeichnende Merkmal des Menschen in seiner Sprachfähigkeit. Die **Sprache** ist
• die Vorbedingung für Erziehung, da sie das Medium der Verständigung und damit auch Grundlage der Sozialität ist (A);
• selbst das am stärksten Bildende, da sie durch Form und Inhalt auf die Seele einwirkt.

Der Rhetorikunterricht zielt auf diese Einheit von Inhalt und Form, von Gedanken und Ausdruck ab. Etwas ist erst dann ganz verstanden, wenn es den ihm gemäßen Ausdruck in der Sprache gefunden hat.

»Das passende Wort ist das sicherste Zeichen für das richtige Denken«, und umgekehrt gewöhnt man sich daran, zu denken, wie man spricht.

Isokrates betont die Bedeutung des Vorbildes und der Nachahmung in der Erziehung, weshalb die im Unterricht behandelte Literatur *sittliche Ideale* und vorbildhafte Lebensführung vermitteln soll. Die Rhetorik dient nicht, wie bei den Sophisten, der Überredung im Dienste eigener Interessen, sondern dazu, andere von dem zu überzeugen, was als richtig und gut erkannt ist.

Im Unterricht legt Isokrates Wert darauf, dass die Schüler nicht einfach auswendig lernen und die Reden des Lehrers nachahmen, sondern dass sie ihr Wissen aus der Praxis heraus entwickeln. Die Selbstständigkeit des Schülers wird z. B. durch den *Schulaufsatz* gefördert, bei dem das Thema besprochen wird, die Art und Weise der Darstellung dann aber von den Schülern selbst gefunden werden muss.

Im Unterschied zu Platon ist das Ziel der Bildung nicht das sichere Wissen um die Prinzipien des Seins, sondern die **»Wohlberatenheit«** in den praktischen Angelegenheiten, die intuitive Erfassung des situativ Zutreffenden und die Fähigkeit zur polit. Teilnahme an der Gemeinschaft. Den abstrakten Wissenschaften (Mathematik, Dialektik) gesteht Isokrates zwar zu, dass sie das Denken schulen, intensiv betrieben führen sie aber zu einer »Verhärtung des Geistes«.

Die unterschiedlichen Auffassungen von Platon und Isokrates bzgl. des Vorrangs der rhetorischen oder philosophischen Bildung (B) bleiben ein kontroverses Thema der antiken Erziehungskonzepte.

Bei Isokrates kann der Ursprung der *humanistischen* Bildungsidee gesehen werden, die sich auf die formende Kraft der klassischen Sprachen und Kultur gründet.

Aristoteles (384–322 v. Chr.) ist der bedeutendste Schüler von Platon, dessen Akademie er 20 Jahre lang angehört. Er wird zum Erzieher Alexanders des Großen bestellt und gründet später in Athen seine eigene Schule, das *Lykeion* (Lyzeum).

Aristoteles klärt in seiner Philosophie zum ersten Mal, wie eine Wissenschaft methodisch begründet werden kann, die sich auf die **Praxis** bezieht. Damit schafft er das Fundament für Pädagogik als *Erfahrungs- und Handlungswissenschaft*.

Für Platon gibt es von der der sinnlichen Erfahrung zugängliche Welt keine wahre Erkenntnis. Eine Wissenschaft kann sich für ihn daher nur auf das Reich der unwandelbaren Ideen als die Wesensformen alles Seienden richten. Bei Aristoteles dagegen liegt das Wesen der Dinge nicht in einem von ihnen losgelösten Bereich der Ideen, sondern in den Dingen selbst. Zu den Prinzipien gelangt man daher nur, wenn man sich zunächst dem Erfahrbaren zuwendet und durch methodisch abgesicherte sowie systemat. betriebene Einzelforschung die zugrunde liegenden Gesetzmäßigkeiten aufdeckt.

Das menschl. Tätigsein vollzieht sich in drei Bereichen, auf die sich jeweils ein spezif. Wissen richtet: Theorie, Praxis und Poiesis.

Der Gegenstandsbereich der *Theorie* sind die von der Natur vorgegebenen Gesetze, die erkannt, aber nicht geändert werden können.

Die *Praxis* umfasst das, was sich so oder anders verhalten kann und somit durch den Menschen verändert werden kann. Wesentlich ist, dass das praktische Tun seinen Zweck *in sich selbst* hat (z. B. moralisches Handeln).

Poiesis (gr. für 'Schaffen', 'Verfertigen') bezeichnet das technisch-handwerkliche Herstellen. Das *poietische* Handeln hat daher sein Ziel nicht in sich, sondern im hervorgebrachten Werk.

Bildung gehört zum Bereich der Praxis. Sie hat ihr Ziel in sich, nämlich die Verwirklichung der dem Menschen innenliegenden Möglichkeiten.

Pädagogik ist daher eine auf die Praxis bezogene Wissenschaft. Die praktischen Wissenschaften können nicht den gleichen Grad an Genauigkeit beanspruchen wie die theoretischen, denn ihr Gegenstand ist im Werden begriffen und lässt daher kein endgültiges Wissen zu. In ihnen spielt die in der politisch-sozialen Lebenswirklichkeit erworbene *Erfahrung* eine maßgebliche Rolle.

Zur Praxis gehört auch das theoret. Wissen um die Gesetzlichkeiten der Natur, denn das menschl. Handeln bleibt auf das von der Natur Vorgegebene bezogen. Der Mensch ahmt diese nach, vollendet sie oder ergänzt sie, wo sie unvollständig ist.

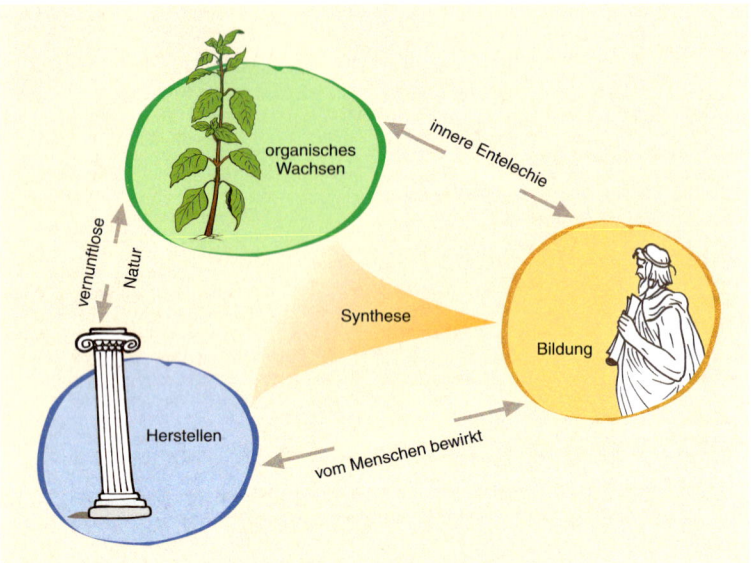

A Bildung als vom Menschen bewirkte Entfaltung der inneren Möglichkeiten

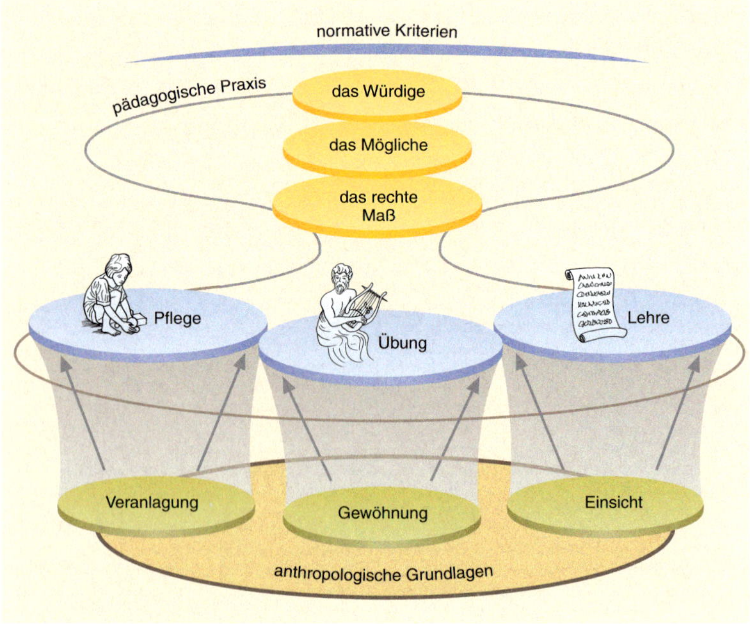

B Die pädagogische Praxis

Für das aristotelische Verständnis von Bildung und Erziehung ist sein Begriff des **Werdens** von grundlegender Bedeutung. Mit ihm wird die ontologische und anthropologische Grundlage pädagog. Handelns herausgestellt.

Jedes Seiende ist bestimmt durch seine *Materie* (Stoff) und seine *Form*. Das Werden ist der Prozess, in dem die im Stoff nur als Möglichkeit *(Potenzialität)* angelegte Form sich verwirklicht *(Aktualität)*. Diesen Vorgang des Wirklichwerdens bezeichnet Aristoteles als **Entelechie** (A). Der unbelebten Materie wird die Form von außen aufgeprägt. Alles Lebendige dagegen strebt aus sich heraus danach, die in ihm vorhandenen Möglichkeiten zu realisieren und so sein Wesen zu entfalten. In der nicht menschlichen Natur geschieht dies als organisches Wachsen.

So entwickelt sich aus dem Samen die fertige Pflanze, deren Form in ihm schon enthalten ist.

Das den Menschen von anderen Lebewesen unterscheidende Wesensmerkmal ist seine **Vernunft** (Logos). Seine Entelechie vollendet sich daher in der Herausbildung und Betätigung seiner Vernunft. Diese ermöglicht ihm aber zugleich, sein Streben zu erkennen und so seine Ziele und die Weise ihrer Verwirklichung selbst zu bestimmen.

Lernen und Bildung ist die bewusst geplante Bewegung von Möglichkeit zu Wirklichkeit mit dem Ziel, die vernünftigen Anlagen des Menschen zu vervollkommnen.

Aristoteles geht von einer Hierarchie aus, nach der der Körper um der Seele willen, die Seele um ihres vernünftigen Teils willen existiert. In der organischen Entwicklung des Menschen werden jedoch erst die körperlich-emotionalen Anteile ausgeprägt, während sich die geistigen Fähigkeiten später herausbilden.

Aristoteles ist daher wie Platon der Auffassung, dass die frühe Erziehung sich der harmonischen Formung der körperlich-emotionalen Triebkräfte zuwenden muss (Gymnastik, Musik), um die Seele für die sich erst später ausformende Vernunft vorzubereiten.

Die Erziehung im Ganzen zielt auf die Formung von **Ethos** (Haltung, Gewohnheit) und **Logos**. Dementsprechend unterscheidet Aristoteles

- *dianoëtische Tugenden,* z. B. Weisheit, Klugheit, Wissenschaft, die durch *Belehrung* erworben werden, und
- *ethische Tugenden,* z. B. Tapferkeit, Mäßigung, Großzügigkeit, die der *Einübung* und *Gewöhnung* bedürfen.

Beide zusammen erst ergeben die vollendete Tugend.

Der Bildungsprozess des Menschen beruht auf den drei Faktoren *Veranlagung* (Physis), *Gewöhnung* (Ethos), *Einsicht* (Logos). Dem entsprechen als pädagog. Tätigkeiten *Pflege* (Entfaltung der natürlichen Anlagen), *Übung* (Formierung von Haltungen und Handlungsweisen), *Lehre.* (B)

Zu Aristoteles' Vorstellung von der Ausgestaltung des **Unterrichts** im Einzelnen gibt es nur knappe Hinweise, da die entsprechenden Bücher der ›Politik‹ unvollendet geblieben sind:

Die Kinder bis zum 5. Lebensjahr sollen noch nicht zum Lernen angehalten werden. Vielmehr soll man ihrem natürlichen Spiel- und Bewegungsdrang freien Raum lassen. Da die *Nachahmung* von großer Bedeutung ist, sollen sie sich spielend in das Erwachsenenleben einüben, aber von schlechten Vorbildern ferngehalten werden.

In den folgenden zwei Jahren wird mit dem Lernen zu Hause begonnen, ab dem Alter von sieben Jahren wird der Unterricht staatl. organisiert.

Die **elementaren Fächer** sind: Grammatik (Lese- und Schreibunterricht), Gymnastik, Musik und Zeichnen.

Die *Musik* vermag von allen sinnlichen Dingen den Charakter am stärksten zu beeinflussen. Sie wirkt unmittelbar auf den Zustand der Seele. Daher sollen im Unterricht solche Tonarten und Rhythmen verwendet werden, die in der Seele eine den Tugenden entsprechende Harmonie erzeugen.

Die übertriebene Spezialisierung in einzelnen Fächern (Athleten- oder Virtuosentum) lehnt Aristoteles ab, da ihre Einseitigkeit die geistige Entwicklung behindert. Ebenso haben zwar alle Fächer einen prakt. Nutzen, aber nur das Nützliche zu lernen beschränkt den Menschen in seinen geistigen Möglichkeiten und macht ihn zum »Banausen«.

Aristoteles nennt drei **Normen,** an denen sich Erziehung und Bildung orientieren sollen

1. das der Sache zukommende *rechte Maß,*
2. das *Mögliche* (Erreichbare, Altersgemäße),
3. das *Würdige* (dem Menschen seinem Wesen nach Zukommende). (B)

Seine Vorstellung bezüglich der **höheren Bildung** dürfte in seiner eigenen Schule (dem Lykeion oder Peripatos) verwirklicht gewesen sein, in der Lehre und Forschung eine Einheit bildeten.

Die *Logik* (Begriffe, Definitionen, Schlüsse, Methoden) ist dabei die Grundlage der Wissenschaften.

Ziel der systemat. aufgebauten Einzelforschung ist es, von der Erfahrung ausgehend zu den Prinzipien der Natur vorzudringen und so zu einer Erklärung der Wirklichkeit im Ganzen zu gelangen.

lateinische
Übersetzung der ›Odyssee‹
Übersetzung
griechischer Dramen
Rhetorik-Lehrbücher
Scipionenkreis
(literarischer Zirkel,
ca. 150 – 130 v. Chr.)
griechische
Privatbibliotheken
Wichtige Faktoren der
Hellenisierung Roms
Rom
griechische
Lehrer
athenische
Philosophendelegation
(156/155 v. Chr.)
Athen
Rhodos
Bildungs-
reisen
Alexandria

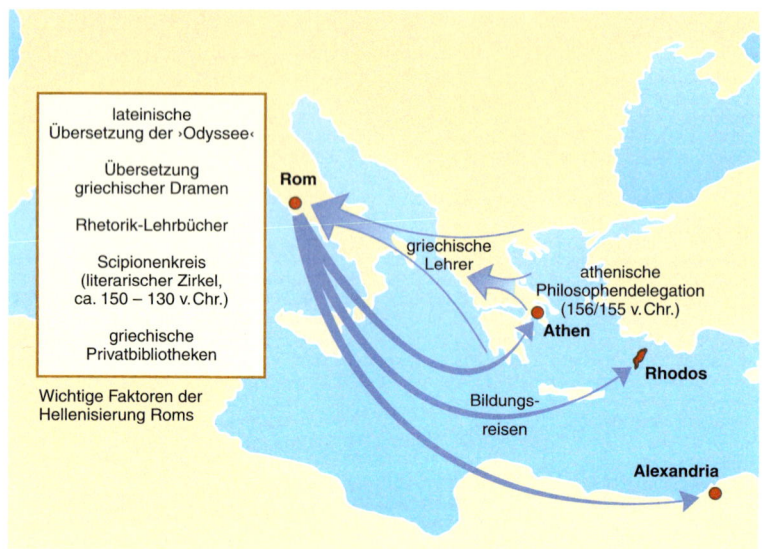

A Hellenisierung Roms ab dem 3. Jh. v. Chr.

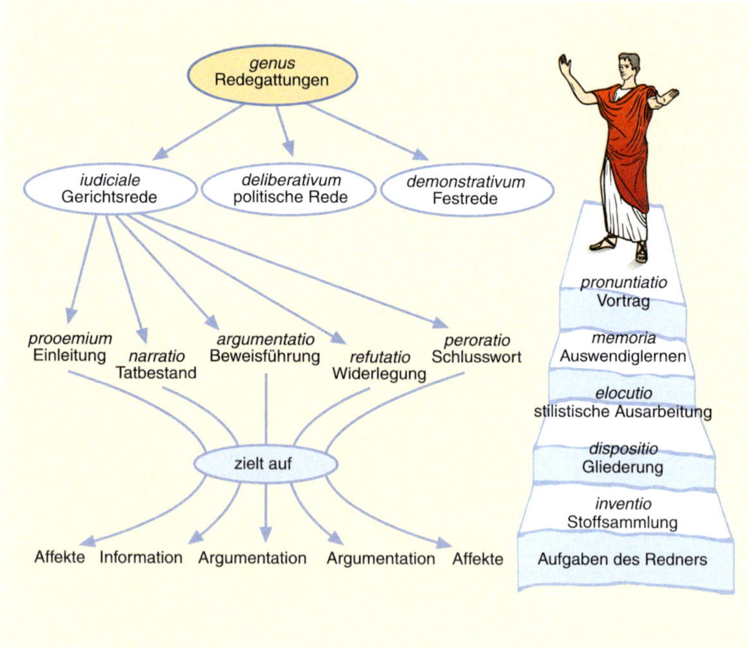

genus
Redegattungen
iudiciale
Gerichtsrede
deliberativum
politische Rede
demonstrativum
Festrede
prooemium
Einleitung
narratio
Tatbestand
argumentatio
Beweisführung
refutatio
Widerlegung
peroratio
Schlusswort
zielt auf
Affekte
Information
Argumentation
Argumentation
Affekte
pronuntiatio
Vortrag
memoria
Auswendiglernen
elocutio
stilistische Ausarbeitung
dispositio
Gliederung
inventio
Stoffsammlung
Aufgaben des Redners

B Quintilian: System der Rhetorik

Die **altrömische** Erziehung zielt auf die Vermittlung *praktischer* Fähigkeiten, die für die häuslichen (wirtschaftlichen) und öffentlichen (politischen, militärischen) Aufgaben von Belang sind. Sie erfolgt zuerst innerhalb der *Familie* durch die Eltern, bei den Jungen schließt sich daran die militärische Ausbildung an. Ein organisiertes Schulwesen existiert zunächst nicht.

Das Ideal ist der *vir bonus,* der sittlich gefestigte, in den rechtlichen und polit. Angelegenheiten erfahrene Staatsbürger.

Etwa ab dem Ersten Punischen Krieg (264 bis 241 v. Chr.) nimmt die griech. Kultur entscheidenden Einfluss auf das röm. Leben (A).

Diese **Hellenisierung** ist auch für das röm. Bildungswesen prägend: Gebildete Griechen lehren in Rom die griech. Sprache, Literatur, Philosophie und Rhetorik. Es entstehen Elementar-, Grammatik- und Rhetorikschulen und damit ein öffentl. Schulwesen. Da es noch keine bedeutende lat. Nationalliteratur gibt, werden griech. Werke übersetzt und prägen so den römischen Schulunterricht. Die Kinder wohlhabender Familien werden von griech. Hauslehrern unterrichtet und schließen ihre Studien oft mit einer Bildungsreise nach Griechenland ab.

Dieser griech.-röm. Verschmelzungsprozess kommt bes. im Werk von **Marcus Tullius Cicero** (106–43 v. Chr.) zum Ausdruck. Im Streit um den Vorrang des philosoph. oder rhetorischen Bildungsideals geben die Römer i. Allg. der **Rhetorik** den Vorzug, aufgrund ihres prakt. Nutzens vor Gericht und in der Politik. Cicero dagegen betont, dass ein guter Redner auch **Philosoph** sein muss, da sich Reichtum und Überzeugungskraft der Rede aus der Fülle des Wissens speist. Eine bloß formal-technische Rhetorik-Schulung lehnt Cicero ab. Neben der umfassenden Bildung in den verschiedenen Wissenschaften sind gute *psychologische* Kenntnisse von bes. Bedeutung, da der Rhetor die Affekte des Zuhörers beeinflussen können muss.

Das Ziel der Rhetorik ist nicht die Überredung zu beliebigen Zwecken, sondern Einsicht in das als richtig Erkannte. Ernsthaftigkeit *(gravitas)* und moralische Integrität *(virtus)* sind deshalb Voraussetzung dafür, dass der Redner seinen Einfluss nicht missbraucht.

Das Ziel von Bildung ist die **humanitas,** d. h. die volle Entfaltung der im Menschen angelegten geistigen und sittlichen Fähigkeiten.

Marcus Fabius Quintilian (um 30–um 96) gilt als der einflussreichste Rhetoriklehrer Roms (erster staatl. besoldeter Professor) und zugleich als bedeutender *Unterrichtstheoretiker* der Antike.

Die **Rhetorik** beinhaltet bei ihm, wie bei Cicero, die umfassende wissenschaftliche und sittliche Bildung des Menschen.

In seinem Hauptwerk ›Institutio oratoria‹ (›Ausbildung zum Redner‹) betont Quintilian, dass es bereits in früher Kindheit auf die richtige Erziehung ankommt, da diese Jahre prägend für das spätere Leben sind. Jeder Mensch ist von Natur aus bildungsfähig und vielseitig begabt.

Die *Naturanlagen* werden durch *Unterweisung* und *Übung* zur *Kunstfertigkeit (ars)* ausgebildet, in der sich die im Menschen angelegten Fähigkeiten vollenden.

Die **Beredsamkeit** *(ars rhetorica)* ist die spezifische Vervollkommnung des Menschen als eines durch *Sprachfähigkeit* ausgezeichneten Wesens.

Die Grundlagen, auf denen der Lehrer in der Erziehung aufbauen kann, sind das **Gedächtnis** *(memoria,* beinhaltet auch die Auffassungsgabe) und der **Nachahmungstrieb** *(imitatio).*

Da über die Nachahmung das Vorbild in die Gewohnheit übergeht, ist darauf zu achten, dass davon das Kind nur einen vorbildlichen Sprachgebrauch kennen lernt. Ebenso wirken die Charakterzüge des Erziehers auf den Lernvorgang ein. Härte und körperliche Strafen lähmen den Lerneifer des Kindes, während es durch die Vermittlung von Erfolgserlebnissen motiviert wird.

Der Lehrer muss auf die *Individualität* des Schülers eingehen, um ihn so aufgrund seiner bes. Anlagen und Interessen am besten fördern zu können. Seine Aufnahmefähigkeit soll weder über- noch unterfordert werden. Daher ist ein schrittweises Vorgehen im Unterricht angebracht, das den Schüler allmählich zu größerer *Selbstständigkeit* führt.

Der Bildungsprozess soll die Einseitigkeiten der Veranlagung nach Möglichkeit ausgleichen und vielfältige Inhalte zur Verfügung stellen, an denen der Schüler seine Begabung ausformen kann.

Der spezielle **Rhetorikunterricht** beinhaltet u. a. die Theorie der Rhetorik, die Lektüre und Übersetzung vorbildhafter Klassiker, Übung im Verfassen und Vortragen eigener Reden, Stimm- und Körperschulung.

Das Bildungsziel ist der *orator perfectus* (der vollendete Redner), der seine **praktisch-politischen Aufgaben** als Staatsbürger vorbildhaft wahrnehmen kann. Dazu bedarf es einer *enzyklopädischen Bildung*, da nur aus der Sachkenntnis eine überzeugende Beredsamkeit entspringt, und einer *moralischen Integrität*, die den Missbrauch der Einflussmöglichkeiten verhindert.

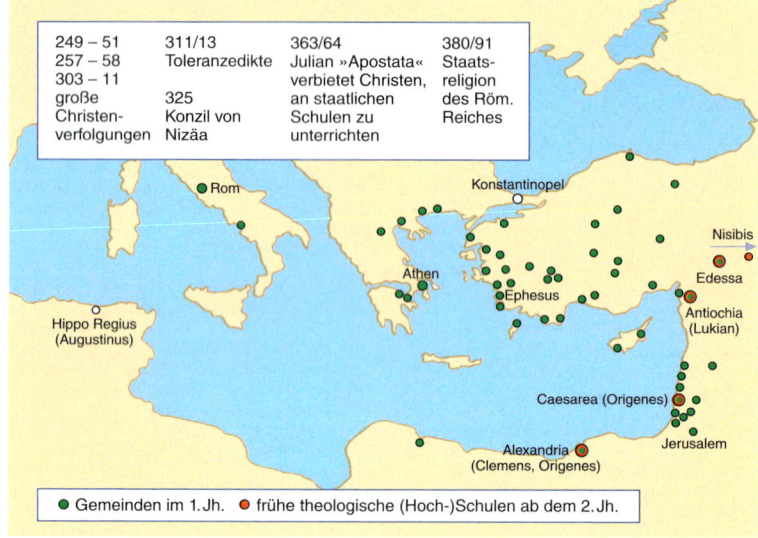

249–51	311/13	363/64	380/91
257–58	Toleranzedikte	Julian »Apostata«	Staats-
303–11		verbietet Christen,	religion
große	325	an staatlichen	des Röm.
Christen-	Konzil von	Schulen zu	Reiches
verfolgungen	Nizäa	unterrichten	

Rom

Konstantinopel

Nisibis

Athen

Ephesus

Edessa

Antiochia
(Lukian)

Hippo Regius
(Augustinus)

Caesarea (Origenes)

Jerusalem

Alexandria
(Clemens, Origenes)

● Gemeinden im 1. Jh.   ● frühe theologische (Hoch-)Schulen ab dem 2. Jh.

A Das frühe Christentum

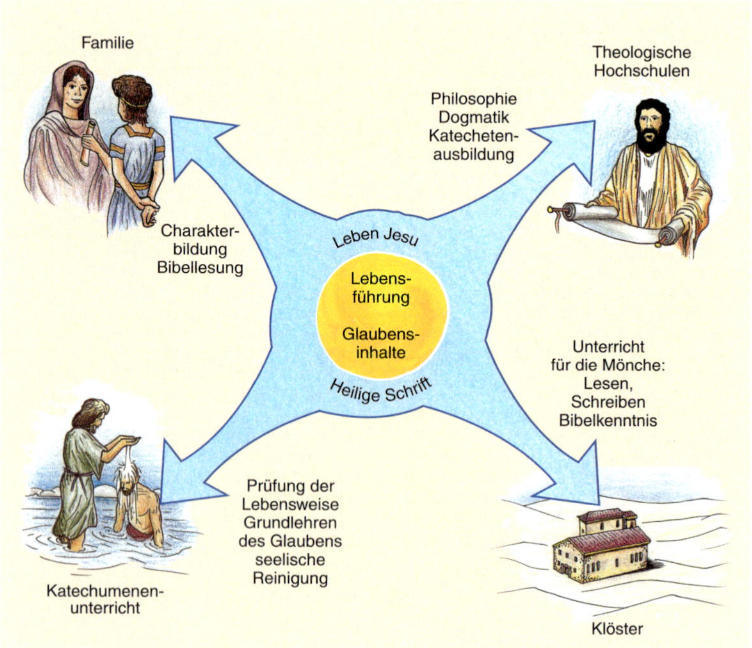

Familie

Theologische
Hochschulen

Philosophie
Dogmatik
Katecheten-
ausbildung

Charakter-
bildung
Bibellesung

Leben Jesu

Lebens-
führung

Glaubens-
inhalte

Heilige Schrift

Unterricht
für die Mönche:
Lesen,
Schreiben
Bibelkenntnis

Prüfung der
Lebensweise
Grundlehren
des Glaubens
seelische
Reinigung

Katechumenen-
unterricht

Klöster

B Institutionen der Erziehung

Das **frühe Christentum** findet sich eingebunden in die griech.-röm. Kultur. Eine spezifisch *christliche Erziehung* musste sich also sowohl inhaltlich wie organisatorisch in Auseinandersetzung mit dem antiken Bildungswesen entwickeln. Angesiedelt in einer überwiegend nicht-christlichen Umgebung hat sie die missionarische Aufgabe, Kinder und Erwachsene zum Christentum zu führen, die Glaubensinhalte zu vermitteln und eine auf das christliche Heil gerichtete Lebensführung zu festigen. Wie in der griech. Paideia ist das Ziel die Formung der Seele, die Umwendung des ganzen Menschen, nun aber nach dem Vorbild der *Heiligen Schrift* und dem Beispiel, das *Christus* gegeben hat.

> Der christl. Unterricht dient nicht der Weitergabe menschl. Wissens, sondern der Verkündigung offenbarter Wahrheit. Daher ist auch nicht der Mensch, sondern Gottes Wort die eigentliche erzieherische Kraft.

Die griech. Paideia ist getragen vom Gedanken, dass der Mensch sich kraft seiner Vernunft selbst vervollkommnen kann. Im christl. Verständnis dagegen bedarf der Mensch der Hilfe Gottes, um die sein Heil betreffenden Wahrheiten zu erkennen und zur Erfüllung seines Strebens zu gelangen.

Das frühe Christentum muss sich daher mit der Frage auseinandersetzen, welche Wert die weltl. Bildungsgüter im Hinblick auf den Heilsweg überhaupt haben. Welche Bedeutung hat die Erkenntnis *(gnosis)* im Hinblick auf den Glauben *(pistis)*?

Eine Extremposition, wie sie z. B. Tertullian einnimmt, der das »heidnische« Wissen als nutzlos und ketzerisch ablehnt, kann sich schon wegen der Notwendigkeit eines elementaren Lese- und Schreibunterrichts praktisch nicht durchsetzen. Die Mehrzahl der Kirchenväter (wie Clemens, Origenes oder Basilius) betonen den Nutzen der klassischen Bildung, die eine Propädeutik für die Unterweisung in der christl. Lehre darstellt. Man soll ihren Inhalten aber kritisch gegenüberstehen und ihre »Irrlehren« (bzgl. der Götter) korrigieren.

So hat für **Clemens von Alexandrien** (um 145–um 215) bereits die vorchristl. Philosophie an Gottes Weisheit Anteil, wenn auch in unvollkommener Weise. Die Beschäftigung mit ihr kann daher die Aufnahme des Glaubens vorbereiten.

> Ziel des religiösen Strebens ist die *Ähnlichwerdung* des Menschen mit Gott, als dessen Abbild er geschaffen ist. Der Weg dorthin besteht in der Nachfolge der vorbildhaften Lebensführung Christi, auf die die Erziehung ausgerichtet sein soll.

Der christliche **Unterricht** findet zunächst außerhalb der öffentlichen Schulen statt: Wichtige Institutionen sind die Familie, der Gottesdienst (Predigt) in der Gemeinde und das Katechumenat als Vorbereitungsunterricht für die Erwachsenentaufe (B). Theologische Hochschulen, die dem wissenschaftl. Aufbau der Glaubenslehre und der Ausbildung der Katecheten (Religionslehrer) dienen, entstehen u. a. in Alexandria und Antiochia.

Schließlich entwickelt sich mit den **Klöstern** die Keimzelle für ein spezifisch christl. Erziehungswesen, das z. T. nicht nur die Unterweisung der Mönche, sondern auch externer Schüler umfasst.

Auch für **Aurelius Augustinus** (354–430), den bedeutendsten Kirchenvater, stellt sich die Frage, wie im christl. Sinn erzogen werden kann. Sein Verständnis von Lernen und Lehren ist vor dem Hintergrund seiner **Illuminationstheorie** zu sehen.

> Da die gesamte Schöpfung von Gott kommt, ist auch alles Wissen von ihr in ihm begründet. Indem der Mensch sich von den äußeren Dingen weg nach *innen* wendet, findet er die Wahrheit in seiner eigenen Seele vor, da sie ihm von Gott eingegeben ist.

Insofern kann ein Mensch im eigentl. Sinn einen anderen nichts lehren. Der Lehrer gibt nur den Anlass dafür, dass der Schüler sich an das erinnert, was er schon weiß.

Augustinus vertritt somit einen christlich neu gedeuteten *Platonismus:* Lernen bedeutet die Wiedererinnerung an der der Seele schon innewohnenden Ideen. Anders als bei Platon kann der Mensch aber nicht durch eigene Vervollkommnung zur Schau der Ideen gelangen, sondern ist auf die **Gnade** Gottes verwiesen, der ihm die Einsicht ermöglicht.

> Erkenntnis setzt so für Augustinus zweierlei voraus: **innere Einkehr** und **Glauben,** durch den der Mensch sich der Gnade Gottes öffnet.

Augustinus kritisiert scharf den zu seiner Zeit üblichen Unterricht. Zum einen die Praxis, Schüler mit Strafen zum Lernen zu zwingen: Weil jeder aus sich heraus zur Erkenntnis gelangen muss, kann Zwang nichts erreichen. Zum anderen sind die Ziele der antiken Bildung fragwürdig: Den Schülern wird beigebracht, Ämter, Ehren und Reichtum anzustreben, anstatt sich um das Heil ihrer Seele zu sorgen und das Wahre und Gute zu erkennen.

Dennoch kann man auf das weltliche Wissen nicht verzichten. So sind Sprachkenntnisse notwendig, um die ›Heilige Schrift‹ lesen zu können, geschichtliche und naturkundliche Kenntnisse, um ihren Inhalt besser zu verstehen. Die Wissenschaften können Mittel zur Weisheit sein, wenn sie in ihren Zielen entsprechend ausgerichtet sind.

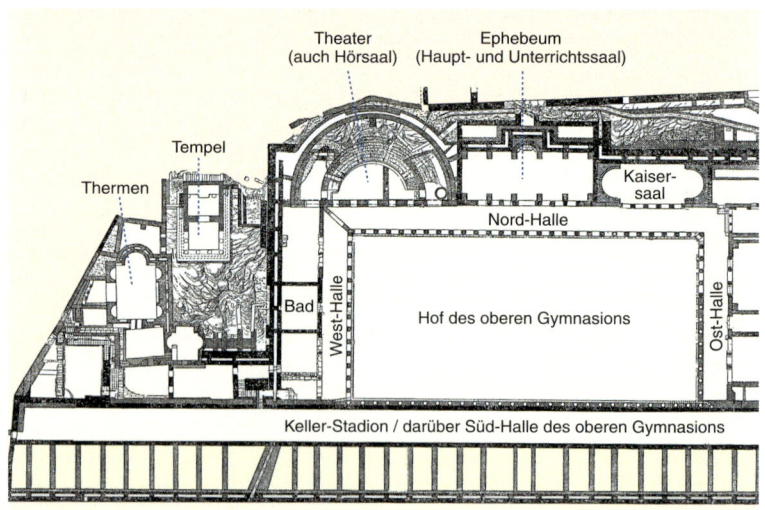

A Schulszenen (›Schale des Duris‹, 5. Jh. v. Chr.)

B Oberes Gymnasion von Pergamon

In der **griechischen Frühzeit** (bis ca. 5. Jh. v. Chr.) ist die bewusste Erziehung auf die Mitglieder der Adelsschicht beschränkt und findet bei Hofe statt. Der Inhalt der musisch-gymnastischen Ausbildung zielt auf das Ideal der adligen Tugenden, wie sie beispielhaft im Werk Homers zum Ausdruck kommen.

Im neuen Selbstverständnis der in der **klassischen Zeit** (5./4. Jh. v. Chr.) sich ausbildenden Stadtstaaten wird Bildung dagegen zur Voraussetzung für die Teilnahme aller freien Bürger an der Gemeinschaft und den öffentlichen Aufgaben.

In *Sparta* ist das Unterrichtswesen staatl. organisiert und erfasst Männer wie Frauen, die hier auch viel stärker als anderswo in das öffentliche Leben integriert sind.

In *Athen* werden die Schulen von privaten Lehrern betrieben, es gibt allerdings Verordnungen, die z. B. auch die Höhe des Unterrichtsgeldes regeln. In der Anfangszeit werden nur die Söhne zur Schule geschickt, die zu Hause stattfindende Erziehung der Mädchen ist von den familiären Gegebenheiten abhängig. Mit der Zeit öffnet sich das Bildungswesen auch für die Frauen.

Den Kern des Unterrichts bildet zunächst die *musische* (beinhaltet Musikunterricht sowie Lesen und Schreiben) und *gymnastische* Ausbildung. Mit dem Auftreten der *Sophisten* ab Mitte des 5. Jh. v. Chr. erweitert sich der Kanon um die von ihnen gelehrten Fächer Rhetorik, Grammatik, Dialektik und Mathematik, wodurch die Etablierung eines höheren Unterrichts eingeleitet wird.

Für die **hellenistische Zeit** (ab dem 4. Jh. v. Chr.), in der der Unterricht zunehmend zu einer öffentlichen Aufgabe wird, zeigt sich schließlich folgendes Bild:

Die *gymnastische* Ausbildung nimmt einen hohen Stellenwert ein. Sie findet im Gymnasium (öffentlicher Sport- und Unterrichtsstätte) statt, das auch der Ausbildung der Athleten (für die Olympischen Spiele) dient und insgesamt ein Zentrum des öffentlichen Lebens darstellt. Die meist weitläufigen Gymnasien enthalten neben Räumen für sportliche Übungen auch Bäder, Ruhe- und Massageräume, hinzu kommen die Außenanlagen mit Lauf- und Wagenrennbahn.

Den Kernbereich der Übungen bildet der Fünfkampf: Laufen, Weitsprung, Ringen, Diskus- und Speerwerfen.

Die allgemeine schulische Ausbildung unterteilt sich in drei Stufen:

1. Der **Elementarunterricht** findet vom 7. bis etwa 12. Lebensjahr statt.

Der Schüler wird vom *Pädagogen* ('Knabenführer'), einem Diener aus dem Sklavenstand, zum Unterricht begleitet und während-

renddessen beaufsichtigt. Dieser hat v. a. auf das anständige Betragen zu achten und den Schüler zum Lernen anzuhalten.

Die Lehrer dieser Schulstufe sind schlecht bezahlt, kaum ausgebildet und wenig geachtet. Harte Strafen ersetzen oft das fehlende didaktische Können.

Neben der Gymnastik werden hauptsächlich folgende Fächer gelehrt:

Im *Musikunterricht* sind die grundlegenden Instrumente die Lyra und der Aulos, eine Art Oboe. Die Übung im Chorgesang ist auch im Hinblick auf öffentliche Feste und Zeremonien, die meist von Chören begleitet werden, ein wichtiger Unterrichtsgegenstand. Hinzu kommt der Tanz, der die Verbindung von Gymnastik und Musik darstellt.

Nach griech. Vorstellung hat die Musik einen großen Einfluss auf die seelische Verfassung und ist daher geeignet, eine innere Harmonie auszubilden, die sich in der sittlichen Haltung niederschlägt.

Traditionell wird den Klängen der Lyra der Vorzug gegeben, während Flötenmusik als »verweichlichend« betrachtet wird.

Platon ist in seinem Werk ›Der Staat‹ auf die verschiedenen Tonarten eingegangen und lässt in der Erziehung nur solche gelten, die einem tapferen und besonnen Charakter entsprechen.

Beim *Lese-* und *Schreibunterricht* wird üblicherweise von den kleineren Einheiten zu größeren fortgeschritten. Den Anfang macht das Alphabet, dann folgt die vollständige Silbenreihe, schließlich ganze Wörter und Sätze. Bei der *Lektüre* spielt Homer eine zentrale Rolle; ansonsten finden Textsammlungen mit ausgewählten Passagen aus den Werken verschiedener Dichter Anwendung.

Der Unterricht im *Rechnen* beschränkt sich auf die elementaren Grundrechenarten.

Prüfungen und Zeugnisse im heutigen Verständnis scheint es nicht zu geben. Stattdessen werden oft *Wettbewerbe* veranstaltet und die Siegerlisten öffentlich ausgehängt.

2. Ab etwa dem 12. Lebensjahr beginnt der höhere Unterricht in der **Grammatikschule**.

In welchem Umfang auf dieser Schulstufe die *mathematischen* Wissenschaften (Arithmetik, Geometrie, Astronomie) gelehrt werden, ist nicht gesichert. Die Unterrichtspraxis richtet sich am literarischen Bildungsideal des Isokrates aus und nicht am wissenschaftlichen Platons, dem zufolge die Mathematik unentbehrliche Vorstufe für die Beschäftigung mit der Philosophie ist.

Die Grammatikschule dient v. a. der Vertiefung der *literarischen* Kenntnisse. Von den Dichtern stehen Homer, Hesiod, Sappho, Pindar und Euripides auf dem Lehrplan, da-

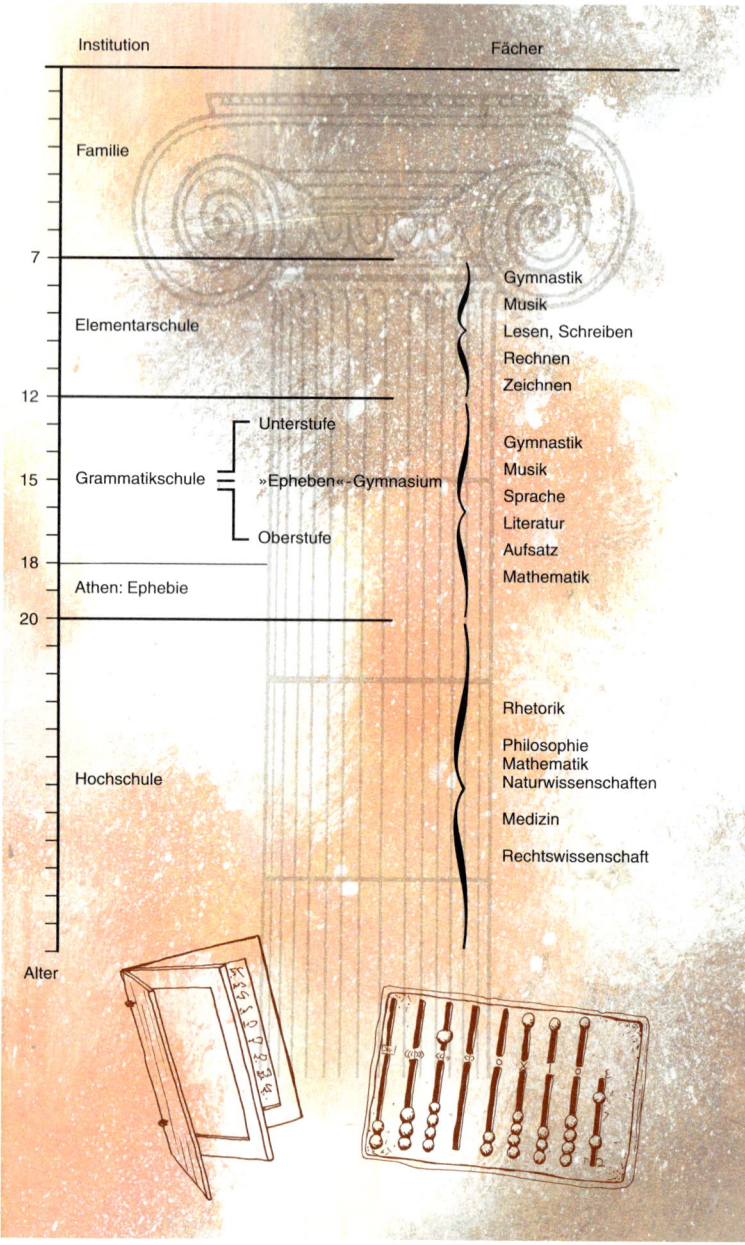

Institution		Fächer
Familie		
7		
Elementarschule		Gymnastik Musik Lesen, Schreiben Rechnen Zeichnen
12		
Grammatikschule	⎡ Unterstufe ⎢ »Epheben«-Gymnasium ⎢ ⎣ Oberstufe	Gymnastik Musik Sprache Literatur Aufsatz Mathematik
15		
18		
Athen: Ephebie		
20		
Hochschule		Rhetorik Philosophie Mathematik Naturwissenschaften Medizin Rechtswissenschaft
Alter		

Das hellenistische Bildungssystem

neben auch Geschichtsschreiber wie Xenophon oder Thukydides.

Gelesen wird laut, wie es in der Antike üblich ist. Eingeübt werden soll eine ausdrucksvolle Deklamation, die dem Versmaß, dem Sinn und der Art des Textes (Tragödie oder Komödie) entspricht. Das Lesen wird auch dadurch erschwert, dass Texte ohne Worttrennung und Satzzeichen geschrieben wurden. Bes. Wert wird auf das Auswendiglernen gelegt; manche gebildete Griechen sollen die gesamte ›Ilias‹ und ›Odyssee‹ auswendig gekonnt haben.

Bei der Erklärung von Texten werden zunächst sprachl. Probleme behandelt, da sich der dichterische Wortschatz, der Satzbau und die Redewendungen von der Alltagssprache unterscheiden. Dem folgt die eigentliche Erläuterung des Inhalts (Handlungsverlauf, Personen, Orte und Mythologie).

Schließlich finden bereits erste Übungen im selbstständigen *Aufsatzschreiben* statt: von einfachen Nacherzählungen über Inhaltszusammenfassungen bis hin zur Erörterung von Spruchweisheiten.

2 a. Eine Besonderheit in Athen ist die ab dem 4. Jh. v. Chr. zur festen Einrichtung erhobene **Ephebie**.

In erster Linie handelt es sich dabei um eine *militärische* Dienstzeit der 18–20-jährigen Männer. Zum üblichen Sportunterricht kommt die Ausbildung im Fechten, Bogenschießen, Wagenlenken, Reiten und Schwimmen hinzu. Daneben dient die Zeit aber auch der Vorbereitung auf die künftigen staatsbürgerlichen Pflichten. Im Lauf der Zeit verliert die Ephebie immer mehr ihren militärischen Charakter und ab dem 2. Jh. v. Chr. erscheint sie als eine höhere Schule, die hauptsächlich dem sprachlich-literarischen Unterricht dient.

Auch die Bedeutung des *Gymnasiums* ändert sich mit der Differenzierung des Schulwesens. Urspr. nur für die sportlichen Übungen gedacht, wird es schließlich der Ort für den höheren Unterricht.

Hier werden wiederum drei Altersgruppen unterschieden: die der »Knaben« (im Anschluss an den Elementarunterricht), der »Epheben« (etwa ab 15 Jahren) und der »jungen Männer« (etwa ab 18). Für diese Gruppen kann jeweils ein eigenes Gebäude zur Verfügung stehen.

So unterteilt sich etwa die terrassenförmig angelegte Schule in Pergamon in ein unteres, mittleres und oberes Gymnasium (S. 32, B).

Über die Schulen für Mädchen ist wenig überliefert. Der Unterricht scheint stärker literarisch ausgerichtet zu sein, bei Zurücktreten der sportlichen Übungen. Wettbewerbe als Leistungskontrolle mit Siegerehrungen sind auch hier üblich.

3. Die höchste Unterrichtsstufe bilden die **Hochschulen**, v. a. der Rhetorik und der Philosophie, daneben auch der Rechtswissenschaft und Medizin.

Das Studium dauert bis zu fünf Jahre und konzentriert sich auf die Person des Lehrers. Die geforderten Hörergelder richten sich nach dessen Bekanntheit. Erst in der röm. Kaiserzeit gibt es staatl. besoldete Professoren. Im Unterschied zu den wenig geachteten Lehrern der unteren Schulstufen genießen die Professoren großes Ansehen und können in höchste öffentl. Ämter aufsteigen.

Hochschullehrer lassen sich in allen größeren Städten antreffen. Es gibt aber auch Bildungszentren, die sich bei einer bedeutenden *Bibliothek* (z. B. Alexandria, Athen, Rhodos) ansiedeln.

Die Ausbildung in *Rhetorik* genießt die größte Beliebtheit. Das System der Rhetorik selbst und ihr Unterricht sind stark formalisiert. Als Voraussetzungen für die Tätigkeit des Redners gelten Naturanlage, Ausbildung und Erfahrung. Der Unterricht beruht auf den drei Säulen Unterweisung in der Technik, Nachahmung, Einübung und erstreckt sich auf die fünf Aufgaben des Redners: Auffinden der Gesichtspunkte, die in die Rede eingehen sollen; Stoffgliederung; Darstellung, zu der eine ausgefeilte Stilkunde gehört; Auswendiglernen; Vortragen.

Das Studium der *Philosophie* ist ebenfalls stark an der Person des Lehrers ausgerichtet. Die bedeutenden Schulen sind in Athen (Akademie, Peripatos, Stoa, Epikur); es gibt aber auch Neugründungen in anderen Städten (z. B. Rhodos) und umherziehende Philosophen, die ihren Unterricht anbieten.

Das Studium beginnt mit einer Einführung in die Geschichte der Philosophie, der dann die vertiefte Lektüre und Diskussion der Klassiker der jeweiligen Schule folgt. Neben Philosophie im engeren Sinn werden auch Mathematik und Naturwissenschaften behandelt. (Abb.)

Das **römische** Schulwesen folgt im Wesentlichen dem hellenistischen Programm. Ein Unterschied liegt in der *Zweisprachigkeit*. Im Lektüreunterricht werden griech. und lat. Autoren gelesen, und auch Rhetorik wird jeweils für beide Sprachen unterrichtet.

In der späten Kaiserzeit werden staatl. Hochschulen in allen Provinzen des Reiches errichtet, unter denen Rom, Athen (Philosophie), Alexandria, Antiochia, Beirut (Rechtswissenschaft) und Konstantinopel bes. herausragen.

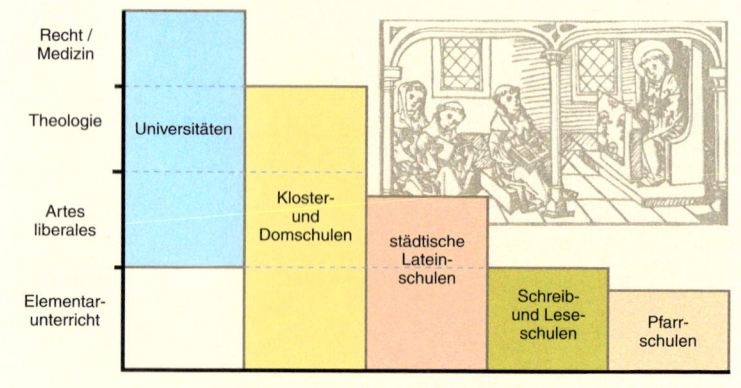

A Bildungswesen im Hoch- und Spätmittelalter

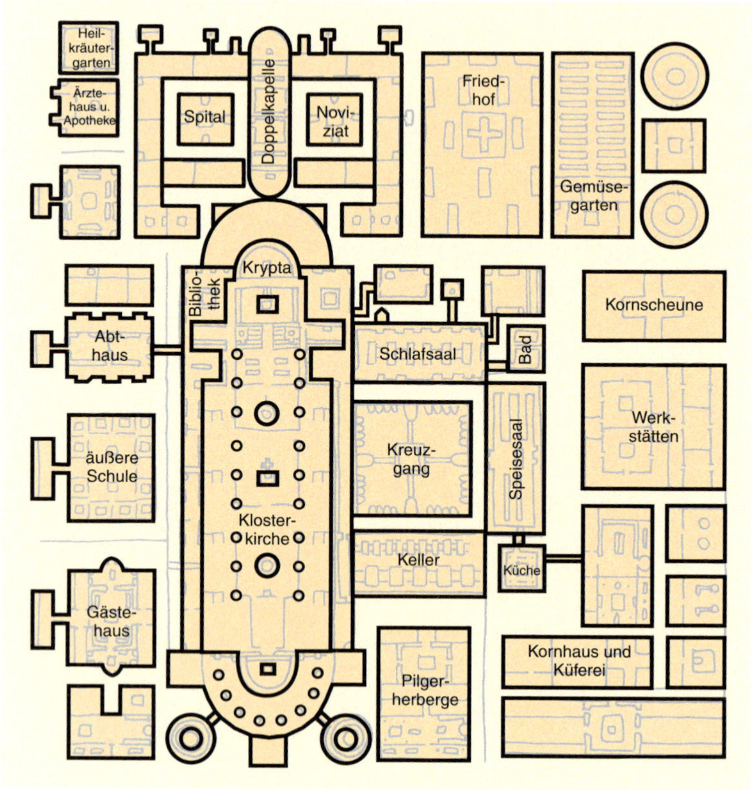

Diagramm A (Beschriftungen):

Vertikale Achse:
- Recht / Medizin
- Theologie
- Artes liberales
- Elementarunterricht

Bereiche:
- Universitäten
- Kloster- und Domschulen
- städtische Latein- schulen
- Schreib- und Lese- schulen
- Pfarr- schulen

Klosterplan (Beschriftungen):

- Heil- kräuter- garten
- Ärzte- haus u. Apotheke
- Spital
- Doppelkapelle
- Novi- ziat
- Fried- hof
- Gemüse- garten
- Biblio- thek
- Krypta
- Kornscheune
- Abt- haus
- Schlafsaal
- Bad
- äußere Schule
- Kreuz- gang
- Speisesaal
- Werk- stätten
- Kloster- kirche
- Keller
- Küche
- Gäste- haus
- Pilger- herberge
- Kornhaus und Küferei

B Klosterplan von St. Gallen (um 820)

Das **westliche Mittelalter** wird in kultureller und polit. Hinsicht von drei Größen geprägt:

1. dem *christlichen* Glauben und den institutionellen kirchlichen Strukturen,
2. der *antiken* Wissenschaft, dem röm. Recht und Reichsgedanken,
3. der *altgermanischen* Tradition mit der daraus resultierenden feudalistisch-ständischen Gesellschaft.

Bildungsgeschichtlich prägend für diese Epoche ist das Zusammentreffen der durch das frühe Christentum bewahrten antiken Schriftkultur mit der mündlichen und nicht institutionalisierten Erziehungstradition der german. Volksstämme.

Nach dem Zerfall des spätantiken Bildungssystems im Westen ab dem 6. Jh. (im Osten besteht es noch einige Jahrhunderte länger) wird die christl. Kirche zum Träger des organisierten und auf der lat. Sprache beruhenden Unterrichtswesens.

Da die Ausbildung in der Hauptsache für künftige Geistliche gedacht ist, unterteilt sich die Gesellschaft bis ins Hochmittelalter hinein in die gebildeten Kleriker *(litterati)* und die schriftunkundigen Laien *(illitterati)*. **Latein** ist die Sprache der Gebildeten, in der nicht nur Bücher, sondern auch Urkunden und amtliche Schreiben verfasst werden.

Auch für einen Adligen gilt das »Illitterat«-Sein nicht als Manko. Das hat zur Folge, dass der Stand der schriftkundigen Kleriker in der polit. Verwaltung eine wichtige Funktion übernimmt durch das Verfassen und Schreiben von Urkunden, Verträgen und Briefen.

Erst mit der Entstehung der städtischen Schulen sowie der Universitäten im Hochmittelalter wird der Weg zu einer breiteren Laienbildung beschritten. (A)

Ein institutionalisierter Unterricht existiert zunächst in Form von **Kloster-** und **Domschulen (B)**. In der frühen Zeit vom 6.–8. Jh. stellen irische und schottische Klöster bedeutende Bildungszentren dar, deren Missionstätigkeit sich bis auf das Festland erstreckt. Starke Bildungsimpulse gehen von der *karolingischen Reform* aus: Karl der Große veranlasst eine Neuorganisation des Kirchenwesens, fördert das Mönchtum und verpflichtet die Klöster auf die Einhaltung der benediktinischen Regel (s. a. n. S.). **Benedikt von Nursia** (um 480–547) gründet 529 auf dem Monte Cassino ein neues Kloster. Die von ihm erlassene *Ordensregel* zielt zwar in erster Linie auf die Reform des Mönchtums und nicht auf die Errichtung von Schulen, dennoch hat sie weit reichende Folgen für die Begründung des Klosterschulwesens.

Benedikt entwirft das Bild einer Gemeinschaft, in der die Mönche sich gegenseitig anleiten und füreinander verantwortlich sind.

Ein wichtiger Bestandteil des klösterl. Lebens ist die *geistliche Lektüre* sowohl der Bibel als auch von Schriften der Kirchenväter. Dies setzt bei den Mönchen eine entsprechende Bildung voraus.

Besondere Verantwortung für die Erziehung obliegt dem Abt, der Lehrer und zugleich Vater ist, da diese Kinder übergebenen Kinder ja ihre eigene Familie verlassen haben. Die als Bildungsziel anzustrebende Grundhaltung ist die *discretio*, womit die Ausgewogenheit des Urteils, der Ausgleich zwischen dem Ideal und den Unzulänglichkeiten der Praxis sowie die innere Harmonie der Seele gemeint ist.

Benedikts Ordensregel blieb auf die religiöse Unterweisung im engeren Sinn bezogen. Es ist das Verdienst Cassiodors (um 490 – um 583), für das Kloster ein *enzyklopädisches* Bildungsprogramm entworfen zu haben, das die »Sieben freien Künste« zur Voraussetzung für die theologischen Studien macht.

Nach dem von dem angelsächsischen Theologen Alkuin entworfenen **Lehrplan** gliedert sich der Unterricht an den Kloster- und den an Bischofssitzen eingerichteten Domschulen in drei Stufen:

1. Der *Elementarunterricht* vermittelt die Anfangskenntnisse des Lateinischen, Lesen, Schreiben, etwas Rechnen und übt die wichtigsten Gebete, Choralmelodien und die Psalmen ein.
2. Die *fortgeschrittene Stufe* orientiert sich am Bildungsinhalt der *freien Künste* (Artes liberales). Dabei nimmt die *Grammatik* einen bes. Stellenwert ein: Beherrschung der lat. Sprache, Stilkunde, Metrik. Die Rhetorik befasst sich nun weniger als in der Antike mit der gesprochenen Sprache als mit der Abfassung von Briefen und Urkunden. Die Astronomie hat ihren Nutzen auch in der Berechnung beweglicher kirchlicher Feiertage.
3. Im Anschluss daran erfolgt die eigentliche *theologische* Ausbildung: Dogmatik, Bibelexegese anhand der maßgebenden Kommentarwerke, Homiletik (Theorie der Predigt) und Katechese. (A)

Auch Laien können Zugang zum Unterricht der Klöster erhalten; sie besuchen dann die sog. »äußere Schule« (B). **Frauenklöster** bieten v. a. adligen Töchtern die Möglichkeit eines höheren Unterrichts. In der Adelsschicht sind es die Frauen, die eher über eine sprachlich-literarische Bildung verfügen als die Männer.

Yarrow
(Beda
Venerabilis)
York
(Alkuin)

Aachen
(Alkuin / Einhard)
Fulda
(Hrabanus Maurus)
Tauberbischofsheim
(Lioba)
Tours
(Alkuin)
Reichenau
(Walahfrid Strabo)
St. Gallen
(verschiedene
bedeutende Lehrer)

Monte Cassino
(Benedikt)

Sevilla
(Isidor)

Vivarium
(Cassiodor)

A Wirkungsstätten wichtiger Lehrer bis zum 9. Jh.

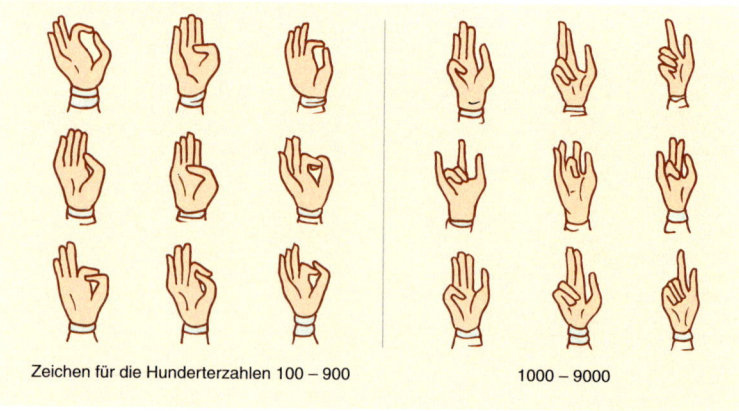

Zeichen für die Hunderterzahlen 100 – 900

1000 – 9000

B Fingerrechnen (spanische Handschrift aus dem 13. Jh.)

Karl der Große (747–814) unternimmt als Erster den Versuch, das Bildungswesen nach antikem Vorbild wieder staatlicherseits umfassend zu organisieren.

An seiner Hofakademie in Aachen versammelt er bedeutende Gelehrte seiner Zeit, unter ihnen **Alkuin** (um 730–804), der federführend an der Bildungsreform beteiligt ist.

Alkuin möchte aus Aachen ein »neues Athen« machen durch die Rückbesinnung auf die antike Bildung, die mit der christl. verbunden werden soll. Er entwirft Lehrpläne, verfasst selbst Unterrichtswerke und macht die Abtei St. Martin in Tours zu einem Bildungszentrum für Schulleiter.

Alkuin vertritt ein dialogisches Unterrichtskonzept, bei dem der Schüler Fragen an den Lehrer stellt.

Karl d. Gr. erlässt eine Reihe von *Verordnungen*, durch die der Bildungsstand der Priester verbessert werden soll: So sollen die Geistlichen intensiver in den profanen Wissenschaften unterrichtet werden, weil diese eine Voraussetzung für das Verständnis der Bibel seien. Lernunwillige sollen vom kirchlichen Dienst suspendiert werden.

Eine wesentl. Voraussetzung für den Unterricht ist das Vorhandensein von entsprechenden *Bibliotheken*. Deshalb wird auch das *Schriftwesen* von Karl d. Gr. besonders gefördert. Da Texte nur handschriftl. verbreitet werden können, unterhalten bedeutende Klöster Scriptorien (Schreibwerkstätten), in denen Abschriften angefertigt werden. Da diese allerdings häufig fehlerhaft sind, ermahnt Karl d. Gr. dazu, Texte sorgfältig abzuschreiben, »damit niemand aus Unwissenheit vom Weg der Wahrheit abweicht«, und lässt textkritische Ausgaben erstellen.

Entscheidenden Anteil an der Tradierung des Wissens im Mittelalter haben **Enzyklopädien** wie Cassiodors ›Institutiones divinarum et saecularium lectionum‹ (um 550 verfasst) und Isidors von Sevilla ›Etymologiae‹ (hg. nach 636), in denen das antike Bildungsgut gesammelt und an das Mittelalter weitergegeben wird. Sie gelten als Standardwerke, an denen sich spätere Lehrbücher ausrichten.

Parallel zur lat.-kirchlichen Bildung existiert die auf altgerman. Traditionen beruhende **adlig-ritterliche Erziehung.** Der angehende Ritter soll für den gesellschaftl. Umgang bei Hof wie für den Krieg gerüstet sein, weshalb sich seine Ausbildung auf den körperlichen und musischen Bereich sowie die höfischen Anstandsformen erstreckt.

Analog zu den sieben freien Künsten werden *sieben ritterliche Künste* gelehrt: Schwimmen, Reiten, Bogenschießen, Fechten, Jagen, Schachspiel und Versdichtung (einschließl. dem Spielen von Saiteninstrumenten).

Dazu werden häufig Grundkenntnisse in Lesen und Schreiben, der lat. Sprache und des Rechts vermittelt.

Zu den traditionellen *Tugenden* der Tapferkeit, Gefolgschaftstreue und Ehrliebe kommen unter dem Einfluss des Christentums die der Milde, Hilfsbereitschaft, Demut und Frömmigkeit hinzu.

Der *Ausbildungsgang* durchläuft drei Stufen (analog zu den Zünften: Lehrling, Geselle, Meister, oder später den Universitäten: Scholar, Bakkalaureus, Magister): Der ersten Erziehungsphase durch die Familie und Privatlehrer folgt ab etwa sieben Jahren die Ausbildung an fremden Höfen, zunächst als Page, dann ab 14 die vom Waffendienst bestimmte Zeit als Knappe. Den Abschluss bildet die »Schwertleite«, der Ritterschlag, als Bestätigung der Volljährigkeit um das 21. Lebensjahr.

Die adligen *Mädchen* erhalten Unterricht bei Hof (oder an einer äußeren Klosterschule) in Lesen und Schreiben, Handarbeit, Musik, vereinzelt auch in Latein und Literatur.

Mit dem Erstarken der Städte und dem Bürgertum im Spätmittelalter kommt es zur Gründung **städtischer Schulen.** Diese sollen unabhängig von der Klerikerausbildung den Bildungsbedarf decken, den durch Bevölkerungszunahme, den aufblühenden Handel und die Selbstverwaltung der Städte entstanden ist.

Die *städtischen Lateinschulen* bieten einen ähnlichen Lehrstoff wie die kirchlichen Schulen, allerdings mit einer stärkeren Ausrichtung auf die weltl. Berufe.

Die verschiedenen (meist drei) Altersstufen werden gemeinsam von einem Lehrer unterrichtet, bei größeren Schulen mit der Unterstützung von Hilfslehrern.

Etwas später finden sich v. a. in den wohlhabenden Handelsstädten auch sog. *Schreib-* und *Leseschulen*. Auf das Erlernen der lat. Sprache wird hier verzichtet und ein elementarer Unterricht für den Bedarf von Handel und Handwerk angeboten.

Wie bereits in der Antike, so wird auch im mittelalterlichen Unterricht bes. in der Elementarstufe viel Wert auf die **Veranschaulichung** gelegt. Zu einzelnen Buchstaben und Worten gibt es z. B. Bildtafeln, damit durch Assoziation das Einprägen erleichtert wird. Mit Hilfe geschnitzter Holzbuchstaben können spielerisch Silben und Worte zusammengesetzt werden. Das Rechnen wird anhand bereits aus römischer Zeit stammender Fingerzeichen gelernt (B).

A Universitätsgründungen im Mittelalter

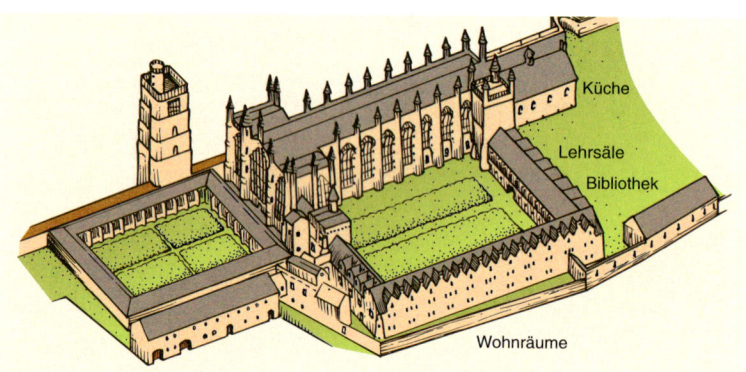

B Oxford, New College, erbaut 1380 – 1386

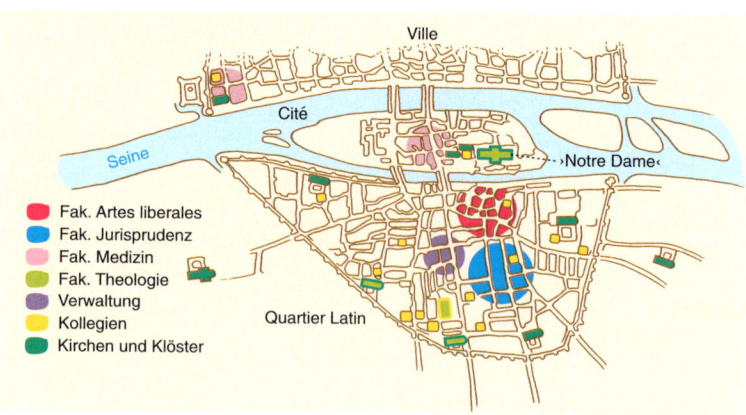

C Universität in Paris, 13. Jh.

Die **ersten Universitäten** entstehen ab dem 11. Jh. in Italien, Frankreich und England (A).

Die Gründe für diese neue Organisationsform der Forschung und Lehre liegen sowohl im *geistig-wissenschaftlichen* als auch *politisch-sozialen* Bereich.

In *Bologna* entsteht die Universität durch Zusammenschluss der Studenten zu Korporationen (»universitates«), zunächst v. a. zum Zweck des Studiums des neuentdeckten Römischen Rechts. Da die Studenten aus ganz Europa als Stadtfremde weitgehend rechtlos sind, dienen die Korporationen auch der Verteidigung rechtlicher Interessen. In *Paris* organisieren sich bereits dort lehrende Magister, die sich der Bevormundung durch den Kanzler der Kathedralschule entziehen und die Studien selbstständig regeln wollen.

Aus dem Umstand, dass die ersten Universitäten nicht als obrigkeitliche Gründungen, sondern als Zusammenschluss Gleicher mit gemeinsamen Interessen entstehen, erklärt sich ihre Organisation in Form demokratischer **Selbstverwaltung.** In Bologna etwa berufen und besolden anfangs die Scholaren ihre eigenen Lehrer. »*Universitas*« bedeutet also zunächst die Gemeinschaft von Magistern und Scholaren, später dann auch die Gesamtheit der Wissenschaften *(universitas litterarum).*

Die *Unabhängigkeit* der frühen Universitäten gegenüber der Einmischung von außen gründet auch darin, dass sie zunächst an keinen Grundbesitz gebunden sind. Kommt es zum Konflikt mit der Stadt, haben sie so mit der Drohung der Abwanderung ein geeignetes Druckmittel an der Hand, zumal die im Verhältnis zur Bevölkerungsgröße der Städte hohe Anzahl der Studenten einen beträchtlichen wirtschaftlichen Faktor darstellt. Infolge tatsächlicher Abwanderungen entstehen so weitere Universitäten (z. B. Vicenza, Arezzo, Padua von Bologna; Angers, Orléans von Paris; Cambridge von Oxford), zumeist als Ausbau bereits bestehender städtischer Schulen. Bald erfolgen auf fürstliche oder päpstliche Initiative hin auch Neugründungen, die aber dennoch ihre Autonomie wahren können.

Diese Unabhängigkeit wird außer durch Selbstverwaltung auch durch *Eigenfinanzierung* (Lehrgelder, Stiftungen) und weitgehend eigene *Gerichtsbarkeit* sichergestellt. Durch zunehmende finanzielle Abhängigkeit und Ortsgebundenheit nimmt der Einfluss kirchlicher und staatl. Instanzen auf die Universitäten zu. Zudem werden die

universitären Privilegien, wie Immunität, Abgabenfreiheit oder Verleihung akademischer Grade, von Kaiser und Papst erteilt.

Für die **Zulassung** zum Studium spielt der Stand und die nationale Herkunft keine Rolle. Begünstigt durch die gemeinsame Wissenschaftssprache Latein, die Mobilität der Scholaren und die allgemeine Gültigkeit der akademischen Grade entsteht ein die Schranken von Nation, Stand und Herkunft überschreitendes *europäisches* Geistesleben.

Die **Unterbringung** der Studenten erfolgt hauptsächlich in von mehreren gemeinsam gemieteten Häusern (sog. *hospicia*, Bursen). Aufgrund von privaten Stiftungen entstehen schließlich die *Kollegien*, darunter die Sorbonne in Paris, die Studenten aufnehmen und durch Stipendien sozial absichern. (C)

Die Universität gliedert sich in vier Fakultäten: die *Artes liberales, Medizin, Recht* und *Theologie.*

Das Grundstudium der Artes schließt mit der *Magisterprüfung* ab. Die dann an der Universität verbleibenden Magister können entweder als *magister regens* selbst an der Artistenfakultät lehren oder als *magister non regens* an einer der drei höheren Fakultäten weiterstudieren.

Die **Lehrveranstaltungen** bestehen aus Vorlesung (nach Wichtigkeit gegliedert in ordentliche und außerordentliche), Disputationen und Repetitorien.

Die *Disputation* erfolgt nach einem strengen Schema, wobei die Kontrahenten das Für und Wider einer These mit logisch stichhaltigen Argumentationen verteidigen müssen. Sie erfordert einen sachgerechten und rhetorisch geschulten Einsatz des erworbenen Wissens.

Ein *Studientag* beinhaltet i. d. R. Vorlesungen am Vormittag, am Nachmittag Übungen und Repetitionen, die sich u. U. auch bis in den Abend hineinziehen können.

Der **Universitätsabschluss** gewinnt bald eine große soziale Bedeutung. Er ermöglicht es, in Ämter aufzusteigen, die sonst nur Adligen vorbehalten waren. Die soziale Anerkennung der wissenschaftl. Ausbildung bedeutet somit ein Überschreiten der mittelalterlichen Ständeordnung. Das Bedürfnis nach vertiefter Bildung trifft zusammen mit einem gestiegenen Bedarf geistlicher und weltlicher Höfe an juristisch und theologisch gründlich Geschulten. Die Bedeutung der Universitäten für die Berufsausbildung bringt in der Folge ein zunehmendes nationales Interesse der Landesherren mit sich, Beamte, Lehrer und Juristen in eigenen Universitäten ausbilden zu lassen.

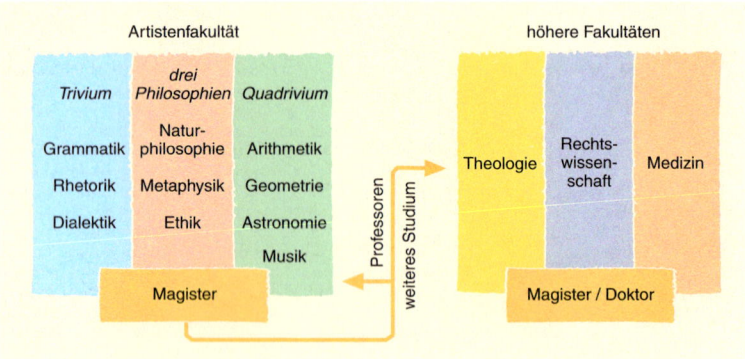

A Universitätsfächer

B Die Rezeption antiker Wissenschaft (12. – 13. Jh.)

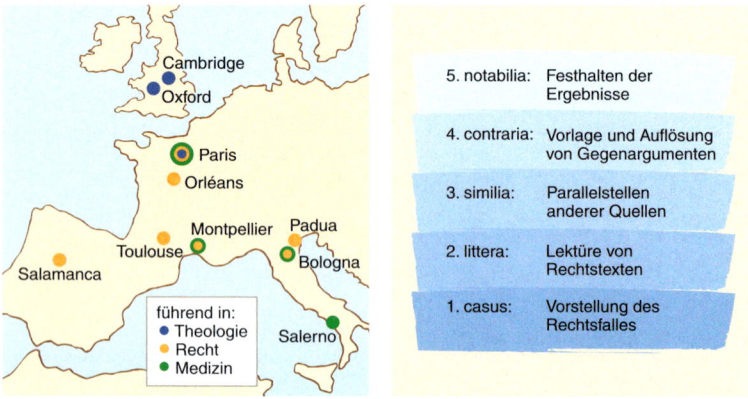

C Erste Universitätszentren für Fächer
   der höheren Fakultäten

D Beispiel für den Aufbau einer Vorlesungs-
   stunde in Rechtswissenschaft

Bereits in der Antike hatte sich ein Kernbereich von Lehrfächern herausgebildet, der schließlich im 5. Jh. von Martianus Capella als Kanon der sieben »**Artes liberales**« (d. h. der eines freien Menschen würdigen Wissenschaften) festgeschrieben wurde.

Diese werden, in zwei Gruppen unterteilt, auch zur Grundlage des mittelalterlichen Bildungswesens (A):

1. *Trivium:* Grammatik (Latein, Sprachwissenschaft), Dialektik (Logik), Rhetorik;
2. *Quadrivium:* Arithmetik, Geometrie, Astronomie, Musik.

Diese Systematik ist insofern idealtypisch, als nicht immer alle Fächer tatsächlich unterrichtet und im Lauf der Zeit auch unterschiedl. Schwerpunkte gesetzt werden. V. a. die mathematischen Fächer des Quadriviums konnten nach dem Abbrechen der antiken Wissenschaftstradition zunächst kaum auf hohem Niveau betrieben werden. Andererseits gibt es Fächer, die in der Systematik nicht enthalten sind, so etwa Geografie oder Naturkunde.

Mit der Gründung der ersten Universitäten werden die sieben freien Künste in der **Artistenfakultät** gelehrt und zum *Vorbereitungsstudium* für die höheren Fakultäten (Theologie, Recht, Medizin) (A).
Obwohl als Grundlage für das weitere Studium gedacht, gewinnt die Artistenfakultät immer größere Eigenständigkeit. Das liegt zum einen daran, dass ein großer Teil der Studenten bereits nach Abschluss dieses Studiums von der Universität abgeht, zum anderen daran, dass die dort gelehrten Fächer durch die zunehmende Wiederentdeckung antiker Schriften einen bedeutenden Aufschwung erhalten.

Während im lateinischsprachigen Westen die griech. Wissenschaft zum großen Teil nur in Form zusammenfassender Enzyklopädien überliefert war, hatte die islamische Kultur schon früh Zugang zu den griech. Originalwerken. In arabischen Übersetzungen gelangt deren Kenntnis über das maurische Spanien nach Europa.
Durch die rege Übersetzungstätigkeit bes. im 12. Jh. werden nicht nur die hochentwickelte arab. Medizin und Naturwissenschaft bekannt, sondern etwa auch das vollständige Werk des Aristoteles und seiner wichtigen arab. Kommentatoren (B).
Bes. die nun beginnende *Aristoteles-Rezeption* fördert die Eigenständigkeit der Artistenfakultät. Dem Fächerkanon werden die »**drei Philosophien**« hinzugefügt: Naturphilosophie, Metaphysik und Ethik.
Die offenkundige Unvereinbarkeit von Inhalten der aristotelischen Lehre mit denen des christlichen Glaubens führt zu heftigen Auseinandersetzungen mit der Theologischen Fakultät und im Lauf des 13. Jh. zu

verschiedenen Lehrverurteilungen durch die kirchliche Autorität. Thomas von Aquin gelingt es schließlich, Aristoteles zur Grundlage einer christlichen Philosophie zu machen.

Nur an wenigen Universitäten gibt es zu Beginn **höhere Fakultäten** (C).
Bis ins 14. Jh. hinein z. B. haben nur die Universitäten Paris, Oxford und Cambridge eine Theologische Fakultät.
Theologie: Grundlage des Studiums ist die Bibel und die dazugehörigen Kommentare.
Die traditionelle Exegese hatte sich v. a. darauf beschränkt, unterschiedliche verborgene Bedeutungen herauszuarbeiten: den wörtlichen, moralischen oder geistlichen Sinn. Im Lauf der Zeit wird der bloße Kommentar zu einer *dialektischen Erörterung* theologischer Probleme erweitert und damit die Grundlage für eine scholastische (spekulative) Theologie gelegt.
Dem Aufbau einer systematischen Ordnung des Wissens dienen die theologischen *Summen*, von denen die ›Sentenzen‹ des Petrus Lombardus (um 1100–1160) am einflussreichsten sind und den Universitätsunterricht bestimmen.
Zur Graduierung ist der Student (wie auch an anderen Fakultäten) verpflichtet, bestimmte Lehrveranstaltungen selbst durchzuführen.
Recht: Gelehrt wird *Römisches Recht* auf der Grundlage der Kodifikation Kaiser Justinians aus dem 6. Jh. sowie *Kirchliches Recht* anhand von Sammlungen päpstlicher und synodaler Dekrete, jeweils mit den dazugehörenden Kommentaren.
Ein juristischer Grad eröffnet sehr gute Berufsaussichten und kann Mittel für einen sozialen Aufstieg sein.
Medizin: Die sich ausbreitenden Übersetzungen griech. und arab. Quellen führen auch zu einem Aufschwung der Medizin. Frühe Berühmtheit erlangt die Schule von Salerno, später kommen Bologna, Montpellier und Paris hinzu.
Der Universitätsunterricht ist eher theoretisch-naturwissenschaftl. ausgerichtet, wodurch sich die akademischen Ärzte auch von anderen Heilberufen abgrenzen wollen.
Unter den medizinischen Schriften ragen die dem Hippokrates zugeschriebenen Werke sowie die von Galen und Avicenna hervor.
Dennoch beinhaltet die Ausbildung auch den Erwerb praktischer Erfahrungen, etwa durch die Assistenz bei Krankenbesuchen.

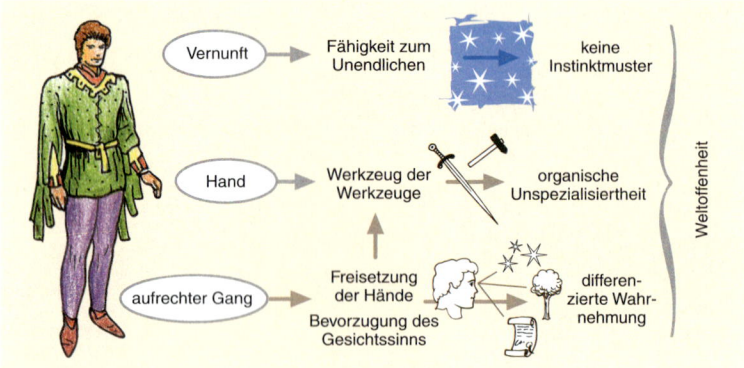

A Thomas von Aquin: Anthropologische Gegebenheiten der Lernfähigkeit

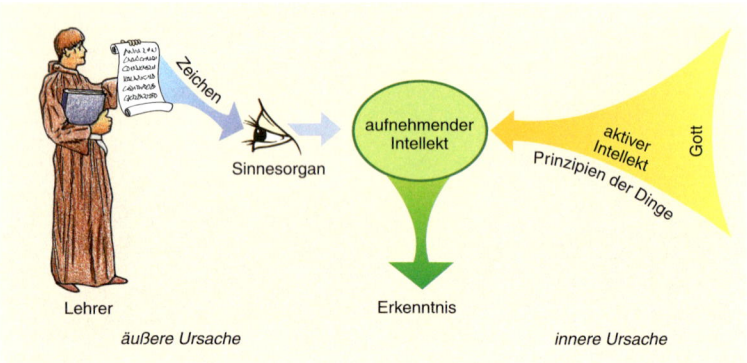

B Erkenntnistheorie des Lernvorgangs bei Thomas von Aquin

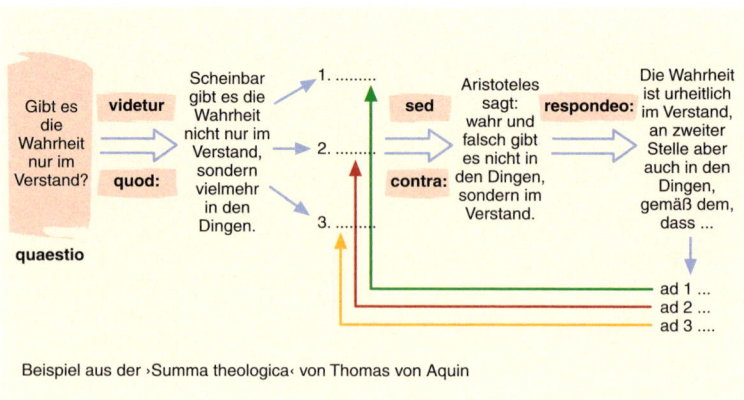

C Die Form der Quaestio als Gedankenschulung

Thomas von Aquin (1224/25–74) ist der bedeutendste Philosoph und Theologe des Mittelalters. Für die Pädagogik sind v. a. seine erkenntnistheoretischen Überlegungen zum Vorgang des Lehrens und Lernens von Bedeutung.

Ähnlich wie in modernen **anthropologischen** Auffassungen sieht Thomas in der *Weltoffenheit* des Menschen seine Bildungsfähigkeit, aber auch -bedürftigkeit begründet (A).

> *»Die geistige Seele hat, da sie das Universale zu fassen vermag, die Kraft zum Unendlichen. Und darum konnte es nicht sein, dass ihr von der Natur festgesetzt würden eindeutig bestimmte instinkthafte Meinungen oder auch bestimmte Hilfen, wie sie den übrigen Lebewesen festgesetzt sind ... Vielmehr besitzt der Mensch anstelle all dieser Dinge von Natur die Vernunft und die Hände, welche die Werkzeuge der Werkzeuge sind ...«*

Der Mensch muss daher durch Erfahrung und Unterweisung erst lernen, mit seinen geistigen und körperlichen Fähigkeiten umzugehen, um die ihm innewohnenden Möglichkeiten zu realisieren.

Wie Aristoteles begreift Thomas das **Lernen** als Übergang von Möglichkeit zu Wirklichkeit, der von zwei Ursachen bewirkt wird:

1. Die *innere Ursache* liegt in der Natur jedes Menschen, in seinem inneren Licht der Vernunft *(intellectus agens)*, durch das er fähig ist, die allgemeinen Prinzipien aller Dinge zu erkennen. Diese Fähigkeit ist ihm von Gott gegeben, er hat damit in gewisser Weise, wenn auch unvollkommen, an Gottes Wissen Anteil. Deshalb ist Gott der erste und eigentliche Lehrer des Menschen.

2. Als *äußere Ursache* des Lernens wirkt der menschl. Lehrer. Er hilft und fördert den Schüler bei der Entfaltung seiner natürlichen Erkenntnisfähigkeit, so wie ein Arzt die eigentlich heilenden Kräfte der Natur nur unterstützt (B).

Der Lehrer kann dem Schüler kein Wissen »eintrichtern«, weil Wissen etwas ist, das vom eigenen Verstand erzeugt werden muss. Er kann aber Zusammenhänge aufzeigen und dem Lernenden geistige Werkzeuge (Methoden) an die Hand geben, sodass dieser seine eigenen Schlussfolgerungen ziehen kann.

Aufgabe des Lehrers ist es, die Bindeglieder zwischen dem, was jemand weiß, und dem, was er noch nicht weiß, bereitzustellen. Dies geschieht, indem er den gedanklichen Weg, den er für sich gegangen ist, um etwas zu entdecken, dem Schüler aufzeigt und ihn so auf denselben Weg bringt.

Lehren kann man demnach nur, was man selbst verstanden hat, und lernen nur durch eigene Erkenntnis. Diese Einsicht liegt auch dem *Universitätsstudium* zugrunde:

> Nur wer selbst forscht, kann andere in der Forschung unterweisen, und nur wer selbst den Erkenntnisweg nachvollzieht, versteht, was gelehrt wird.

Der Lehre kommt nach Thomas insofern eine Sonderstellung zu, als sich darin die *vita contemplativa* (d. h. die betrachtend erkennende Lebensweise) mit der *vita activa* (der handelnden Lebensweise) zu einer Einheit verbindet.

Eine im Mittelalter verbreitete wissenschaftl. Darstellungsform, die auch Thomas in seiner ›Summa theologica‹ verwendet, ist die **Quaestio:**

> Zunächst wird der zu behandelnde Sachverhalt in Form einer *Frage* (quaestio) vorgelegt. Es folgt die Darlegung der *Argumente* (videtur quod) und der *Gegenargumente* (sed contra). Dann wird in der *Antwort* (respondeo) die eigene Auffassung entwickelt und auf dieser Basis die vorgebrachten Argumente im Einzelnen *beurteilt* (ad primum, secundum ...) (C).

Die pädagog. Bedeutung dieser Vorgehensweise liegt in der gedanklichen Disziplin, mit der man angehalten ist, alle Argumente, die für oder gegen eine These sprechen, zu durchdenken, zu einer eigenen Stellungnahme zu kommen und diese wiederum im Abgleich mit den anderen Positionen zu überprüfen.

Einen für seine Zeit ungewöhnlichen Ansatz hat der frz. Theologe **Jean de Gerson** (1363 bis 1429): Er definiert die Kindheit aus pädagog. Sicht als eine Zeit eigenen Wertes und Rechtes. Daher soll man Kinder nicht wie kleine Erwachsene behandeln, sondern eine ihnen gemäße Erziehung zukommen lassen.

> *»Wie unklug handeln also die Lehrer der Kinder ..., wenn sie diese sofort jeder fehlerhaften Neigung entkleiden und sie plötzlich gleichsam zu einem geistigen Greisenalter führen wollen.«*

Zwang beim Lernen führt zu nichts, vielmehr soll sich der Lehrer der Aufnahmefähigkeit des Kindes anpassen und auf dem aufbauen, was es aus eigenem Antrieb lernt.

Ziel ist es, die Kinder zu einer christl. Lebensführung anzuleiten. Dabei sieht Gerson in der *Beichte* ein bes. Erziehungsmittel, eine Art therapeutisches Zwiegespräch, in dem sie über ihre eigenen seelischen Antriebe und Verstrickungen Klarheit gewinnen können. Der Erzieher und Beichtvater hilft dabei durch seine Fragen und Appelle.

A Pico della Mirandola: Durch Bildung entspricht der Mensch seiner Sonderstellung in der Natur (Darstellung aus: Carolus Bovillus ›Liber de intellectu‹, 1509)

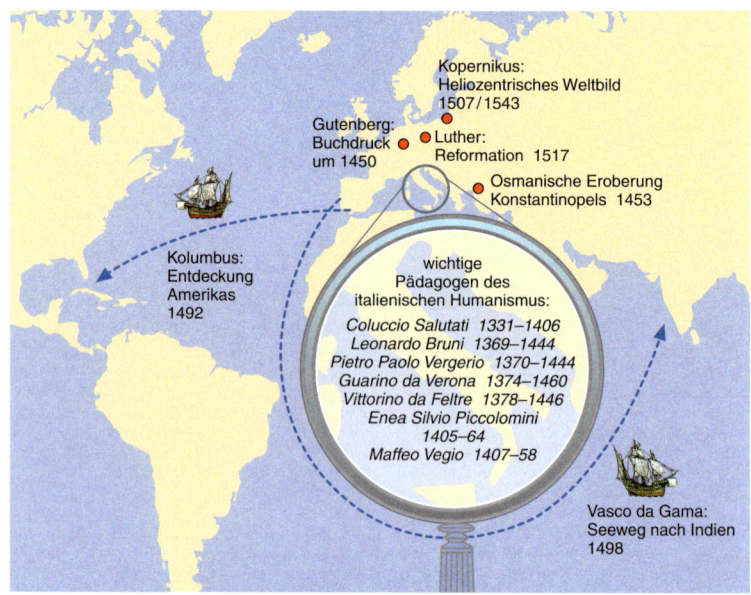

B Historische Ereignisse und wichtige Pädagogen

Die von dem ital. Dichter und Philologen Francesco Petrarca (1304–74) ausgehende Geistesbewegung des **Humanismus** vertritt ein Bildungsideal, das in der Wiedergeburt (»Rinascimento«) der *Antike* begründet ist. Das Mittelalter hat zwar antike Bildungsgüter aufgenommen und weitergetragen, aber die Auswahl und Auslegung erfolgte mit Rücksicht auf die christl. Weltanschauung. Die Humanisten dagegen wollen den Geist der Antike aus sich heraus sprechen lassen, was eine Wiederbelebung der entsprechenden Werte und Lebensformen mit einschließt.

Kennzeichen der humanistischen Bewegung sind daher:
- die Forderung »*Zurück zu den Quellen*«, d. h. die antiken Texte in der Originalfassung zu studieren und nicht in Form der im Mittelalter üblichen Kompendien und Kommentare;
- eine Wiederbelebung des *klassischen Lateins*, in Abgrenzung zum Wissenschaftslatein, das sich in der Zwischenzeit herausgebildet hatte, sowie des *Griechischen*;
- die Hervorhebung des Bildungswertes von *Poetik* und *Rhetorik*.

Mit der Wiederentdeckung der Antike geht die Ausprägung eines neuen **Menschenbildes** einher. Der Mensch begreift sich als *Individuum*, dessen bes. Formung sein eigenes Werk ist. In seiner berühmten ›Rede über die Würde des Menschen‹ lässt Giovanni Pico della Mirandola (1463–94) Gott zum Menschen sagen:
»Du bist durch keinerlei unüberwindliche Schranken gehemmt, sondern du sollst nach deinem eigenen freien Willen, dem ich dich anvertraut habe, deine Natur dir selbst vorherbestimmen. Ich habe dich in die Mitte der Welt gestellt, damit du von dort um dich schaust, was es alles in dieser Welt gibt.« (A)

Das Bildungsprogramm der Humanisten ist unter dem Schlüsselbegriff der **studia humanitatis** gefasst, d. h. der Bemühungen, die der Vervollkommnung des Menschseins dienen. Den Kern der humanistischen Studien bilden die Fächer *Grammatik*, *Rhetorik*, *Poetik*, *Moralphilosophie* und *Geschichte*. Zentrale Bedeutung kommt der **Sprache** zu, begründet in der Einsicht, dass Sprechen und Verstehen untrennbar sind und die Ordnung der Rede auch Ordnung des Geistes bedeutet. Die Sprache ist aber auch das Medium der Vergemeinschaftung: mit ihr bezieht sich der Mensch auf andere, sie übermittelt die Inhalte und Werte der Kultur und formt den Menschen zu einem moralischen Wesen. Charakteristisch für das neue Bildungsverständnis der Humanisten ist:

- die Hochschätzung und Wiederentdeckung von *Autoren* wie Platon, Cicero, Seneca, Vergil oder Horaz,
- die Heranziehung von *Originaltexten* für den Unterricht anstelle von Lehrbüchern,
- die Bedeutung der *ästhetischen* Form. Hierin kommt das antike Ideal der »Kalokagathie«, der Einheit des Schönen und Guten, erneut zur Geltung,
- die Entdeckung der *Geschichte* als das Feld, in dem der Mensch sein eigenes Schicksal in die Hand nimmt. In der Beschäftigung mit ihr wird der Mensch durch den Menschen (nicht durch Gott) belehrt, wie er sein Leben und seine Welt gestalten kann.

Auch wenn die oben genannten Fächer im Zentrum humanistischer Bildung stehen, so zielt sie doch letztlich auf eine umfassende Beschäftigung mit allen Bereichen des Wissens. So fordert Leonardo Bruni (um 1370–1444), dass der Mensch
»kein Gebiet, das man lernen kann, verschmäht und von keinem glaubt, dass es ihn nichts angehe«.
Der Gebildete *(uomo universale)* zeichnet sich aus durch die verwirklichte Einheit von ästhetischer *Form* (verba), *Sachwissen* (res) und moralischer *Haltung* (virtus).

Nach anfänglichen Konflikten mit dem noch scholastisch geprägten Unterricht setzt sich das humanistische Bildungsprogramm bald an den Universitäten durch. Dies zeigt sich u. a. in der Erweiterung des Lektürekanons, gründlicherer philologischer Arbeit und der Einrichtung neuer Lehrstühle, z. B. für Poetik, Griechisch und Hebräisch.

Wirkungsgeschichtlich können die Humanisten als Wegbereiter des *Bildungsbürgertums* gesehen werden. Sie sind die Vertreter einer sich außerhalb vorgegebener Institutionen formierenden Gelehrsamkeit, die auch ein von ständischen und kirchlichen Bindungen unabhängiges Wertesystem hervorbringt. Unterstützt wird diese Entwicklung durch den um 1450 erfundenen *Buchdruck*, der eine neue Lese- und Buchkultur ermöglicht (größere Verbreitung, private Bibliotheken).

Obwohl der Humanismus im Prinzip eine Bildung für alle propagiert, etabliert sich in seinem Gefolge eine *Bildungselite* mit eigenem gesellschaftl. Leistungsbewusstsein, deren »gebildete« Sprache und Auftreten auch nach außen Kompetenz und Status repräsentieren sollen.

Die erste systematische Abhandlung über die Studia Humanitatis findet sich bei **Pietro Paolo Vergerio** (1370–1444) in seiner weit verbreiteten Schrift ›Über die Sitten und Studien der Jugend‹ (etwa 1402).

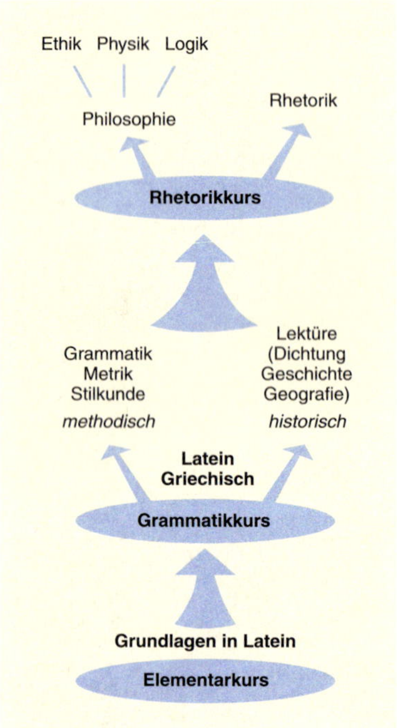

Ethik Physik Logik

Philosophie

Rhetorik

Rhetorikkurs

Grammatik
Metrik
Stilkunde
methodisch

Lektüre
(Dichtung
Geschichte
Geografie)
historisch

**Latein
Griechisch**

Grammatikkurs

Grundlagen in Latein

Elementarkurs

A Lehrplan nach Guarino

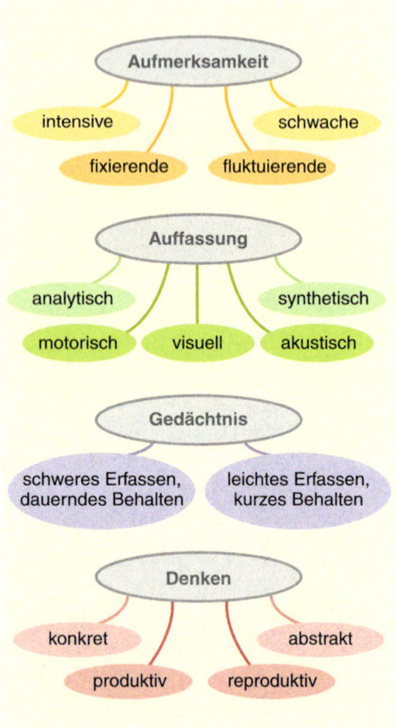

Aufmerksamkeit

intensive   schwache

fixierende   fluktuierende

Auffassung

analytisch   synthetisch

motorisch   visuell   akustisch

Gedächtnis

schweres Erfassen,   leichtes Erfassen,
dauerndes Behalten   kurzes Behalten

Denken

konkret   abstrakt

produktiv   reproduktiv

B Begabungstypen nach Vives

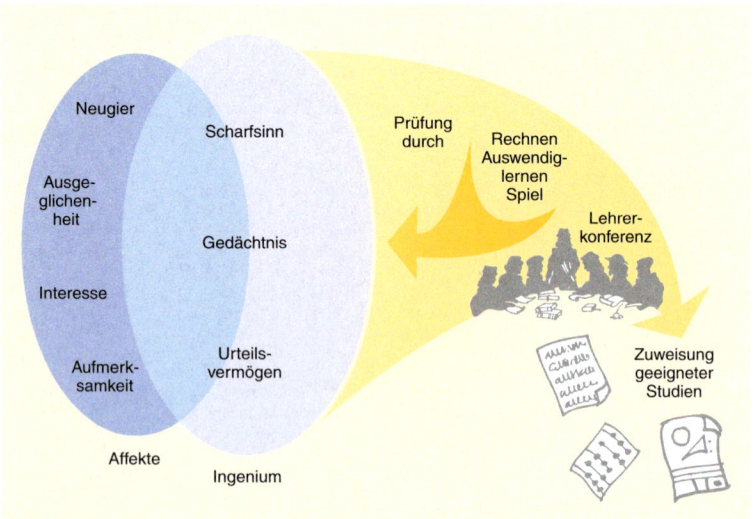

Neugier

Scharfsinn

Prüfung
durch

Rechnen
Auswendig-
lernen
Spiel

Ausge-
glichen-
heit

Gedächtnis

Lehrer-
konferenz

Interesse

Aufmerk-
samkeit

Urteils-
vermögen

Zuweisung
geeigneter
Studien

Affekte

Ingenium

C Begabungsprüfung und -förderung nach Vives

Vergerio betont darin die Einheit von Wissen und Moralität, die aus der Beschäftigung mit der antiken Literatur und den Vorbildern in der Geschichte erwächst.

Aber nicht nur das Studium von Büchern, sondern v. a. der *lebendige Umgang* mit anderen ist ein wesentliches Element der Erziehung. In diesem Sinn wirkt der Lehrer als Vorbild, wie auch das Zusammensein mit Freunden bildet, weil sie dazu beitragen, die eigenen Schwächen zu erkennen und zu beseitigen.

Der *Unterricht* soll systematisch aufgebaut sein und erst dann weiterschreiten, wenn die Grundlagen wirklich verstanden sind. Didaktisch sinnvoll sind Abwechslung und Anschaulichkeit, um eine Ermüdung der Aufmerksamkeit zu verhindern. Stets soll ein kritisches Bewusstsein wach gehalten und nichts ungeprüft übernommen werden.

In die Praxis umgesetzt wird Vergerios Konzept durch eine neue, im 15. Jh. in Italien entstehende Bildungseinrichtung: das **Gymnasium.**

Im Unterschied zu den städtischen Lateinschulen sind Gymnasien zunächst private Internate, die im Geist humanistischer Bildungsideale geführt werden. Die berühmtesten werden von Vittorino da Feltre (1378–1446) und Guarino da Verona (1374 bis 1460) geleitet.

Vittorino verbindet das humanistische Bildungsideal mit einer entschieden *christlichen* Haltung. Seine zunächst für die Erziehung adliger Söhne gegründete Schule in Mantua versammelt bald eine große Zahl von Schülern aller Stände, für deren Unterhalt er zum Teil selbst aufkommt. Lehrer und Schüler bilden eine *Lebensgemeinschaft,* zu der auch gemeinsame Ausflüge und zahlreiche sportliche Aktivitäten gehören. Das Lehrangebot ist *enzyklopädisch* gefächert und zielt auf die Harmonie geistiger, religiöser und körperlicher Bildung.

Guarino legt in seiner Schule in Ferrara einen starken Akzent auf die *philologischen* Fächer.

Da das überlieferte Wissen nur in sprachlicher Form zugänglich ist, ist die Beherrschung von Sprachen Voraussetzung für jede Bildung (A).

Gelesen werden soll laut und deutlich, damit der geformte Ausdruck verinnerlicht wird. Jeder Satz muss so lange durchdacht werden, bis er verstanden ist, und am Schluss soll sich der Schüler die Argumentation des gesamten Textes vergegenwärtigen. Um die Erinnerung zu festigen und das Verständnis zu vertiefen, ist es hilfreich, das Gelesene einem Freund zu erzählen und mit ihm die eigenen Überlegungen zu besprechen.

Auch Guarinos Schule ist vom gemeinschaftlichen Leben und Forschen bestimmt. Ältere Schüler werden zu »Mitarbeitern«, indem sie in die Vorbereitung und Durchführung des Unterrichtes einbezogen werden.

Von Italien aus verbreitet sich die humanistische Bewegung in ganz *Europa.* Studenten aus den anderen Ländern besuchen die berühmten Schulen und Universitäten in Italien, um von dort die wiederentdeckten antiken Texte, das Interesse für die klassischen Sprachen sowie die neuen pädagog. Ideen in ihre jeweilige Heimat zu tragen.

Der Spanier **Juan Luis Vives** (1492–1540) betritt auf verschiedenen Gebieten der Pädagogik Neuland:
- Er verfasst die erste klar entwickelte Theorie einer staatl. *Armenfürsorge* und wird so zu einem Vorläufer der Sozialpädagogik.
- Nachdrücklich betont er den Wert einer gründlichen Bildung der *Frauen,* auch wenn er über deren Inhalte bei konservativen Vorstellungen bleibt.
- Die *Empirie* erhält einen hohen Stellenwert, sowohl bei der pädagog. Theoriebildung als auch in der Erziehungspraxis selbst. Da jede Erkenntnis über die Sinne geht, ist die Erfahrung Grundlage wissenschaftl. Urteile. In Erweiterung des humanistischen Fächerkanons misst Vives daher der beobachtenden *Naturkunde* große Bedeutung bei.

Vives' wissenschaftsgeschichtl. Leistung besteht in der Ausarbeitung einer **empirischen Psychologie,** die er zur Grundlage der Begabungsforschung und -förderung macht. Sie beschäftigt sich nicht mit dem Wesen der Seele, sondern mit beobachtbaren Eigenschaften und Wirkungen (B).

Daher kann man die **Begabung** (lat. *ingenium*) eines Kindes auch nur anhand seiner Tätigkeiten ablesen. Zur Beurteilung muss man dem Kind Aufgaben stellen (z. B. im Rechnen) und es beim Spielen beobachten, wo sich seine Veranlagung in ihrer ganzen Breite zeigt. In regelmäßigen Konferenzen sollen die Lehrer ihre Beobachtungen austauschen, die Art der Begabung analysieren und dem Schüler dann die ihm gemäßen Studien zuweisen (C).

Vives stellt somit die Einzigartigkeit des Menschen in den Mittelpunkt der Pädagogik. Sie gilt es zu erkennen, um dann Studium und berufliche Praxis danach auszurichten.

Auch die Kenntnis der **Affekte** ist eine wesentliche Voraussetzung für die Pädagogik, da sie das Lernverhalten und Urteilsvermögen beeinflussen.

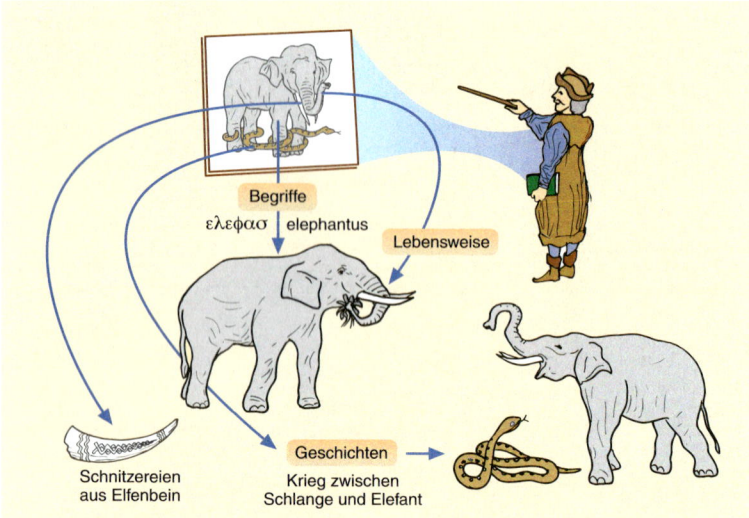

Begriffe

ελεφασ elephantus

Lebensweise

Schnitzereien
aus Elfenbein

Geschichten
Krieg zwischen
Schlange und Elefant

A Erasmus: Unterricht mit Hilfe von Bildern

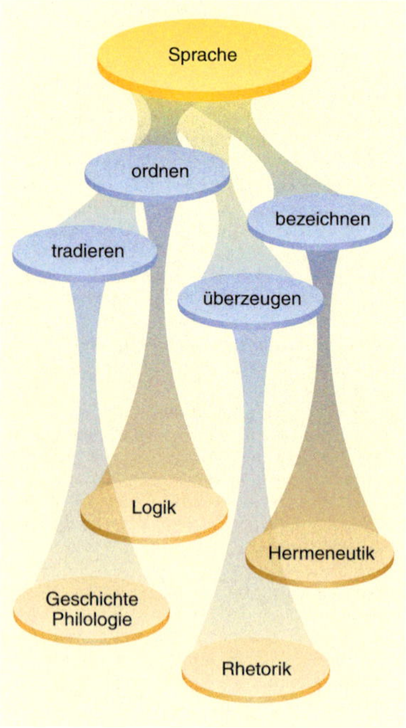

Sprache

ordnen

bezeichnen

tradieren

überzeugen

Logik

Hermeneutik

Geschichte
Philologie

Rhetorik

B Zentrale Bedeutung der Sprache
im Humanismus

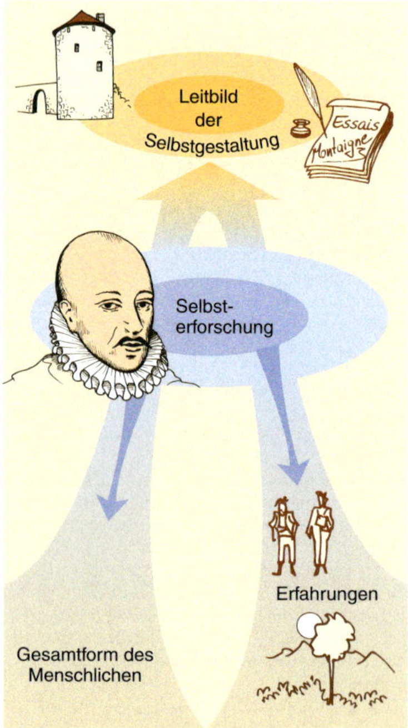

Leitbild
der
Selbstgestaltung

Essais
Montaigne

Selbst-
erforschung

Gesamtform des
Menschlichen

Erfahrungen

C Montaigne: Selbstbildung durch
Selbsterforschung

Bedeutendster Vertreter des Humanismus nördlich der Alpen ist **Erasmus von Rotterdam** (1469–1536). Der meistgelesene Autor seiner Zeit bemüht sich um eine Verbindung von christl. Philosophie und antiker Humanität.

Mit dem Satz »Menschen werden nicht geboren, sondern gebildet« verweist er auf die *Notwendigkeit der Erziehung* des Menschen, die anthropologisch in seiner Instinktentbundenheit und Vernunftbegabung gründet.

Im Zentrum seines Bildungsprogramms steht die **Sprache** (B), an der sich die Ordnung und Klarheit des Denkens schulen soll, die aber v. a. auch den Zugang zu den Inhalten des Wissens eröffnet.

»Man kennt die Dinge nur durch die Worte; wem die Macht über die Sprache fehlt, der wird notwendigerweise kurzsichtig, verblendet und närrisch in seinem Urteil über die Dinge sein.«

Die Forderung nach Sprachbeherrschung hat auch eine *emanzipatorische* Stoßrichtung: Erasmus erkennt, wie später Foucault, dass die Kontrolle des sprachlichen Diskurses durch bestimmte gesellschaftl. Kräfte einen Machtfaktor darstellt, weil dadurch das Welt- und Selbstverständnis des Einzelnen beeinflusst wird. Die Quellen im Original lesen zu können, befreit dagegen von der Bevormundung durch gekürzte oder zensierte Ausgaben und autoritative Kommentare.

So soll der **Schüler** auch nicht mehr nur als Objekt der Wissenstradierung betrachtet werden, sondern als Subjekt, das sich *aktiv* Zugang zum Bildungsstoff verschafft.

In scharfer Form rechnet Erasmus mit dem Schulsystem und den gewöhnlichen **Lehrern** seiner Zeit ab:

»... mit ewig knurrendem Magen, in schäbigem Rock sitzen sie in ihrer Schulstube ... inmitten einer Herde von Knaben und werden früh alt vom Ärger, taub vom Geschrei, schwindsüchtig von Stickluft und Gestank. Doch meine [der Torheit] Gnade schafft, dass sie an der Spitze der Menschheit zu stehen glauben. So wohl tut es ihnen, die ängstliche Schar mit drohender Miene und Stimme einzuschüchtern, mit Rütlein, Stecken und Riemen die armen Opfer abzustrafen ...«

Dagegen fordert er, dass der Unterricht von gegenseitiger *Achtung* geprägt sein soll, die sich der Lehrer durch seine vorbildhafte Bildung und Integrität verdient und die er dem Schüler durch eine auf das Alter und die Veranlagung abgestimmte Erziehung entgegenbringt.

Erasmus misst den **emotionalen** Anteilen in der Erziehung große Bedeutung bei. Die durch Einschüchterung erzeugte Angst behindert das Lernen, wohingegen der Unterricht gerade auf die Förderung des natürlichen Interesses beim Kind zielen soll.

So lässt sich die vorhandene Neugier, der Spieltrieb oder der Ehrgeiz didaktisch nutzen, z. B. durch Lernspiele, bei denen die Kinder miteinander wetteifern.

Die Schrift ›Über die Umgangserziehung der Kinder‹, in der Erasmus eine Fülle von Verhaltensregeln präsentiert, ist Zeugnis einer veränderten soziokulturellen Situation, in der der **Verhaltenskodex** ausdrücklich festgelegt werden muss. Die Umgangsformen sind nämlich nicht mehr Ausdruck der ständischen Zugehörigkeit, sondern der Bildung und für jedermann gültig.

Die Tugend der *Zivilisiertheit* (civilitas) taucht hier in ihrer Bedeutung von Affektbeherrschung und Formung der äußeren Erscheinung auf, die zur *Kultur* der geistigen Bildung hinzukommen soll.

Während die meisten Humanisten die bes. Fähigkeiten des Menschen preisen, herrscht bei **Michel de Montaigne** (1533–92) eine *skeptische* Haltung vor:

»Das unglückseligste und gebrechlichste aller Wesen ist der Mensch und zugleich das hochmütigste.«

Alles in der Welt ist im Werden und Vergehen begriffen. Die menschliche Vernunft täuscht sich, wenn sie meint, das Wesen der Dinge und endgültige Wahrheiten erkennen zu können.

Die Aufgabe der Erziehung kann deshalb auch nicht in einer Anhäufung von Bücherwissen liegen, weil dieses ohnehin nur vorläufig ist, sondern in der Ausbildung eines *eigenen Urteilsvermögens,* das sich der Grenzen allen Wissens bewusst bleibt.

Der auf Sprachen und Lektüre liegende Schwerpunkt der humanistischen Bildung führt nach Montaigne nur zu einem »Nachplappern« anderer. Das sicherste Urteil beruht auf der eigenen **Erfahrung,** die im Umgang mit den Menschen und den Dingen selbst erworben wird.

In den ›Essais‹ hat Montaigne seine Erfahrungen festgehalten und reflektiert. Sie sind Ausdruck der **Selbsterforschung,** der er den größten Bildungswert zuspricht.

»Ich studiere mich mehr als irgendeinen Gegenstand. Das ist meine Metaphysik, das ist meine Physik.«

Das Allgemein-Menschliche ist in jedem Individuum in bes. Ausprägung enthalten. Über das eigene Selbst eröffnet sich damit sowohl der Zugang zum Verständnis des Menschseins überhaupt als auch der zu den jeweiligen individuellen Veranlagungen und Fähigkeiten. Aus diesem Wissen über die eigene Natur soll der Einzelne für sich das *Leitbild* gewinnen, das er seiner Lebensgestaltung zugrunde legen will (C).

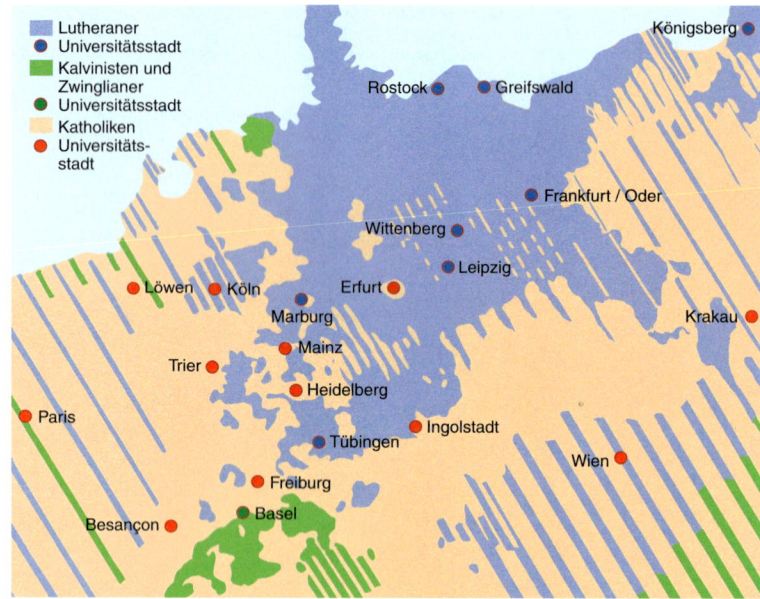

A Konfessionen in Mitteleuropa um 1547

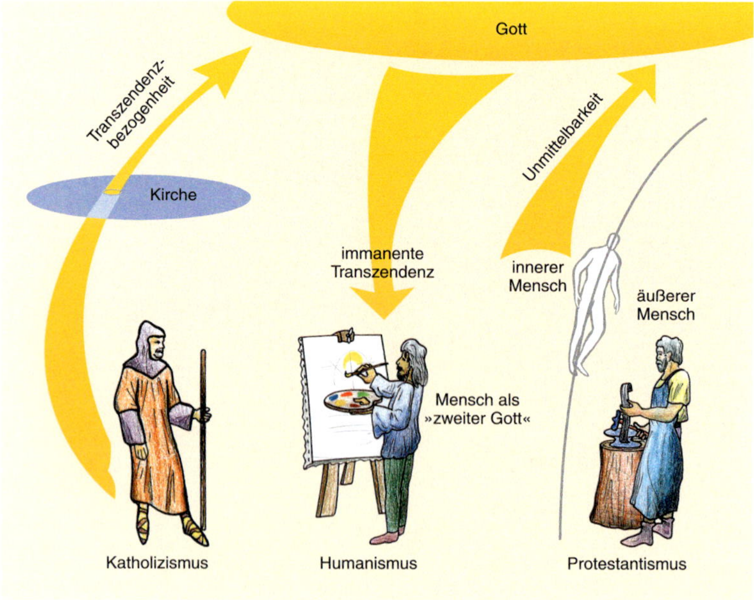

B Unterschiede im Verständnis der Stellung des Menschen

Die Umbrüche der frühen Neuzeit treffen mit der von **Martin Luther** (1483–1546) ausgehenden Reformation auch die christl. Kirche und münden in ihre Spaltung (A).

Die **Reformation** führt zum einen Ideen des *Humanismus* im religiösen Bereich fort:

• Der Betonung des *Individuums* entspricht die Ablehnung der Mittlerfunktion der Kirche. Der Einzelne steht allein durch den Glauben *(sola fide)* in einem persönlich-verantwortl. Verhältnis zu Gott. (B)

• Der Forderung »zurück zu den Quellen« entspricht die Anerkennung von Gottes Wort in der ›Heiligen Schrift‹ als alleinige Autorität *(sola scriptura)*.

Auf der anderen Seite besteht ein grundsätzlicher Unterschied in der Bewertung der Stellung des Menschen:

Während der Humanismus sein Vertrauen in die Selbstvervollkommnung des Menschen setzt, geht Luther von der völligen *Sündhaftigkeit* des Menschen aus, weshalb dieser nicht aus eigener Kraft zum Guten kommen kann, sondern allein durch die Gnade Gottes *(sola gratia)*.

Was das **Bildungswesen** betrifft, so stehen viele Reformatoren, zunächst auch Luther, den Wissenschaften ablehnend gegenüber, da sie für das religiöse Heil nicht von Bedeutung sind bzw. sogar den direkten Zugang zum Glauben verstellen können.

In den ersten Jahren zieht die Reformation in den von ihr erfassten Gebieten auch deshalb einen Niedergang des Schulwesens nach sich, weil dieses zum großen Teil ja in kath. Hand gewesen war. Zudem schwindet für Hochschulabsolventen die Aussicht auf ein lukratives kirchliches Amt. An manchen Universitäten gibt es infolgedessen zeitweilig mehr Professoren als Studenten.

Ein sinkender Bildungsstand ist aber gerade mit dem reformatorischen Grundgedanken vom *allgemeinen Priestertum* aller Gläubigen unvereinbar. Dieser setzt nämlich voraus, dass jeder sich selbst Zugang zu den Glaubensinhalten der ›Heiligen Schrift‹ verschaffen können muss.

Luther ergreift daher schließlich die Initiative und fordert in einem Schreiben an die Fürsten auf, in jeder Stadt Schulen zu gründen und Jungen wie Mädchen im Lesen und dem Evangelium zu unterrichten.

Auf diese Weise wird die Reformation zur Triebfeder einer breiten *Volksbildung,* die aber zunächst primär religiös gedacht ist. Luther spricht das Erziehungsprimat den *Eltern* zu. Da diese aber oft ihrer Verpflichtung nicht genügend nachkommen können, ist es Aufgabe der Obrigkeit, für öffentliche Schulen zu sorgen. Deren Organisation wird von den jeweiligen Landesherren übernommen, die darin auch eine Möglichkeit für den Ausbau ihrer Territorialmacht sehen.

Darüber hinaus kann damit der Bedarf an ausgebildeten Verwaltungsbeamten gedeckt werden. Das Schulwesen wird so zunehmend zu einer **staatlichen** Aufgabe.

Ein Kernpunkt der lutherischen **Anthropologie** liegt in der Lehre von der *zweifachen Natur* des Menschen (B):

Als innerer, geistlicher Mensch hat er im Glauben alles, was er zum Heil benötigt, die äußeren Dinge sind bedeutungslos. Als äußerer, leiblicher Mensch lebt er aber in der Welt und muss dort für sich und andere sorgen.

Der *innere Mensch* ist in Sachen seines Heils nur auf seinen Glauben und Gott verwiesen. Erziehung durch den Menschen ist im Grunde weder möglich noch nötig, da Gott der alleinige Lehrer ist durch Christus und die ›Heilige Schrift‹.

Menschliches Lehren im religiösen Sinn kann daher nur Verkündigung sein, Aufmerksammachen und Hinführen zum Evangelium. Im Zuge dieser Aufgabe nimmt die *Rhetorik* in der Ausbildung einen bes. Stellenwert ein.

Für den *äußeren Menschen* dagegen ist das Leben in dieser Welt eine von Gott zugewiesene Aufgabe, die er nach Kräften erfüllen soll und für die ihm vielerlei Gestaltungsmöglichkeiten offen stehen.

»Obwohl der Mensch inwendig, nach der Seele, durch den Glauben genugsam gerechtfertigt ist ... so bleibt er doch noch in diesem leiblichen Leben auf Erden und muss seinen eigenen Leib regieren und mit Leuten umgehen. Da heben nun die Werke an ...«

Es ist v. a. das Verdienst von **Philipp Melanchthon** (1497–1560), die darin enthaltene relative Eigenständigkeit des weltl. Bereichs als Bildungsverpflichtung zu verstehen und eine umfassende Reform der Schulen in die Wege zu leiten.

Mit seiner Verbindung von Reformation und Humanismus wird Melanchthon zum Begründer des höheren protestantischen Schulwesens.

Er gibt Anstöße für die Neugründung und Reformierung von Bildungseinrichtungen, beeinflusst die Ausgestaltung zahlreicher Landesschulordnungen und verfasst selbst zu fast allen Wissensgebieten Lehrbücher.

Der Unterricht erfolgt in *drei Stufen:* Auf der ersten wird anhand einfacher religiöser Texte das Lesen erlernt. Danach folgt die Grammatik, die u. a. an Äsops Fabeln eingeübt wird, und die eingehendere Beschäftigung mit dem Katechismus. Die dritte Stufe ist den begabtesten Schülern vorbehalten. Hier stehen die Lektüre klassischer Autoren sowie Übungen zur Dialektik und Rhetorik

13 Jahre	Moraltheologie			
12	scholastische Theologie		Kanonisches Recht	Theologiestudium
11	Heilige Schrift		Kirchengeschichte	
10		Hebräisch		
9	Metaphysik, Ethik			
8	Physik, Mathematik			Philosophiestudium
7	Logik			
6	Rhetorik			
5				
4	Humanitas			Gymnasium
3	Grammatik (Latein, Griechisch)			
2				
1				

A Studienfächer der Jesuitenkollegien

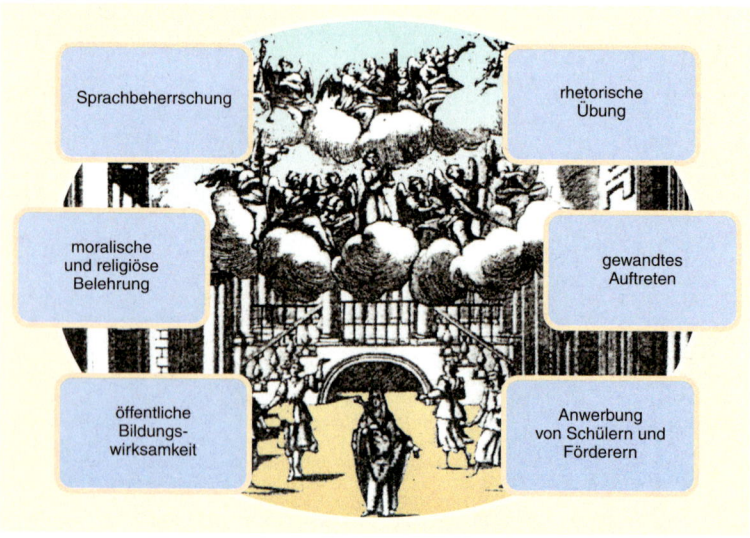

Sprachbeherrschung

rhetorische Übung

moralische und religiöse Belehrung

gewandtes Auftreten

öffentliche Bildungswirksamkeit

Anwerbung von Schülern und Förderern

B Schultheater als Bildungsmittel

im Mittelpunkt. Der gesamte Lehrplan ist auf die lat. Sprache konzentriert.

Bei den **Universitäten** zielt Melanchthons Reform auf die Vertiefung der philologischen Studien und eine Erweiterung des Fächerkanons (u. a. um Geschichte, Geografie, Naturwissenschaften). In der theologischen Fakultät wird die Bibelexegese zu einem Schwerpunkt.

In Ländern beider Bekenntnisse wird die Reglementierung und Aufsicht von Seiten der Obrigkeit verschärft. Die kirchliche und staatl. Ausbildungsfunktion der Universität bedingt eine Ausrichtung auf das jeweilige Landesbekenntnis, auf das die Professoren verpflichtet werden.

Der Schweizer Reformator **Johann Calvin** (1509–64) betont in aller Schärfe die sog. *doppelte Prädestination,* die Vorherbestimmung derer, die von Gott erwählt, und derer, die verdammt sind.

Obwohl dem Menschen somit im Hinblick auf sein Heil gar keine Einflussmöglichkeit bleibt, wird doch im weltlichen Leben Eifer bei der Arbeit erwartet.

Erfolg im Beruf, sittenstrenger Lebenswandel und Einsatz für den Glauben gelten als Zeichen der *Auserwähltheit.* Das Leben soll vollständig auf die Erkenntnis Gottes und das praktische Wirken zu seiner Ehre ausgerichtet sein. Religiöse Erziehung ist daher eine Pflicht, die jedem Einzelnen, der Familie und dem Staat gleichermaßen obliegt.

Das Schulwesen in Calvins Wirkungsstätte Genf ist dementsprechend organisiert. Katechismusunterricht und religiöse Vorträge werden für alle Bürger abgehalten. Das Gymnasium hat seinen Schwerpunkt in den klassischen Sprachen und der Rhetorik; an der Akademie werden die zur Kenntnis der ›Heiligen Schrift‹ notwendigen Sprachen Griechisch und Hebräisch sowie Theologie gelehrt.

Der Erfolg der Reformation verstärkt den Druck auf die **katholische Kirche,** die eigene innere Erneuerung anzugehen. Ein wichtiges Mittel hierfür ist die Reform des Bildungswesens, die zum einen auf eine bessere Ausbildung der Geistlichen zielt, zum anderen auf die Festigung des gesellschaftlichen Einflusses der Kirche durch eine entsprechende Erziehung der Jugend.

Führend bei dieser Neuorganisation wird die von dem Spanier Ignatius von Loyola (1491 bis 1556) 1534 gegründete **Societas Jesu** (Jesuiten), die für die nächsten 200 Jahre das Schulwesen in den kath. Ländern in starkem Maß prägt.

Die Übernahme der Schulorganisation durch den Orden wird gefördert durch

• die Hochschätzung der *Wissenschaften* bei

Ignatius, die in den Dienst der »höheren Ehre Gottes« gestellt werden;

• die *Flexibilität* der gut ausgebildeten Ordensmitglieder, die an kein Kloster gebunden sind und so überall eingesetzt werden können;

• die aus einer gezielten *Charakterformung* (»Exerzitien«) erwachsende Willensstärke und Selbstdisziplin der Ordensangehörigen.

Der Orden gründet zunächst Schulen und Hochschulen für den eigenen Nachwuchs, die mit der Zeit aber immer mehr Externe aufnehmen. Anfang des 17. Jh. existieren bereits über 300 solcher Kollegien weltweit.

1599 wird eine detaillierte **Studienordnung** erlassen, die für alle Kollegien verpflichtend ist und ohne wesentl. Änderungen bis zur Auflösung des Ordens 1773 gültig bleibt.

Der vollständige Ausbildungsgang umfasst danach drei Stufen: humanistisch geprägtes Gymnasium, Philosophiestudium und anschließend Theologiestudium (A).

Neben der wissenschaftl. Ausbildung dient der Unterricht der Stärkung der Selbstdisziplin, der Moral und des Glaubens. Verlangt wird die Akzeptierung der hierarchischen Ordnung und Gehorsam gegenüber den Autoritäten. Religion als eigenes Fach nimmt nur eine geringe Stundenzahl ein, weil der Unterricht insgesamt vom christl. Glauben durchdrungen sein soll. Letztendliches Ziel ist die *eloquens et sapiens pietas,* die sprachgewandte und gelehrte Frömmigkeit.

Körperliche Strafen sind verpönt. Dagegen sollen Preisaufgaben, Wettstreit und Ehrenämter die Leistungsbereitschaft motivieren. Die Einhaltung der Ordnung wird streng überwacht, wobei die Schüler sich auch gegenseitig beaufsichtigen sollen.

Eine bes. Einrichtung der Jesuitenkollegien ist das **Schultheater.** Neben der Einübung von Sprache und Ausdruck dienen die z. T. selbst verfassten Stücke v. a. der moralischen und religiösen Unterweisung. Daneben dürfte auch der Aspekt der »Öffentlichkeitsarbeit« zur Anwerbung von neuen Schülern und Förderern eine Rolle gespielt haben. (B)

Über die Gründung eigener Hochschulen hinaus übernimmt der Orden z. T. auch die Leitung philosophischer und theologischer Fakultäten an bestehenden Universitäten. Dies führt oft zu heftigen Auseinandersetzungen mit einem Teil der Professorenschaft. Da die Jesuiten nur der Autorität ihres Ordens und dessen Studienordnung unterstellt sind, stehen sie außerhalb der korporativen Selbstverwaltung der Universität. Die Folge ist der Verlust der Autonomie der betreffenden Fakultäten, Verschulung des Unterrichts und stärkere Beaufsichtigung von Studenten und Professoren.

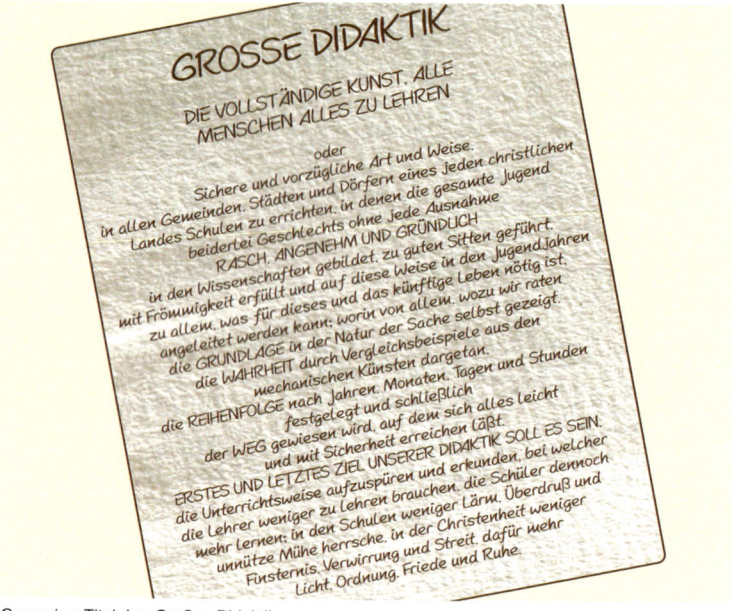

GROSSE DIDAKTIK

DIE VOLLSTÄNDIGE KUNST, ALLE MENSCHEN ALLES ZU LEHREN

oder

Sichere und vorzügliche Art und Weise,
in allen Gemeinden, Städten und Dörfern eines jeden christlichen
Landes Schulen zu errichten, in denen die gesamte Jugend
beiderlei Geschlechts ohne jede Ausnahme
RASCH, ANGENEHM UND GRÜNDLICH
in den Wissenschaften gebildet, zu guten Sitten geführt,
mit Frömmigkeit erfüllt und auf diese Weise in den Jugendjahren
zu allem, was für dieses und das künftige Leben nötig ist,
angeleitet werden kann; worin von allem, wozu wir raten,
die GRUNDLAGE in der Natur der Sache selbst gezeigt,
die WAHRHEIT durch Vergleichsbeispiele aus den
mechanischen Künsten dargetan,
die REIHENFOLGE nach Jahren, Monaten, Tagen und Stunden
festgelegt und schließlich
der WEG gewiesen wird, auf dem sich alles leicht
und mit Sicherheit erreichen läßt.
ERSTES UND LETZTES ZIEL UNSERER DIDAKTIK SOLL ES SEIN,
die Unterrichtsweise aufzuspüren und erkunden, bei welcher
die Lehrer weniger zu lehren brauchen, die Schüler dennoch
mehr lernen; in den Schulen weniger Lärm, Überdruß und
unnütze Mühe herrsche, in der Christenheit weniger
Finsternis, Verwirrung und Streit, dafür mehr
Licht, Ordnung, Friede und Ruhe.

A Comenius: Titel der ›Großen Didaktik‹

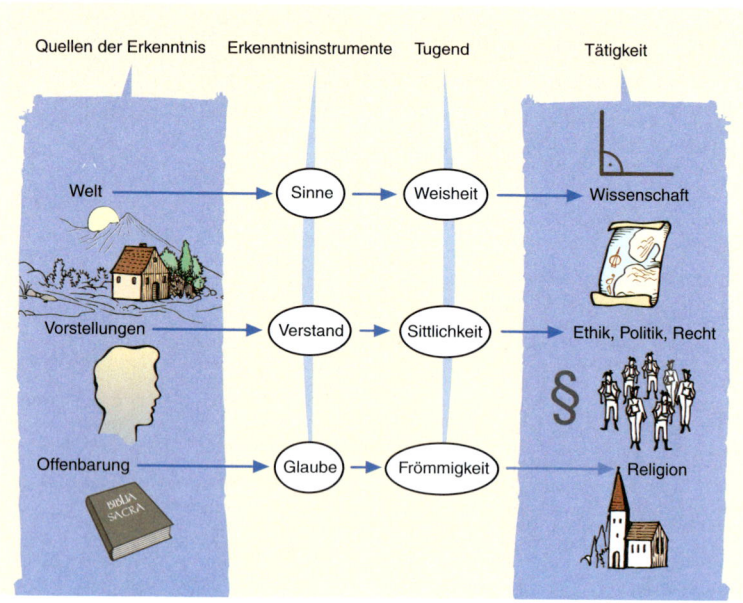

B Die Ordnung der Welt und der Erkenntnis

Das die Renaissance kennzeichnende Vertrauen in die Autonomie der Vernunft kommt im **Rationalismus** des 17. Jh. auf allen Wissensgebieten zur Entfaltung. Die Bindung des Wissens an Autorität und Überlieferung wird ersetzt durch *methodisch* erworbene und *systematisch* aufgebaute Erkenntnisse. Diese Entwicklung mündet schließlich im 18. Jh. im Projekt der **Aufklärung** als dem »*Ausgang des Menschen aus seiner selbst verschuldeten Unmündigkeit*«. (Kant)

Der vernunftgemäße Aufbau der Welt ermöglicht eine sichere Erkenntnis ihrer Gesetzlichkeit bei Anwendung rationaler **Methoden**. Der Ordnung der Welt im Ganzen entspricht auf Seiten der Wissenschaft die Darstellung in einem alles umfassenden **System**. Rationale Methode, Vollständigkeit des Erkenntnissystems sowie Glaube an den Fortschritt und die Beherrschbarkeit der Natur sind Charakteristika des **Wissenschaftsverständnisses** dieser Zeit. Dieses schlägt sich nieder

- in der *Naturwissenschaft*. So sieht F. Bacon (1561–1626) das Ziel der Wissenschaft in der *Beherrschung der Natur* zum Nutzen der Gesellschaft. Alles unterliegt allgemeinen Gesetzen, die durch Beobachtung und Experimente erforscht und technisch nutzbar gemacht werden können. I. Newton (1643–1727) wird mit seiner umfassenden quantitativen Naturbeschreibung zum Begründer der neuzeitlichen Physik und ihres mechanist. Weltbildes.
- in der *Philosophie*. René Descartes (1596–1650) will mit Hilfe methodischen Zweifels zu den unbezweifelbaren Grundlagen des Wissens vordringen. Baruch de Spinoza (1632–77) betreibt seine Ethik nach »geometrischer Methode« als eine »Mechanik der Leidenschaften«. Es beginnt die Zeit der großen philosophischen Systeme, die von Leibniz über Wolff bis hin zu Hegel reicht.
- in der *Pädagogik*. Das 17. Jh. ist das Zeitalter der großen Didaktiker, die von dem Vertrauen getragen werden, mit der richtigen Methode »alle Menschen alles lehren zu können«. So ist z.B. Comenius überzeugt, auf für beide Seiten angenehme Weise leicht 100 Schüler gleichzeitig unterrichten zu können. Der Text auf dem Titelblatt seiner ›Großen Didaktik‹ (A) spiegelt deutlich das Wissenschaftsverständnis seiner Zeit wider; er zeugt von einem systematischen Anspruch, Vertrauen in die rationale Lehrmethode und auf die Beherrschbarkeit der Natur durch Wissen um ihre Gesetze.
- in der *Politik*. Der Absolutismus macht aus Regierung und Verwaltung ein System, das auf eine umfassende Lenkung aller Lebensbereiche zielt.

Der tschechische Theologe und Pädagoge **Johann Amos Comenius** (Jan Amos Komenský, 1592–1670) ist einer der Begründer der neuzeitlichen *Didaktik*. Seine Schulbücher erreichen hohe Auflagen und sind international verbreitet. Er ist geprägt von der Religiosität der Böhmischen Brüdergemeinde, als deren letzter Bischof er tätig ist. Auch die Intention seines umfangreichen pädagog. Wirkens ist theologisch begründet: als Mitwirkung an Gottes Schöpfung und Vorbereitung auf das jenseitige Leben. Comenius' Pädagogik ist eingebettet in einen umfassenden **philosophisch-theologischen Systementwurf**: Die Welt, wie sie urspr. aus den Händen Gottes kommt, ist wohleingerichtet, aber durch den Sündenfall des Menschen in Unordnung geraten. Comenius sieht daher seine Aufgabe darin, auf eine *Verbesserung* der Welt im Ganzen hinzuwirken, die deren Rückführung zu Gott bedeutet und für den Menschen die Vorbereitung auf das jenseitige Leben ist.

Um sie verbessern zu können, muss man zunächst ihre urspr. Ordnung begreifen. Die **Quellen der Erkenntnis** (»Bücher Gottes«) sind: die äußere *Natur*, dem Menschen *Geist* innewohnenden Vorstellungen und die *Offenbarung*. Ihnen entsprechen als *Erkenntnisinstrumente*: Sinne, Verstand und Glaube. (B)

In der Welt ist alles aufeinander bezogen, und deshalb ist unser Wissen nur vollkommen, wenn es sich auf den Zusammenhang des Ganzen richtet. Aus diesem Grund tragen die Begriffe, mit denen Comenius Teile seiner **Wissenschaftssystematik** bezeichnet, immer die Vorsilbe Pan- (gr. für 'all', 'ganz'). So z.B.

- die *Pansophia*: »der Versuch, Ordnung zu schaffen in allen Dingen, die bisher völlig in Unordnung sind«;
- die *Pampaedia*: »Ordnung zu schaffen in allem Denken, das bisher ganz verstört ist«;
- die *Panglottia*: »Ordnung zu schaffen in allen Sprachen, die bisher ganz verwirrt sind«.

Die Pansophia beschäftigt sich mit dem, was in den »Büchern Gottes« (Natur, Geist, Offenbarung) niedergelegt ist, die Pampaedia sucht die richtigen Wege, dieses Wissen allen zu vermitteln (Pädagogik), und die Panglottia ist bemüht,

»*die Wege der Völker zueinander mit Hilfe der Sprachen zu festigen, damit in der ganzen Welt in Zukunft der menschlichen Gesellschaft nichts unzugänglich bleibe*«.

Das Ziel aller drei Bemühungen ist schließlich die *Panorthosia*,

»*die Veränderung des Zeitalters zum Besseren, das heißt die Annäherung von uns allen an die Gesetze der Dinge und die Gesetze Gottes ...*«.

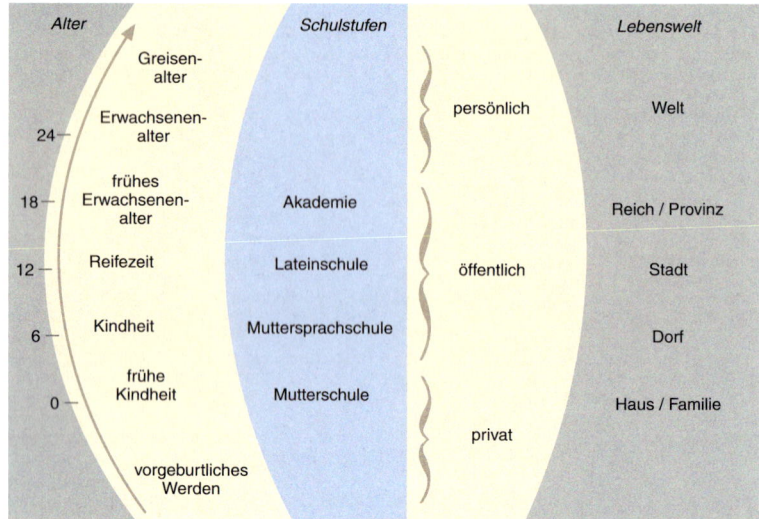

Alter		Schulstufen	Lebenswelt
	Greisen-alter		
24 —	Erwachsenen-alter		persönlich	Welt
18 —	frühes Erwachsenen-alter	Akademie		Reich / Provinz
12 —	Reifezeit	Lateinschule	öffentlich	Stadt
6 —	Kindheit	Muttersprachschule		Dorf
0 —	frühe Kindheit	Mutterschule		Haus / Familie
	vorgeburtliches Werden		privat	

A Schulstufen

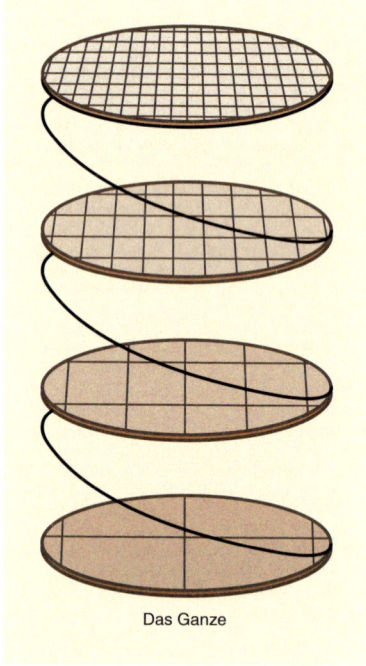

Das Ganze

B Spiralförmiger Aufbau des Curriculums

1 Schlitten

2 Schubkarren

3 Karren

4 Holzwagen

5 Transportwagen

6 Deichsel

C Bild aus dem Schulbuch
›Die sichtbare Welt in Bildern‹

Comenius' Programm *omnes – omnia – omnino* (alle – alles – vollständig) kann als Leitfaden für das Verständnis seiner Pädagogik dienen: In jedem Ort sollen **Schulen** eingerichtet werden, an denen alle Kinder ohne Unterscheidung von Stand und Geschlecht unterrichtet werden.

Comenius sieht eine Differenzierung in **vier Stufen** vor, die entwicklungspsychologischen Gesetzmäßigkeiten folgt:

1. Bis zum Alter von 6 Jahren *(Mutterschule)* soll v. a. das Begreifen der Welt durch die äußeren Sinne geschult werden.
2. Die sog. *Muttersprachschule* für die 6–12-Jährigen dient der Ausbildung der inneren Sinne (Vorstellungskraft).
3. Die *Lateinschule* (12–18-Jährige) soll Verstand und Urteilskraft schulen.
4. An der *Akademie* (bis zum 24. Lebensjahr) findet die Formung der Willenskraft sowie der Wissens- und Handlungskompetenz ihren Abschluss.

In späterer Zeit hat Comenius diese Stufen noch um drei weitere ergänzt, die den Gedanken des *lebenslangen Lernens* zum Ausdruck bringen (A):

> Die Sorge um das *vorgeburtliche Werden;* das dem Jungmannesalter folgende *Mannesalter,* in dem der tätige Umgang mit den Dingen und den Menschen im Vordergrund steht; das *Greisenalter,* in dem das im Leben Erworbene zur Erfüllung gebracht werden soll.

Dass die Schule »alle alles« lehren soll, bedeutet nicht, dass jemand das gesamte Wissen erwerben kann, sondern dass die Dinge in ihrem *Zusammenhang* mit den anderen dargestellt werden sollen.

Jede Stufe des Unterrichts muss daher das **Ganze** eines Weltbildes vermitteln und nicht isolierte Elemente, die sich erst später zu einem Ganzen zusammenfügen. Der jeweiligen Auffassungsgabe angemessen soll so immer die Gesamtheit der Bildungsinhalte durchschritten werden, während das Nacheinander der aufsteigenden Klassen einer zunehmenden Differenzierung entspricht.

> *»Das System der Sachenwelt ist nämlich eine Einheit. ... Wer es seiner Ordnung nach durchgeht, findet nichts völlig Neues, sondern nur die neue, jetzt fällige Stufe, die notwendig auf die früheren folgt. Ähnlich soll sich im menschlichen Geist die Erkenntnis der Dinge verbinden ... dass dem Knaben, dem Jüngling, dem Manne gleichsam nichts Neues begegnet, sondern nur Besonderheiten des Bekannten.«*

Comenius' *Curriculum* lässt sich mit einer Spirale vergleichen, die aufsteigend »das Ganze« auf jeweils komplexeren Stufen umkreist (B).

Die Kinder sollen z. B. bereits in der Muttersprachschule die ganze Geschichte und Geografie der Welt in Hauptzügen kennen lernen sowie mit den verbreiteten Handwerkskünsten bekannt werden.

Auf diese Weise kommt ihnen keine menschliche Tätigkeit fremd vor und sie sind darauf vorbereitet, das ihren Anlagen Entsprechende später zu vertiefen.

Das auf jeder Schulstufe zu lehrende Ganze umfasst *Wissenschaft* (Welt), *Politik* bzw. *Ethik* (Vorstellungen) und *Religion* (Offenbarung), denen die Tugenden *Weisheit, Sittlichkeit* und *Frömmigkeit* entsprechen (S. 56, B).

Innerhalb jedes dieser Bereiche wiederum sollen die drei **Grundfähigkeiten** des Menschen *Wissen, Sprechen, Handeln* zur Entfaltung gebracht werden.

Der Wissenserwerb zielt letztlich auf die Anwendung; der Mensch soll tauglich werden für das Leben in seiner natürlichen und sozialen Umwelt.

Für das konkrete **didaktische Vorgehen** nennt Comenius einige Grundsätze, so z. B.:

- »alles zu seiner Zeit« (die natürliche Entwicklung berücksichtigen),
- »den Inhalt vor der Form« (erst das Konkrete, dann das Abstrakte und Formale),
- »das Ganze vor den Teilen« (immer den Zusammenhang aufzeigen, dann zunehmend differenzieren),
- »das Vertraute vor dem Neuen« (bei dem aus der Lebenswelt Bekannten beginnen).

Comenius gibt im Sachunterricht der direkten Anschauung den Vorzug. Da dies aber in der Schule oft nicht möglich ist, sind **Schulbücher** das primäre Unterrichtsmaterial. Diese sollen so aufgebaut sein, dass sie umfassend sind, methodisch stufenweise weiter führen und durch Bilder veranschaulichen. (C)

Die einzelnen auf die Klassen der Muttersprachschule zugeschnittenen Bücher behandeln z. B. das Alphabet, die Hauptgedanken der Pansophia, den Aufbau der natürlichen Welt, den Aufbau der Kulturwelt, den Kerngehalt der ›Heiligen Schrift‹.

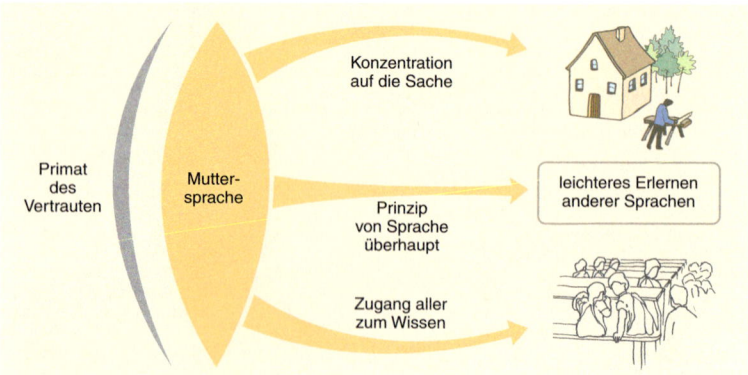

A Ratke: Vorrang der Muttersprache

B Ansicht der Franckeschen Stiftungen um 1749

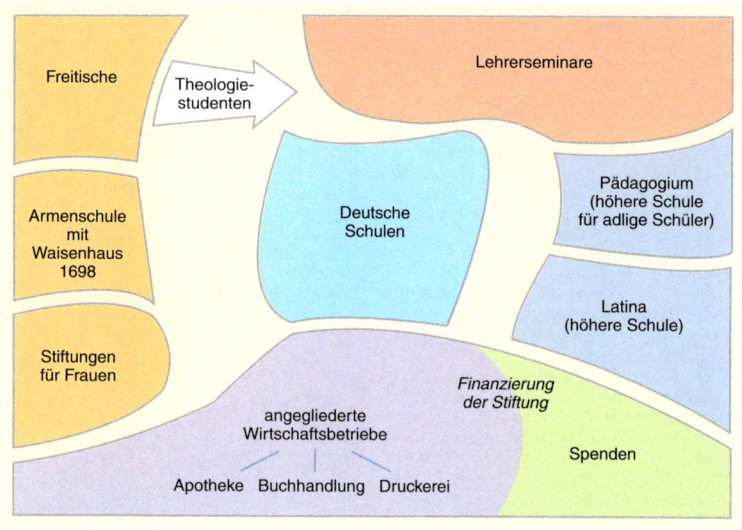

C Aufbau der Stiftungen

Weit reichende Reformpläne verfolgt **Wolfgang Ratke** (1571–1635). Er legt 1612 den zum Reichstag in Frankfurt a. M. versammelten Fürsten ein ›Memorial‹ vor, in dem er seine pädagog. Grundsätze zusammenfasst, deren Befolgung die »Wohlfahrt der ganzen Christenheit« befördern soll. Dabei hat er auch ein polit. Ziel vor Augen: Eine einheitliche Bildung der Bürger soll zur Überwindung der konfessionellen und polit. Zerrissenheit Deutschlands beitragen.

Die eigenen Versuche, seine Vorstellungen in die Praxis umzusetzen, sind zuvor allerdings mehrfach gescheitert.

Ratke betont die Notwendigkeit einer eigenen **Wissenschaft der Didaktik,** damit die Qualität des Unterrichts nicht allein von der zufälligen Begabung des Lehrers abhängt. Einige der von ihm aufgestellten didakt. **Regeln** lauten:

• Alles der *Ordnung der Natur* gemäß lehren, d. h. vom Einfachen zum Komplexen, vom Bekannten zum Unbekannten. Daraus ergibt sich auch der folgende Grundsatz:

• Alle Unterweisung zuerst in der *Muttersprache.* Erst wenn die Schüler diese beherrschen, soll der Fremdsprachenunterricht beginnen.

• Nichts auf bloße Autorität und Gewohnheit hin annehmen. Der Lehrinhalt soll an der *Erfahrung* aufgezeigt und mit sachlichen Gründen untermauert werden.

• *Konzentration* auf ein Gebiet. Nicht Verschiedenes gleichzeitig lehren und erst weitergehen, wenn das Vorhergehende verstanden worden ist.

• Alles *ohne Zwang.* Der Schüler prägt sich nur das auf Dauer ein, was er mit Interesse lernt. Zwang und Schläge zeugen von der Unfähigkeit des Pädagogen.

»... denn darum pflegt man die Knaben zu schlagen, weil sie nicht behalten haben, was man sie gelehrt. Hättest du aber recht gelehrt, wie es sein sollte, so würden sie es auch behalten haben ...«

Dem rationalistischen Vertrauen in die methodische *Beherrschbarkeit des Lernprozesses* entspricht, dass Ratke der Eigeninitiative des Schülers nur eine untergeordnete Rolle zuweist. So lautet eine problematische Regel:

»Alle Arbeit fällt auf den Lehrmeister, dem Lehrjungen gebührt zuzuhören und stillzuschweigen.«

Wegweisend ist Ratke dagegen mit seiner Forderung nach dem **Primat der Muttersprache** (A). Neben dem didakt. Vorteil, dass sich der Schüler in der ihm geläufigen Sprache besser auf die Inhalte konzentrieren kann, hat dieser Grundsatz auch eine bildungspolit. Dimension: Die traditionelle Bindung der Wissenschaften an eine Fachsprache schließt bestimmte Bevölkerungsgruppen vom Zugang zu deren Erkenntnissen aus; eine Schranke, die entfällt, wenn in der Muttersprache unterrichtet wird.

Der evangel. Theologe und Pädagoge **August Hermann Francke** (1663–1727) ist einer der wichtigsten Vertreter des **Pietismus.**

Dieser innerhalb der lutherischen Kirche angesiedelten religiösen Bewegung geht es um die Verinnerlichung des Glaubens. Sie wendet sich gegen Theologengelehrsamkeit, dogmatische Erstarrung und Formelhaftigkeit. Religion ist eine Sache des »Herzens« und der unmittelbaren Beziehung des Einzelnen zu Gott. Der Verinnerlichung entspricht die Bedeutung des persönlichen Gnaden- und Erweckungserlebnisses, aber auch das starke Empfinden der Sündhaftigkeit des Menschen.

Im Titel seiner Schrift ›Kurzer und einfältiger Unterricht, wie die Kinder zur wahren Gottseligkeit und christlichen Klugheit anzuführen sind‹ sind schon die **Ziele** seiner Pädagogik enthalten. Die Erziehung dient

• zum einen der Vorbereitung auf die Begegnung mit Gott, die durch die *Wendung nach Innen* (Selbstreflexion, Gewissensprüfung, Gebet) vollzogen wird,

• zum anderen der *praktischen Klugheit,* die für die Bewährung des Glaubens im Handeln erforderlich ist.

Disziplinierte Arbeit und sozialer Einsatz gelten als Ausdruck eines christlich geführten Lebens und der wirtschaftliche Erfolg zugleich als Zeichen von Gottes Segen.

Ganz in diesem Geist entfaltet Francke selbst eine unermüdliche soziale, pädagog. und unternehmerische Wirksamkeit: In Glaucha bei Halle gründet er 1695 zunächst eine Armenschule. Im Lauf der Zeit entwickelt sich daraus eine ganze Schulstadt mit angegliederten Wirtschaftsunternehmen, in der über 2000 Kinder unterrichtet werden (B, C).

Francke legt in seiner Stiftung großen Wert auf eine praktische Ausbildung, was sich auch in der Betonung der **Realienkunde** zeigt.

Naturkunde, Landwirtschaft und Handwerksfächer werden in den Unterrichtsplan aufgenommen. Der Veranschaulichung dienen Landkarten, Naturaliensammlungen oder die Lektüre von fremdsprachigen Zeitungsartikeln.

Dieser beruflich-wirtschaftliche Zug pietistischer Erziehung hat auch Einfluss auf die ersten Gründungen von *Realschulen.*

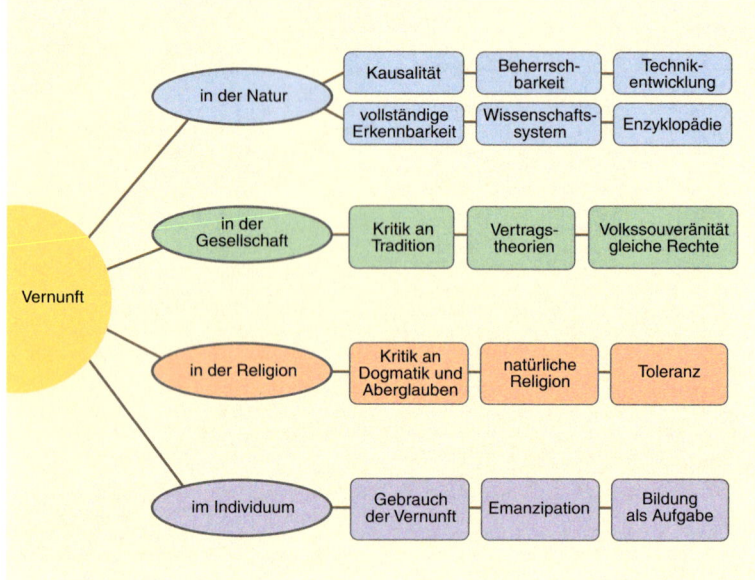

A Das Vernunftkonzept der Aufklärung

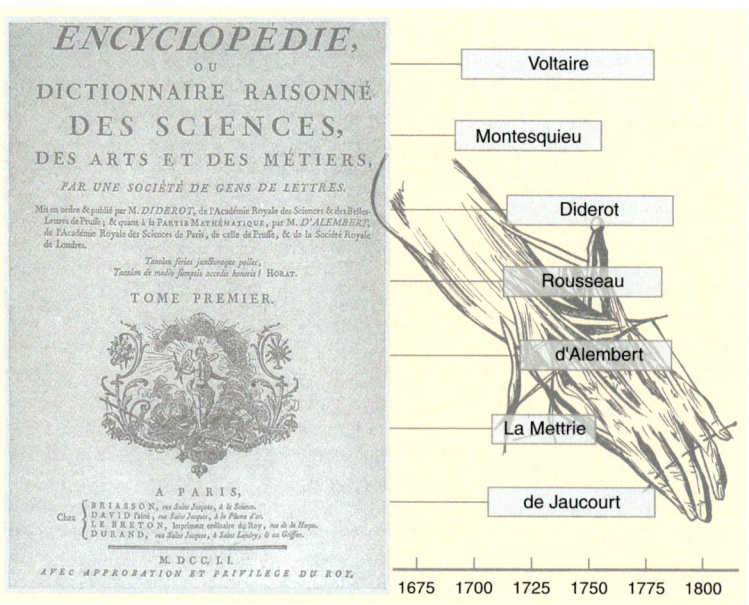

B Bedeutende Mitarbeiter der Enzyklopädie

Als historische Epoche bezeichnet man das ausgehende 17. und das 18. Jh. als **Aufklärung**. Charakteristisch für sie ist

- die Betonung der *Vernunft* in allen Lebensbereichen (A),
- die *kritische Distanz* zu Autorität und Tradition,
- die Forderung nach religiöser *Toleranz* und
- eine *vertragstheoretische* Begründung polit. Institutionen.

Die Erfolge der **Naturwissenschaften** bei der Erkenntnis und Beherrschung der Natur begründen einen *Fortschrittsoptimismus* und lassen das *mathematisch-kausale* Erklärungsmodell der Welt zu einem Vorbild für alle Wissenschaften werden.

Vielfach setzt sich ein *materialistisches Menschenbild* durch, wie es beispielhaft der frz. Arzt und Philosoph Julien Offray de La Mettrie (1709–51) in seiner Vorstellung vom Menschen als sich selbst steuernder Maschine vertritt.

Auf **religiösem Gebiet** wird eine kritische Haltung gegenüber der kirchlichen Dogmatik eingenommen und Toleranz unter den Glaubensgemeinschaften gefordert.

Eine vernünftige Betrachtung der christl. Lehre soll jeden Aberglauben aussondern und schließlich zu einer natürlichen Religion führen, deren wesentliche Aufgabe die Unterstützung der *Moral* ist.

In der **Staatsphilosophie** versuchen die u. a. von Thomas Hobbes (1588–1679) und John Locke entwickelten *Vertragstheorien* die Entstehung und Legitimation des Staates zu erklären. Zu diesem Zweck wird auf einen (hypothetischen) *Naturzustand* zurückgegriffen.

Im Naturzustand ist jeder Mensch frei, wird aber faktisch durch die mögliche Willkür der anderen bedroht und beschränkt. Daher schließen die Individuen zu ihrem eigenen Schutz einen Vertrag ab, durch den sie sich einer übergeordneten Gewalt unterwerfen.

Der vertragstheoretische Ansatz beinhaltet den Gedanken der *politischen Gleichheit* der Bürger und der *Volkssouveränität,* da die Legitimation der Staatsgewalt vom Volk ausgeht. Aufgabe des Staates ist es, die Ordnung aufrechtzuerhalten, die der natürlichen Freiheit unter den Bedingungen sozialen Zusammenlebens am besten gerecht wird.

In der **Ökonomie** entspricht dem die Haltung des *Liberalismus,* wonach der Markt dem freien Spiel der Kräfte überlassen werden soll.

Die emanzipatorische Stoßrichtung der Aufklärung verlangt vom Einzelnen, seine geistige und politische Freiheit wahrnehmen zu können und auch wahrzunehmen. Dies setzt einen eigenständigen *Gebrauch der Vernunft* und damit **Bildung** voraus.

»Habe Mut, Dich Deines Verstandes zu bedienen! ist also der Wahlspruch der Aufklärung. Faulheit und Feigheit sind Ursachen, warum ein so großer Teil der Menschen, nachdem sie die Natur längst von fremder Leitung freigesprochen, dennoch gerne zeitlebens unmündig bleiben, und warum es anderen so leicht wird, sich zu deren Vormündern aufzuwerfen.« (Kant)

Bildung wird zu einer *öffentlichen Angelegenheit,* die nicht nur in Schulen und Universitäten stattfindet, sondern in Form von Lesezirkeln, Zeitungen oder moralischen Wochenschriften eine umfassende Breitenwirkung anstrebt. Die Gesellschaft wird als ein kritikbedürftiges, lernfähiges und dynamisches System begriffen.

Seine eindrucksvollste Manifestation findet das Bildungsprogramm der Aufklärung in der von Denis Diderot (1713–84) und Jean-Baptiste le Rond d'Alembert (1717–83) herausgegebenen ›**Encyclopédie**‹. Die systematisch-enzyklopädische Darstellung des Wissens in diesem 1751–80 in 35 Bänden erschienenen Werk zielt explizit darauf ab, den Bildungsprozess der bürgerlichen Gesellschaft voranzutreiben (B).

»Also wird der Herausgeber die Welt als seine Schule und die Menschheit als seine Schüler betrachten ...« (Diderot)

Der Rationalismus der Aufklärung enthält in sich jedoch ein dem Ziel der Befreiung des Individuums gegenläufiges Moment, weshalb Max Horkheimer und Theodor W. Adorno von der »Dialektik der Aufklärung« sprechen. Die rationalistische »Entzauberung« der Welt in Verbindung mit einem mechanistischen Naturverständnis hat nämlich die Tendenz zu einer *Instrumentalisierung* der Vernunft, die das Gegenteil zum Freiheitsstreben darstellt.

Der Glaube an die Beherrschbarkeit der Natur schließt den an die Beherrschbarkeit der Seele mit ein. Auch die Pädagogik wird in den Dienst der **Sozialdisziplinierung** gestellt. Die gesellschaftliche Kontrolle des Einzelnen beruht nicht mehr auf äußerlichem Zwang, sondern zielt auf Verinnerlichung in Form von rationaler Selbstkontrolle.

Dies zeigt sich im pädagog. Bereich z. B. in der von einzelnen Philanthropen befürworteten Methode, an Schulen eine öffentliche »Rügen-« oder »Meritentafel« (S. 70, B) zu führen, anhand derer jeder Schüler selbst täglich seinen moralischen und schulischen Fortschritt zu überwachen hat.

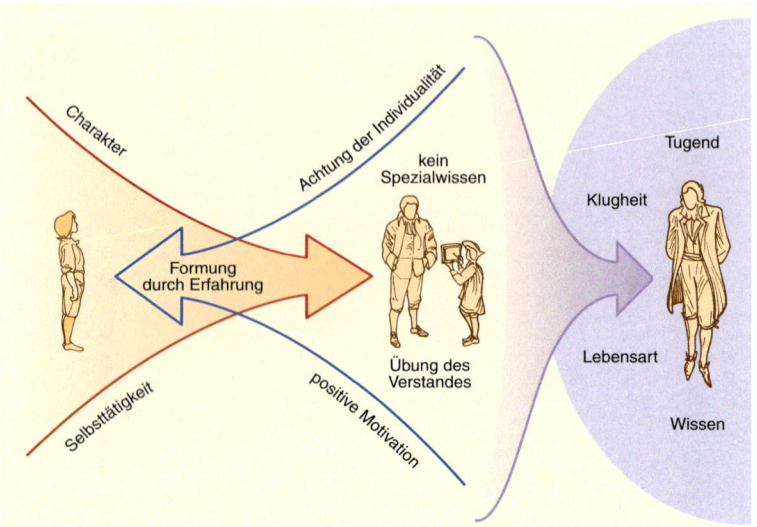

A Locke: Bildung des Gentleman

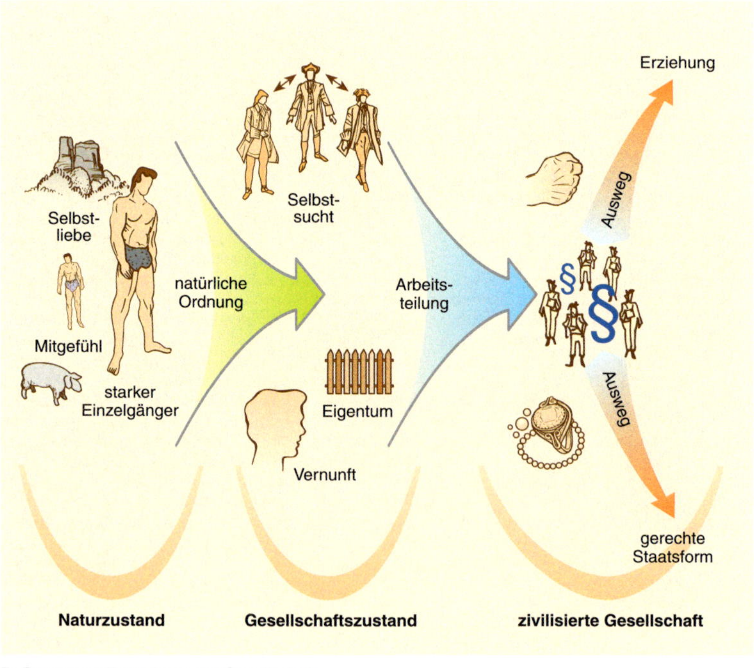

B Rousseau: Entstehung der Gesellschaft

Der Philosoph, Arzt und Erzieher **John Locke** (1632–1704) ist einer der bedeutendsten Vertreter der engl. Aufklärung und des *Empirismus*, d. h. einer Philosophie, die die Erfahrung zu ihrer Grundlage macht. In seiner **Erkenntnistheorie** betrachtet er den menschlichen Geist als ein urspr. »weißes Blatt«, auf dem sich erst mit der Zeit aufgrund von Sinneswahrnehmungen Vorstellungen einschreiben.

Dem Verstand kommt die Aufgabe zu, aus einfachen Eindrücken (z. B. Farben, Raumwahrnehmung usw.) durch seine eigene Tätigkeit des Vergleichens, Verbindens oder Abstrahierens komplexere Vorstellungen zu erzeugen.

Aufgrund seines empiristischen Ansatzes spricht Locke der Erziehung eine große Einflussmöglichkeit auf die Entwicklung des Kindes zu.

Wenn der Verstand ein unbeschriebenes Blatt ist, dann kommt es nur darauf an, welche *Erfahrungen* ihn prägen, und auf diese kann und muss die Pädagogik Einfluss nehmen.

Auf der anderen Seite sieht Locke auch, dass das Kind zwar keine angeborenen Vorstellungen, wohl aber *charakterliche Dispositionen* als Anlagen bereits mitbringt. Auf diese soll der Lehrer genau achten, um sie zu entfalten oder, wo nötig, behutsam in die richtigen Bahnen zu lenken. Nur eine Erziehung, die der **Individualität** des Kindes entspricht, führt zu einer freien und selbständigen Persönlichkeit.

Um der Individualität des Schülers gerecht zu werden, empfiehlt sich die Unterweisung durch einen *Hauslehrer*. Auf Zwang kann verzichtet werden, wenn man den natürlichen *Spieltrieb* des Kindes didakt. so einzusetzen versteht, dass es von selbst Lerninhalte sucht und leicht aufnimmt.

Im Unterschied zu den damals üblichen Vorstellungen lehnt Locke bloßes Bücher- und Gelehrtenwissen ab. Der Unterricht soll anschaulich und auf praktische Belange ausgerichtet sein.

Seine pädagog. Ratschläge, die er in ›Einige Gedanken über die Erziehung‹ (1693) gesammelt hat, zielen auf die Bildung des **Gentleman** – zur damaligen Zeit ein Angehöriger des niederen Adels (A). Als **Bildungsziele** nennt Locke Tugend, Klugheit, Lebensart und Kenntnisse. Die Vermittlung von Wissen steht an letzter Stelle. Wichtiger für den Gentleman ist angemessenes Verhalten in der Gesellschaft, praktische Klugheit und die geistige Beweglichkeit, sich das berufliche Wissen später selbst leicht aneignen zu können.

Dieses lockesche Bildungsziel wirkte bis in die Gegenwart im Idealbild des engl. Gentleman nach.

Jean-Jacques Rousseau (1712–78) gehört mit seiner Betonung der Autonomie des Individuums, der Forderung nach politischer Gleichheit und religiöser Toleranz zu den Verfechtern der Aufklärung und ist einer der geistigen Wegbereiter der Französischen Revolution. Zugleich aber kritisiert er die Wissenschafts- und Fortschrittsgläubigkeit seiner Zeit und ist mit seiner Idealisierung des natürlichen Lebens ein Vorläufer der Romantik.

Seine ungeheure Wirkung in der Pädagogik beruht darauf, dass er wie kein anderer vor ihm die **Kindheit** als eine eigenständige Entwicklungsperiode zur Geltung bringt und eine ihr gemäße Erziehung fordert.

Seine pädagog. Vorstellungen sind vor dem Hintergrund seiner **Gesellschaftskritik** zu sehen. In seinem ›Diskurs über den Ursprung der Ungleichheit unter den Menschen‹ sieht er die Kulturgeschichte als den Weg einer zunehmenden Entfremdung des Menschen von seiner natürlichen Freiheit (B).

Im (hypothetischen) **Naturzustand** ist der Mensch ein starker Einzelgänger, der in Einklang mit sich und der natürlichen Ordnung lebt. Da er keine Gesellschaftsverbände gibt, kennt er weder Besitzansprüche noch Neid oder Krieg.

Dies ändert sich mit dem Zusammenschluss zu größeren Gemeinschaften, den zunehmenden intellektuellen Fähigkeiten des Menschen und v. a. mit dem Aufkommen des *Eigentums*. Den Besitzenden gelingt es, andere in Abhängigkeit von sich zu bringen und für sich arbeiten zu lassen, die Arbeitsteilung entsteht. Um ihr Eigentum zu schützen, überreden sie alle zur Einführung von *Gesetzen*, »die dem Schwachen neue Fesseln und dem Reichen neue Macht geben«.

Im **Gesellschaftszustand**, wo jeder auf Kosten des anderen seinen Vorteil sichern muss, schlägt die urspr. positive *Selbstliebe (amour de soi)* in *Selbstsucht (amour propre)* um, und die natürliche Grundlage der Moral, das *Mitgefühl*, verkümmert.

Dies ist der in den **zivilisierten Gesellschaften** herrschende Zustand. Da es ein Zurück in den Naturzustand nicht geben kann, sieht Rousseau zwei Möglichkeiten, die urspr. Freiheit in den gegenwärtigen Gesellschaften wiederherzustellen:

1. in einer *Staatsform*, die auf einem gerechten Gesellschaftsvertrag und dem Gedanken der Volkssouveränität beruht;
2. in einer *Erziehung*, die die natürliche Entwicklung des Menschen nicht behindert und ihn befähigt, auch im Gesellschaftszustand seine Unabhängigkeit zu bewahren.

Sein pädagog. Programm hat Rousseau v. a. in seinem umfangreichen Bildungsroman

	Bildungsreisen	Gesellschaft	Erwachsener
	Eheschließung		ab 20
	Festigung der Gefühlswelt	Kultur	Jugendlicher
	Vorbereitung auf die Gesellschaft		
	Kenntnis der Kultur		
	natürliche Religion		ab 15
	Schulung von Denken und Urteilsvermögen	Natur	Knabe
	Handwerk		ab 12
	körperliche Kräftigung	Erzieher	Kind
	Übung der Sinnesorgane		
	unmittelbares Lernen an der Natur		
	Ausgleich von Bedürfnissen und Fähigkeiten		ab 2
	Erfüllung der Grundbedürfnisse	Mutter	Kleinkind

Entwicklungsstufen — *pädagogische Instanz* — *Altersstufen*

Entwicklungsstufen nach Rousseau: ›Émile oder über die Erziehung‹

›**Émile oder Über die Erziehung**‹ (1762) vorgestellt. Die fünf Bücher des Romans entsprechen den fünf Entwicklungsstufen, die Émile bis zu seiner vollendeten Reife durchläuft. Gleich zu Beginn kommt der Leitgedanke des gesamten Werks zur Sprache:

»*Alles ist gut, wie es aus den Händen des Schöpfers kommt; alles entartet unter den Händen des Menschen. ... Nichts will er haben, wie es die Natur gemacht hat, selbst den Menschen nicht. Man muss ihn, wie ein Schulpferd, für ihn dressieren; man muss ihn nach seiner Absicht stutzen wie einen Baum seines Gartens.*«

Rousseau ist überzeugt, dass die **Natur** dem Menschen alles mitgegeben hat, was er zur Entwicklung seiner Fähigkeiten braucht. Die Erziehung bis zum ca. 12. Lebensjahr ist daher »*negativ*«: Sie soll das Kind von den verderblichen Einflüssen der Gesellschaft und Kultur möglichst fernhalten.

»**Negative Erziehung** *nenne ich diejenige, welche erst die Organe als die Mittel unserer Kenntnisse verfeinern soll, ehe man uns Kenntnisse beibringt, und welche zur Vernunft durch die Übung der Sinne erst vorbereitet.*«

Bei der Erziehung ist darauf zu achten, dass auf den jeweiligen Entwicklungsstufen das jeweils herrschende Verhältnis zwischen *Bedürfnissen* und natürlichen *Fähigkeiten* des Zöglings berücksichtigt wird (Abb.).

Beim **Kleinkind** übersteigen die Bedürfnisse die Fähigkeiten. Es bedarf daher der Pflege und Hilfe durch die Mutter. Sie soll aber darauf achten, nur die essenziellen Bedürfnisse zufriedenzustellen, und alles vermeiden, was zusätzlich künstliche erzeugt, weil sonst die Kluft zu den natürlichen Fähigkeiten des Kindes noch größer wird.

Weinen ist Ausdruck einer Bitte des Kindes, aber wenn das Kind sich tyrannisieren lässt, merkt das Kind, dass es Bedürfnisse »vortäuschen« kann, um Aufmerksamkeit zu erhalten. Für Rousseau liegt darin schon die Vorstufe zu den Verstellungen der verderbten Gesellschaft.

Im **Kindesalter** soll ein *Gleichgewicht* zwischen Bedürfnissen und Fähigkeiten des Kindes hergestellt werden.

Émile lernt im praktischen Umgang mit den Dingen zunehmend, auf eigenen Beinen zu stehen und seine Fertigkeiten einzusetzen. Wie im Naturzustand sollen *alle* seine *Sinnesorgane* und seine *körperlichen Kräfte* gefördert und ausgebildet werden.

Die direkte pädagog. Wirkung geht vom Umgang mit der *Natur* und den *Dingen* aus. Der **Erzieher** bleibt im Hintergrund, von wo aus er das *Ganze* geschehen leitet.

Seine Aufgabe besteht darin, das Kind von den (schädlichen) Einflüssen der Zivilisation fernzuhalten, es vor der Überschätzung der eigenen Kräfte zu bewahren und unbemerkt dafür zu sorgen, dass es mit dem in Kontakt kommt, was es zu seiner natürlichen Entwicklung braucht.

Rousseau leitet die *Norm* für die Erziehung in der Kindheit nicht vom Erwachsensein ab, sondern sieht in der Kindheit eine Lebenszeit, die zu ihrer eigenen Reife kommen soll, bevor die Erziehung den nächsten Schritt macht. Émile hat seine Kindheit vollkommen durchlebt und deshalb wird er ein glücklicher Mensch sein.

Das **Knabenalter** ist die Phase, in der Émile mehr Kräfte hat, als er zur Lebensbewältigung braucht. Denken und Urteilen können nun ausgebildet werden. In erster Linie geschieht dies immer noch durch den direkten Umgang mit den Dingen.

So sollen z.B. physikalische Gesetze durch eigenes Experimentieren entdeckt werden.

Erst jetzt erhält Émile sein erstes Buch: Defoes ›Robinson Crusoe‹. In der Geschichte des starken Einzelgängers, der seine Fähigkeiten im Umgang mit der Natur selbst erworben hat, soll Émile seinen eigenen Werdegang wiedererkennen.

Das **Jugendalter** beginnt mit der Pubertät, die eine zweite Geburt darstellt. Die nun erwachende Sexualität weist über das bisherige Einzelgängerdasein hinaus und macht es erforderlich, Émiles Erziehung um die soziale Dimension zu erweitern. Er muss auf seine Aufgaben in der **Gesellschaft** vorbereitet werden. Daher werden ihm nun in Form »*positiver*« Erziehung die Grundzüge der Geschichte, Politik, Philosophie, Religion, Ökonomie usw. vermittelt.

Rousseau sieht in den erotischen Triebkräften eine pädagog. positiv einsetzbare Kraft. Ihre sexuelle Erfüllung in einer Partnerschaft soll zunächst aufgeschoben werden, damit die Gefühlswelt auf sozialem und intellektuellem Gebiet reifen kann:

- als *Mitgefühl*, das sich auf alle Menschen erstreckt, und
- als *geistiges Streben* nach dem Schönen und Guten, im Sinne des platonischen Eros.

Im abschließenden 5. Buch entwirft Rousseau in der Figur Sophies das Idealbild einer Lebensgefährtin für Émile. Die dabei vorgetragenen Gedanken zur Erziehung der Frau verbleiben allerdings sehr einem traditionellen Rollenbild verhaftet.

Hinter Rousseaus »Entdeckung« der Kindheit als eigenständiger Lebensphase konnte keine spätere Pädagogik zurück. Seine indirekte Pädagogik findet sich im Gedanken der Erziehung als behutsames »Wachsenlassen« und in antiautoritären Konzepten wieder.

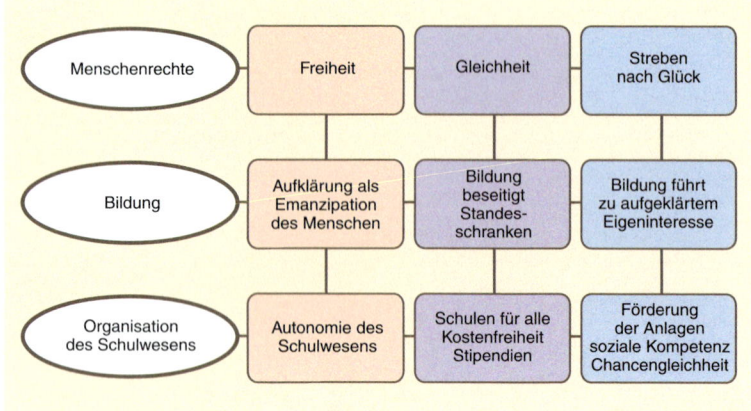

Menschenrechte	Freiheit	Gleichheit	Streben nach Glück
Bildung	Aufklärung als Emanzipation des Menschen	Bildung beseitigt Standesschranken	Bildung führt zu aufgeklärtem Eigeninteresse
Organisation des Schulwesens	Autonomie des Schulwesens	Schulen für alle Kostenfreiheit Stipendien	Förderung der Anlagen soziale Kompetenz Chancengleichheit

A Condorcet: Bildung als Menschenrecht

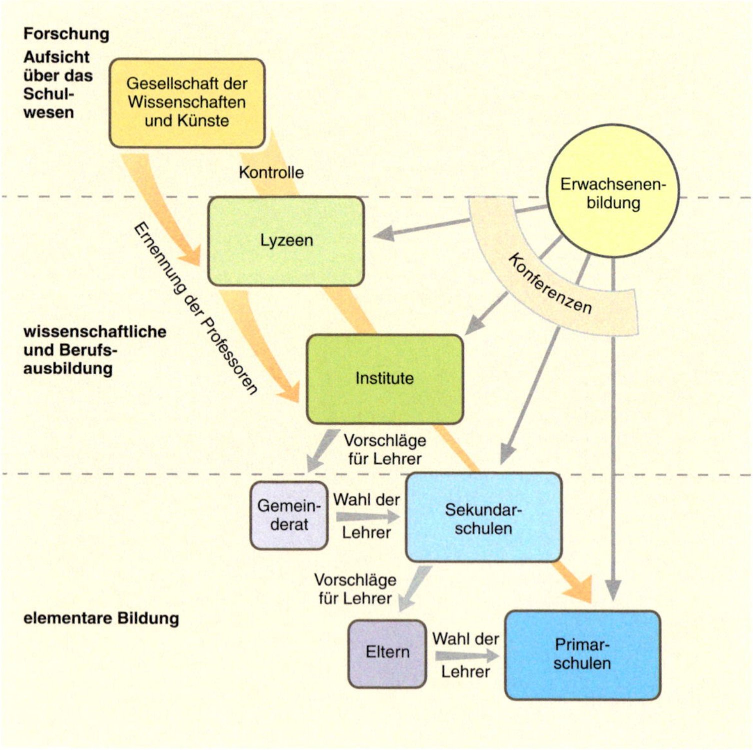

Forschung

Aufsicht über das Schulwesen

Gesellschaft der Wissenschaften und Künste

Kontrolle

Erwachsenenbildung

Ernennung der Professoren

Lyzeen

Konferenzen

wissenschaftliche und Berufsausbildung

Institute

Vorschläge für Lehrer

Gemeinderat

Wahl der Lehrer

Sekundarschulen

Vorschläge für Lehrer

elementare Bildung

Eltern

Wahl der Lehrer

Primarschulen

B Condorcet: Autonomes, horizontales Bildungswesen

Die Ideen der Aufklärung finden in der **Französischen Revolution** (1789) ihren entschiedensten gesellschaftspolitischen Ausdruck.

In den Debatten der Nationalversammlung ist man sich einig, dass der Fortbestand der revolutionären Errungenschaften nur über eine Neuorganisation des Erziehungswesens gesichert werden kann. Unter den Bildungstheoretikern der Revolutionszeit nimmt **Antoine de Condorcet** (1743–94) eine herausragende Stellung ein. In ihm verbindet sich der revolutionäre Elan mit dem aufklärerischen Glauben an den Fortschritt der Vernunft und eine politisch liberale Haltung.

Condorcet ist am Entwurf der ›Erklärung der Menschen- und Bürgerrechte‹ beteiligt, worin erstmals Bildung in den Status eines *Menschenrechts* erhoben wird: »*Bildung ist das Bedürfnis aller, und die Gesellschaft schuldet sie gleichermaßen allen ihren Mitgliedern.*«

Sein pädagog. Programm steht in unmittelbarem Bezug zu den aufklärerischen Gedanken von Freiheit und Gleichheit. So ist das Ziel des Unterrichts, »... *allen Angehörigen des Menschengeschlechts die Mittel zugänglich zu machen, dass sie für ihre Bedürfnisse sorgen, ihr Wohlergehen sichern, ihre Rechte erkennen und ausüben, ihre Pflichten begreifen und erfüllen können; ... und die politische Gleichheit, die das Gesetz als berechtigt anerkannt hat, zu einer wirklichen zu machen*«. (A)

Das Funktionieren einer Demokratie setzt ein Mindestmaß an Bildung voraus, damit jeder politische Rechte und Ämter auch wahrnehmen kann. Der freie Mensch bedarf größerer Kenntnisse als der abhängige. Die von der Aufklärung geforderte Emanzipation des Menschen aus geistiger und politischer Unmündigkeit lässt sich demnach nur auf der Grundlage eines allen zugänglichen Bildungswesens verwirklichen.

Condorcet will das vertikale, standes- und gruppenspezifisch geprägte **Schulwesen** durch ein prinzipiell nach oben hin durchlässiges ersetzen. Dabei sieht er eine Gliederung in **fünf Stufen** vor (B):
1. Die *Primarschulen* vermitteln in vier Jahren die elementaren Kenntnisse und sind für alle obligatorisch.
2. *Sekundarschulen* führen diesen Unterricht für die Kinder fort, deren Familie nicht unbedingt auf ihre häusliche Mitarbeit angewiesen ist.
3. Die *Institute* bieten im Anschluss daran ein umfassenderes Bildungsangebot, innerhalb dessen je nach Leistungsfähigkeit und Berufsziel differenziert werden kann.

4. An den *Lyzeen* (Universitäten) erfolgt die wissenschaftliche Ausbildung.
5. An der Spitze steht die ›*Nationale Gesellschaft der Wissenschaften und Künste*‹. Sie dient nicht der Lehre, sondern der Forschung, und hat zudem die Aufgabe, das gesamte Schulwesen zu überwachen.

Der Unterricht selbst ist kostenlos, staatl. *Stipendien* sollen Bedürftigen die Teilnahme an den höheren Stufen ermöglichen.

Bes. Augenmerk legt Condorcet auf die **Erwachsenenbildung.** Sie ist für ihn die Konsequenz einer beweglichen, auf Fortschritt ausgerichteten Gesellschaft. Öffentliche Bibliotheken und Sammlungen sowie an den Schulen einmal wöchentlich abgehaltene Konferenzen dienen der Weiterbildung und der Fähigkeit, durch eigenes Studium den sich wandelnden beruflichen und gesellschaftlichen Anforderungen standzuhalten.

Der **Unterricht** ist dem Geist der Aufklärung verpflichtet. Condorcet gibt Mathematik und Naturwissenschaften den Vorzug vor den klassisch-humanistischen Fächern. Letztere enthalten zu viel Aberglauben und Irrtümer, die erst von einem fortgeschrittenen Geist durchschaut werden können.

Wegen ihrer rationalen Klarheit, der Sicherheit der Methode und nicht zuletzt wegen ihres praktischen Nutzens eignen sich dagegen die mathematischen Wissenschaften für einen Unterricht auf allen Schulstufen.

Bei aller Planung und Durchorganisation des Unterrichts muss die Freiheit des Individuums und die Privatsphäre geachtet werden. Um zu vermeiden, dass aus der Erziehung ein Herrschaftsinstrument gemacht wird, soll das Bildungswesen *autonom* sein und sich selbst verwalten.

So hat die jeweils höhere Schulstufe die Kontrolle über die darunterliegende und ernennt bzw. schlägt die Lehrer vor. Die Inhalte des Unterrichts dürfen nur der Vernunft und der Wahrheit verpflichtet sein. Damit steht Condorcet im Widerspruch zu Konzepten einer *nationalistisch-autoritären* Erziehung, wie sie u. a. von Robespierre und **Louis-Michel Lepeletier** (1760–93) vertreten werden.

In der Gleichsetzung von Politik und Pädagogik sieht Lepeletier das Mittel zur Überwindung des alten Gesellschaftssystems. Um tatsächliche Gleichheit herzustellen, sollen die Kinder nach seiner Vorstellung nicht den Einflüssen der Familie überlassen werden, sondern sieben Jahre lang in staatl. Internaten aufwachsen, in denen sie vollkommen im neuen Geist erzogen werden können.

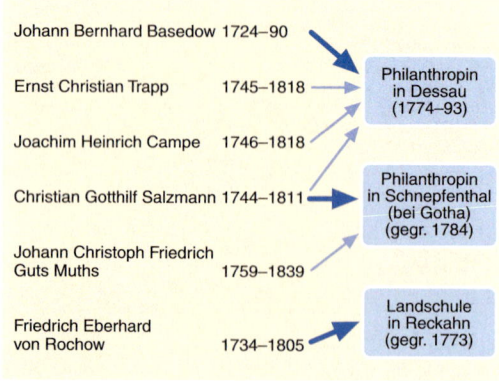

A Philanthropen

Robinson der Jüngere

○ ○ △ ○ ○	Müller H.	
○ △ ○ ○ ○ ○ ○ ○	Walz	
○ ○ ○	Gilbert	
▷ ○	Maler	
○ ○ ○ ○	Holz	
○ ○ ○ ○ ○ ▽ ○ ○ ○	Kohler	
○ ○ ○ △ ○ ▷ ○ ○ ○ ○	Dahl H.	
○ ○ ○ ○ ▷ ○ ○ ○	Meyer	
○ ○ ○ ○ ○ ○	Tamm	
○ ○ ○ ○	Fritze	
○ ○ △ ○	Hahn	
○ ○ ○ ○ ○ ○ ▷ ○ ○ ○ ○	Müller Fr.	
○ ○ ○ ○ △ ○ ○ ○ ○	Wiesel	
○ ○ ○ ○ ○ ▽ ○ ○	Schwarz	
○ ○ ○ ○ ○ ○ ○	Dahl Fr.	
○ ○ ○ ○	Müller J.	

In der Schule aushängende Tafel, auf der positive Leistungen und gutes Betragen verzeichnet wurden

B Sozialdisziplinierung: Meritentafel im Philanthropin

Entdeckung von Amerika

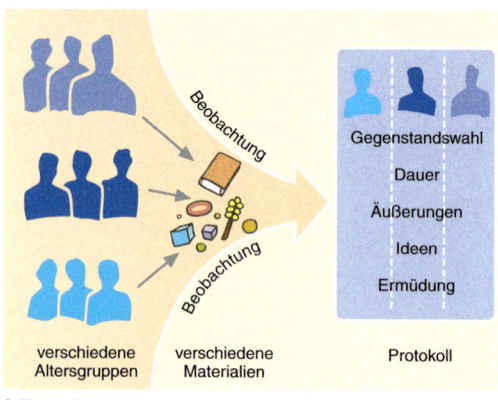

Beobachtung

Beobachtung

verschiedene Altersgruppen

verschiedene Materialien

Gegenstandswahl

Dauer

Äußerungen

Ideen

Ermüdung

Protokoll

C Trapp: Empirische Methode

Väterlicher Rath für meine Tochter

D Bücher von Campe

In Deutschland werden die Ideen der Aufklärung in der Pädagogik von den sog. **Philanthropen** (Menschenfreunden) aufgegriffen (A). Gemeinsam ist ihnen

- die Begeisterung für Rousseau und das Konzept einer *Pädagogik vom Kinde aus,*
- die Ausrichtung der Erziehung auf den *gesellschaftlichen Nutzen,* was zugleich als mit
- der Förderung des *individuellen Glücks* einhergehend gedacht wird,
- das Verständnis von Aufklärung als *Volkserziehung,* das sich bei einigen Vertretern in einer umfangreichen literarischen Produktion äußert.

Die Pädagogik der Philanthropen ist vor dem Hintergrund der wachsenden sozialen und ökonomischen Bedeutung des **Bürgertums** zu sehen. Ihre *Normen* sind den bürgerlichen Tugenden Fleiß, Genauigkeit, Ordnung und Rationalität verpflichtet, die den Bürgerstand zum zuverlässigen Träger eines ökonomisch aufstrebenden Staates machen. Die Erziehung strebt daher nach Vermittlung *praktischer Fertigkeiten,* die für Gewerbe, Industrie und Verwaltung verwertbar sind.

> *»In den Schulen, oder nirgends kann eine Nation zur Industrie, wie zu jeder anderen moralischen und politischen Tugend gebildet werden ... In den Schulen, oder nirgends muss man die Werkstatt anlegen, wenn man Menschen veredeln, Gewerbe, Künste und Wissenschaften befördern, und Nahrung und öffentlichen Wohlstand eines Landes erhöhen will.«* (Campe)

Das sich seines gesellschaftlichen Nutzens bewusste Bürgertum fordert aber auch im aufklärerischen Sinn *Rechte* ein: Gleichheit, religiöse Toleranz, Meinungsfreiheit.

Das dt. Bürgertum ist von einer *Zwiespältigkeit* durchzogen, die sich auch in der dt. Aufklärungspädagogik widerspiegelt:

> Soziale Leistungsorientiertheit wird mit individuellem Glück zusammengebracht, kritisches Bewusstsein verbindet sich mit Biederkeit, Einforderung persönlicher Freiheitsrechte geht mit politischer Indifferenz und Untertanentum einher.

Johann Bernhard Basedow (1724–90) ist ein leidenschaftlicher Aufklärer und mit der Eröffnung seines ›Philanthropin‹ 1774 in Dessau der Begründer der philanthropischen Bewegung. In dieser »Schule der Menschenfreunde« versucht Basedow seine pädag. Vorstellungen in die Praxis umzusetzen.

> Im Gegensatz zur üblichen »Paukschule« soll das *spielerische Element* beim Lernen betont und die *Selbsttätigkeit* des Schülers gefördert werden.

Anschaulichkeit des Unterrichts, Realienkunde, Bevorzugung lebender Sprachen und Vermittlung handwerklicher Fähigkeiten dokumentieren die Ausrichtung auf den praktischen Nutzen. Denn Zweck der Erziehung ist,

> *»die Kinder zu einem gemeinnützigen, patriotischen und glückseligen Leben vorzubereiten«.*

Joachim Heinrich Campe (1746–1818) hat als Autor, Herausgeber, Verleger und Leiter des Schuldirektoriums in Braunschweig maßgeblichen Anteil an der Verbreitung des philanthropischen Gedankenguts.

Sein **Erziehungskonzept** zeigt deutlich den Einfluss Rousseaus: Dem Kind soll Zeit für seine *natürliche Entwicklung* gegeben werden, und es soll aus eigenem Antrieb lernen.

Der Mensch trägt in sich eine Vielzahl geistiger und körperlicher Kräfte, die sich *harmonisch* entfalten sollen. Eine Störung dieses Gleichgewichts ist nicht von der Natur, sondern durch falsche Erziehung verursacht.

Aufgabe des Lehrers ist es deshalb, Raum und Möglichkeiten für die harmonische Entwicklung der inneren Kräfte bereitzustellen und ansonsten jede vereinseitigende »Dressur« zu vermeiden.

Eine große Breitenwirkung erzielt Campe durch populäre pädagogische Ratgeber und als Verfasser von *Kinder-* und *Jugendbüchern* (D). Ein weltweiter Erfolg wird seine Adaption des ›Robinson Crusoe‹ für Kinder.

Für die theoretische Ausarbeitung der Aufklärungspädagogik bedeutend ist das von ihm in 16 Bänden herausgegebene ›Revisionswerk‹, zu dem die führenden Philanthropen Beiträge liefern.

Ernst Christian Trapp (1745–1818) ist der erste Inhaber eines Lehrstuhls für Pädagogik an einer dt. Universität (Halle).

Pädagogik als Wissenschaft ist nach Trapp von zwei Seiten her zu entwickeln:

1. *psychologisch* vom Individuum ausgehend und
2. *soziologisch* von den gesellschaftlichen Bedingungen der Erziehung.

Nach Trapp müssen Aussagen zur Pädagogik **empirisch** abgesichert und intersubjektiv nachvollziehbar sein. Eine pädag. Theorie soll auf planmäßigen *Beobachtungen* (z. B. beim Spiel der Kinder) gegründet sein, die systematisch in Protokollen erfasst und ausgewertet werden (C).

Für die Ausbildung der Lehrer verlangt Trapp eine enge Verbindung von Theorie und Praxis, denn

> *»vom Wissen und Wollen ist noch ein großer Schritt zum Können und Tun ...«.*

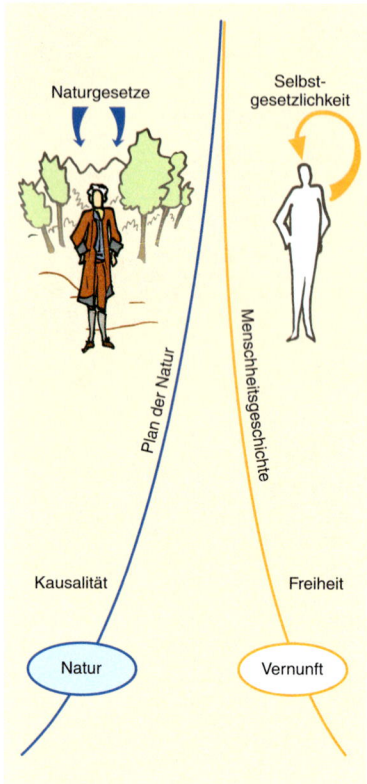

Naturgesetze

Selbst-
gesetzlichkeit

Plan der Natur

Menschheitsgeschichte

Kausalität

Freiheit

Natur

Vernunft

A Der Mensch als Natur- und Vernunftwesen

Freiheit

bessere
Gesellschaft,
Mündigkeit

Gesellschaft

Erziehung

Zwang

Erziehung

keine
Instinktgebundenheit

Vernunft

Natur

B Prinzip der Pädagogik

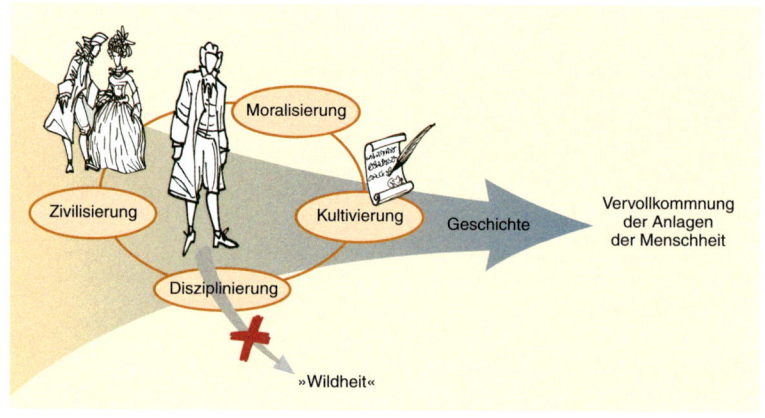

Moralisierung

Zivilisierung

Kultivierung

Disziplinierung

Geschichte

Vervollkommnung
der Anlagen
der Menschheit

»Wildheit«

C Erziehungsziele

Die von **Immanuel Kant** (1724–1804) entwickelte **kritische Methode,** die die Reichweite und Grenzen menschlicher Erkenntnis absteckt, spielt auch für die Begründung von Pädagogik als Wissenschaft eine wichtige Rolle. Der Neukantianismus ebenso wie die kritisch-emanzipatorische Pädagogik sind davon beeinflusst.

In seiner **theoretischen Philosophie** will Kant sowohl die Einseitigkeiten des Rationalismus als auch des Empirismus überwinden, indem er aufzeigt, dass bei der Gegenstandserkenntnis *Sinnlichkeit* und *Verstand* zusammenwirken müssen.

> *»Gedanken ohne Inhalt sind leer, Anschauungen ohne Begriffe sind blind. ... Der Verstand vermag nichts anzuschauen und die Sinne nichts zu denken. Nur daraus, dass sie sich vereinigen, kann Erkenntnis entspringen.«*

Eine Wissenschaft – und das gilt auch für die Pädagogik – kann sich daher weder naiv auf die Erfahrung verlassen noch dogmatisch von metaphysischen Annahmen ausgehen. Ihr »kritisches Geschäft« besteht darin, die Bedingungen der Möglichkeit ihrer Erkenntnis klarzustellen.

Die Zielsetzung pädagog. Handelns findet wiederum ihre Begründung in Kants **praktischer Philosophie.** Der Mensch ist gleichsam »Bürger zweier Welten« **(A)**: Als *Naturwesen* ist er nicht frei, weil alles in der Natur von kausalen biologischen und physikalischen Gesetzen bestimmt ist. Nur als *Vernunftwesen* hat er die Möglichkeit, sich eigene Gesetze zu geben. Der freie Wille bestimmt sein Handeln daher nach einem von der Vernunft sich selbst gegebenen Gesetz, dem *kategorischen Imperativ:*

> *»Handle so, dass die Maxime deines Willens jederzeit zugleich als Prinzip einer allgemeinen Gesetzgebung gelten könnte.«*

Das beinhaltet, dass der Mensch seine Freiheit nur so gebrauchen soll, dass sie nicht in Widerspruch zur Freiheit der anderen steht.

Durch die Möglichkeit des vernunftbestimmten Handelns unterscheidet sich der Mensch von allen anderen Lebewesen, und daher besteht das Ziel der Menschheit wie jedes Einzelnen darin, den Gebrauch der Vernunft zu vervollkommnen. Dies ist der Leitgedanke der **Aufklärung,** die von Kant so bestimmt wird:

> *»Aufklärung ist der Ausgang des Menschen aus seiner selbst verschuldeten Unmündigkeit. Unmündigkeit ist das Unvermögen, sich seines Verstandes ohne Leitung eines anderen zu bedienen.«*

In diesem Sinn ist die **Mündigkeit** das letztendliche Ziel der Bildung.

In seiner Vorlesung ›Über Pädagogik‹ betont Kant, dass der Mensch nur durch Erziehung zum Menschen wird und nichts ist, »als was die Erziehung aus ihm macht«.

Anstelle von Instinkten hat die Natur den Menschen mit Vernunft ausgestattet und ihm somit die Möglichkeit zur **Selbstgestaltung** gegeben. Weil der Einzelne darin aber immer von jemandem unterwiesen wird, der selbst unter einem noch unvollkommenen Zustand der menschlichen Gesellschaft erzogen worden ist, muss jede Generation versuchen, einen Schritt weiter in Richtung Mündigkeit und Vervollkommnung der Menschheit zu gehen (B).

Ein Prinzip der Pädagogik sollte daher sein, das Kind nicht bloß mit Blick auf den gegenwärtigen Zustand der Gesellschaft zu erziehen, sondern auf einen zukünftigen, besseren hin.

Ein Grundproblem der Erziehung sieht Kant darin, den Einzelnen zum eigenständigen Gebrauch seiner Freiheit anzuleiten und ihn gleichzeitig daran zu gewöhnen, die Eingebundenheit in gesellschaftliche Zwänge zu akzeptieren. Um dies zu erreichen, müssen verschiedene **Erziehungsziele** ineinandergreifen (C):

- *Disziplinierung:* Sie ist vorherrschend, solange die Vernunft beim Kind noch nicht genügend ausgebildet ist. Sie soll ein Zurückfallen in »Wildheit« verhindern und eine Befreiung des Willens vom Despotismus der Begierden erreichen.
- *Kultivierung:* die Aneignung der im Lauf der Geschichte von der Menschheit erworbenen Kenntnisse und Fertigkeiten.
- *Zivilisierung:* Sie soll die Art von Weltklugheit vermitteln, die der Mensch braucht, um sich in seiner jeweiligen Gesellschaft richtig benehmen und seine Interessen verfolgen zu können.
- *Moralisierung:* die Erziehung zu einem moralisch handelnden Wesen. Das eigene Wollen soll so bestimmt werden, dass eine Gemeinschaft freier Wesen gedacht werden kann. Da in einer solchen jeder Mensch als Selbstzweck geachtet werden muss, lautet der diesbezügliche Imperativ:

> *»Handle so, dass du die Menschheit, sowohl in deiner Person als in der Person eines jeden andern, jederzeit zugleich als Zweck, niemals bloß als Mittel brauchest.«*

Erziehung und Unterricht sollen nicht bloß mechanisch vorgehen, sondern müssen auf Prinzipien beruhen. Daher ist die Ausbildung einer **Theorie der Pädagogik** für Kant eine der größten Aufgaben der Menschheit. Solche Prinzipien dürfen aber nicht dogmatisch vorausgesetzt werden, weshalb die Einrichtung von *Experimentalschulen* notwendig ist. Hier soll die Möglichkeit bestehen, Methoden und Lehrpläne frei zu erproben, damit die theoretischen Annahmen durch Erfahrung korrigiert werden können.

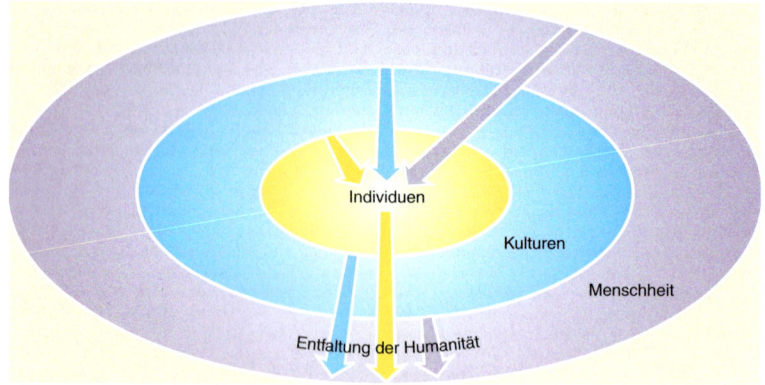

A Herder: Bildung zur Humanität

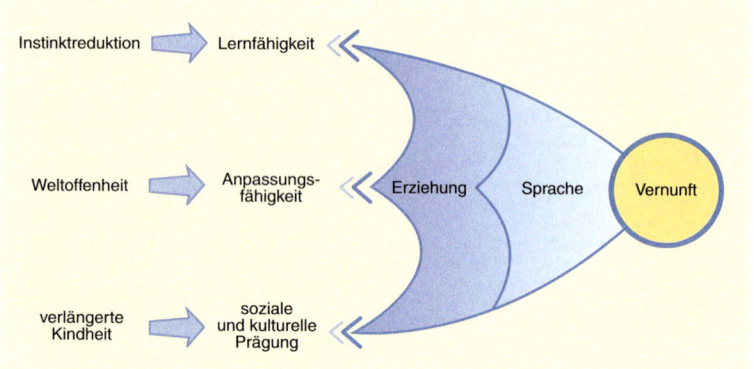

B Herder: Anthropologische Sonderstellung des Menschen

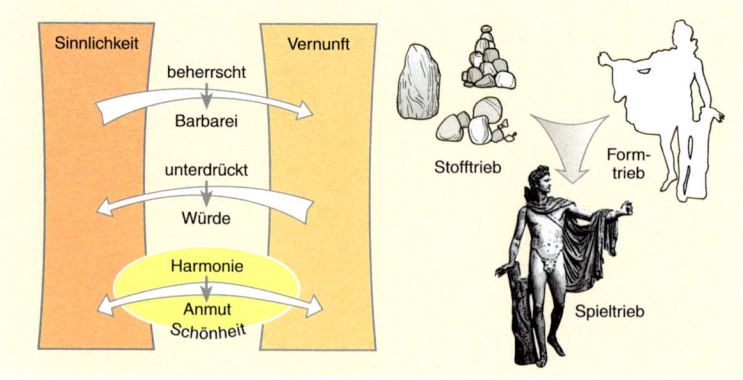

C Schiller: Ästhetische Erziehung des Menschen

Johann Gottfried Herder (1744–1803) prägt den für die deutsche Klassik charakteristischen Bildungsbegriff maßgeblich mit. Als Leiter des Schulwesens in Weimar wirkt er an dessen Reform mit und befasst sich in seinen ›Schulreden‹ auch mit Einzelheiten der Unterrichtspraxis.

Er begreift Bildung als Entwicklung zur **Humanität,** womit die Entfaltung sowohl der dem Individuum als auch der Menschheit insgesamt innewohnenden Anlagen und Fähigkeiten gemeint ist (A).

Seine anthropologische **Sonderstellung** macht den Menschen zum »ersten Freigelassenen der Schöpfung«, dem damit die Aufgabe zukommt, sich und seine Welt selbst zu gestalten. Die biologischen Grundlagen dafür liegen

- in der *Instinktreduktion:* Dem Menschen fehlen vorgegebene Verhaltensmuster, weshalb er die meisten seiner Fertigkeiten erst erlernen muss;
- in der *Weltoffenheit:* Seine Organe (z. B. die Hand) sind weniger spezialisiert und damit auch nicht auf eine bestimmte Umwelt festgelegt; das ermöglicht ihm die Gestaltung seines eigenen Lebensraums;
- in der *verlängerten Kindheit:* Grundlegende Fertigkeiten, die Tiere bei der Geburt mitbringen, erlernt der Mensch erst viel später. Dadurch ist seine Entwicklung stark durch die sozialen und kulturellen Einflüsse geprägt. (B)

Als **Besonnenheit** bezeichnet Herder die dem Menschen kraft seiner Vernunft innewohnende Fähigkeit zu reflexiver Distanz gegenüber der Welt. Durch dieses »Sich-Zurücknehmen« wird ein geistiger Innenraum geschaffen, von dem aus der Mensch bewusst zur Welt in Beziehung treten kann und der auch die Voraussetzung für die »Erfindung« der Sprache ist.

In der **Sprache** sind Ich und Welt aufeinander bezogen, sie ist Einheit des Geistigen und Sinnlichen. Sie verbindet die Menschen zu einer Kommunikationsgemeinschaft und ist somit zugleich das wichtigste Medium der Erziehung.

Herder betont die **Geschichtlichkeit** des Menschen, der geprägt wird von seiner jeweiligen, historisch gewordenen *Kultur.* Er kann daher seiner »Kultur nicht entweichen«.

Jede Kultur hat für Herder ihren eigenen Wert. Die Erziehung soll daher die Besonderheiten der verschiedenen Traditionen zur Geltung bringen. Er plädiert deshalb für den Vorrang der Muttersprache und hebt die Bedeutung des Unterrichts in der jeweiligen Landeskunde hervor.

Trotz kultureller Verschiedenheiten sieht Herder in der Entfaltung der Humanität, in der die *Gottebenbildlichkeit* des Menschen zum Ausdruck kommt, ein gemeinsames Ziel der Menschheitsgeschichte. Die Entwicklung der Individuen, der Nationen und der Menschheit strebt daher letztlich zur Verwirklichung einer allen Menschen gemeinsamen Natur.

Friedrich Schiller (1759–1805) weist in seinen Schriften ›Über Anmut und Würde‹ und ›Briefe über die ästhetische Erziehung des Menschen‹ dem Bildungsverständnis der dt. Klassik eine neue Richtung, indem er der **Kunst** einen zentralen Stellenwert zuspricht.

Wie Kant sieht er die Freiheit des Menschen in der **Moralität** verwirklicht. Dennoch ist dessen Ethik für Schiller unbefriedigend, weil sie in der Unterdrückung der sinnlichen Natur durch die Vernunft gründet und der Mensch in seiner Ganzheit gesehen somit nicht frei ist.

Da der Mensch ein sinnlich-geistiges Wesen ist, muss der ideale Zustand in einem harmonischen Verhältnis zwischen Sinnlichkeit und Vernunft zu suchen sein. Ihren Ausdruck findet diese Harmonie in der **Schönheit,** in der die Einheit beider verwirklicht ist.

»Durch die Schönheit wird der sinnliche Mensch zur Form und zum Denken geleitet; durch die Schönheit wird der geistige Mensch zur Materie zurückgeführt und der Sinnenwelt wiedergegeben.«

Bei einem Menschen, der sich kraft der Ästhetik zur Moralität geformt hat, stehen sittliche Pflicht und gefühlsmäßige Neigung in Einklang: Er hat *Anmut.* Dagegen führt die Unterdrückung der Sinnlichkeit durch die Vernunft zur Würde und die einseitige Herrschaft der Natur über die Vernunft zur Barbarei. (C)

Das Ideal des ästhetisch-ethisch zur Harmonie seiner Wesenseigenschaften geformten Menschen sieht Schiller bei den *Griechen* verwirklicht.

Dieser Vorbildcharakter der klass. Antike schlägt sich dann auch im Bildungsprogramm W. v. Humboldts nieder und wird für die dt. Gymnasien maßgebend.

Den beiden Komponenten Vernunft und Sinnlichkeit entsprechen nach Schiller zwei widerstrebende Antriebe im Menschen: Der *Formtrieb* ist auf das Bleibende, die zeitlose Idee gerichtet, während der *Stofftrieb* sich an die veränderliche Materie bindet.

Diese Spaltung wird überwunden im **Spieltrieb,** der den Menschen zur künstlerischen Gestaltung der Welt und seiner selbst drängt. Von ihm her lässt sich die menschl. Existenz als Kunstwerk begreifen, denn

»der Mensch spielt nur, wo er in voller Bedeutung des Wortes Mensch ist, und er ist nur da ganz Mensch, wo er spielt«.

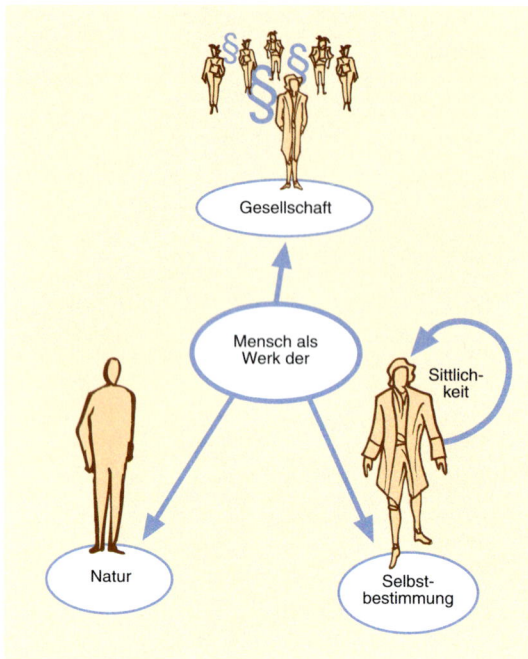

A Anthropologie

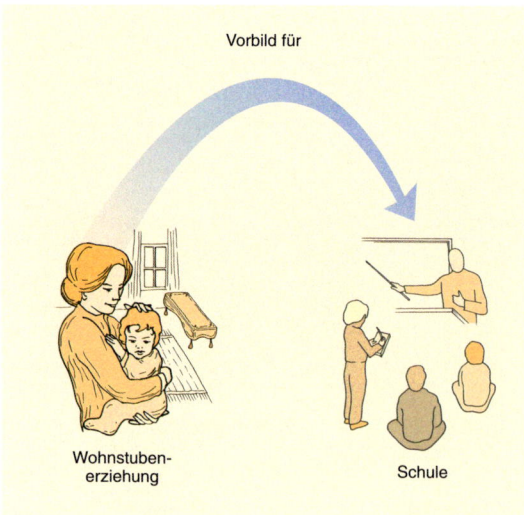

B Wohnstubenerziehung

Armen-   1774 – 80
schule auf
dem Neuhof
bei Birr

›Lienhard   1781 – 87
und Gertrud‹

›Meine Nachfor- 1797
schungen über
den Gang der
Natur in der
Entwicklung
des Menschen-
geschlechts‹

Waisenhaus 1798 – 99
in Stans

Versuchs-   1800 – 03
schule in
Burgdorf

›Wie Gertrud   1801
ihre Kinder
lehrt‹

Erziehungs- 1804 – 25
Institut in
Iferten

C   Werke und Schulen

Johann Heinrich Pestalozzi (1746–1827) gilt als einer der bedeutendsten Pädagogen der Neuzeit. Von seinen Schriften und Schulgründungen gehen vielseitige Anstöße aus, v. a. im Bereich der Volksschulbildung und Sozialpädagogik.

Zunächst bekannt geworden durch den ersten Band seines Bildungsromans ›Lienhard und Gertrud‹, wird er mit der von ihm 1804 gegründeten und bis 1825 bestehenden Schule in Iferten (Schweiz) weltberühmt. (C)

Sein Eintreten für die Belange der armen Landbevölkerung macht ihn zu einem Begründer der **Sozialpädagogik.** Er sieht hier die pädagog. Aufgabe v. a. darin, Hilfe zur Selbsthilfe zu leisten.

Zu Beginn steht Pestalozzi ganz unter dem Einfluss Rousseaus: Die **Natur** hat dem Menschen alles mitgegeben, was er zu seiner Entwicklung braucht. Wenn er ihr folgt, dann geleitet sie ihn »leicht« und ohne Zwang zur Entfaltung seiner Fähigkeiten. Jeder institutionalisierte Unterricht führt nur zu einer gekünstelten Erschwerung.

Diese Einstellung wandelt sich später zu einer differenzierteren und weniger optimistischen Einschätzung der menschl. Lebensverhältnisse.

»In diesem Grad ist es wahr, dass der Mensch, so wie er von Natur ist, und wie er, wenn er sich selbst überlassen, wild aufwächst ... der Gesellschaft nicht nur nichts nützt, sondern ihr im höchsten Grad gefährlich und unerträglich ist.«

Aufgrund eigener Erfahrungen bei der Gründung einer Armenschule auf seinem Gut Neuhof erkennt Pestalozzi die Bedeutung der **sozial-ökonomischen** Verhältnisse für die Erziehung. Der zu seiner Zeit stattfindende Übergang von einer vorwiegend agrarischen zur industriellen Wirtschaftsform macht deutlich, dass Rousseaus Gedanke des »Lernens an der Natur« in Widerspruch zu einer immer stärker technisch geprägten Lebenswelt steht. Gesellschaftl. Veränderungsprozesse erfordern neue pädagog. Lösungsversuche.

Ein *polytechnisch* ausgerichteter Unterricht soll breiter gestreute Fertigkeiten vermitteln, die es den Arbeitern ermöglichen, sich veränderten ökonomischen Bedingungen besser anpassen zu können.

Das Wissen um die gesellschaftl. Eingebundenheit des Menschen führt Pestalozzi zu einer **Anthropologie,** die den Menschen als Produkt unterschiedl. Kräfte begreift:

- als Werk der *Natur:* Diese gibt ihm Anlagen und Kräfte mit, die sich entfalten sollen und von der Erziehung gefördert werden können. Allerdings ist der Mensch im Naturzustand egoistisch und auf unmittelbare Befriedigung seiner Triebe ausgerichtet.
- als Werk der *Gesellschaft:* Sie beendet den gesetzlosen Zustand und gewährt dem Einzelnen so Schutz und Sicherheit. Dafür muss er sich ihrer Ordnung unterwerfen und ist damit fremdbestimmt.
- als Werk seiner *selbst:* Wie Kant sieht Pestalozzi die Stufe der Freiheit erst dort erreicht, wo sich der Mensch als *moralisches* Wesen seiner eigenen Gesetzlichkeit (d. h. dem Sittengesetz) unterwirft. (A)

Das Ziel der Erziehung ist deshalb die *Versittlichung* des Menschen, worunter Pestalozzi aber nicht einen weltfremden, ethischen Idealismus versteht: Der Mensch soll sein Handeln weder nur von unmittelbarer Triebbefriedigung noch von sozialen Erfordernissen noch allein von der »inneren Veredelung« bestimmen lassen.

»Reine Sittlichkeit streitet gegen die Wahrheit meiner Natur, in welcher die tierischen, die gesellschaftlichen und die sittlichen Kräfte nicht getrennt, sondern innigst miteinander verwoben erscheinen.«

Die konkrete Erziehung erstreckt sich auf drei **Lebenskreise:** Familie, Beruf (Stand), Staat.

Ausschlaggebend für alles Weitere ist die frühe Zuwendung in der Familie (**»Wohnstubenerziehung«,** B). Seine Erfahrung mit verwahrlosten bzw. verwaisten Kindern veranlasst Pestalozzi, den Eltern eindringlich vor Augen zu führen, wie wichtig ihr Anteil an der Bildung ist, und sie zu ermahnen, diesen auch wahrzunehmen.

In der Beziehung von **Mutter** und Kind sieht Pestalozzi das Urbild jeden erzieherischen Verhältnisses. Die Mutter formt auf *emotionaler* Ebene die Einstellung des Kindes zu sich selbst und anderen und unterstützt die Entfaltung seiner Anlagen.

Diese frühe Phase ist deshalb so entscheidend, weil sie beim »Naturhaften« des Menschen ansetzt und somit die gefühlsmäßigen Dispositionen für soziales und moralisches Verhalten schafft.

Von der Mutter hängt es ab, ob das Kind Eigenschaften wie Vertrauen, Liebe, Gewissen oder Rechtsempfinden entwickelt. Ihre Erziehung soll die Brücke von der Natur zur Kultur und Gesellschaft herstellen. Mit zunehmendem Alter des Kindes soll der Wohnstubenunterricht, wie die spätere Schule, methodisch geordnet vorgehen.

Aufgrund der gestiegenen gesellschaftl. Anforderungen an Wissen und Fertigkeiten sieht Pestalozzi die Notwendigkeit, dass ab einem gewissen Alter die Funktion der Familie von der **Schule** übernommen werden muss. Die Gefühlsverbundenheit zwischen

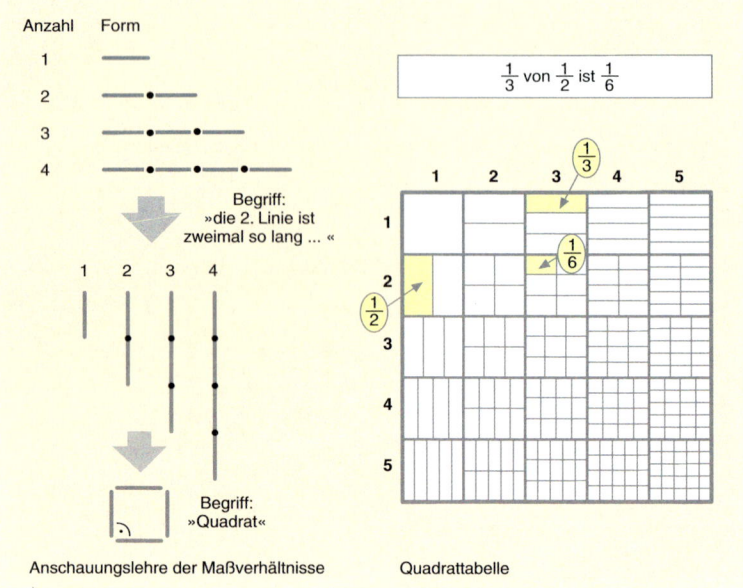

A Pestalozzi: Elementarmethode

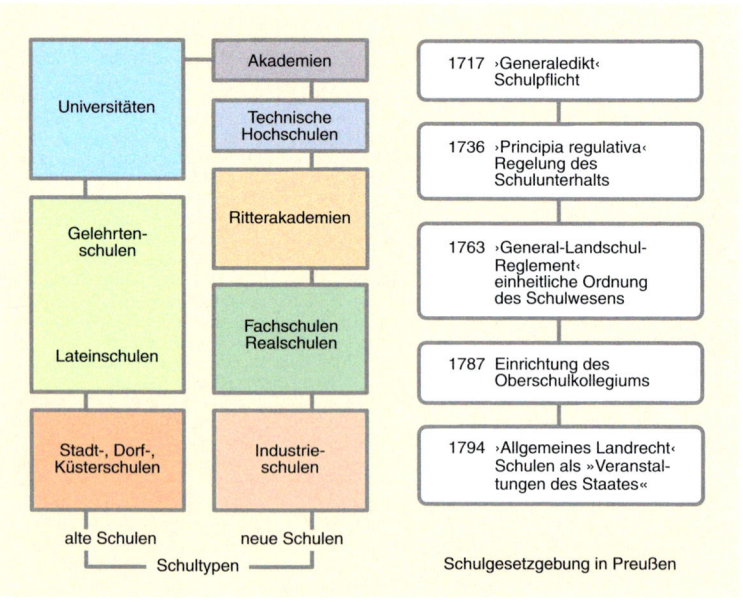

B Schultypen und Schulreformen im 17. und 18. Jh.

Mutter und Kind als Grundlage der Erziehung muss nun durch die pädagog. Fähigkeiten des Lehrers ersetzt werden.

Der Unterricht soll sich auch in der Schule an der »Wohnstubenerziehung« orientieren und von deren *altruistischer* Motivation geprägt sein.

Anschaulichkeit, Eingehen auf die kindliche Erfahrung und Selbsttätigkeit des Schülers sind weitere pädagog. Grundprinzipien. Die Schule soll auf eine ausgewogene Förderung aller menschlichen *Vermögen* hinzielen, d. h. Kopf *(Wissen),* Herz *(Wollen)* und Hand *(Können)* bilden.

Zu diesem Zweck entwickelt Pestalozzi seine **Elementarmethode** (A).

Zunächst müssen jeweils die grundlegenden Elemente der drei Bereiche Wissen, Wollen (moralisches Verhalten) und Können festgestellt werden. Auf diesen baut sich dann der Unterricht methodisch vom Einfachen zum Komplexeren fortschreitend auf.

Die für das **Wissen** maßgeblichen Elemente sind Zahl, Form und Wort. Dementsprechend basiert die Unterrichtsmethode auf der Bestimmung von Anzahl, Gestalt und Begriff der Lerngegenstände. In der Praxis stellt sich das so dar, dass z. B. im *Sprachunterricht* mit kleinsten Lauteinheiten (Vokalen) begonnen wird, deren Klang (Vorsagen, Nachsprechen) und Form (ausgeschnittene Buchstaben, Schreiben) durch häufige Wiederholung eingeübt wird, um dann zu Buchstabenkombinationen weiterzugehen.

Ähnlich wird in der Geometrie mit Linien unterschiedlicher Länge begonnen, dann folgt das Quadrat usw. Auch zum besseren Verständnis von (abstrakten) Zahlenverhältnissen hat Pestalozzi sich anschaulicher Bildtafeln bedient, wie z. B. der »Quadrattabelle« (A).

Schon zu seinen Lebzeiten wird allerdings das Mechanische der Methode kritisiert. Dennoch ist es v. a. seine Didaktik, von der im 19. Jh. Impulse für den Unterricht an der Volksschule und die Lehrerbildung ausgehen.

Für die Methode der **sittlichen Elementarbildung** (Wollen) sind drei Elemente maßgeblich:

• umfassende *Sorge* für die Bedürfnisse des Kindes, aus der Vertrauen erwächst;
• Erziehung zu sittlichem *Handeln* und *Selbstzucht;*
• *Reflexion* der Erfahrung, um zu moralischen Begriffen und Prinzipien zu gelangen.

Die Bildung des **Könnens** setzt bei den elementaren Funktionen der menschl. Motorik und der Eigendynamik der Leiblichkeit an, um durch Übung zu immer komplexeren Fertigkeiten zu kommen.

Das Schulwesen im 17./18. Jh.

Ab dem 17. Jh. beginnt sich immer stärker ein **staatlich** organisiertes Unterrichtswesen herauszuformen. Den Hintergrund bildet zum einen der *aufklärerische* Gedanke des mündigen Bürgers, der eine Bildung aller Bevölkerungsschichten verlangt, zum anderen das *politische* Interesse des absolutistischen Staates, weite Bereiche der Gesellschaft seiner Kontrolle zu unterwerfen.

Von den Schulen wird staatlicherseits erwartet, dass sie den wachsenden Bedarf an fähigen Beamten decken und zur Ökonomie des Landes beitragen, indem sie den Bürgern die für eine florierende Wirtschaft erforderlichen Kenntnisse und Fähigkeiten vermitteln.

Damit tritt neben die klassische Vorstellung einer alle Anlagen fördernden Allgemeinbildung zunehmend die Zielsetzung einer Qualifikation für bestimmte **Berufe.**

Das gemeinsame Bildungsideal verschiedener neuer Schulprogramme ist im Begriff der **Industriosität** zusammengefasst, worunter Tugenden wie Fleiß und Disziplin, rationeller Einsatz von Kräften und Streben nach Wohlstand verstanden werden.

Bereits zu Beginn des 17. Jh. wird die elementare **Schulpflicht** für Jungen und Mädchen in den ersten deutschen Ländern eingeführt (z. B. in Weimar 1619, in Gotha 1642) und bis zum Ende des 18. Jh. überall festgeschrieben.

Gleichzeitig werden auch Mindestanforderungen für Lehrer, Dauer des Schulbesuchs, Aufsicht und Finanzierung geregelt. Die bisher kirchliche Schulverwaltung wird schrittweise von einer staatlichen abgelöst.

In Preußen untersteht ab 1787 das gesamte Schulwesen der Aufsicht des »Oberschulkollegiums«. (B)

Dennoch befindet sich das **Elementarschulwesen** v. a. auf dem Land noch lange in einem unterentwickelten Zustand.

Trotz einer Schulpflicht von im Prinzip acht Jahren besuchen die meisten Kinder letzten Endes nicht länger als insgesamt zwei Jahre den Unterricht, da sie, außer im Winter, die Familie bei der Arbeit unterstützen müssen.

Auch die Lehrer sind aufgrund ihres kärglichen Verdienstes auf Nebenerwerb angewiesen und kaum ausgebildet. Das Klassenzimmer ist oft zugleich Werkstatt und Wohnung und versammelt auf engem Raum Schüler aller Jahrgangsstufen.

Vorbildhaft für die Verbesserung der Situation der Elementarschulen ist der sog. ›Gothaer Schulmethodus‹ (1642) von Andreas Reyher, der den Beginn eines einheitlichen, vom Staat organisierten Volksschulwesens darstellt.

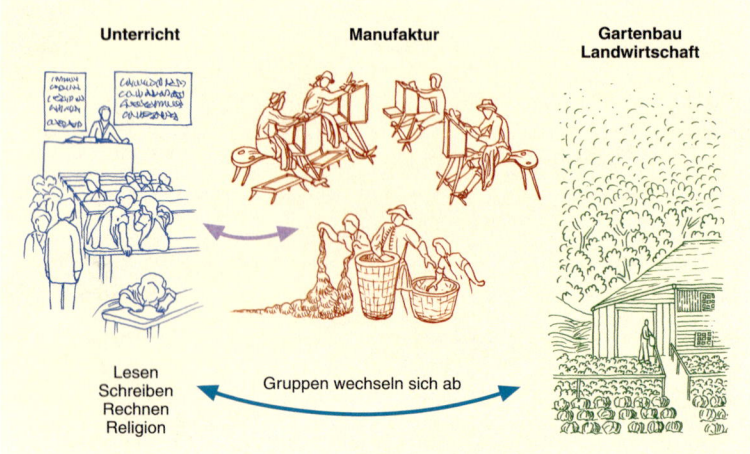

Unterricht   **Manufaktur**   **Gartenbau Landwirtschaft**

Lesen
Schreiben   Gruppen wechseln sich ab
Rechnen
Religion

A Industrieschulen

Trondheim
1760

Stockholm
1739, 1753, 1786   St. Petersburg
1724

Edinburgh
1783

Dublin
1786   Kopenhagen
1742

Boston
1780

London   Berlin
1660   1700

Brüssel   Göttingen
1772   1751

Prag
Paris   1769
1635, 1666, 1795   Schweinfurt
1652

München
1759

Florenz
1582

Lissabon   Madrid   Rom
1779   1713   1603, 1690

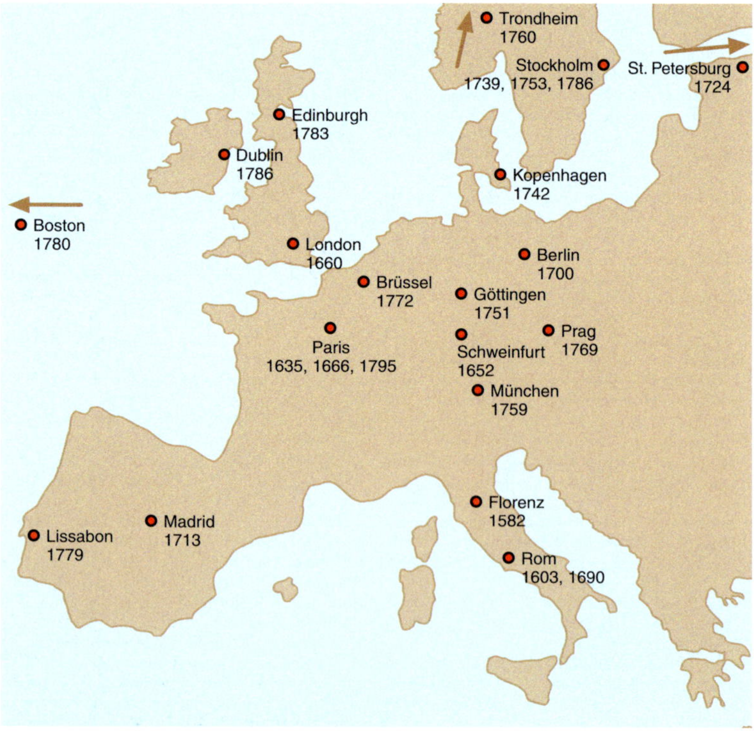

B Akademiegründungen im 17. und 18. Jh. (Auswahl)

Vor dem Hintergrund der Schulrealität ist auch die Bedeutung der **Musterschulen** zu sehen, wie sie von Francke, Pestalozzi oder den Philanthropen gegründet werden.

Hier unterrichten gut ausgebildete Lehrer, die die Möglichkeit haben, neue pädagog. Konzepte zu erproben. Sie sind somit Zentren der Lehrerbildung und »Experimentalschulen«, von denen sich auch die staatl. Bildungspolitik Impulse für Reformen verspricht.

Ihre Zahl ist zwar zu gering, um für das Schulwesen insgesamt ins Gewicht zu fallen, aber aufgrund ihrer Vorbildfunktion tragen sie wesentl. zur Entwicklung des Bildungsbewusstseins bei.

Beispielhaft für die Erziehungskonzepte der Zeit sind die von **Friedrich Eberhard von Rochow** (1734–1805) auf seinen Gütern in Brandenburg gegründeten *Landschulen*.

Rochow verbindet den aufklärerischen Gedanken einer ganzheitlichen Bildung mit der Idee der »Industriosität« und dem staatl. Interesse an einer »Sozialdisziplinierung«. Die Erziehung soll auf eine prinzipielle Lernfähigkeit abzielen, die gewährleistet, neue Aufgaben kraft eigenen Denkvermögens zu bewältigen.

Damit soll die ländliche Bevölkerung in die Lage versetzt werden, sich verändernden beruflichen Anforderungen anzupassen. Zusätzlich ist Rochow davon überzeugt, dass sich der Bürger in die staatl. Ordnung zuverlässiger durch Einsicht als durch Zwang einfügt.

Auf eine Lösung der spezifischen Probleme des Unterrichts der einfachen Bevölkerung zielt auch die **Industrieschule**. Mit diesem Konzept wird versucht, die Schulpflicht mit der Notwendigkeit von Kinderarbeit in Einklang zu bringen und zugleich Armenfürsorge zu leisten.

Der Elementarunterricht wird mit *praktischer Arbeit* verbunden, die der Berufsausbildung (Landwirtschaft, Manufakturen) dient (A). Durch den Verkauf der produzierten Waren trägt sich die Schule selbst und entlastet Eltern bzw. Gemeinden vom Unterrichtsgeld.

Der ökonomisch-berufliche Bildungskonzeption entsprechen auch die neu entstehenden **Realschulen.** Die erste erfolgreiche Gründung 1747 durch den Pietisten Johann Julius Hecker in Berlin. Zwischen Elementar- und Gelehrtenschulen angesiedelt entsprechen die Realschulen dem Bildungsbedürfnis des städtischen Bürgertums. Neben den klassischen Fächern werden hier moderne Sprachen, Naturwissenschaften oder Ökonomie gelehrt.

In der Folge entstehen nun auch berufsbezogene **Fachschulen,** wie z. B. Ingenieur-, Handels- oder Kunstakademien. Als erste moderne Technische Hochschule wird die ›École Polytechnique‹ 1794 in Paris gegründet.

Eine eigene Form höherer Bildung stellt die **Adelserziehung** dar. Die besonderen Aufgaben, die dem Adel im absolutistischen Staat zukommen (Diplomatie, Militärwesen, Verwaltung), verlangen eine andere Ausrichtung, als sie die klassische humanistische Gelehrtenschule bietet.

Weltmännisches Auftreten, praktische Brauchbarkeit und körperliche Tüchtigkeit sind Ideale des adligen Bildungsverständnisses, denen der Unterricht durch den Einbezug von modernen Sprachen, Realien und Sport entsprechen soll.

Für die Ausbildung sind entweder »Hofmeister« (Hauslehrer) zuständig, oder sie erfolgt in neu gegründeten Hochschulen, sog. *Ritterakademien*.

Die Neuorganisation des Bildungswesens macht sich im 18. Jh. auch an den **höheren Schulen** bemerkbar. Die klassisch humanistische Ausrichtung bleibt zwar bestehen, aber zunehmend finden moderne Sprachen und Naturwissenschaften Eingang in den Lehrplan.

Von staatl. Seite aus wird mit der Einführung der *Abiturprüfung* (preußisches *Abiturreglement* von 1788) der Versuch unternommen, den Zugang zur Universität stärker zu reglementieren. Dahinter steht die Tendenz einer klareren Strukturierung der Bildungswege im Hinblick auf die zu erreichenden Berufsqualifikationen.

Die höhere Bildung für *Frauen* wird auch noch im 18. Jh. kaum als staatl. Aufgabe gesehen. Oft liegt sie in der Hand von Schulorden, z. B. den ›Englischen Fräulein‹. Der generelle Zugang zur Universität öffnet sich den Frauen erst im 19./20. Jh.

Im 18. Jh. ist die Bedeutung der **Universitäten** im Schwinden begriffen, da ihre Organisationsstruktur und ihre Lehrinhalte sich den gesellschaftl. und wissenschaftl. Entwicklungen gegenüber verschließen.

Dagegen werden die neu entstehenden **Akademien** zu Zentren der Forschung; von ihnen gehen weitreichende geistige Anregungen aus (B).

Den Anschluss an die Zeit finden im 18. Jh. *universitäre Neugründungen,* die sich im Geist der Aufklärung nicht mehr der bloßen Tradierung der alten Lehren, sondern der Entdeckung und Vermittlung neuer Erkenntnisse verschreiben.

Zu den Wegbereitern gehören die Universitäten Halle (1694) und Göttingen (1737), an denen auch die Naturwissenschaften Einzug halten.

Entscheidend ist, dass die Universitäten nun zu Forschungsstätten werden und ihre charakteristische Aufgabe in der Verbindung von *Forschung* und *Lehre* finden.

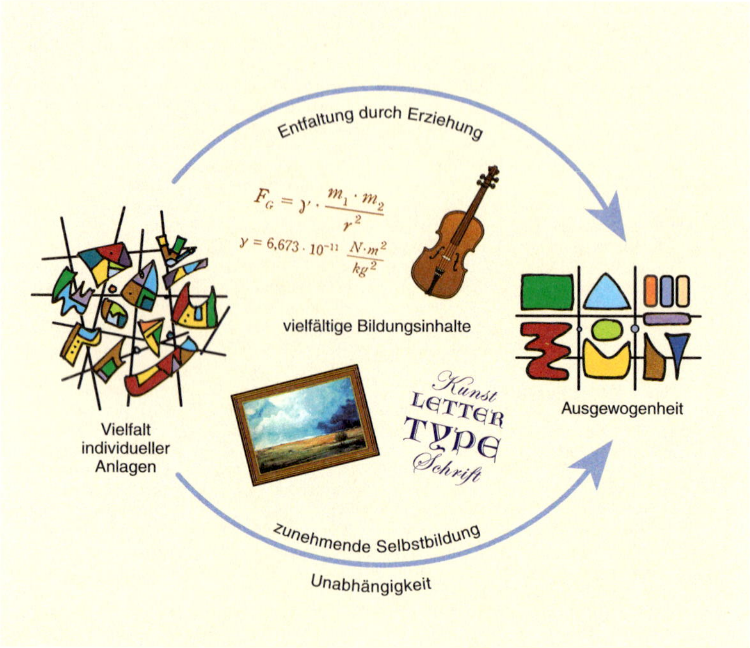

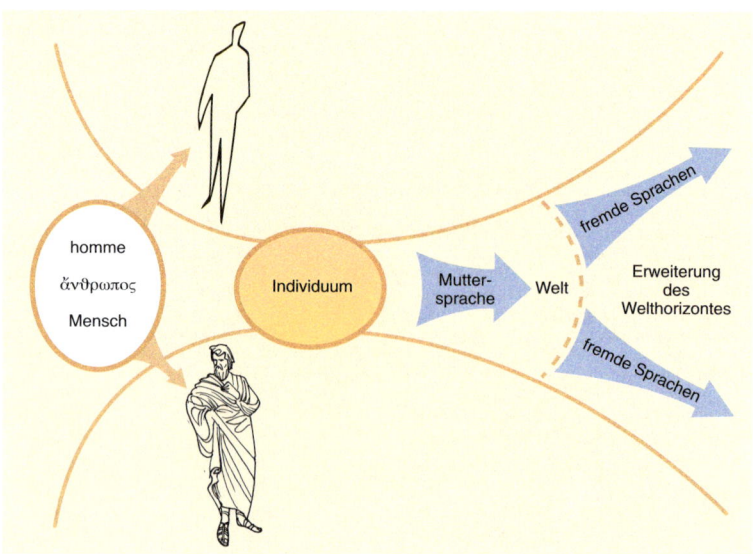

Entfaltung durch Erziehung

$$F_G = \gamma \cdot \frac{m_1 \cdot m_2}{r^2}$$

$$\gamma = 6{,}673 \cdot 10^{-11} \ \frac{N \cdot m^2}{kg^2}$$

vielfältige Bildungsinhalte

Kunst
LETTER
TYPE
Schrift

Vielfalt individueller Anlagen

Ausgewogenheit

zunehmende Selbstbildung

Unabhängigkeit

A Grundsätze der Erziehung

homme
ἄνθρωπος
Mensch

Individuum

Mutter-sprache

Welt

fremde Sprachen

fremde Sprachen

Erweiterung des Welthorizontes

B Weltkonstitution durch Sprache

Wilhelm von Humboldt (1767–1835) erbringt auf vielen Gebieten bedeutende Leistungen: als Sprachphilosoph, Bildungstheoretiker, Diplomat, Reformer des preußischen Schulwesens und Mitbegründer der Berliner Universität.

Mit der Aufklärung teilt Humboldt die Forderung nach einer Eigenständigkeit fördernden Bildung für alle. Er wendet sich aber gegen deren einseitige Betonung der Vernunft und eine auf den gesellschaftl. Nutzen ausgerichtete Erziehung.

Als Vertreter des Neuhumanismus sieht er das *Ziel der Bildung* in einer freien und harmonischen Entfaltung der Kräfte des Individuums.

Der Sprache, Literatur und Kunst der griech. Antike wird dabei ein herausragender Bildungswert zugesprochen.

Im Zentrum seiner Bildungstheorie steht nicht die Gesellschaft, sondern das **Individuum.** Der Mensch hat von Natur aus den Drang, die ihm innewohnenden *Kräfte* (Denken, Fühlen, Wollen) zu betätigen und zu vervollkommnen. Daher ist der wahre Zweck des Menschen

»... *die höchste und proportionierlichste Bildung seiner Kräfte zu einem Ganzen. Zu dieser Bildung ist Freiheit die erste, und unerlässliche Bedingung. Allein außer der Freiheit erfordert die Entwicklung der menschlichen Kräfte noch etwas anderes ... die Mannigfaltigkeit der Situationen«.*

Daraus ergeben sich folgende Grundsätze für die Erziehung (A):

- Sie muss auf die *individuelle* Veranlagung, die entfaltet werden soll, eingehen.
- Mit zunehmendem Alter wird die Erziehung immer mehr zu einer freien *Selbstbildung,* die Einflussnahme durch den Lehrer oder Vorgaben durch Lehrpläne treten zurück.
- Erstrebtes Ideal ist die *Ausgewogenheit* geistiger, sinnlicher und sittlicher Kräfte im Menschen.
- Die Förderung aller Anlagen verlangt *reichhaltige Bildungsinhalte.* Jede frühe Einseitigkeit, etwa durch die Ausrichtung des Unterrichts auf die Berufsausübung oder soziale Nützlichkeit, ist abzulehnen.

Um seine inneren Kräfte entfalten und betätigen zu können, ist der Mensch auf die äußere Welt angewiesen, an der er sich formen kann.

Der Bildungsprozess vollzieht sich somit nur in beständiger Wechselwirkung von **Ich** und **Welt.**

Dieses Verhältnis besteht zum einen in der *Empfänglichkeit* (Rezeptivität), mit der die Dinge der Welt aufgenommen werden, und zum anderen in der *Selbsttätigkeit* (Spontaneität), mit der das Ich sich in der Welt zum Ausdruck bringt.

Bildung erfordert daher ebenso *Aneignung* einer kulturellen Lebenswelt wie auch *Kreativität,* die das Tradierte überschreitet und Neues gestaltet.

Das Verhältnis von Individuum und Welt ist durch das Medium der **Sprache** vermittelt. Ihre Leistung besteht darin, dass sich der Mensch in ihr

- bezüglich der *Inhalte* zugleich rezeptiv-wahrnehmend und spontan-bestimmend zur Welt verhält und sich
- bezüglich der *Mitmenschen* als Hörer und Sprecher in intersubjektive Bezüge stellt.

Die Sprache nimmt deshalb in Humboldts Bildungskonzept eine zentrale Rolle ein:

Denken und Vorstellen ist an Sprache gebunden, sie prägt unsere Weltsicht. Es gibt so viele »Welten«, wie es Sprachen gibt.

Der Erwerb der Muttersprache ist für den Einzelnen gleichbedeutend mit der Konstitution von Welt überhaupt, zugleich vermittelt eine bestimmte Sprache aber auch eine bestimmte und damit begrenzte Weltsicht.

Das Erlernen *fremder Sprachen* bedeutet deshalb eine Erweiterung des Welthorizontes, der die Entfaltung der individuellen Möglichkeiten neuen Raum verschafft. (B)

Letztendliches Ziel allseitiger Bildung ist es, in Gestalt der eigenen Person dem Begriff des Menschseins einen so großen Inhalt wie möglich zu geben.

In vollendeter Weise kommt für Humboldt das Streben nach umfassender und harmonischer Formung des Menschen in der griech. **Antike** zum Ausdruck. Dabei ist ihm durchaus bewusst, dass dieses Bild gemessen an der histor. Wirklichkeit idealisierend ist. Entscheidend für die Pädagogik ist aber die bildende Kraft der Idee des Menschseins, wie sie in der antiken Kunst und Literatur Gestalt gewinnt.

Der Sinn der Beschäftigung mit der griech. Kultur liegt also nicht im Erwerb von Faktenwissen, sondern in der Anregung zur Auseinandersetzung mit sich selbst und der Aufforderung, das Leben bewusst zu gestalten.

Im Gegensatz zur einseitigen Betonung des Rationalen in der Aufklärung kommt bei den Griechen die sinnlich-ästhetische Komponente auf allen Kulturgebieten zur Geltung.

Indem die *Schönheit* im Geistigen, in der Moral und der Religion eine bedeutende Rolle spielt, wird die Harmonie der Seelenkräfte zu einem Grundgedanken, der alle Lebensbereiche durchzieht.

Während seiner Tätigkeit als Leiter der Sektion für Unterricht und Kultus beim preußischen Innenministerium (1809/10) bemüht

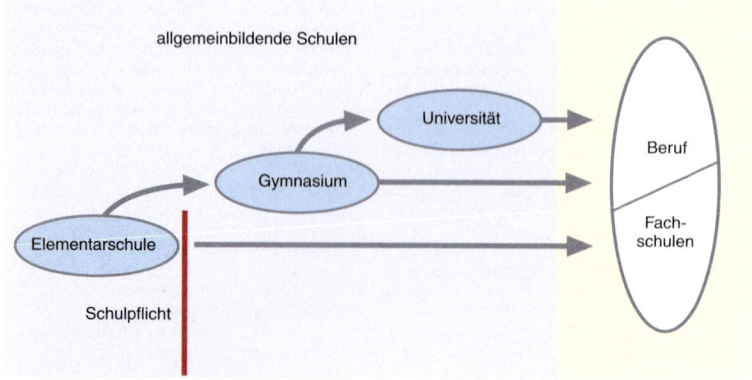

allgemeinbildende Schulen

Universität

Gymnasium

Elementarschule

Schulpflicht

Beruf

Fach-schulen

A Humboldt: Aufbau des Schulwesens

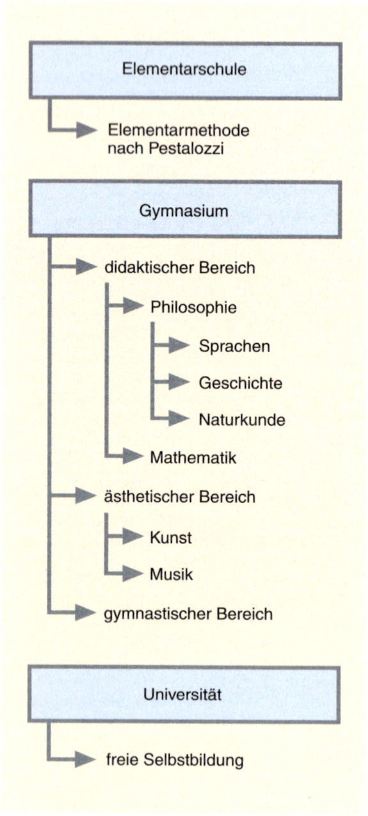

Elementarschule

Elementarmethode
nach Pestalozzi

Gymnasium

didaktischer Bereich

Philosophie

Sprachen

Geschichte

Naturkunde

Mathematik

ästhetischer Bereich

Kunst

Musik

gymnastischer Bereich

Universität

freie Selbstbildung

B Humboldt: Lehrinhalte

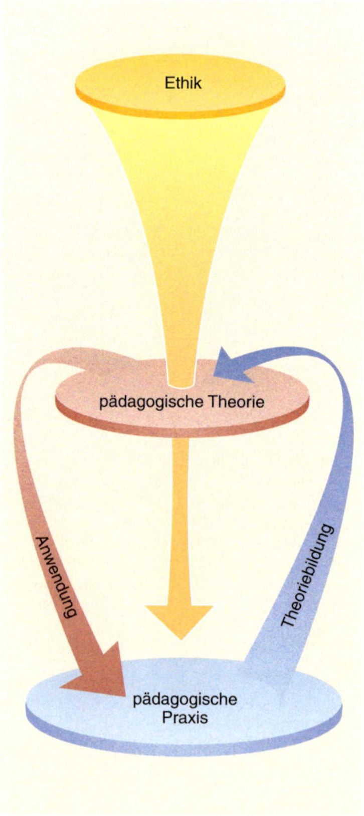

Ethik

pädagogische Theorie

Anwendung

Theoriebildung

pädagogische
Praxis

C Schleiermacher: Pädagogik als Wissenschaft

sich Humboldt intensiv um die Neuorganisation des **Bildungswesens**.

Ein Grundsatz dieser Reform ist, dass jeder Schüler eine *allgemeinbildende* Schule besucht haben muss, bevor eine berufsspezifische Ausbildung stattfindet (A).

Diese Forderung ergibt sich zum einen aus Humboldts Verständnis von Bildung als harmonischer Entfaltung der individuellen Kräfte. Sie ist aber zum anderen auch politisch motiviert. In der damaligen Zeit sind einzelne Berufe noch stark an den jeweiligen Stand gebunden, sodass ein berufsspezifisches Schulwesen nur die Ständegesellschaft festigen würde.

Jede vom Staat unterhaltene Schule muss daher für alle Bürger zugänglich und allgemeinbildend sein.

Nach Humboldt gibt es nur drei solcher **Schularten:** Elementarschule, Gymnasium und Universität.

Sie werden i. d. R. nacheinander durchlaufen, die Schulpflicht endet aber nach der *Elementarschule* (A). Der Unterricht dort soll sich an Pestalozzis Methode der Übung von Sprach-, Zahl- und Maßverhältnissen orientieren.

Der Lehrplan des *Gymnasiums* umfasst den didaktischen, ästhetischen und gymnastischen Bereich (B). Das Gymnasium kann jederzeit verlassen werden, mit einem Zeugnis, das den erreichten Wissensstand beschreibt. Frühestens mit 18 Jahren jedoch kann die Abiturprüfung als Zugangsberechtigung zur Universität abgelegt werden.

In seiner 1809 anlässlich der Gründung der Berliner Reformuniversität verfassten sog. ›Denkschrift‹ formuliert Humboldt ein neues Verständnis universitärer Aufgaben, das bis in die Mitte des 20. Jh. den Charakter der dt. Universität geprägt hat: Im Unterschied zur Schule, an der fertige Kenntnisse vermittelt werden, ist die Aufgabe der Universität die *Forschung,* d. h. Professoren und Studenten beschäftigen sich mit offenen Fragen und ungelösten Problemen.

Daraus ergibt sich auch ein anderes Verhältnis von Lehrer und Schüler. Die Professoren sind nicht für die Lernenden da, sondern beide zusammen für die Wissenschaft.

Mit dem Abschluss des Gymnasiums wird Bildung zur *Selbstbildung,* der Student ist frei und eigenverantwortlich. Studienordnungen und Prüfungen sind daher abzulehnen. Seminare dienen dem zwanglosen Austausch unter prinzipiell Gleichen, die die gemeinsame Forschung verbindet.

»Denn alle Bildung hat ihren Ursprung allein in dem Innern der Seele und kann durch äußere Veranstaltungen nur veranlasst, nie hervorgebracht werden.«

Friedrich Daniel Ernst Schleiermacher (1768–1834) wird zu den Begründern der Pädagogik als eigenständiger Wissenschaft gezählt. Er beeinflusst bes. die geisteswissenschaftliche Richtung der Pädagogik, die methodisch auf einer *Hermeneutik* der geschichtlich-kulturellen Lebenswelt aufbaut. Als Mitglied der Sektion für Unterricht und Kultus ist er aktiv an den preußischen Schulreformen beteiligt.

Als Gegenstand der **pädagogischen Theorie** bestimmt Schleiermacher die Einwirkung der älteren Generation auf die jüngere. Da die Pädagogik es somit mit dem Verhalten von Personen zueinander zu tun hat, muss sie in der Ethik verankert sein. Weiterhin handelt es sich um ein von der Gesellschaft insgesamt organisiertes Verhalten und ist daher auf die Politik bezogen.

Der **Ethik** kommt die Aufgabe zu, normative Ziele und die Mittel zu deren Erreichung zu reflektieren. Bezogen auf den Gegenstand der Pädagogik lautet die Frage daher, *wie* die Einwirkung der älteren Generation auf die jüngere beschaffen zu sein hat. Daraus ergeben sich folgende zwei Fragen:

1. Was *soll* durch die Erziehung bewirkt werden?
2. Was *kann* durch sie bewirkt werden?

Die diesbezügliche Theoriebildung strahlt auf die bestehende **Praxis** der Erziehung ab. Da diese aber jeweils historisch und kulturell unterschiedlich geprägt ist, kann keine endgültige pädagog. Theorie aufgestellt werden, sondern lediglich eine »für die gegenwärtige geschichtliche Periode der europäischen Welt«.

Der Gegensatz von Theorie und Praxis ist nur scheinbar, weil die Theorie (im Unterschied zur Spekulation) nichts anderes als die ins Bewusstsein gehobene Praxis ist. Umgekehrt verändert das Wissen um die Praxis wiederum diese selbst. (C)

»Die Theorie muss sich erst Raum verschaffen, wenn die Praxis schon begründet ist. Verschafft sie sich diesen Raum durch ihre eigenen Kräfte und gewinnt sie unter denen, welche die Praxis handhaben, allmählich freie Anerkennung, so wird Theorie und Praxis sich einigen, die Praxis sich von selbst ändern.«

Das **Ziel** der Erziehung wird von Schleiermacher abstrakt als die *Idee des Guten* bzw. das höchste Gut bestimmt. Worin dieses aber konkret besteht, lässt sich nur in Bezug auf die jeweiligen soziokulturellen Gegebenheiten klären, die von **vier Institutionen** bestimmt werden: Staat, Kirche, freie Geselligkeit und Wissenschaft.

Diese ergeben sich aus vier möglichen Handlungsweisen der Vernunft: Sie gestaltet zum einen die Natur *(organisieren)*

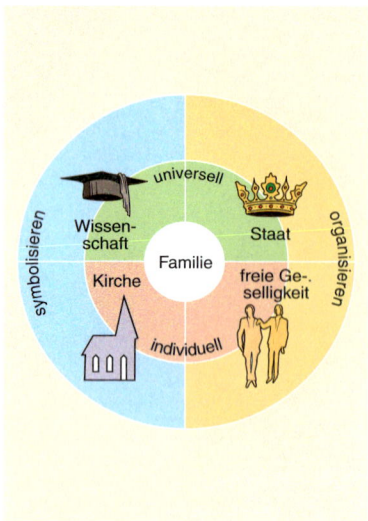

A Erziehungsinstitutionen

B Erziehung und gesellschaftlicher Wandel

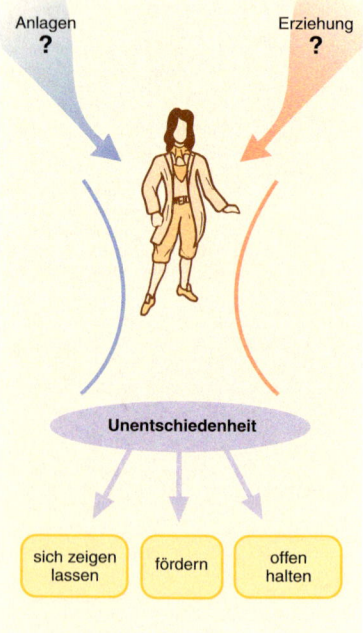

C Unentschiedenheit der anthropologischen
Voraussetzungen

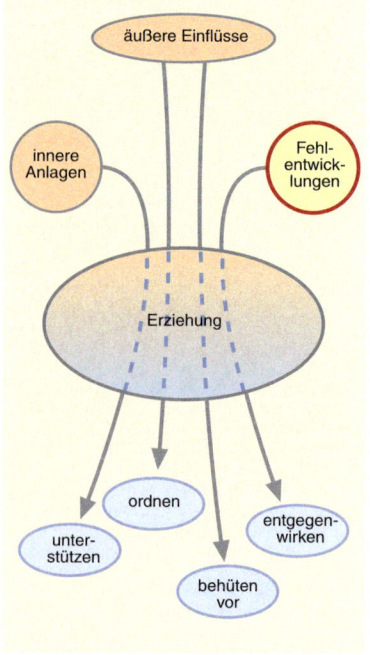

D Formen erzieherischer Einwirkung

und drückt sich zum anderen in dieser gestalteten Natur aus *(symbolisieren)*. Beide Tätigkeiten können wiederum *individuelle* oder *universelle* Zwecke verfolgen. (A)

Hinzu kommt die **Familie**, in der im Kern alle Handlungsbereiche enthalten sind. Im Grunde könnte daher die gesamte Erziehung von der Familie organisiert werden. Da diese aber aus verschiedenen Gründen dazu nicht willens oder in der Lage ist, werden in komplexeren Gesellschaften die Erziehungsfunktionen den vier Institutionen überantwortet:

- Der *Kirche* kommt die Aufgabe der sittlichen Gesinnungsbildung zu,
- dem *Staat* die der Vermittlung von Kenntnissen und Fertigkeiten,
- der *Geselligkeit* (als dem zwischen Familie und Staat angesiedelten Bereich des öffentlichen Lebens) die Art von Bildung, die auf freier Kommunikation und Interaktion beruht,
- der *Wissenschaft* die Ausbildung derjenigen, die künftig die leitenden Funktionen im Staat ausüben sollen.

Das höchste Gut als Ziel der Erziehung ist dann erreicht, wenn alle Institutionen so zusammenspielen, dass die Natur ganz Organ und Symbol der Vernunft ist und Individuelles und Universelles zum Ausgleich kommen.

Die Erziehung (nicht das Lernen) ist beendet, wenn die Selbsttätigkeit der Jüngeren so weit fortgeschritten ist, dass es keiner Einwirkung durch die Älteren mehr bedarf.

Wenn Erziehung nur von den Anforderungen der jeweiligen Lebensgemeinschaft her gedacht wird, dann besteht die Gefahr einer bloßen »Anpassungspädagogik«. Schleiermacher entgeht einer solchen Einseitigkeit, indem er seine Pädagogik auf ein **dialektisches Denkmodell** gründet.

Die Voraussetzungen der Erziehung haben durchwegs eine *antinomische*, d. h. in sich widersprüchliche Struktur, die Schleiermacher in verschiedenen Bereichen aufzeigt.

Z. B. steht der Einzelne in der Tradition einer Kultur, die ihn als Lebenswelt umgibt und für die er erzogen werden muss. Gleichzeitig ist deren Aneignung aber auch der Ausgangspunkt für die Entwicklung seiner individuellen Persönlichkeit, aufgrund derer er auf seine Lebenswelt einwirken kann.

Bewahrung und Überschreitung sind daher in der Erziehung immer dialektisch vermittelt. Da diese grundsätzlich von der *Wandelbarkeit* der gesellschaftl. Verhältnisse auszugehen hat, muss sie ihre Aufgabe der Vorbereitung auf die Anforderungen der gegenwärtigen Gesellschaft mit einem Offenhalten für zukünftige Möglichkeiten verbinden (B).

Dieser Standpunkt wird auch an Schleiermachers Überlegungen zur unterschiedlichen Erziehung beider Geschlechter deutlich. Er konstatiert einerseits, dass die ungleiche Ausbildung der faktischen Gesellschaftsstruktur seiner Zeit entspricht. Da diese aber als im Wandel begriffen gedacht werden muss, soll die Erziehung auf das Verschwinden der Ungleichheit hinarbeiten:

> *»Solange daher die Kultur fortschreitet, müssen wir es natürlich und notwendig finden, dass die Ungleichheit und das Zurücktreten des weiblichen Geschlechts im Abnehmen sein werde.«*

Daher ist die Erziehung so einzurichten, dass

> *»dem weiblichen Geschlechte so viel Vorschub geleistet wird, als zur Verbesserung seiner Stellung und seiner Einwirkung auf die künftige Generation notwendig ist«.*

Seine dialektische Denkweise zeigt sich auch bei der Frage nach den *anthropologischen* Grundlagen der Erziehung. Zur Diskussion stehen die gegensätzlichen Positionen der Vorherrschaft der Anlagen bzw. der Allmacht der Erziehung. Nach Schleiermacher reicht unser Wissen nicht aus, um diese Frage abschließend zu beantworten. Daher müssen wir in der Pädagogik von der »*Unentschiedenheit* der anthropologischen Voraussetzungen« ausgehen (C).

Die Erziehung soll deshalb durch ein reichhaltiges Angebot vielen Möglichkeiten Raum geben, um dann schrittweise die sich zeigenden Begabungen zu fördern und zu verstärken.

Als **Formen pädagogischer Einwirkung** unterscheidet Schleiermacher (D)

- *Unterstützung:* Da der Mensch von sich aus Anlagen und eine selbsttätige Entwicklung mitbringt, gilt es diese zu erkennen, hervorzulocken und zu unterstützen.
- *Behütung und Ordnung:* Die Einflüsse, denen das Kind von außen unterliegt, sind teilweise ungeordnet oder schädlich. Hier soll die Erziehung die Umwelt überschaubar machen und negative Einwirkungen abwehren.
- *Gegenwirkung:* Haben sich bereits negative Verhaltenstendenzen festgesetzt, dann muss ihnen, z. B. durch Gespräch und Ermahnung, entgegengewirkt werden.

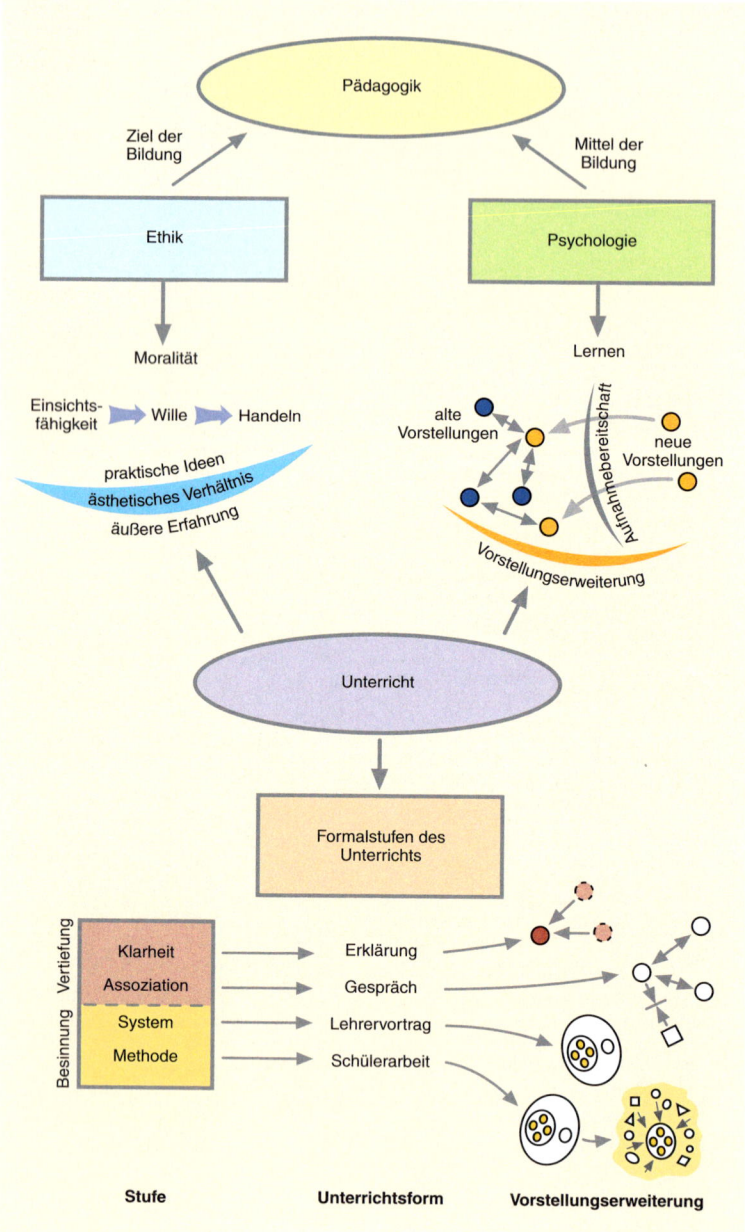

System der Pädagogik

Johann Friedrich Herbart (1776–1841) ist Nachfolger auf Kants Lehrstuhl in Königsberg. In der Geschichte der Pädagogik nimmt er in zweifacher Hinsicht eine bedeutende Stellung ein: Zum einen ist seine Begründung der **Pädagogik als Wissenschaft** das bis dahin systematisch geschlossenste Theoriemodell. Zum anderen beeinflusst sein Denken, vermittelt über seine Schüler (sog. *Herbartianer),* bes. an den deutschen Volksschulen die Unterrichtspraxis über ein halbes Jahrhundert lang.

Zwei andere Fachgebiete sind für die Pädagogik hauptsächlich von Bedeutung:

»Pädagogik als Wissenschaft hängt ab von der praktischen Philosophie und Psychologie. Jene zeigt das Ziel der Bildung, diese den Weg, die Mittel und die Hindernisse.«

Hinzu kommen die philosophische Anthropologie, die Mathematik (für eine exakte Psychologie erforderlich) und die Politik.

Die Bestimmung des Erziehungszieles muss von der **Ethik** geleistet werden. Dabei unterscheidet Herbart zwischen willkürlichen und notwendigen Zwecken der Erziehung: *Willkürlich* sind solche, die dem bloßen Wissenserwerb oder der Berufsausbildung dienen. *Notwendig* diejenigen, die mit dem Menschsein als solchem verbunden sind und daher für die gesamte Erziehung gelten.

Im letzteren Sinn bestimmt Herbart die **Moralität** als das ganze (d. h. umfassendste) und höchste (d. h. die Rangordnung der Teilzwecke bestimmende) Ziel der Erziehung (S. 90, A).

Wie Kant versteht er unter Moralität die Beschaffenheit des *guten Willens,* die sich einem allgemeinen Sittengesetz unterwirft. Das Problem bei Kant besteht nach Herbart aber darin, dass er den guten Willen allein aus dem intelligiblen (nicht empirischen) Charakter des Menschen entspringen lässt, der einer äußeren Einflussnahme und damit dem pädagog. Handeln entzogen ist.

Soll Moralität Ziel der Erziehung sein, dann muss gezeigt werden, dass eine erzieherische Beeinflussung überhaupt möglich ist. Zugleich muss diese aber so beschaffen sein, dass dadurch die *Freiheit* des Individuums, die wiederum Voraussetzung für moralisches Handeln ist, nicht zerstört wird.

Damit ist ausgeschlossen, dass es darum gehen kann, dem Heranwachsenden die jeweiligen Normen der Gesellschaft einfach vorzugeben und ihre Einhaltung zu erzwingen. Vielmehr liegt die Möglichkeit und Aufgabe der Pädagogik darin, die **Einsichtsfähigkeit** so zu fördern, dass moralisches Handeln aus eigener Erkenntnis und ihr folgender Bestimmung des Willens geschieht.

Die Bildung einer moralischen Einsicht erfolgt aufgrund der Beziehung zwischen innerer geistiger Aktivität und äußerer Erfahrung. Diese bezeichnet Herbart als *ästhetisches* Verhältnis, insofern darin der Bezug zur Wahrnehmung enthalten ist. Geleitet wird dieses von den praktischen **Ideen** der *inneren Freiheit* (Übereinstimmung von Einsicht und Willen), der *Vollkommenheit* (Bildung von Körper und Geist), des *Wohlwollens* (Beschaffenheit des Sozialsystems), des *Rechts* und der *Billigkeit* (Zuteilung von Lohn und Strafe).

Die Frage, wie sich Einsichtsfähigkeit erreichen lässt, führt auf das Gebiet der **Psychologie:** Den Inhalt des Bewusstseins bilden *Vorstellungen,* die sich *assoziativ* nach bestimmten Gesetzmäßigkeiten verbinden, verstärken oder hemmen.

Dabei handelt es sich um ein eigenaktives System, weshalb die Erziehung nicht nach dem Modell eines bloßen »Eintrichterns« von Wissen vorgehen kann. Sie muss zum einen auf die bereits vorhandenen Vorstellungen Rücksicht nehmen und dort ansetzen, zum anderen kann sie nur Einfluss nehmen auf die Dispositionen, denen gemäß Vorstellungsverknüpfungen erfolgen.

Lernen bedeutet formal eine Vorstellungserweiterung, die darin besteht, dass Bekanntes sinnvoll mit Neuem verknüpft wird.

Da dieses Modell von Vorhandensein von Elementen und deren Beziehungen im Bewusstsein ausgeht, ergeben sich auch für den **Unterricht** zwei grundsätzliche Vorgehensweisen:

1. Das *analytische* Verfahren zielt darauf ab, gegebene Vorstellungen möglichst klar zu bestimmen und als Wissen reproduzieren zu können.

2. Das *synthetische* Verfahren verknüpft die einzelnen Vorstellungen zu größeren Zusammenhängen.

Auf diesen Überlegungen beruhen Herbarts bekannte **Formalstufen** des Unterrichts:

• Stufe der *Klarheit:* Die im Unterricht dargebotenen neuen Vorstellungen sollen vom Schüler erfasst und bestimmt werden.

• Stufe der *Assoziation:* Die noch isolierten Vorstellungen müssen miteinander verglichen und in Beziehung gesetzt werden.

• Stufe des *Systems:* Herstellung einer übergreifenden Ordnung innerhalb eines Systems von Begriffen.

• Stufe der *Methode:* Der Schüler soll lernen, die allgemeinen Erkenntnisse selbstständig auf konkrete Fälle anzuwenden. (Abb.)

Herbart nennt drei **Formen der Erziehung:** Regierung, Unterricht und Zucht.

Solange die Fähigkeit zur Selbsterziehung noch nicht ausgeprägt ist, bedarf es der

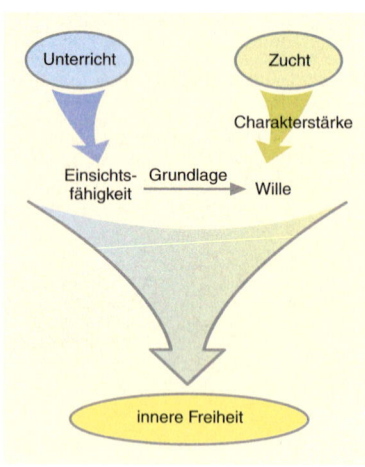

A Moralität als Ziel der Erziehung

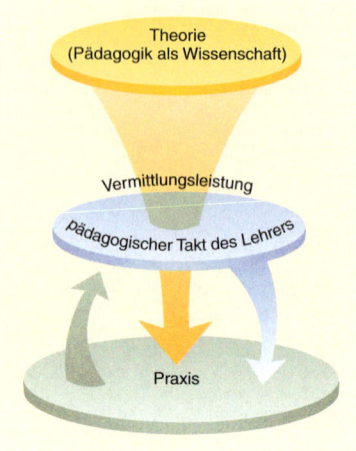

B »Pädagogischer Takt«

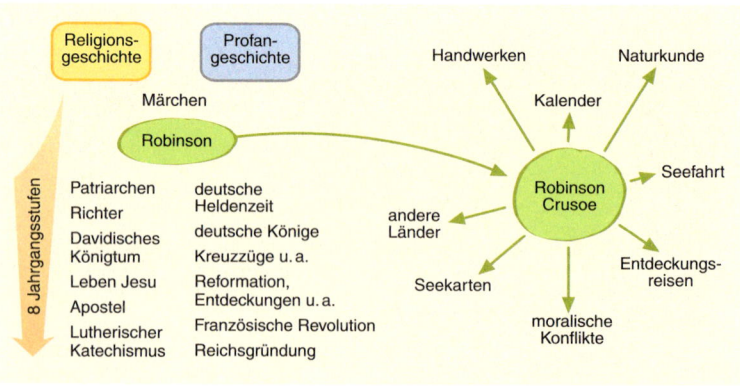

C Wichtige Herbartianer

Tuiskon Ziller 1817–82	Gründung	● 1862 ›Pädagogisches Seminar in Leipzig‹	● 1868 ›Verein für wiss. Pädagogik‹	● 1869 ›Jahrbuch des Vereins für wiss. Pädagogik‹	1927 Einstellung des Jahrbuchs
Karl Volkmar Stoy 1815–85	Gründung	● 1844 ›Pädagogisches Seminar in Jena‹			Ende des Herbartianismus
Wilhelm Rein 1847–1929	Gründung	● ab 1886 Leitung des Seminars in Jena	● 1892 ›Verein Herbartscher Pädagogik‹	● ab 1907 Leitung des ›Vereins für wiss. Pädagogik‹	

D Ziller: Kulturstufenlehrplan (Volksschule)

Regierung. Bestimmte Verhaltensweisen sollen dem Kind zu dessen eigenem Nutzen eingeprägt werden, wenn nötig auch durch Sanktionen. Die Regierung schafft die äußere Ordnung als eine Voraussetzung für Erziehung.
Deren Kern ist der auf ein *vielseitiges Interesse* hinarbeitende **Unterricht.**
Mit dieser Zielbestimmung wird auf Herbarts psycholog. Modell Bezug genommen, dem zufolge Erziehung auf die Dispositionen für eine selbsttätige Vorstellungsverknüpfung und -erweiterung einwirken soll.

Interesse bedeutet bei Herbart Aufmerksamkeit und die Bereitschaft zu geistiger Aktivität. Es muss vielseitig sein, um eine Offenheit für alle möglichen künftigen Lernsituationen bzw. Berufsaufgaben zu erreichen.
Er unterscheidet zwei Gruppen von Interessen:
1. Das *Erkenntnisinteresse* bezieht sich als *empirisches* auf die Mannigfaltigkeit der Gegenstände, als *spekulatives* auf deren Klassifizierung und als *ästhetisches* auf die Wechselwirkung zwischen ihnen.
2. Das *Teilnahmeinteresse* wirkt sich im Bereich der Gefühlswelt aus. Als *sympathetisches* richtet es sich auf den einzelnen Menschen, als *gesellschaftliches* auf die sozialen Beziehungen im Ganzen und als *religiöses* auf die zu einem höheren Wesen.
Anzustrebendes Ideal ist die harmonische Entwicklung aller dieser Interessen. Damit ist das didaktische Problem angesprochen, wie Vielseitigkeit erreicht werden kann, ohne den Unterricht zu überfrachten und letztlich nur »Vielwisserei« zu erzeugen.
Die Aufgabe des Unterrichts ist daher, exemplarische Inhalte auszuwählen, die die Vorstellungstätigkeit des Schülers anregen. Diese sind zudem auf seine jeweilige Entwicklungsstufe auszurichten.
Während der Unterricht indirekt über die eigene Einsicht Moralität bewirken soll, zielt die **Zucht** direkt auf die Stärkung des Charakters ab.
Der Erzieher beobachtet die seelische Entwicklung des Heranwachsenden und wirkt durch Gespräch, Ermahnung, Missbilligung und andere Maßnahmen auf die Festigung des moralischen Willens ein. Grundlage dafür ist das sich in Form einer »kontinuierlichen Begegnung« äußernde persönliche Verhältnis.

Im Unterschied zu anderen bedeutenden Pädagogen seiner Zeit steht Herbart dem öffentlichen Schulwesen skeptisch gegenüber:
»*... als ob der Unterricht schon Erziehung, als ob die Disziplin schon Charakterbildung, als ob überhaupt die Jugendbildung ein Geschäft wäre, das im Großen wie Fabriken durch Maschinenwerk, ohne Berücksichtigung der Individuen mit Vorteil könnte betrieben werden*«.
Sein Ideal ist die **Hauslehrererziehung.** Nur da sieht er die Möglichkeit, den individuellen Fähigkeiten des Schülers und seiner Entwicklung gerecht werden zu können.
Herbart fordert eine gründliche wissenschaftliche Ausbildung der künftigen Lehrer. Die pädagog. Theorie soll die Praxis vollständig bestimmen können.

Die Voraussetzung dafür ist allerdings, dass die beteiligten Wissenschaften über genügend gesicherte Erkenntnisse verfügen, was Herbart für seine Zeit noch nicht erreicht sieht.
Dem Lehrer kommt die Aufgabe zu, die Theorie mit der Praxis zu verbinden. Diese Vermittlungsleistung nennt Herbart den **pädagogischen Takt** (B).
Er verlangt vom Pädagogen eine Beurteilungs- und Entscheidungskompetenz, die nicht allein der Theorie entspringen darf, sondern ebenso der Praxis entstammen soll.

Der Lehrer erlernt also seinen Beruf durch Wissenschaft *und* Erfahrung.

Durch Herbarts Schüler sind seine Gedanken international (auch in den USA und Japan) verbreitet worden. Der sog. **Herbartianismus** beherrscht die Lehrerausbildung v. a. für die Volksschulen bis zu Beginn des 20. Jh.
Führender Kopf der Schule ist Tuiskon Ziller (1817–82); weitere wichtige Vertreter sind Karl Volkmar Stoy (1815–85) und Wilhelm Rein (1847–1929) (C).
Herbarts Nachfolger setzen seine Pädagogik v. a. für die **Schulpraxis** um. Bei der Aufstellung des Lehrplans greift Ziller z. B. auf Herbarts Gedanken fortschreitender *Kulturstufen* zurück, die zur psychischen Entwicklung der Schüler parallel gesetzt werden und die Unterrichtsinhalte während der acht Jahrgangsstufen bestimmen (D). Wichtig ist dabei die *Konzentration* auf sog. charakterbildende »Gesinnungsstoffe«, von denen aus Bezüge zu anderen Themen hergestellt werden.
In der Aufstellung des Lehrplans macht sich bes. bei Ziller eine Tendenz zur Dogmatisierung und Schematisierung bemerkbar, die dann auch z. B. von den Reformpädagogen heftig kritisiert werden wird.

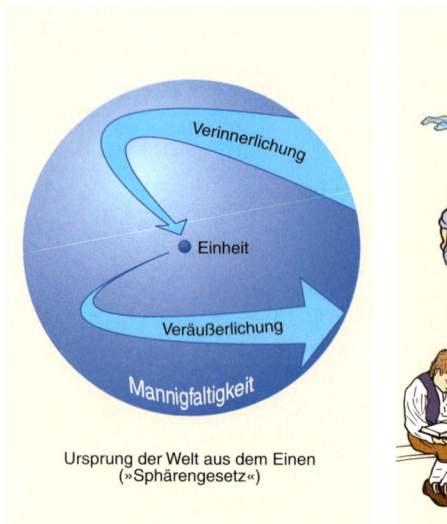

Verinnerlichung
Einheit
Veräußerlichung
Mannigfaltigkeit
Ursprung der Welt aus dem Einen
(»Sphärengesetz«)

A Dialektik von Innerem und Äußerem

Sinneswahrnehmung
Spiel
Sprache
Religion
Natur
Sprache
Mathematik
Kunst
Arbeit

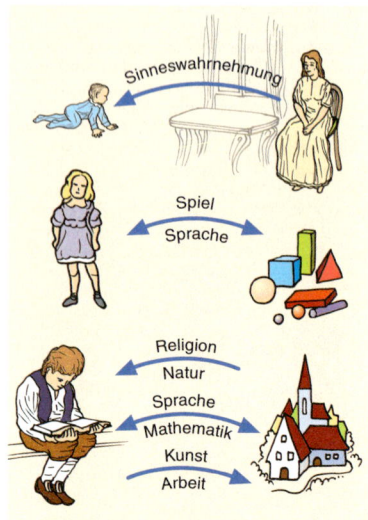

B Kindliche Entwicklungsphasen

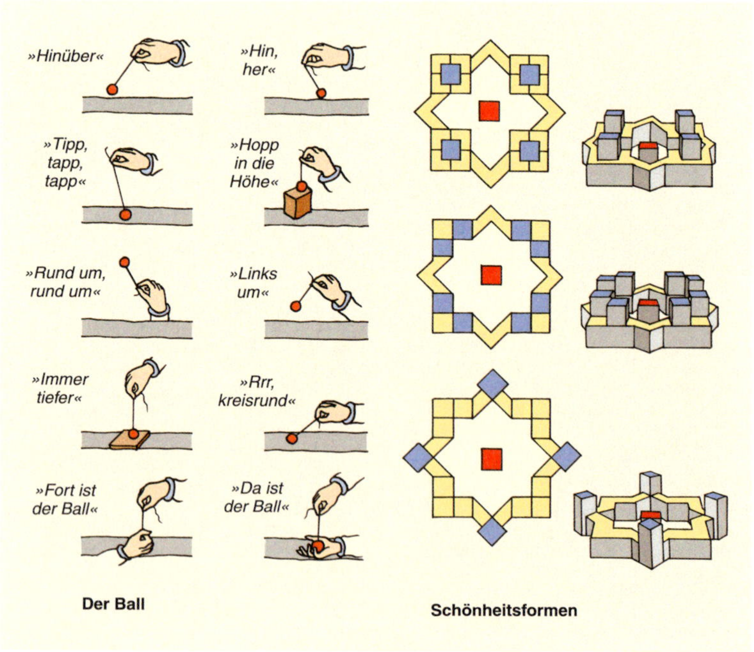
»Hinüber«
»Hin, her«
»Tipp, tapp, tapp«
»Hopp in die Höhe«
»Rund um, rund um«
»Links um«
»Immer tiefer«
»Rrr, kreisrund«
»Fort ist der Ball«
»Da ist der Ball«
Der Ball
Schönheitsformen

C Spielgaben

Friedrich Wilhelm August Fröbel (1782–1852) gilt als Begründer der *Spiel- und Kindergartenpädagogik.* Nach einer kurzen Mitarbeit bei Pestalozzi in Iferten und einer Tätigkeit als Hauslehrer gründet er 1817 in Keilhau (Thüringen) die ›Allgemeine Deutsche Erziehungsanstalt‹. Ab 1840 setzt sich Fröbel intensiv durch Vortragsreisen und Fortbildungskurse für die Verbreitung seiner Idee des Kindergartens ein.

Die theoretische Grundlage seiner Pädagogik bildet eine **spekulative Philosophie:** In Gott (dem Einen) sind alle Gegensätze vereinigt. Die von ihm geschaffene Welt dagegen ist mannigfaltig und durch den Gegensatz von *Natur* (Äußeres) und *Geist* (Inneres) gekennzeichnet.

Der Mensch kann die urspr. Einheit in der Weise wieder anstreben, dass er das Äußere verinnerlicht und das Innere im Äußeren zur Darstellung bringt.

In dieser Vorstellung zeigt sich Fröbel als Vertreter der **Romantik,** die vom Streben nach Einswerden mit dem Ganzen, nach Harmonie und ursprünglicher Einheit gekennzeichnet ist.

Die grundlegende Aufgabe der Erziehung besteht für Fröbel darin, dass der Mensch die der urspr. Einheit entspringende Gesetzmäßigkeit der Welt erkennt (geistige *Verinnerlichung)* und durch sein Handeln selbst in der Welt zur Darstellung bringt *(Veräußerlichung)* (A).

An dem Verhältnis von Innen und Außen lassen sich die verschiedenen kindlichen **Entwicklungsphasen** festmachen (B):

• Beim *Säugling* dominiert die Verinnerlichung der Umwelt über die Sinne. Die dieser Phase entsprechende Erziehungsinstitution ist die *Familie.*
• Das *Kleinkind* beginnt, das innerlich Verarbeitete nach Außen zu tragen, v. a. durch die Sprache und das Spiel. Neben die Familie tritt der *Kindergarten* als erweiterter Lern- und Betätigungsraum.
• Im *Knabenalter* erreicht die Verinnerlichung eine neue Stufe, die durch den belehrenden, Wissen vermittelnden *Schulunterricht* gekennzeichnet ist. Der nach außen gerichtete Gestaltungstrieb findet in der Kunst und der Arbeit sein Betätigungsfeld.

Als Inbegriff der Dialektik von Innen und Außen sieht Fröbel das **Spiel.** In ihm verbinden sich Subjekt (Tätigsein) und Objekt (Form und Gesetzlichkeit der Dinge) zur symbolischen Welterkenntnis und -gestaltung. Damit kommt ihm in der Erziehung eine entscheidende Rolle zu.

Das Spiel hat primär einen autodidaktischen Charakter: Das Kind eignet sich die Welt an und lernt seine eigenen Fähigkeiten kennen.

Unterstützt wird dieser Lernvorgang durch bes. **Spielgaben,** die Fröbel selbst entwickelt und hergestellt hat. Sie lassen sich in vier Gruppen einteilen:
1. *körperartige* Gaben, z. B. Ball (als erstes Spielmaterial); Kugel, Würfel und Walze; geteilte Körper (Bauklötzchen)
2. *flächenartige* Gaben, z. B. Quadrate, Dreiecke
3. *linienförmige* Gaben, z. B. Holzstäbchen, Papierstreifen
4. *punktförmige* Gaben, z. B. Sand, Perlen

Den Anfang macht das Spiel mit einem *weichen Ball,* weil dieser der Innerlichkeit der frühen Entwicklungsphase entspricht. Er schmiegt sich in die Hand des Kindes und verhüllt durch seine Nachgiebigkeit noch die äußere Form. Im nächsten Schritt pendelt der Ball an einer Schnur, wodurch die Erfahrung von Raum- und Zeitrelationen ermöglicht wird (Distanz und Nähe, rhythmische Bewegung) (C). Als nächste Gabe macht die feste Kugel die äußere Form des Balles manifest, ihre innere Gliederung in Raumachsen wiederum wird an der Gestalt des Würfels deutlich. So sollen die Spielgaben dem Kind schrittweise die Erfahrung der Welt im Ganzen ermöglichen.

Die Gestaltungskraft des Kindes wird durch die geteilten Körper angesprochen, die sich zu neuen **Formen** zusammensetzen lassen. Fröbel unterscheidet dabei *Lebens-, Erkenntnis-* und *Schönheitsformen,* d. h. solche des alltäglichen Gebrauchs, mathematische und ästhetische.

Zur Anleitung, die durch die Materialien selbst gegeben ist, kommt der Erwachsene als Mitspieler und behutsamer Spielführer hinzu.

Fröbel sieht darin auch ein wichtiges Bildungsmoment für den Erwachsenen selbst. Im Spiel mit den Kindern erblickt er einen verschwundenen Teil seines eigenen Lebens wieder, dessen Aneignung ihn erst zur Einigung mit sich selbst bringt.

Entscheidend für die frühkindliche Erziehung ist neben dem Spiel die **emotionale Zuwendung,** die durch die Geborgenheit bei der Mutter, durch Ansprache und Gesang vermittelt wird.

In seinen ›*Mutter- und Koseliedern*‹ hat Fröbel ein ganzheitliches Programm für die Kleinkindererziehung entworfen. Das Buch enthält Spiele (Übung der Bewegungsabläufe), veranschaulichende Bilder und Lieder als Verbindung von Sprache (vergleichendes Denken) und Melodie (emotionale Tönung).

Die von Fröbel initiierten **Kindergärten** sollen zugleich eine Schule für junge Eltern sein, in der sie Kinder besser verstehen lernen und in der sie sich auf ihre erzieherischen Aufgaben vorbereiten können.

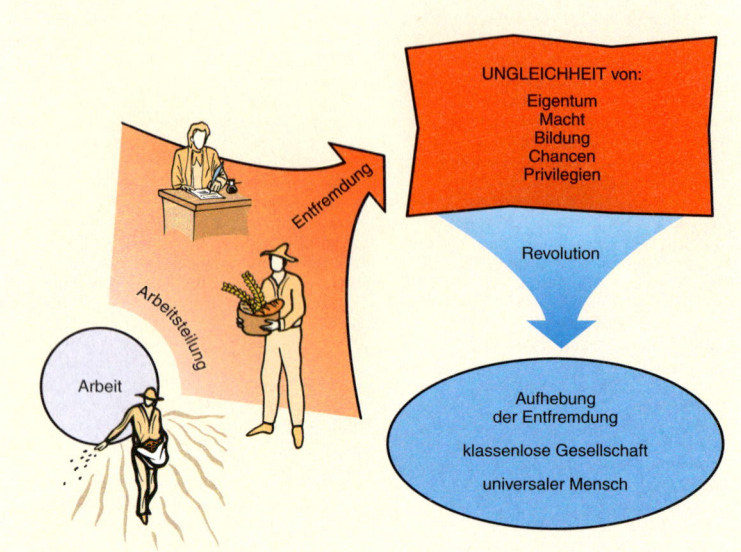

A Geschichtsmodell

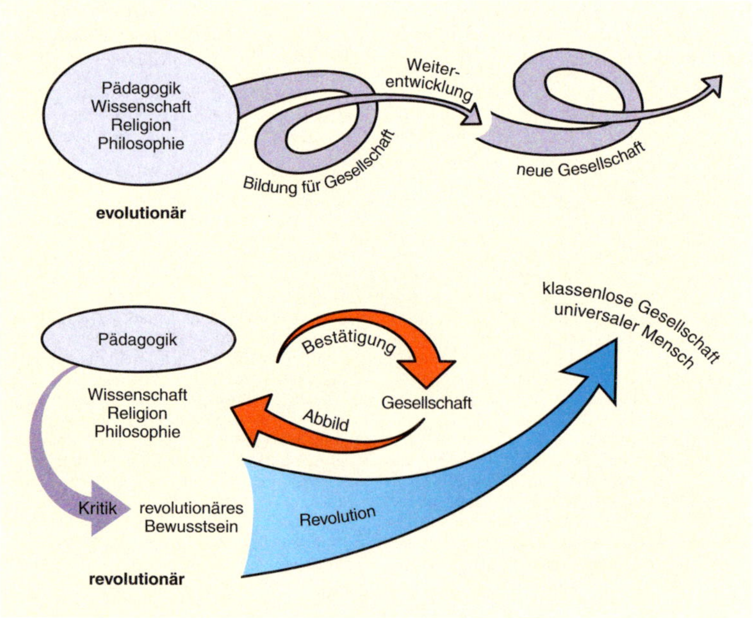

B Evolutionäres und revolutionäres Pädagogikverständnis

Ab der Mitte des 19. Jh. sind die sozialen Folgen der industriellen Revolution unübersehbar.

Bevölkerungszunahme, Landflucht und damit einhergehend ein Überangebot an Arbeitskräften in den Städten führen zu Ausbeutung und Verelendung von großen Teilen der Lohnarbeiter.

Die sozialistische Bewegung formiert sich als direkte Reaktion auf die sozialen Ungerechtigkeiten und die unhaltbare Situation des neuen Standes der Proletarier.

So stimmen die Forderungen der sog. **Frühsozialisten** (u. a. C. H. de Saint-Simon, C. Fourier, R. Owen) im Wesentlichen darin überein, dass es einer Änderung der Produktions- und Eigentumsverhältnisse bedarf, um die bestehenden Ungleichheiten zu überwinden. Anzustrebendes Ideal ist die *klassenlose Gesellschaft.*

Der wirkungsreichste Theoretiker des Sozialismus ist **Karl Marx** (1818–83). Mit den Frühsozialisten teilt er das Ziel,

»alle Verhältnisse umzuwerfen, in denen der Mensch ein erniedrigtes, ein geknechtetes, ein verlassenes, ein verächtliches Wesen ist«.

Beeinflusst von Hegels dialektischer Methode und unter Bezug auf ökonomische Modelle interpretiert Marx den bisherigen Geschichtsverlauf als eine Abfolge von Klassenkämpfen.

Diese haben ihren Ursprung im Widerspruch, der im Laufe verschiedener Epochen zwischen *Produktionsverhältnissen* (z. B. Eigentum) und *Produktivkräften* (Arbeitskraft, Fertigkeiten) entsteht.

Marx hat diesen Zusammenhang bes. gründlich am Beispiel des *Kapitalismus* untersucht:

Die vom Arbeiter produzierte Ware wird Eigentum des Unternehmers. Beide *entfremden* sich damit von sich selbst, weil der Arbeiter nicht besitzt, was er geschaffen hat, und der Unternehmer besitzt, was er nicht geschaffen hat. Mit der Ware wird zudem ein Mehrwert produziert, da der Eigentümer nicht den Gesamtgewinn über den Lohn weitergibt. Er kann damit Kapital anhäufen, das er etwa für Rationalisierungsmaßnahmen einsetzt. Da nun »freigesetzte« Arbeitskräfte vorhanden sind, kann er den Lohn weiter drücken mit der Folge einer zunehmenden Verelendung des Proletariats.

Dieser Widerspruch verschärft sich, bis dann in der **proletarischen Revolution** die Produktionsmittel vergesellschaftet und die Arbeit kollektiviert wird (A).

Aus diesem Gedankengang ergeben sich für die Pädagogik zunächst zwei Konsequenzen: Erstens muss der fundamentalen Bedeutung der Arbeit ein Erziehungskonzept entsprechen, das Lernen mit Werktätigkeit verbindet und die in der Arbeitsteilung begründete Entfremdung vermeidet. Marx' Ideal ist der zu universaler Tätigkeit befähigte Mensch, *»das total entwickelte Individuum, für welches verschiedene gesellschaftliche Funktionen einander ablösende Betätigungsweisen sind«.*

Erziehung soll deshalb geistige Bildung, Körperschulung und eine *polytechnische* Ausbildung (Grundsätze von Produktionsprozessen, praktische Handhabung von Produktionsmitteln) umfassen.

Zweitens fordert Marx, dass die Erziehung des Heranwachsenden nicht auf die gegenwärtige Gesellschaft ausgerichtet werden soll, da es diese ja zu überwinden gilt.

Die Ausbildung eines revolutionären Bewusstseins, das die Kritik an den bestehenden Verhältnissen beinhaltet, gehört daher zu den pädagog. Aufgaben (B). Diese Kritik erfasst nicht nur die ökonomische Basis der Gesellschaft, sondern auch den »*ideologischen Überbau*«: Religion, Philosophie, Kunst usw. sind keine autonomen Größen, sondern Abbild der sozioökonomischen Verhältnisse.

»Es ist nicht das Bewusstsein der Menschen, das ihr Sein, sondern umgekehrt ihr gesellschaftliches Sein, das ihr Bewusstsein bestimmt.«

Wurde in der bisherigen Pädagogik von der Autonomie der geistigen Bildungsmächte ausgegangen, so zeigt Marx deren historische und gesellschaftliche Eingebundenheit auf. Damit wird ein gedankliches Instrumentarium bereitgestellt, das es erlaubt, Widersprüche im Bildungswesen darauf zurückzuführen, dass reale Interessen ideologisch begründet werden.

So z. B., wenn die vom Bildungssystem aus Standesinteresse produzierten Ungleichheiten als auf »natürlichen« Anlagen beruhende Leistungsunterschiede interpretiert werden.

Die Analyse solcher Zusammenhänge gehört seit Marx zum Bestand einer kritisch-emanzipatorischen Pädagogik.

Die Erziehungspraxis in den sozialistischen Staaten hat dagegen die Ideologiekritik gerade nicht mehr auf die eigene gesellschaftliche Wirklichkeit angewandt. Hier zeigt sich auch die in der Marx' Geschichtsrekonstruktion angelegte Gefahr der *Instrumentalisierung* des Einzelnen, dessen Selbstbestimmung zugunsten eines vermeintlich »notwendigen« Geschichtsverlaufs aufgehoben wird.

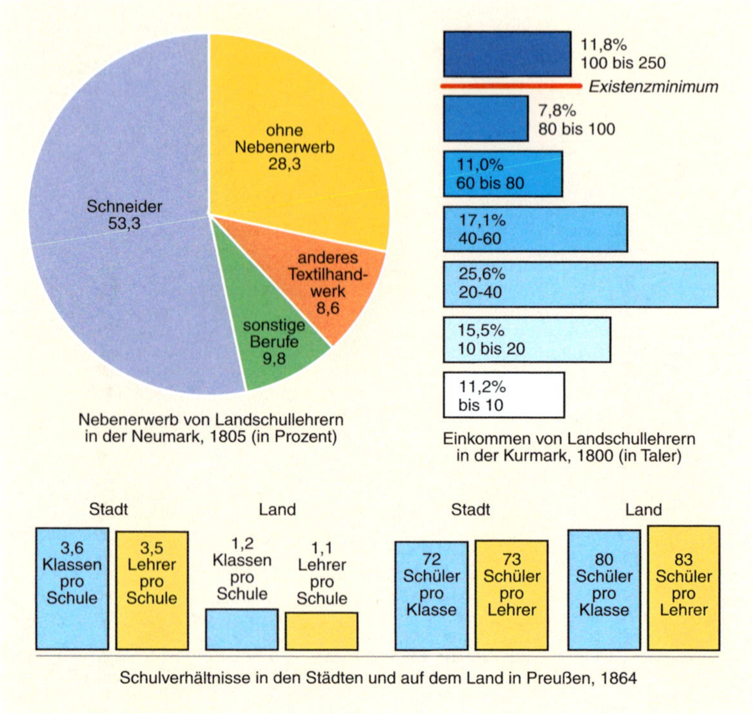

Nebenerwerb von Landschullehrern in der Neumark, 1805 (in Prozent)

- Schneider 53,3
- ohne Nebenerwerb 28,3
- anderes Textilhandwerk 8,6
- sonstige Berufe 9,8

Einkommen von Landschullehrern in der Kurmark, 1800 (in Taler)

- 11,8% 100 bis 250
- *Existenzminimum*
- 7,8% 80 bis 100
- 11,0% 60 bis 80
- 17,1% 40-60
- 25,6% 20-40
- 15,5% 10 bis 20
- 11,2% bis 10

Schulverhältnisse in den Städten und auf dem Land in Preußen, 1864

	Stadt	Land	Stadt	Land
	3,6 Klassen pro Schule	1,2 Klassen pro Schule	72 Schüler pro Klasse	80 Schüler pro Klasse
	3,5 Lehrer pro Schule	1,1 Lehrer pro Schule	73 Schüler pro Lehrer	83 Schüler pro Lehrer

A Diesterweg: Zur Situation der Landschullehrer

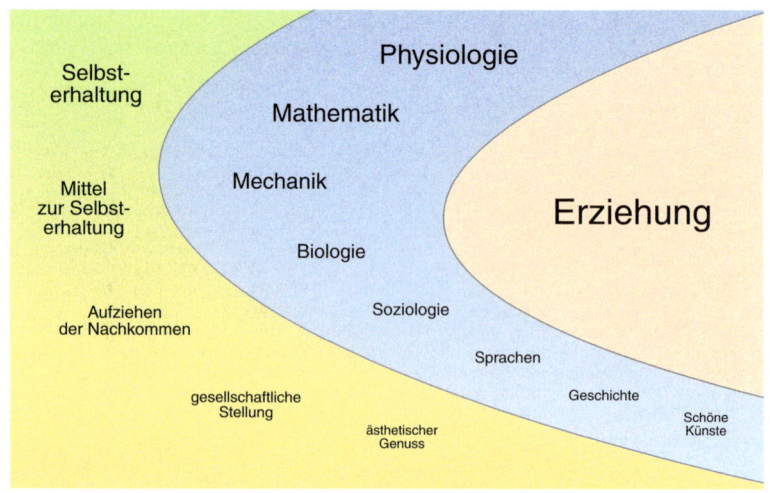

Selbst-erhaltung — Physiologie, Mathematik, Mechanik, Biologie

Mittel zur Selbst-erhaltung

Erziehung

Aufziehen der Nachkommen — Soziologie

gesellschaftliche Stellung — Sprachen — Geschichte

ästhetischer Genuss — Schöne Künste

B Spencer: Rangordnung der Lebensanforderungen und Wissensgüter

Adolph Diesterweg (1790–1866) setzt sich in seinen Schriften, als Direktor des Lehrerseminars in Berlin und als Abgeordneter entschieden für eine Verbesserung des Elementarschulunterrichts und der Ausbildung der Lehrer ein.

Im Sinne der Aufklärung sieht er in der Hebung der Volksbildung die Grundlage für eine Befreiung von staatl. und kirchlicher Bevormundung.

Seit dem 17. Jh. waren zwar Versuche unternommen worden, durch staatl. Erlasse das Niveau der Elementarschulen zu verbessern, aber die tatsächliche Situation der meisten Einrichtungen v. a. auf dem Land ist auch zu Beginn des 19. Jh. kaum zufriedenstellend.

Oft werden die Schüler aller Jahrgangsstufen von einem Lehrer allein unterrichtet, der noch einem Nebenerwerb nachgeht, um seinen kärglichen Lohn aufzubessern (A).

Ein Hauptproblem ist die schlechte Bildung der Lehrer selbst, deren Kenntnisse zuweilen noch unter dem Niveau dessen bleiben, was sie den Schülern eigentlich beibringen müssten.

Diesem Missstand sollen neu gegründete **Lehrerseminare** abhelfen, um deren Aufbau und Stärkung sich Diesterweg bes. verdient macht. Gemäß dem Grundsatz, dass nur derjenige andere erziehen kann, der sich auch selbst erzogen hat, schreibt er der *Allgemeinbildung* auf diesen Seminaren eine wichtige Aufgabe zu.

Das oberste Erziehungsprinzip sieht er in der Entwicklung der Selbsttätigkeit.

Dies muss auch für die Ausbildung der Lehrer gelten, die deshalb nicht fertige pädagog. Rezepte zu übernehmen haben, sondern in der Lage sein sollen, elementare Grundsätze der Didaktik eigenständig in die Praxis umzusetzen.

Mit seinen Vorstellungen gerät Diesterweg in Konflikt mit der reaktionären Ausrichtung der damaligen preußischen Politik. Diese findet ihren schulpolitischen Ausdruck in den sog. **Stiehlschen Regulativen** von 1854.

Für die Volksschulen bedeuten diese Regulative eine Absage an den aufklärerischen Gedanken einer allgemeinen Menschenbildung und eine erneute Konfessionalisierung des Unterrichts. Auch an den Lehrerseminaren soll nur noch gelehrt werden, was für den Volksschulunterricht direkt nötig ist. Pädagogik, Didaktik oder Psychologie werden als überflüssige Fächer betrachtet.

Diesterweg kämpft sowohl mit seinen Schriften als auch politisch als Abgeordneter gegen die »Antipädagogik« der Regulative und für eine Autonomie der Schulen gegenüber kirchlicher und staatl. Einflussnahme. Er trägt damit wesentlich zu einem neuen Selbstverständnis der Elementarschullehrer bei.

Das 19. Jh. ist gekennzeichnet durch einen enormen Aufschwung von **Naturwissenschaften** und **Technik,** die durch die Industrialisierung und zahlreiche Erfindungen das tägliche Leben umzugestalten beginnen.

Im Unterrichtswesen dagegen findet diese Entwicklung nur zögerlich ihren Niederschlag. Die Elementarschulen sind noch von der traditionell religiösen Erziehung geprägt, während die höheren Schulen das humanistische Bildungsgut vermitteln.

Unter den Bildungsinstitutionen sind es v. a. die Realschulen und Fachakademien, die den neuen Gegebenheiten zu entsprechen versuchen.

Eine Erziehung auf der Grundlage des naturwissenschaftlichen Fortschritts fordern die Vertreter des **Positivismus** (u. a. A. Comte, J. St. Mill, H. Spencer).

Der engl. Philosoph und Soziologe **Herbert Spencer** (1820–1903) vertritt einen *evolutionistischen* Ansatz. Nicht nur die Biologie des Menschen, sondern auch seine Kultur und Moral sind nur zu verstehen, wenn man sie nach dem Modell der Evolution begreift.

Die Erziehung muss deshalb auf der Erkenntnis aufbauen, dass der Mensch bereits stammesgeschichtlich bewährte Verhaltensweisen mitbringt. Dazu gehört, dass die Kinder in der *Familie* aufwachsen, die deshalb die primäre Erziehungsinstitution darstellt. Der Übergang in die öffentlichen Schulen sollte nicht zu früh erfolgen, auch weil durch die dort fehlende altruistische Motivation die für die moralische Entwicklung wichtige emotionale Bindung nicht vorhanden ist.

Weitere bewährte Evolutionsstrategien sind *Neugier* und *Spieltrieb*, denen man daher freien Raum lassen soll.

Die Wechselwirkung von Organismus und Umwelt ist ein entscheidender Faktor nicht nur für die stammesgeschichtliche Entwicklung, sondern auch für die jedes Individuums. Deshalb muss die Erziehung eine reichhaltige Umwelt bereitstellen, in der das Kind sich anhand von Erfahrungen entwickeln kann.

Seinem evolutionären Ansatz entsprechend sieht Spencer in der Fähigkeit zur Bewältigung der Lebensanforderungen das letztliche Erziehungsziel.

Aus der »natürlichen« Rangordnung menschl. Tätigkeiten ergibt sich auch die Bedeutsamkeit der Unterrichtsfächer (B).

Aufgrund ihrer analytischen Methode hält Spencer die Naturwissenschaften für besser geeignet, eine selbstständige Persönlichkeit auszubilden.

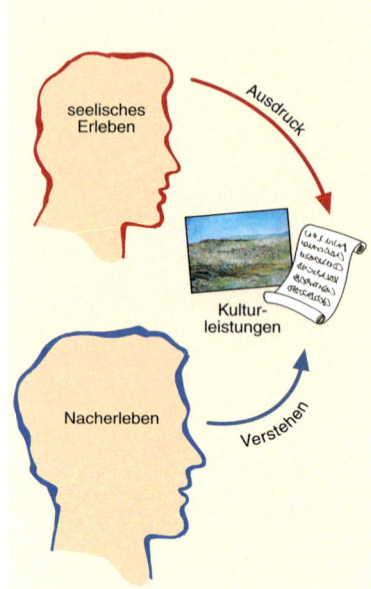

A Grundlagen der Geisteswissenschaften

B Aufgaben der Erziehung

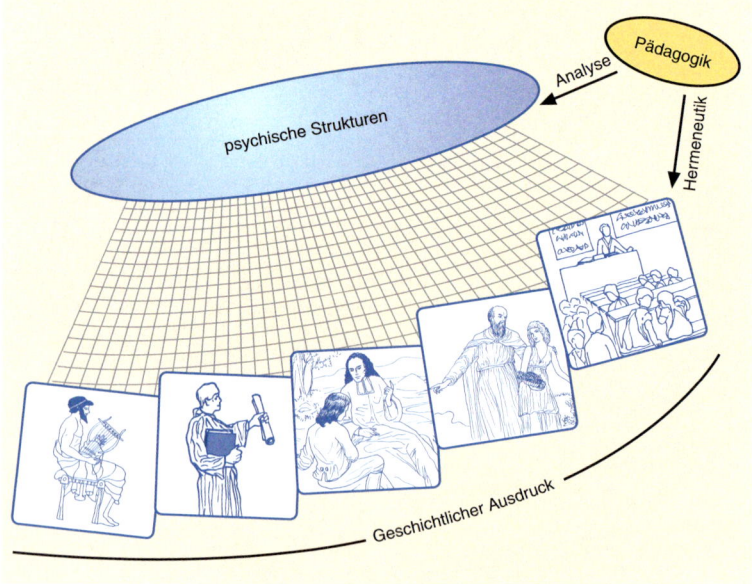

C Pädagogik als Geisteswissenschaft

Die Erfolge der Naturwissenschaften im 19. Jh. führen in weiten Kreisen dazu, deren Vorgehensweise mit Wissenschaftlichkeit überhaupt gleichzusetzen. Demgegenüber unternimmt es **Wilhelm Dilthey** (1833 bis 1911), die methodische Eigenständigkeit der Geisteswissenschaften herauszuarbeiten.

Die sich auf ihn berufende »geisteswissenschaftliche Pädagogik« ist bis zur Mitte des 20. Jh. in Deutschland führend.

Im Unterschied zu den Naturwissenschaften beschäftigen sich die Geisteswissenschaften mit kulturellen Gebilden, die der Mensch selbst hervorgebracht hat. Daraus ergibt sich auch eine andere Zugangsweise: »Natur erklären wir, das Seelenleben verstehen wir.«

Alle Kulturleistungen, z. B. ein Kunstwerk, sind der äußere Ausdruck seelischer Vorgänge (»Erlebnisse«). Wir können sie verstehen, weil wir aufgrund des eigenen Seelenlebens nachvollziehen können, welche Erlebnisse ihnen zugrunde liegen (A).

»Die Geisteswissenschaften sind so fundiert in diesem Zusammenhang von Erleben, Ausdruck und Verstehen.«

Dilthey trifft dabei folgende Unterscheidung, die auch für das Verständnis seiner Pädagogik wichtig ist:

Den Seelenvorgängen liegt eine Struktur zugrunde, die allgemein menschlich ist und daher auch allgemein gültig erfasst werden kann. Die daraus hervorgehenden Kulturleistungen dagegen sind geschichtlich bedingt. Sie können nur im jeweiligen historisch-gesellschaftl. Kontext verstanden werden.

Pädagogik als Geisteswissenschaft gründet sich daher zum einen auf die Analyse psychischer Strukturen, woraus formale Zielsetzungen abgeleitet werden können. Zum anderen ergeben sich Aussagen über Bildungsinhalte und die konkrete Gestalt die Erziehungssystems erst aus einer auf die geschichtliche Lebenswelt bezogenen Hermeneutik. (C)

Allgemein bestimmt Dilthey **Erziehung** als »die planmäßige Tätigkeit, durch welche Erwachsene das Seelenleben von Heranwachsenden zu bilden suchen«.

Wenn das Erziehungsziel nicht willkürlich aufgestellt werden soll, muss gezeigt werden können, dass es in der Beschaffenheit der Seelenvorgänge bereits enthalten ist. Dilthey findet diesen Bezugspunkt in der **Teleologie des Seelenlebens**, d. h. die psychische Verfasstheit des Menschen ist nicht statisch, sondern zeigt eine nach Vollkommenheit strebende Dynamik.

Das betrifft zum einen die Optimierung des Verhältnisses von Umwelt und Individuum, zum anderen das Verhältnis der drei seelischen Vermögen (Intellekt, Wille, Gefühl) untereinander.

Daraus lassen sich die allgemeinen **Aufgaben der Pädagogik** ableiten:

- Die erzieherische Einwirkung soll den Heranwachsenden zur Teilnahme an seiner Lebenswelt (Kultur) befähigen.
- Sie muss zu diesem Zweck zu einer Entfaltung aller psychischen Vermögen beitragen.
- Schließlich sollen sich die vielfältigen Fähigkeiten zur Einheit einer individuellen Persönlichkeit zusammenschließen. (B)

Damit ist das Bildungsziel des Individuums erfasst, darüber hinaus jedoch ist »die Erziehung eine Funktion der Gesellschaft«.

Nicht nur Individuen entwickeln sich, sondern auch **Gesellschaften.** Deren Erhalt und kultureller Fortschritt beruht auf der Fähigkeit der nachwachsenden Generation, den Wissensstand und die Fertigkeiten der vorhergehenden zu übernehmen und zu vergrößern.

Damit ist das grundsätzliche Problem angesprochen, ob Erziehung in erster Linie der Vollendung des Individuums oder den Aufgaben der Gesellschaft zu dienen hat.

Dilthey sieht eine Übereinstimmung beider Erziehungsziele dadurch gewährleistet, dass die unterschiedl. Anlagen des Individuums ihre gesellschaftliche Entsprechung in der Arbeitsteilung haben. Daher dient die Bildung der individuellen Fähigkeiten zugleich der Gesellschaft.

Welche Gestalt die **Erziehungspraxis** (unter Berücksichtigung der allgemeinen Zielsetzungen) konkret annehmen soll, kann nur durch eine hermeneutische Auslegung ihrer geschichtlich gewordenen Formen erkannt werden.

Die **pädagogische Hermeneutik** zielt auf ein Verständnis der Entstehung, Entwicklung und Funktion der Erziehung als einem spezifischen Kultursystem. Diesem Zweck dient sowohl die historisch-vergleichende Betrachtung als auch die Interpretation des Selbstverständnisses einer Gesellschaft bzgl. ihrer Normen, institutionellen Organisation und Interaktionsformen.

Die Verbindung formal-analysierender und inhaltlich-interpretierender Methoden soll es nach Dilthey schließlich ermöglichen, verbindliche Regeln für die konkrete Organisation des Bildungswesens zu finden.

Die Gültigkeit dieser Regeln ist jedoch nicht universal, sondern auf die geschichtlich-konkrete Situation einer bestimmten Gesellschaft bezogen. Denn eine »pädagogische Wissenschaft, welche von der Feststellung des Zieles der Erziehung aus die Regeln für das Geschäft derselben gibt, absehend von allen Verschiedenheiten der Völker und Zeiten, ist eine rückständige Wissenschaft«.

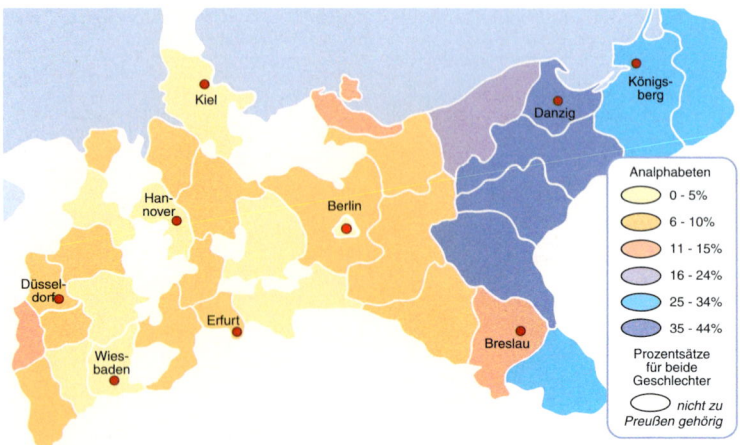

A Regionale Verteilung der Analphabeten in Preußen 1871

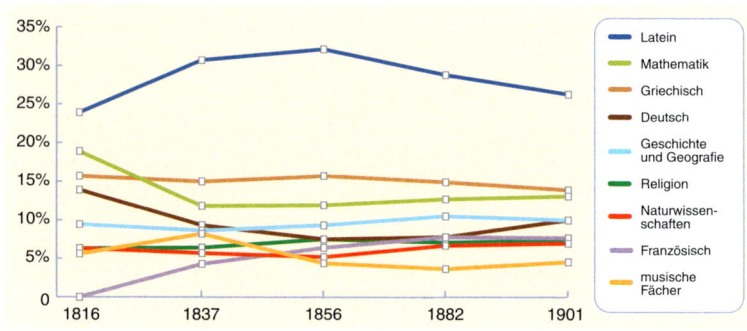

B Prozentualer Stundenanteil der Fächer an Gymnasien in Preußen

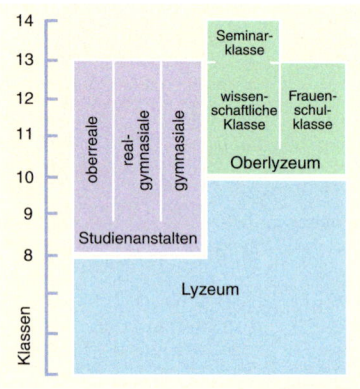

C Höhere Bildung für Frauen in Preußen (1912)

D Schulbesuch in Preußen (1911)

Die im 18. Jh. begonnenen Entwicklungslinien der Bildungspolitik setzen sich im 19. Jh. fort und gewinnen eine feste institutionelle Gestalt:

- Die *Schulpflicht* wird in Deutschland wie in anderen europäischen Ländern zunehmend auch tatsächlich durchgesetzt. Damit verbunden ist der quantitative und qualitative Ausbau der Elementarschulen.
- Die *Lehrerbildung* wird professionalisiert und durch staatl. Studienordnungen und Prüfungen vereinheitlicht.
- Der Staat beginnt, ein differenziertes *Schulsystem* aufzubauen, das den verschiedenen gesellschaftlichen Aufgabenbereichen entsprechen soll.
- Der Schulabschluss erhält im Zuge dessen seine Funktion als Qualifikation für bestimmte Berufe *(Berechtigungswesen)*.

Das Bildungssystem wird damit zum Träger einer neuen hierarchischen Klassifikation der Gesellschaft, die die sich auflösenden ständischen Privilegien ersetzt. Die Verkoppelung von Bildung und sozialer Hierarchie zeigt sich etwa an der Bedeutung von »Eliteschulen«, die in Frankreich, England oder den USA bis heute ihre Selektionsfunktion für berufliche und gesellschaftl. Spitzenpositionen ausüben.

Über die **Schulaufsicht** gewinnt der Staat ein neues Instrument zur Steuerung gesellschaftl. Entwicklungen.

Durch das Berechtigungswesen wird festgelegt, welche Bildungsschicht Zugang zu staatstragenden Funktionen hat. Gleichzeitig beeinflusst der Staat die Inhalte der Bildung über die ministeriell festgelegten Lehrpläne.

In *Frankreich* haben die mit der Französischen Revolution begonnenen und unter Napoleon durchgesetzten Reformen zu dem am stärksten *zentralistisch* organisierten Schulwesen geführt.

Während über Jahrhunderte hinweg die Inhalte der Schulbildung weitgehend kirchlicher und privater Initiative überlassen worden waren, erkennt der Staat in ihnen nun ein geeignetes Instrument zur Ausübung politischer Interessen.

Die Schulpolitik in Deutschland steht in der Spannung von »Reform und Reaktion«. Auf der einen Seite provoziert die 1848er-Revolution konservative Gegenmaßnahmen. Ein Beispiel dafür sind die von Ferdinand Stiehl initiierten ›Regulative‹ (Ministerialerlasse) für die Volksschulen in Preußen. Sie zielen darauf ab, alle Inhalte des Unterrichts, die eine aufklärerische Haltung fördern könnten, zurückzudrängen. Ebenso sollen durch schärfere Disziplinarmaßnahmen »politische Umtriebe« der Lehrer unterbunden werden.

»Die Regulative wollen den Zögling erziehen zum Glauben an gegebene Wahrheiten, zur Liebe für gegebene Zustände. Dagegen ist die Aufgabe des entgegenstehenden Systems [z. B. der humboldtschen Bildungsreform], ihn zu erziehen zur Kritik, zum Verlangen nach Verbesserung, nach Umänderung des Bestehenden.« (F. J. Stahl)

Auf der anderen Seite setzt sich der moderne Ausbau bes. des höheren Bildungswesens fort. Der Unterricht in neueren Sprachen (Französisch, Englisch), Naturwissenschaften und Technik, der Ausbau der Berufs- und Realschulen sowie deren Weiterführung zu Oberrealschulen bzw. Realgymnasien sind Entwicklungen in diese Richtung.

Hinsichtlich des **Bildungszugangs für Frauen** beginnen sich im 19. Jh. wichtige Umwälzungen zu vollziehen.

Wenngleich bis dahin die elementare Schulpflicht für Mädchen und Jungen gleichermaßen galt, war die höhere Bildung für Frauen privater Initiative überlassen. Der Staat sah lange Zeit keine Veranlassung, tätig zu werden, da die mit den höheren Schulabschlüssen verbundenen Berufe Frauen nicht zugänglich waren. Das erwachende Interesse an einer besseren Bildung der Frau entspringt primär ihren neuen, bürgerlichen Aufgaben als gebildete Begleiterin des Mannes und als häusliche Kindererzieherin.

Gegen diese Haltung richtet sich die Pädagogin und Frauenrechtlerin **Helene Lange** (1848–1930) in einer Petition (1887) an das Ministerium:

»Solange die Frau nicht um ihrer selbst willen ... gebildet wird, solange sie nur des Mannes wegen erzogen werden soll, solange konsequenterweise die geistig unselbständigste Frau die beste ist, ... solange wird es mit der deutschen Frauenbildung nicht anders werden.«

Ein Abschluss der im 19. Jh. zahlreich entstehenden **höheren Mädchenschulen** berechtigt nicht zum Studium oder zum Zugang zu bestimmten Berufen. Zwar setzt sich allmählich die Einsicht durch, dass bei einer immer größer werdenden Zahl unverheirateter Frauen diese in die Lage versetzt werden müssen, selbst für ihren Unterhalt zu sorgen, jedoch berechtigt zunächst der Abschluss einer höheren Mädchenschule nur zum Besuch eines Seminars zur Ausbildung von Lehrerinnen.

Mit *Gymnasialkursen* zur Vorbereitung auf ein externes Abitur bieten einige Schulen die Möglichkeit zu einem Studium im Ausland, z. B. in der Schweiz ab ca. 1860. In Deutschland selbst wird Frauen der generelle Zugang zur Universität erst im ersten Jahrzehnt des 20. Jh. ermöglicht.

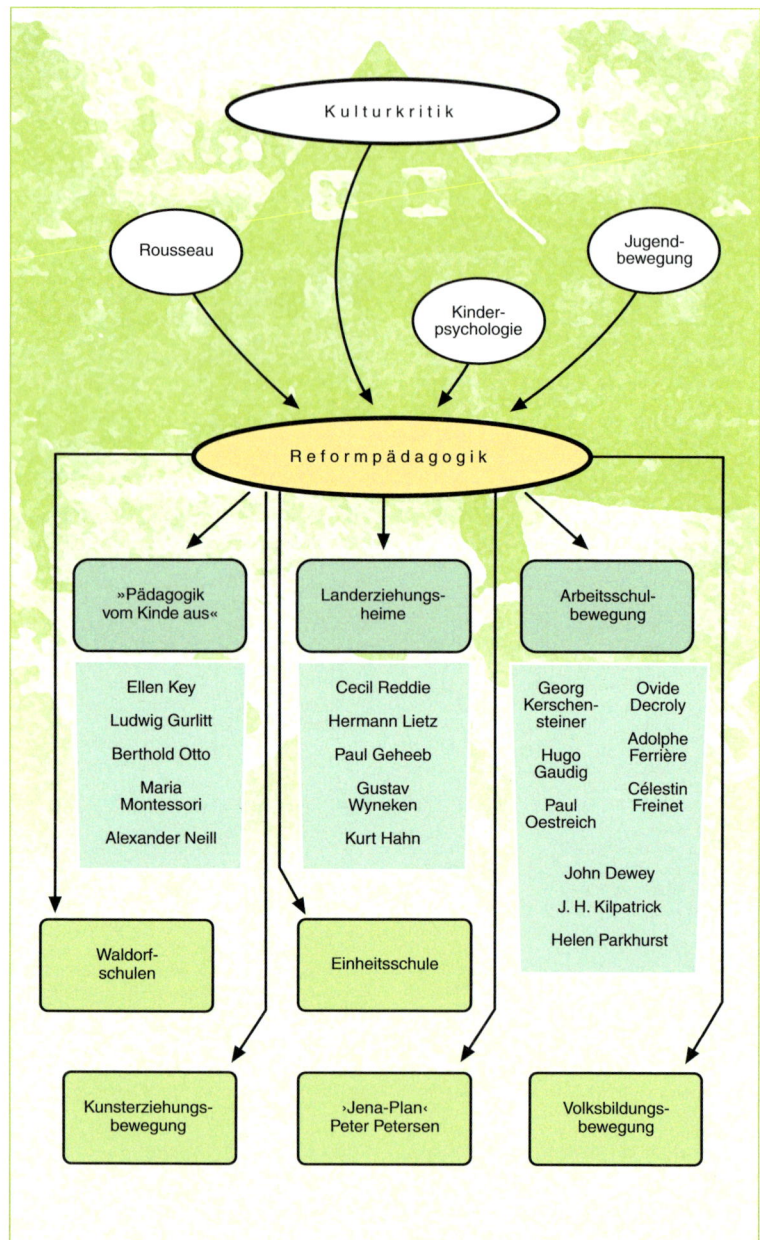

Richtungen der Reformpädagogik

Der Begriff **Reformpädagogik** umfasst eine Vielzahl unterschiedlicher Bewegungen von etwa Ende des 19. bis zum ersten Drittel des 20. Jh., die alle eine Erneuerung des etablierten Schulwesens anstreben (Abb.). Gemeinsam ist ihnen eine kultur- und gesellschaftskrit. Haltung sowie die Ablehnung des autoritären und didaktisch formalisierten Unterrichtsstils traditioneller Schulen.

Das 19. Jh. bringt mit dem rapiden Aufschwung von Naturwissenschaft und Technik, der Industrialisierung und dem raschen Zuwachs v. a. der städtischen Bevölkerung auch eine tiefgreifende Veränderung der sozialen Strukturen. Dem Fortschrittsoptimismus stellt sich eine zunehmende **Kulturkritik** entgegen.

Kultur erscheint dabei als etwas Äußerliches, das dem Menschen entgleiten kann und seinem inneren Leben fremd wird.

Viele Reformpädagogen setzen daher auf die natürliche Entwicklung der inneren Kräfte (»Pädagogik vom Kinde aus«, s. S. 105), die Förderung der Kreativität (Kunsterziehungsbewegung) oder den positiven Einfluss einer natürlichen Umgebung (Landerziehungsheime).

Ein tragendes Moment der Reformbewegung stellt auch das sich wandelnde Selbstverständnis der jüngeren Generation dar. In Deutschland entsteht um die Jahrhundertwende die **Jugendbewegung** als Ausdruck der Loslösung aus den traditionellen, von der Autorität der Erwachsenen geprägten Institutionen.

Es bilden sich Jugendgruppen, die z. B. beim Wandern und bei Festen im Freien Naturverbundenheit (Abgrenzung zum Stadtleben) und auf Freundschaft beruhende Gemeinschaft suchen.

Im ›Aufruf zum Fest‹ auf dem Hohen Meißner (1913) wird das Ziel der Bewegung programmatisch festgehalten (sog. Meißnerformel):

»Die Jugend, bisher aus dem öffentlichen Leben der Nation ausgeschaltet und angewiesen auf eine passive Rolle des Lernens … und nur ein Anhängsel der älteren Generation, beginnt sich auf sich selbst zu besinnen. Sie versucht, unabhängig von den trägen Gewohnheiten der Alten und von den Geboten einer hässlichen Konvention, sich selbst ihr Leben zu gestalten.«

Im freien Zusammensein Gleichaltriger sollen eigene Werte und Umgangsformen entwickelt werden. Die Hinwendung zum »Natürlichen«, ausgeprägter Gemeinschaftsgeist und der Gedanke der *Selbsterziehung* sind gemeinsame Merkmale der in einer bunten Vielzahl von Verbänden organisierten Bewegung.

Für die Entwicklung der Reformpädagogik

in *Deutschland* lassen sich grob drei Phasen unterscheiden:
1. 1890 – ca. 1918 Entstehung von Reformideen und -schulen,
2. ab 1918 Etablierung und Eingang der Reformen in die staatlichen Schulen, wobei eine verstärkte theoretische Ausgestaltung (bes. auch methodischer Fragen) stattfindet,
3. etwa ab Mitte der 20er-Jahre Beginn der kritischen Reflexion der Grenzen des Programms.

Die Reformpädagogik ist eine **internationale Bewegung,** deren Vertreter in gegenseitigem Gedankenaustausch stehen:

In *Italien* entwickelt Maria Montessori ihr Konzept einer »Pädagogik vom Kinde aus«, das weltweiten Einfluss gewinnt.

In *Frankreich* fordern die Vertreter der ›Education Nouvelle‹ (Neue Erziehung) die Achtung der Persönlichkeit des Kindes und tragen den Gedanken der Gemeinschaft und Kooperation in die Schulen.

In den *USA* will die ›Progressive Education‹ die Schule zu einem Lebensraum kindlicher Entwicklung gestalten. Im Gegensatz zur passiven Lernschule steht hier die Eigenaktivität des Kindes im Zentrum des Unterrichts.

Gemeinsamkeiten der verschiedenen Richtungen der internationalen Reformpädagogik liegen
- im Ernstnehmen der Persönlichkeit und Individualität des *Kindes,*
- im Gedanken der Selbsterziehung und -erprobung, weshalb der *Eigenaktivität* des Kindes in Form von Spiel, Arbeit oder künstlerischer Gestaltung eine große Bedeutung zukommt,
- im *Gemeinschaftsgedanken,* der sowohl dem Verhältnis der Kinder untereinander (Solidarität, Kooperation), als auch dem zwischen Lehrern und Schülern zugrundeliegen soll.

Viele reformpädagog. Schultypen bestehen bis heute (z. B. Waldorf-, Montessorischulen) und bilden Alternativen zum staatlichen Bildungssystem. Gleichzeitig haben ihre Ideen dessen Weiterentwicklung mitgeprägt, so etwa in Bezug auf die Berücksichtigung der kindlichen Entwicklung, das Verständnis der sozialen Interaktionen an der Schule, die Förderung von Eigenaktivität und das Verhältnis von Lehrern und Schülern.

Ein Grundzug der Reformpädagogik ist das auf Rousseau zurückgehende Programm einer **Pädagogik vom Kinde aus,** wonach die natürliche Entwicklung des Kindes der Maßstab für jedes erzieherische Tun ist.

A Reformschulen mit Gründungsjahr (Auswahl)

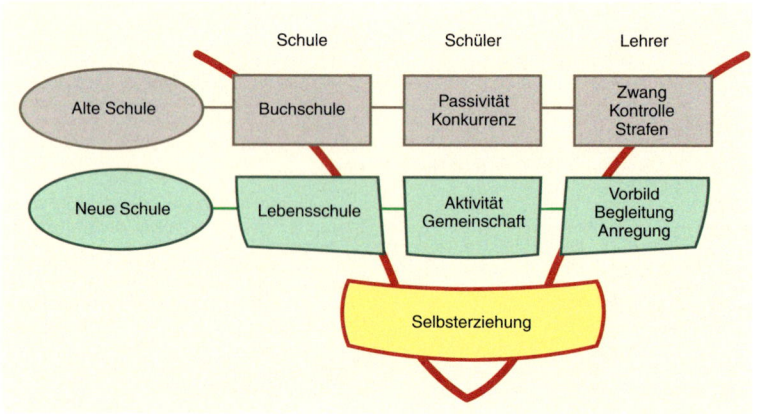

B Kritik an der alten Schule

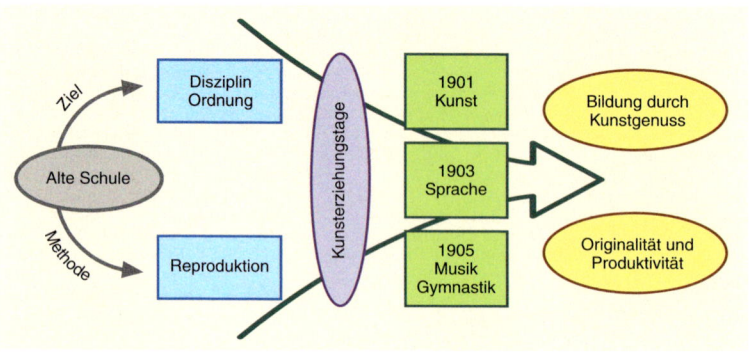

C Kunsterziehungstage

Das Kind bringt von sich aus alle Fähigkeiten mit, um sich in der Welt zu entfalten und ein glückliches Leben zu führen. Der Erwachsene hat deshalb nur die Aufgabe, es zu begleiten und den Raum für das ungestörte *Wachsenlassen* bereitzustellen.

Dafür ist es erforderlich, die Entwicklung des Kindes genau zu studieren und zu erkennen, auf welche Weise sie unterstützt werden kann. Seine Eigenart soll nicht als Unvollkommenheit interpretiert werden, sondern als *Individualität,* die sich allmählich ausprägt und ernst genommen werden muss.

Zu den Vertretern einer solchen »Pädagogik vom Kinde aus« gehört die schwedische Frauenrechtlerin **Ellen Key** (1849–1926), deren Buch ›Das Jahrhundert des Kindes‹ der Reformpädagogik ihr programmatisches Motto gibt:

»Das Kind nicht in Frieden zu lassen, ist das größte Verbrechen der gegenwärtigen Erziehung gegen das Kind.«

Key spricht von der »Majestät« des Kindes, vor der der Erwachsene sein Haupt beugen muss. Die *Schule der Zukunft* soll den Raum schaffen, in dem die Kinder sich völlig frei selbst erproben und entwickeln können.

Auch **Ludwig Gurlitt** (1855–1931) ist ein vehementer Kritiker des traditionellen Schulunterrichts. Zwang, Strafen, passives Lernen und Leistungskontrollen erzeugen für ihn gesellschaftskonforme Untertanen, aber nicht freie Menschen.

Zu den berühmtesten Reformschulen (A) gehört ›Summerhill‹, die 1924 von **Alexander S. Neill** (1883–1973) gegründet wurde. Auf *psychoanalytischen* Erkenntnissen aufbauend verwirklicht Neill dort seine Idee einer repressionsfreien Erziehung. Die Kinder werden weder im Hinblick auf künftige gesellschaftliche Erwartungen noch in religiöser oder moralischer Weise beeinflusst.

Die auf Anpassung ausgerichteten Normalschulen erzeugen nicht nur Angst und Unaufrichtigkeit und damit unglückliche Menschen, sondern sind für Neill auch Keimzellen des politischen Totalitarismus.

Dagegen erwächst aus der Wahrung der kindlichen *Freiheit* in der Erziehung auch die Achtung der Freiheit der anderen als höchstes Gut.

Weitere Vertreter einer »Pädagogik vom Kinde aus« sind Maria Montessori und Berthold Otto.

Die Bedeutung, die der Selbsterprobung und den gestalterischen Kräften des Kindes in der Reformpädagogik zukommt, findet ihren Ausdruck auch in der Aufwertung der musischen Fächer. Gegen die Einseitigkeit einer reinen Verstandesbildung hebt die **Kunsterziehungsbewegung** die ästhetisch-schöpferische Seite des Menschen hervor.

Großen Einfluss auf das Unterrichtskonzept künstlerisch-literarischer Fächer haben die drei 1901, 1903 und 1905 stattfindenden *Kunsterziehungstage,* bei denen das Programm einer ästhetischen Erziehung formuliert wird.

Anstelle der Pedanterie, die in traditionellen Schulen den Zeichenunterricht beherrscht, oder der formalen Konstruiertheit des Schulaufsatzes soll die Empfänglichkeit für das Schöne, die Freude am Ausdruck und Originalität gefördert werden (C).

Andere Wege in der Erziehung beschreiten auch die neu entstehenden und z.T. bis heute weitergeführten **Landerziehungsheime**. Nach dem Vorbild der von Cecil Reddie 1889 in England gegründeten ›New School of Abbotsholme‹ eröffnet **Hermann Lietz** (1868–1919) 1898 in Ilsenburg ein Heim für die Unterstufe, dem 1901 und 1904 weitere für die Mittel- und Oberstufe folgen.

Entfernt von den als schädlich empfundenen Einflüssen der großstädtischen Zivilisation, sollen die Kinder hier eine ganzheitliche, Verstand, praktische Fertigkeiten und Charakter umfassende Erziehung erhalten.

Fundament der Schulen ist der *Gemeinschaftsgedanke,* der die Beziehung der Schüler untereinander und zu den Lehrern prägt. Im Unterschied zu einem traditionell autoritativen oder gar antagonistischen Lehrer-Schüler-Verhältnis liegt hier die Betonung auf gemeinsamen Entscheidungen und der Kameradschaft.

Dennoch bleibt bei Lietz noch der Gedanke des Vorbildes und der Führung durch den Älteren bestimmend.

Paul Geheeb (1870–1961) geht in Richtung freier Selbstbestimmung weiter. In seiner ›Odenwaldschule‹ verwirklicht er konsequent

- *Koedukation* als Ausdruck und Mittel zur Durchsetzung der Gleichberechtigung,
- *Schülermitbestimmung* im Rahmen der »Schulgemeinde« als Organ, in dem die gemeinsamen Angelegenheiten beraten und beschlossen werden,
- das *Kurssystem,* das die Konzentration auf einen Themenzusammenhang ermöglicht und der Zersplitterung der Wissensgebiete entgegenwirkt. In den Kursen arbeiten Schüler verschiedener Altersstufen je nach Interesse und Fähigkeiten zusammen.

Das Schulleben ruht auf den Pfeilern *Schularbeit* (Kurse), *Schulgemeinde* und *Andacht,* die von der meditativen Vertiefung erlebter Ereignisse bis zur organisierten Feier reichen kann.

Ein wirkungsreicher Zweig der Reformpädagogik ist die **Arbeitsschulbewegung**. In

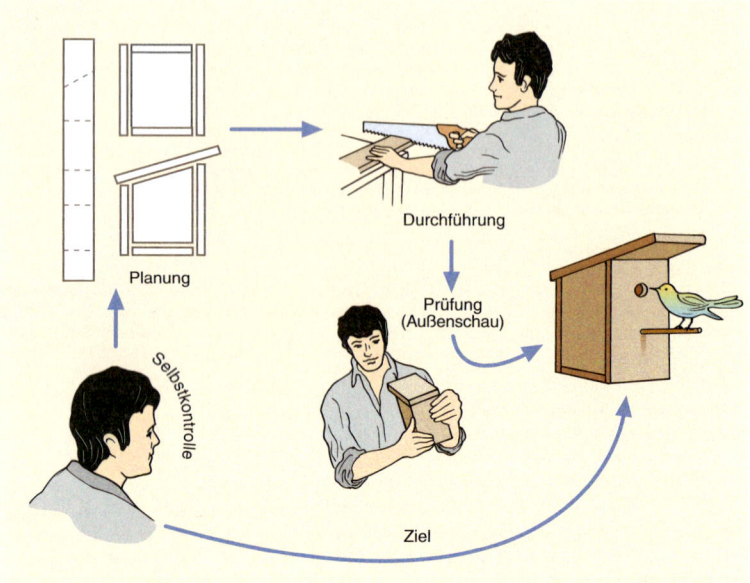

A Kerschensteiner: Arbeitsunterricht

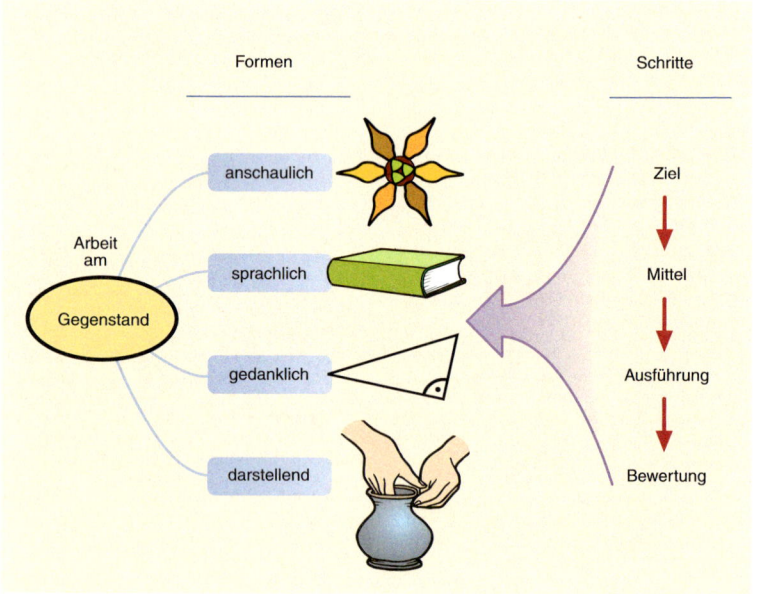

B Gaudig: Freie geistige Selbsttätigkeit

Frontstellung zur passiv-rezeptiven »Buchschule« betonen ihre Vertreter die herausragende Bedeutung der Arbeit für den Bildungsprozess.

Für **Adolphe Ferrière** (1879–1960) ist z. B. die Handarbeit die Grundlage jeglicher Erziehung, weil sie den kindlichen Bedürfnissen entspricht und durch die Konzentration auf eine selbstständig durchzuführende Aufgabe die Geistesbildung fördert.

Er integriert eine Vielzahl solcher Arbeiten in die Schulpraxis, von der Tischlerei über Theateraufführungen bis hin zur Herstellung technischer Apparate.

Georg Kerschensteiner (1854–1932) führt als Münchener Stadtschulrat eine vorbildlich gewordene Lehrplanreform durch: Er lässt an den Volksschulen Werkstätten, Schulküchen und -gärten sowie für den Naturkundeunterricht Laborräume einrichten. Den hohen Stellenwert der praktischen Arbeit begründet er so:

- Sie entspricht dem kindlichen *Betätigungsdrang* und dem Bedürfnis nach konkreter *Erfahrung.*
- Sie dient der *Geistesschulung,* da sie zur Sachlichkeit im Umgang mit den Dingen, zur Konzentration und Disziplin anleitet.
- Gemeinsame Arbeit ist zugleich *staatsbürgerliche Erziehung,* weil sie die sozialen Haltungen einübt, die von einem Mitglied der Gesellschaft erwartet werden, wie z. B. Verantwortung oder Solidarität.

Pädagogisches Hauptkriterium des Arbeitsunterrichts ist es, dass die methodische Durchführung dem Schüler die *Selbstkontrolle* seiner Leistung ermöglicht. Er ist nicht auf die Beurteilung durch den Lehrer angewiesen, sondern kann durch empirische »Außenschau« die Qualität seines Werks und durch »Innenschau« die Gründe für das Zustandekommen des Ergebnisses (z. B. Ursachen für Fehler) überprüfen. (A)

Kerschensteiner ist auch der Begründer der modernen **Berufsschulen** mit ihrer Untergliederung des Unterrichts in Praxis und Theorie des künftigen Berufs sowie allgemeinbildenden Fächern.

Das Prinzip der Arbeitsschule **Hugo Gaudigs** (1860–1923) ist die »freie geistige Selbsttätigkeit« (B). D. h. im Idealfall wird der Lernprozess weitgehend vom Schüler selbst initiiert und organisiert.

In diesem Zusammenhang wendet sich Gaudig gegen die übliche Methode der Lehrerfrage, die nur eine Scheinfrage ist. An deren Stelle soll die *Schülerfrage* treten.

Ein Grundübel des traditionellen Unterrichts besteht darin, dass der Schüler Ergebnisse eingetrichtert bekommt, bevor er überhaupt die Gelegenheit hatte, ein Interesse und den dazugehörenden Problemhorizont zu entwickeln. D. h. er erhält

Antworten auf Fragen, die er gar nicht gestellt hat.

Da die Schüler nicht planlos vorgehen dürfen, um sinnvoll aus eigenem Antrieb voranzukommen, ist die Hauptaufgabe der Schule, die richtigen Methoden zum selbstständigen Arbeiten zu vermitteln.

Hierfür benötigt der Schüler vielfältige Hilfsmittel wie Bücher, Karten, Modelle usw., und er muss lernen, sie sinnvoll zu verwenden.

Der Lehrer hat nicht die Funktion, Wissen zu vermitteln und zum Lernen anzuhalten, sondern ist Mitarbeiter und Mitorganisator freien Schaffens.

Eine sozialistisch orientierte Richtung der Arbeitsschule vertritt **Paul Oestreich** (1878–1959). Er gehört 1919 zu den Mitbegründern des ›Bundes entschiedener Schulreformer‹, die auf eine Umsetzung der Reformideen in die Praxis drängen:

»Statt einer mit veralteter Gedanken- und Gefühlswelt mühsam gestützten Zivilisation erstrebt der Bund die … auf der Verschmelzung von Arbeit und Geist ruhende, aus Gemeinschaftssinn und genossenschaftlichem Zusammenarbeiten sich entwickelnde Kultur.«

Sein Modell einer »elastischen Einheitsschule« verkörpert das Ideal einer Bildungsgemeinschaft vom Kindergarten bis zur Hochschule, mit kollegialer Schulverwaltung, Schülermitbestimmung und Koedukation.

»Elastisch« meint dabei die Anpassungsfähigkeit an die individuellen Begabungen und Interessen der Schüler, die durch eine *Differenzierung* in obligatorischen Allgemeinunterricht und freiwillige Neigungskurse erreicht werden soll.

Das Konzept der Einheitsschule beruht auf der Überzeugung, dass die herkömmliche Aufgliederung des Schulwesens nach Vorbildung, Konfession, sozialer Klasse oder Geschlecht einer allseitigen Bildung der Persönlichkeit zuwiderläuft; diese verlangt hingegen eine Differenzierung nach individuellen Gesichtspunkten wie Interessen, Fähigkeiten, Lerntyp usw.

Die Besonderheiten des Individuums müssen also seinen Bildungsweg bestimmen, nicht die Struktur des Schulsystems. Der Unterricht soll intellektuelle, künstlerische und *werktätige* Veranlagungen gleichermaßen fördern und zu *sozialer Verantwortung* erziehen. Aus diesem Grund beinhaltet Oestreichs Erziehungskonzept auch die Teilnahme der Schüler an der gesellschaftlichen Gütererzeugung *(Produktionsschule).* Gedacht ist dabei an kleine Betriebe, die sich selbst erhalten können (z. B. Landwirtschaft mit Werkstatt).

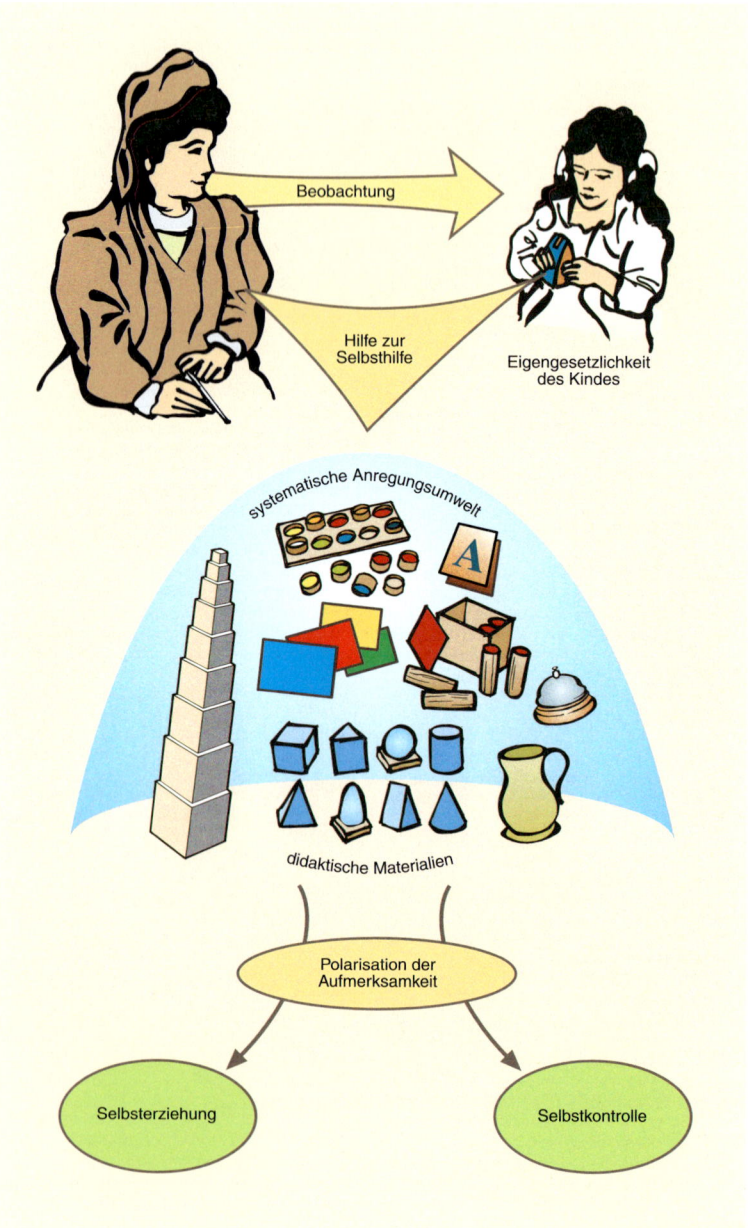

Montessori: Vorbereitete Umgebung

Maria Montessori (1870–1952) wird als erste Frau Italiens zum Medizinstudium zugelassen. Als Ärztin arbeitet sie zunächst mit geistig behinderten Kindern. Angeregt von heilpädagog. Ansätzen der frz. Ärzte J.-M. Itard und É. Séguin entwickelt sie didaktische Materialien (Sinnesmaterial), mit denen sie geistig Behinderte erheblich fördern kann.

1907 übernimmt sie die Leitung einer Tagesstätte für drei- bis sechsjährige Arbeiterkinder (›Casa dei bambini‹) und führt ihre Arbeit mit nichtbehinderten Kindern erfolgreich weiter.

Ihr grundlegendes Buch ›Il metodo della pedagogia scientifica ...‹ erscheint 1909 und macht sie und ihre Arbeit international bekannt.

Im Zentrum der Montessori-Pädagogik steht die **Individualität** und **Eigengesetzlichkeit** des Kindes. Der Erziehende soll nicht belehren oder nur Wissensvermittler sein. Vielmehr soll er das Kind zu eigenem Tun ermutigen.

Ein wesentliches Grundprinzip der Erziehung ist daher die Achtung der **Freiheit** des Kindes. Durch seine eigene Zurücknahme stellt der Erziehende dem Kind einen Freiraum zur Verfügung, in dem es den verantwortungsvollen Gebrauch seiner Freiheit einüben kann.

Das Kind erwartet von sich aus Hilfe zur Selbsthilfe. »Hilf mir, es selbst zu tun« ist deshalb ein Grundzug von Montessoris auf die Selbstständigkeit des Kindes ausgerichteter Pädagogik.

Montessori geht davon aus, dass in jedem Kind ein individueller **Entwicklungsplan** angelegt ist, der vom Lehrer entdeckt werden muss.

In ihren späteren Werken hebt sie hervor, dass Entwicklung nicht nur anlagebedingt ist, sondern durch die Eigeninitiative des Menschen mitbestimmt wird.

Die Entwicklung des Kindes vollzieht sich in drei *Hauptperioden:*

1. Die erste (0–6 Jahre) ist durch die Empfänglichkeit des »absorbierenden Geistes« für die Kulturgüter gekennzeichnet. Das Kind besitzt viele innere Potenziale, die es bes. während »sensibler Phasen« in die Lage versetzen, bestimmte Fähigkeiten, wie z. B. die Sprache, zu erwerben. In der zweiten Phase dieser Periode geht die unbewusste Aufnahme in eine bewusste Lernaktivität des Kindes über.
2. In der zweiten Periode (7–12 Jahre) wird die soziale Kompetenz und das moralische Urteilsvermögen ausgebildet.
3. In der Jugendzeit (12–18 Jahre) beginnt der Jugendliche seine eigene Rolle in der Gesellschaft zu bestimmen und sich ein Lebenskonzept zu geben.

Das Kind zeigt die seinem jeweiligen Entwicklungsstand angemessenen Lernbedürfnisse in »**sensiblen Phasen**«, in deren Verlauf die lernaktiven Anregungen seiner Umgebung leichter und ganzheitlicher aufgenommen werden können.

Der Erziehende soll diese Phasen durch geduldige Beobachtung ermitteln, anstatt autoritär zu führen. Erkennbar sind sie z. B. an dem bes. Interesse, das das Kind bestimmten Dingen seiner Lebenswelt entgegenbringt. Je selbstständiger das Kind wird, umso mehr muss jede Autorität abnehmen.

Die erzieherische »**Hilfe zur Selbsthilfe**« besteht in der Bereitstellung einer »**vorbereiteten Umgebung**«, die die damit arbeitenden Kinder zum selbstständigen Training ihrer Sinne anregt. (Abb.)

Zu einer solchen Umgebung gehören z. B. auch altersgerechtes Mobiliar, offene Regale, aus denen die Lernmaterialien vom Kind selbst geholt werden können, Pflanzen und Tiere.

Montessori entwickelt eine Reihe greifbarer **didaktischer Materialien,** mit deren Hilfe sich Kinder das Verstehen von Zusammenhängen selbst erarbeiten können.

Der Aufbau des Übungsmaterials führt vom Konkreten zum Abstrakten. So soll auf der Basis des individuellen Entwicklungsstandes kontinuierlich ein Lernschritt nach dem anderen vermittelt werden. Erreichte Fähigkeiten können damit von den Kindern auf spielerische Weise selbst kontrolliert werden.

Das Material bezieht sich im Kern auf **fünf Grundbereiche:**

- das *tägliche Leben;* hierher gehören Übungen zur Beherrschung der Motorik, der Pflege der eigenen Person und der Umgebung.
- den *Sinnesbereich;* es werden Materialien bereitgestellt, mit deren Hilfe grundlegende Sinneswahrnehmungen (Farbe, Gestalt, Geruch, Geschmack) strukturiert werden können, z. B. durch Ordnen nach Größe oder Materialbeschaffenheit.
- die *Sprache;* zum Übungsmaterial gehören z. B. Holzbuchstaben, die das Kind zu Wörtern zusammenlegen kann.
- die *Mathematik;* Rechenoperationen können etwa durch Umverteilen einer Menge von Perlen veranschaulicht werden.
- die *kosmische Erziehung;* das ist Sach- und Kulturunterricht.

Ziel des praktischen Unterrichts ist es, dass jedes Kind mindestens einmal am Tag einen **Aktivitätszyklus der Selbsttätigkeit** durchläuft. Unterschieden werden dabei drei Phasen:

1. die Einübung (Suche, Vorbereitung);
2. die große Arbeit (die auch mehrere Tage

A Grenzen der Erziehung

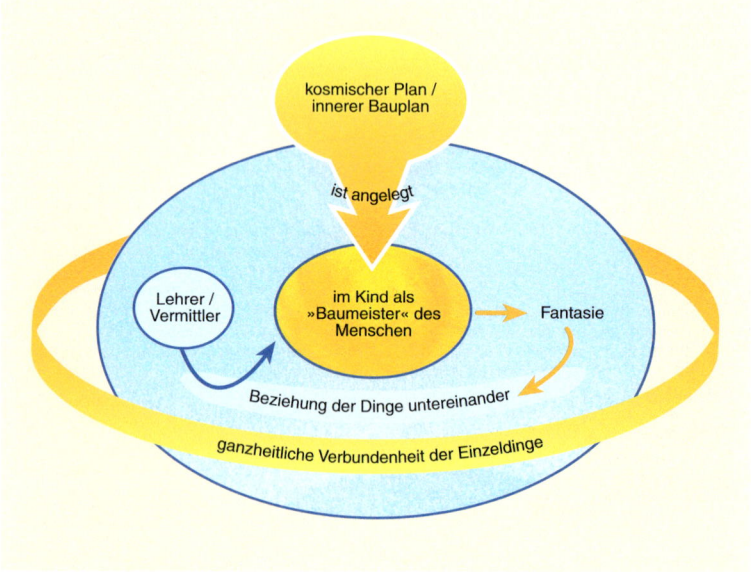

B Kosmische Erziehung

dauern kann); sie ist charakterisiert durch eine Konzentration der Aufmerksamkeit, inneres Verweilen, aktives Verstehen; der Erzieher soll sich hierbei ganz zurückhalten;

3. die Kontemplation (eine stille Pause zur Verarbeitung der Fortschritte).

Zentrale Unterrichtsform ist die **Freiarbeit,** in der zumeist drei Altersgruppen zusammengefasst werden.

Neben der individuellen Selbsterziehung soll auch die *Zusammenarbeit* und Hilfsbereitschaft der Schüler untereinander gefördert werden.

Hier trifft das Kind die Auswahl der Materialien und Lernpartner und bestimmt die Art und Dauer seiner Tätigkeit.

Ein wichtiger Grundsatz ist die Entwicklung des eigenen *Lerntempos.* Das Kind soll seinem eigenen Zeitmaß folgen können.

Grenze der Erziehung ist das Zentrum des Kindes, das nach Montessori allein dem Individuum vorbehalten ist. Die Erziehenden dürfen mit ihren Lerninhalten nur an der *Peripherie* des Kindes handelnd eingreifen. In diesem Modell entspricht die Freiheit dem Zentrum, die Disziplin der Peripherie des Kindes. (A)

Nach Montessoris anthropologisch ausgerichteter Theorie einer **kosmischen Erziehung** (B) existiert ein einheitlicher kosmischer Plan, nach dem jedes Einzelwesen mit seiner jeweiligen Aufgabe der Erhaltung des Ganzen dient.

Auf der Basis ihres christlichen Glaubens spricht sie von einem *inneren Bauplan,* den Gott in jedem Menschen einmalig angelegt hat. Das Kind wird so zum »Baumeister des Menschen«.

Aus dem ganzheitlichen Verbundenheit aller Einzeldinge und Details leitet sich der konkrete Unterrichtsgrundsatz ab:

»Einzelheiten lehren bedeutet Verwirrung stiften. Die Beziehungen unter den Dingen herstellen bedeutet Erkenntnisse vermitteln.«

In der kosmischen Erziehung ist der Lehrer oft ein anregender *Erzähler,* der die Begeisterung für Inhalte weckt. Vielfältige Naturbegegnungen und kleine Versuche im naturwissenschaftlichen Bereich sollen das Interesse an Lebenszusammenhängen fördern.

Wichtiges Erziehungsziel ist der verantwortlich handelnde Mensch. Daher steht die ökologisch und friedenspädagog. ausgerichtete kosmische Erziehung ab dem sechsten Lebensjahr im Zentrum der pädagog. Tätigkeit.

Die **Rolle des Lehrers** ist geprägt durch die an den kindlichen Bedürfnissen ausgerichtete Anleitung zur Selbsterziehung und die Bereitstellung einer Atmosphäre der Achtung und des Vertrauens.

Der Erzieher soll das Vertrauen in die sinnvolle und gesunde Selbstentfaltung des Kindes auch nach Enttäuschungen nicht aufgeben. Nur die offensichtlich unüberwindlichen Hindernisse sollen beiseite geräumt werden.

Das gemeinsame Prinzip der **Montessori-Schulen** ist die Ausrichtung an der Montessori-Pädagogik, aber eine Idealschule gibt es nicht. Eine originäre Theorie, die das Wesentliche systematisch darstellt, ist nicht ausgeführt. Die meisten Bücher von Montessori sind aus Vorträgen und Kursen entstanden. Die Tragweite ihrer Gedanken erschließt sich erst vollständig in der pädagog. Praxis selbst.

Organisatorische Merkmale der Schulen sind die Zusammenfassung mehrerer Jahrgänge, die Aufgabe des Stundenrhythmus und die Einrichtung mehrstündiger Freiarbeitsblöcke. Im Sekundarbereich kommt die Projektarbeit zu Sachthemen hinzu, die fächerübergreifend erarbeitet werden können.

Da nach Montessori äußerer Zwang kein selbstbestimmtes Lernen ermöglicht, muss sich die Schule auf die Bedürfnisse des Kindes einstellen. Dazu gehört das entsprechend ausgewählte Angebot an Lernmitteln und die von Achtung und Selbstbestimmung geprägte Atmosphäre.

Die **Ausbildung** zum Montessori-Pädagogen erfordert für Lehrer und Erzieher eine Zusatzausbildung in Diplomkursen und beinhaltet neben Theorievorträgen und Literaturstudium konkrete praktische Arbeit mit dem didaktischen Material sowie Hospitationen in Montessori-Einrichtungen.

In Deutschland gibt es eine Reihe von *Montessori-Einrichtungen* im Vorschul- und Grundschulbereich. Im Sekundarbereich finden sich nach wie vor viele Schulen, die gemäß der Montessori-Pädagogik arbeiten. An einigen Regelschulen gibt es entsprechende Zweige.

In anderen europäischen Ländern wie Italien und den Niederlanden hat die Montessori-Pädagogik mehr institutionelle Beachtung gefunden.

Ich-Leib
(Geist)
Astralleib
(Seele)
Ätherleib
(Lebenskraft)
physischer Leib
(Körper)

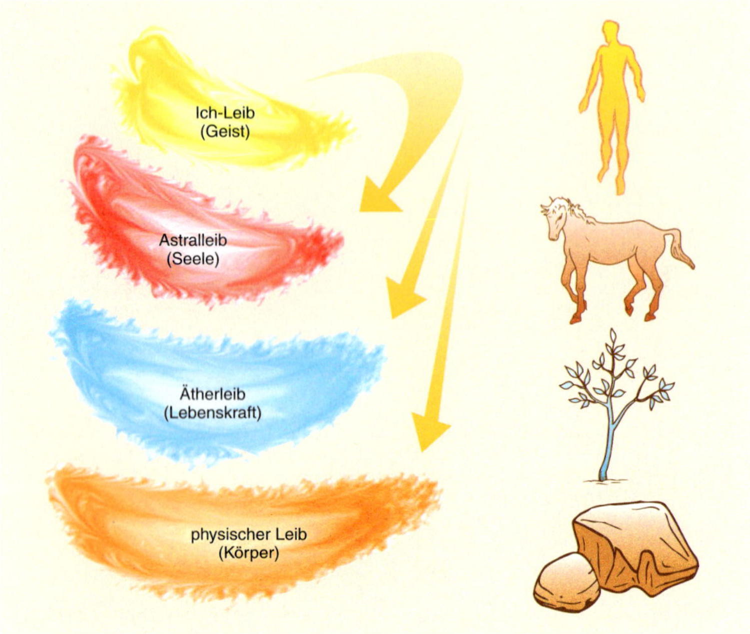

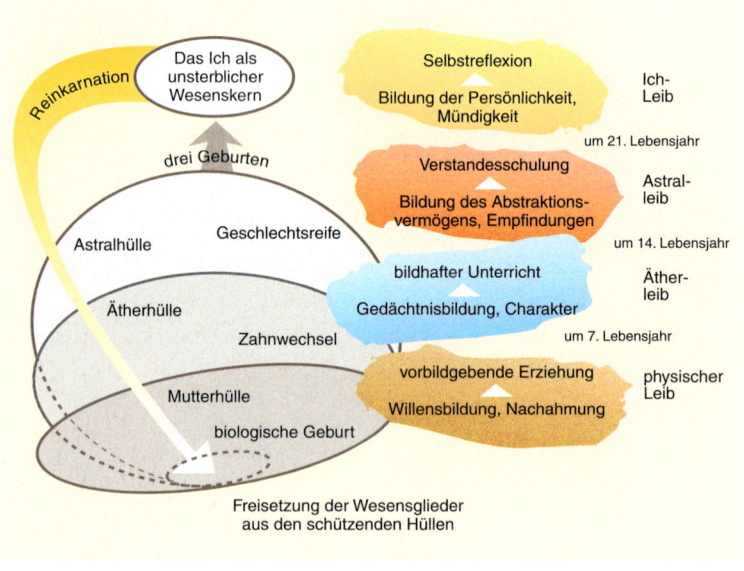

A Wesensglieder des Menschen

Reinkarnation
Das Ich als unsterblicher Wesenskern
drei Geburten
Astralhülle
Geschlechtsreife
Ätherhülle
Zahnwechsel
Mutterhülle
biologische Geburt
Freisetzung der Wesensglieder aus den schützenden Hüllen
Selbstreflexion
Bildung der Persönlichkeit, Mündigkeit
Ich-Leib
um 21. Lebensjahr
Verstandesschulung
Bildung des Abstraktionsvermögens, Empfindungen
Astralleib
um 14. Lebensjahr
bildhafter Unterricht
Gedächtnisbildung, Charakter
Ätherleib
um 7. Lebensjahr
vorbildgebende Erziehung
Willensbildung, Nachahmung
physischer Leib

B Anthroposophische Erziehung im Sieben-Jahres-Rhythmus

Die **Waldorfpädagogik** beruht auf der von **Rudolf Steiner** (1861–1925) begründeten Lehre der *Anthroposophie.*

Danach entfaltet der Mensch seine seelisch-geistigen Kräfte, indem er einfühlend-erkennend immer tiefer in das Wesen der Wirklichkeit eindringt.

Steiner ist vom deutschen Idealismus, von Goethe (dessen Werke er mitherausgibt) und der Theosophie beeinflusst. 1913 gründet er die *Anthroposophische Gesellschaft* und legt den Grundstein für das *Goetheanum* (›Freie Hochschule für Geisteswissenschaft‹) in Dornach bei Basel.

Die erste **Waldorfschule** wird 1919 in Stuttgart von Emil Molt, dem Direktor der Waldorf-Astoria-Zigarettenfabrik, als Betriebsschule eröffnet und in den Folgejahren von Steiner als Modellschule ausgebaut. Weltweit gibt es mittlerweile (2007) 958 Waldorfschulen, davon 665 in Europa und 134 in den USA (s. S. 114, A).

Vom anthroposophischen Standpunkt aus besteht der Mensch aus Körper, Geist und Seele.

Grundlage der anthroposophischen *Erkenntnislehre* ist die Wesenserforschung des ganzen Menschen. Diese schließt auch sinnlich nicht erfahrbare Weltinhalte ein, die die körperorientierte empirische Wissenschaft allein nicht ausreichend erfassen kann.

Nach der Entwicklungspsychologie Steiners werden vier Wesensglieder des Menschen unterschieden, die in einem Sieben-Jahres-Rhythmus aufeinander folgen (A):
1. **Physischer Leib:** Bereich des Körpers und des kindlichen Willens. In dieser ersten Entwicklungsphase ist das Verhalten des Kindes von *Nachahmung* geprägt. Der Aufbauprozess der physischen Organe wird in der Auseinandersetzung mit der Umwelt nachhaltig beeinflusst.
2. **Ätherleib:** Bereich der Lebenskraft, des Wachstums und der Fortpflanzung, auch »Bildekräfteleib« genannt. Das zweite Wesensglied wird mit dem Zahnwechsel freigesetzt. Das schulreife Kind bildet Neigungen, Gedächtnis und Gewissen sowie den grundlegenden Charakter aus.
3. **Astral-** oder **Empfindungsleib:** Bereich menschlicher Empfindungen wie Leidenschaft, Lust und Schmerz. Die dritte Entwicklungsphase setzt mit der Pubertät ein. Der jugendliche Mensch entwickelt Abstraktionsvermögen und die Fähigkeit zum selbstständigen Urteil.
4. **Ich-Leib:** Bereich des menschlichen Bewusstseins und der Individualität. Um das 21. Lebensjahr herum entwickelt sich das eigentliche Ich, der unsterbliche Wesenskern des Menschen. Die individuelle Persönlichkeit und die Fähigkeit zu mündigem Handeln ist herangereift.

Alle vier Wesensglieder sind in jedem Menschen von Anfang an vorhanden, werden aber von »schützenden Hüllen« umgeben und nur nacheinander freigesetzt:

Während der Geburt erfolgt die Freigabe des physischen Leibs aus der Mutterhülle, mit dem Zahnwechsel wird der Ätherleib aus der Ätherhülle geboren usw. Die Hüllen und Leiber sind nicht voneinander isoliert, sondern durchdringen sich.

Nach dem Tod, bei dem die Leiber nacheinander abfallen, folgt die *Reinkarnation.*

Diese Phasendarstellung wird nicht als biologistische Modell begriffen. Es geht dabei um das sinnvolle Zusammenspiel zwischen den Lernmöglichkeiten des Kindes und dem adäquaten Lehrverhalten des Erwachsenen. Erzieherisch soll ein Wesensglied erst dann beeinflusst werden, wenn es aus seiner Hülle freigesetzt ist.

Im *ersten Lebensjahrsiebt* ist die **Erziehung** nicht ermahnend und belehrend, sondern vorbildgebend ausgerichtet. Formen und Farben der Umgebung sollen rund und sanft, Bewegungen rhythmisch sein. Industriell hergestelltes Spielzeug wird in dieser Phase abgelehnt, Spiele werden frei gestaltet, ohne zwingende Vorgaben.

Im *zweiten Jahrsiebt* steht die Gedächtnisförderung im Vordergrund. Der Unterricht soll bildhaft auf die Phantasie des Kindes einwirken und einen lebendigen Bezug zu den angebotenen Inhalten ermöglichen. Da das Kind noch nicht begrifflich denken und unabhängig urteilen kann, benötigt es die (natürliche) Autorität des Erziehers.

Im *dritten Jahrsiebt* ist der Unterricht stärker auf die Verstandesschulung ausgerichtet, also begrifflicher und wissenschaftlicher orientiert. Vorherrschendes Unterrichtsprinzip ist die Sachlichkeit. Mit der Geschlechtsreife entwickelt sich auch die Urteilsfähigkeit. Das Streben nach eigenen Idealen ersetzt die Autorität des Erziehers.

Der Erziehungsprozess ist mit ca. 21 Jahren zu Ende, der Mensch bestimmt sich nun selbst. Er ist fähig zur Selbstreflexion. Mündigkeit und Verantwortungsbereitschaft ermöglichen ihm die Ausübung eines Berufs und die Gründung einer Familie. (B)

Waldorfschulen unterscheiden sich in praktischer Hinsicht deutlich von gewöhnlichen Schulen. Sie sind zwar staatlich anerkannt, aber frei und selbstverwaltet organisiert. Steiner sah darin eine Voraussetzung für ihre umfassende Bildungsaufgabe:

»Ein gesundes Verhältnis zwischen Schule und sozialer Organisation besteht nur, wenn der letzteren die in ungehemmter Entwicklung herangebildeten Menschheits-

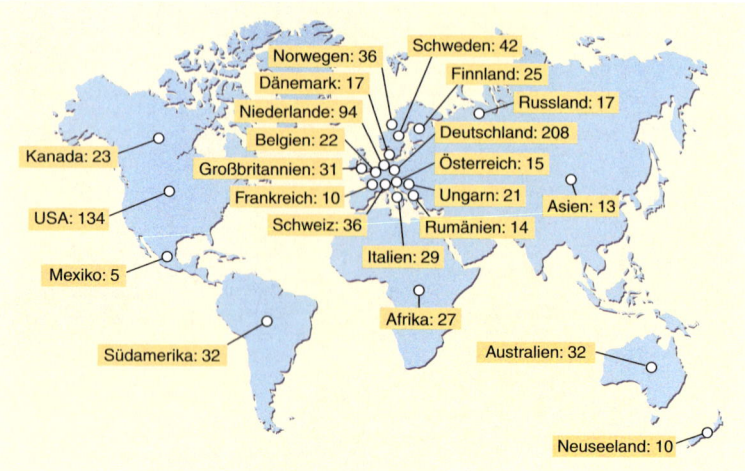

A Verbreitung der Waldorfschulen (Stand: 2007)

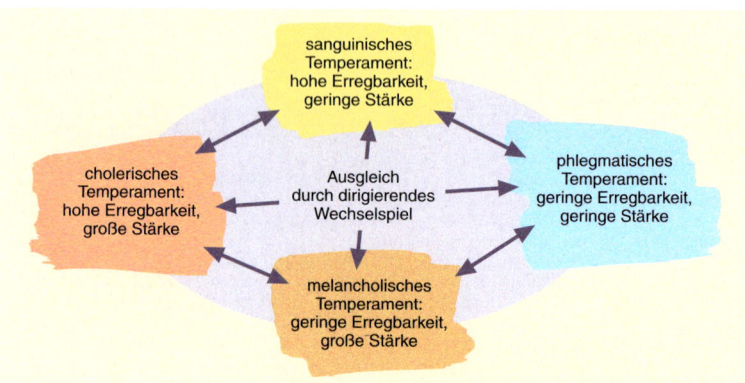

B Intuitive Unterrichtsaspekte

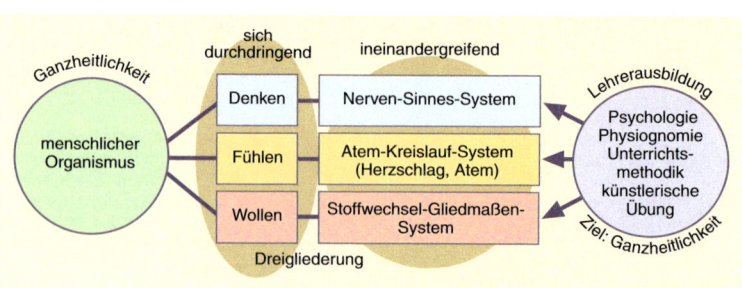

C Menschenkunde für Waldorflehrer

*anlagen zugeführt werden. ... Das Staats-
und Wirtschaftsleben sollen die von dem
selbständigen Geistesleben herangebildeten Menschen empfangen; nicht aber sollen
sie, nach ihren Bedürfnissen, deren Bildungsgang vorschreiben können.«*
An die Stelle einer übergeordneten Schullei-
tung tritt der *Schulverein,* in dem Lehrer, Eltern und Förderer der jeweiligen Schule
über die rechtlichen und wirtschaftlichen
Belange entscheiden.
Auf aktive Elternmitarbeit sowohl idealler
als auch finanzieller Art wird großer Wert
gelegt. Der Schularzt ist Mitglied des Leh-
rerkollegiums.
Das äußere, architektonische Erscheinungs-
bild ist von runden, geschwungenen Formen
geprägt. Holz ist bevorzugtes Baumaterial.
Jede Farbe hat auf der Grundlage von Steiners, an Goethes Farbenlehre angelehnten,
»Kosmologie der Farben« ihre eigene »über-
sinnliche« Bedeutung.
Waldorfschulen sind **Gesamtschulen.** In der
Regelschulzeit von zwölf Jahren können
Haupt-, Real- und Fachoberschulabschluss
erworben werden (mit Notenzeugnis). Das
Abitur kann nach einem zusätzlichen Jahr
vor staatl. Prüfern abgelegt werden.
Anstelle von Notenbeurteilung gibt es *Lern-
entwicklungsberichte.* Das individuelle Werden eines Schülers (Stil und Umgang mit
den Aufgaben) wird in einem Jahreszeugnis
beschrieben. Nur in den Abschlussklassen
werden zur Vergleichbarkeit mit anderen
Schultypen Zensuren vergeben.
Es gibt kein »Sitzenbleiben« in einer Klasse
bzw. eine Auslese nach Leistung. Die Waldorfpädagogik bezeichnet dieses Prinzip der
Altersgleichheit bei Leistungsunterschied-
lichkeit in der gleichen Klasse als *soziale
Koedukation.*

Der **Lehrplan** ist nicht absolut verbindlich,
sondern nur eine Empfehlung im Rahmen
der jeweiligen Schulgegebenheiten.
Um eine tiefere Konzentration und länger-
fristiges Arbeiten zu erreichen, werden einzelne Fächer als **Epochenunterricht** strukturiert. Das bedeutet, dass drei bis vier Wo-
chen lang im Hauptunterricht, d. h. in den ersten beiden Vormittagsstunden, ein zusam-
menhängendes Stoffgebiet vermittelt wird.
Der ganzheitlichen Ausrichtung entsprechend werden gleichgewichtig theoretische,
künstlerisch-musische und handwerklich-
praktische Fächer angeboten. Der Fremdsprachenunterricht (Englisch und Französisch) beginnt bereits in den beiden ersten
Grundschulklassen.
Ein spezielles Waldorf-Fach ist die von
Steiner begründete **Eurythmie,** eine Verbindung von Bewegungskunst mit Musik
und sprachlicher Ästhetik.

Auf die eher denk- und vorstellungsorien-
tierten Fächer des Epochenunterrichts folgen täglich die praktisch-künstlerischen Fächer.
Durch Tätigkeiten wie Schnitzen, Töpfern,
Schmieden, Schneidern, Weben, Buchbin-
den, Malen, Zeichnen und Musizieren sollen charakterliche Eigenschaften wie
Kreativität, Fantasie, Ausdauer, Eigeninitiative und Selbständigkeit erlebbar und
kultiviert werden.
Das **Klassenlehrerprinzip** ist eine der auffal-
lendsten Besonderheiten der Waldorfschulen: Ein einziger Klassenlehrer führt seine
Schüler ohne Unterbrechung vom ersten bis
zum achten Schuljahr; erst danach gibt es
Fachlehrer.
So kann der Lehrer die besonderen Fähigkeiten seiner Schüler genau kennen lernen
und gezielt fördern.
Allerdings ist bei dauerhaften Problemen
zwischen Schüler und Lehrer ein poten-
zieller Ausweg wie der jährliche Wechsel
beim herkömmlichen Fachlehrersystem
nicht gegeben.

Um den ganzheitlichen Bildungsanspruch
verwirklichen zu können, ist die **Ausbildung
der Lehrer** eigenständig und fortlaufend organisiert. Voraussetzung ist fast immer eine
staatl. Hochschulbildung, die durch einen
spezif. Seminarkurs ergänzt wird.
Waldorfpädagogik wird als *Erziehungskunst* verstanden; der Lehrer bildet sich
selbst durch seine Tätigkeit fortlaufend
weiter.
Wichtiger noch als Inhalt und Form des Unterrichts ist nach Steiner die Wesenserfas-
sung des Schülers (B) und die intuitiv daraus
abgeleiteten sinnvollen Maßnahmen.
*»Was er [der Erzieher] ist, geht auf das
Kind über, nicht was er ihm lehrt. Alle
Lehre muss wesenhaft, im Vorbilde vor
das Kind hingestellt werden. Das Lehren
selbst muss ein Kunstwerk, kein theoretischer Inhalt sein.«*
Entsprechend der anthroposophischen Dreigliederung des Menschen in Leib, Seele und
Geist setzt die Waldorfausbildung v. a. auf
drei Gebieten an:
• psychologisch-physiognomische   Menschenkunde,
• Unterrichtsmethodik,
• künstlerische Übungen. (C)
Angestrebte Tugenden sind u. a. Selbstkritik,
Förderwille, Kontaktfreudigkeit und darstel-
lerische Fähigkeiten, z. B. um Begeisterung
wecken zu können.

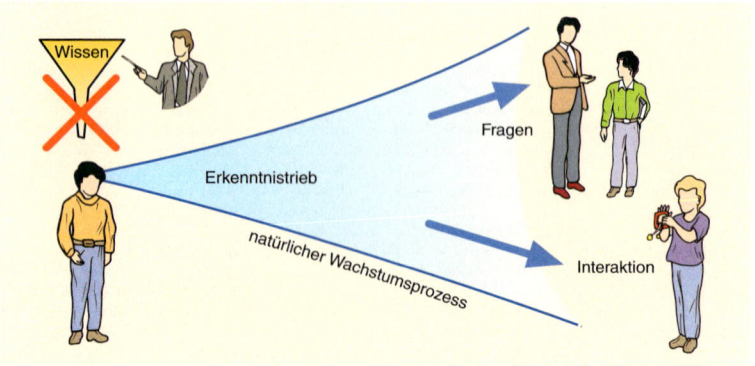

A Lernprozess

B Fragen als Welterschließung

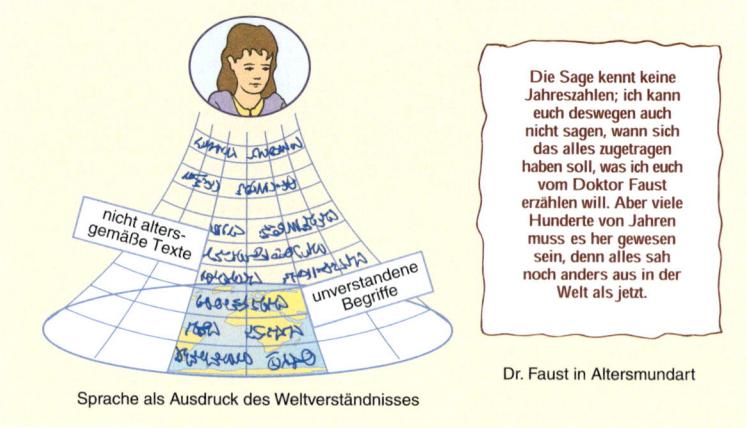

Die Sage kennt keine
Jahreszahlen; ich kann
euch deswegen auch
nicht sagen, wann sich
das alles zugetragen
haben soll, was ich euch
vom Doktor Faust
erzählen will. Aber viele
Hunderte von Jahren
muss es her gewesen
sein, denn alles sah
noch anders aus in der
Welt als jetzt.

Dr. Faust in Altersmundart

Sprache als Ausdruck des Weltverständnisses

C Sprache und Altersmundart

Berthold Otto (1859–1933) ist einer der wichtigsten Vertreter der deutschen Reformpädagogik. Sein Erziehungsverständnis ist stark von den Erfahrungen während seiner eigenen Schulzeit, seiner Hauslehrertätigkeit und der Unterrichtung seiner eigenen Kinder geprägt. Die von ihm 1906 in Berlin gegründete ›Hauslehrerschule‹ gehört zu den bekanntesten Reformschulen.

Otto vertritt eine »Pädagogik vom Kinde aus«, die auf jeglichen Zwang verzichtet und auf die organische Entfaltung der eigenen Kräfte des Heranwachsenden setzt. Lernen beruht demnach nicht auf dem »Eintrichtern« von Wissen durch den Lehrer, sondern stellt einen vom Lehrer geleiteten *Wachstumsprozess* nach psychologisch erkennbaren Entwicklungsgesetzen dar (A). Er ist überzeugt, dass das Kind

> »aus der ihn umgebenden Welt, also aus der Kulturwelt, in die es hineinwächst, sich immer gerade das wahrscheinlicher Weise heraussuchen wird, was immer diesem einzelnen Kinde zum geistigen Wachstum am besten förderlich sein wird«.

Otto geht von einem natürlichen *Erkenntnistrieb* aus, der sich im **Fragen** äußert. Daher fordert er ein »unbeschränktes Fragerecht« des Kindes.

> Gänzlich unpädagogisch ist es, wenn dem Erwachsenen die Fragen lästig werden oder er dem Kind zu verstehen gibt, dass es die Antwort noch nicht begreifen kann.

Ebenso hält Otto die Lehrerfrage für ein untaugliches Mittel, weil sie einen versteckten Zwang enthält oder lediglich dem Abprüfen dient. (B)

Wesentliches Medium der Interaktion mit der Umwelt ist die **Sprache.**

> Für Otto ist daher der geistige Umgang des Erwachsenen mit dem Kind im *Gespräch* von zentraler pädag. Bedeutung.

Mit Hilfe der Sprache baut das Kind sich seine Vorstellung von der Welt auf. Da dies ein eigenaktiver und individueller Vorgang ist, muss die Sprache sich in ihm so ausbilden können, wie es seinem Alter und seiner Erfahrungswelt entspricht.

Otto prägt dafür den Begriff der **Altersmundart** und fordert, dass der Erzieher sich auf die jeweilige Stufe der Sprachentwicklung einstellen soll. Falsch ist es, das Kind zu einer Ausdrucksweise zu zwingen, die ihm nicht entspricht, und es mit Begriffen zu konfrontieren, die es noch nicht verstehen kann. Nicht altersgemäße Texte in Schulbüchern behindern das natürliche geistige Wachstum. Otto hat deshalb zu Unterrichtszwecken selbst einige klassische Werke entsprechend neu verfasst. (C)

In der **Hauslehrerschule** hat Otto sein pädagog. Konzept in die Praxis umgesetzt und zusammen mit Lehrern, Schülern und Eltern weiterentwickelt.

Anstelle der Einteilung in Klassen gibt es *Kurse,* die jeweils mehrere Jahrgänge umfassen. Lernzwang, Noten oder Prüfungen lehnt Otto ab. Arbeitsaufgaben dienen nur der Selbstkontrolle, und Wettbewerbe sollen den Lerneifer der Kinder zusätzlich motivieren.

Da der Unterricht bei den Interessen der Schüler ansetzen muss, gibt es keine starren Lehrpläne.

> »Auch der größte Psychologe kann nicht voraussagen, was bei einem zwölfjährigen Knaben in einer bestimmten Woche für geistige Interessen emporsteigen ... Die Schulpädagogik weiß das aber auf das allergenaueste, und wenn nun andere Interessen hervorsprießen, dann hat nicht etwa die Schulpädagogik unrecht, sondern die Geistesnatur des Schülers ...«

Otto fordert dagegen eine »natürliche Unterrichtsmethode«, die dem Entwicklungsgang des Kindes folgt, auf seine Interessen und auf Phasen der Aufmerksamkeit oder Ermüdung eingeht.

Hervorstechendes Merkmal der Schule ist der **Gesamtunterricht,** der an einzelnen Stunden in der Woche stattfindet. Hier versammeln sich alle Schüler und Lehrer, um frei über Themen zu sprechen, die zuvor von Schülern vorgeschlagen werden. Otto sieht mehrere pädagog. Gründe für diese Unterrichtsform:

- Sie kommt dem natürlichen Lernvorgang am nächsten, bei dem das Kind im *geistigen Austausch* mit Verschiedenaltrigen steht (Familie) und seinen Erkenntnistrieb durch *Fragen* ausleben kann.
- Sie wirkt der Spezialisierung und Zersplitterung des Wissens entgegen. Der Gesamtunterricht soll widerspiegeln, dass die Welt eine *Gesamtheit* darstellt, in der alles miteinander verknüpft und nicht in »Fächer« abgeteilt ist.
- Die Schüler lernen die Regeln des sachlichen *Gesprächs* und *Toleranz* gegenüber anderen Anschauungen.
- Schließlich stellt die Versammlung aller so etwas wie das »*Parlament*« der Schule dar, in der Fragen der Organisation diskutiert und entschieden werden.

Gesamt- und Fachunterricht ergänzen sich wechselseitig. So können spezielle Fragen zur Vertiefung an den Einzelunterricht weitergeben werden, wie umgekehrt aus diesem übergreifende Themen in den Gesamtunterricht einfließen.

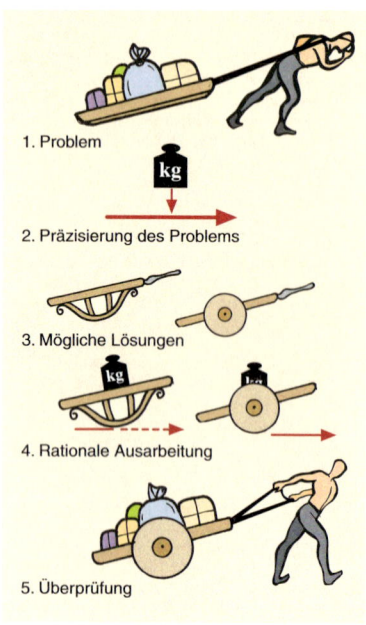

1. Problem

kg

2. Präzisierung des Problems

3. Mögliche Lösungen

4. Rationale Ausarbeitung

5. Überprüfung

A Erkenntnis- und Lernprozess

Lehrer-
konferenz

langfristiges
Curriculum

Lehrer
Schüler

Gruppen-
projekte

individuelle
Projekte

Planung

Durchführung

Bewertung

Schule als
Lebensform gemeinsamer Erfahrung

B ›Laboratory School‹

Technik und Ökonomie	sozialer Hintergrund
Material Verarbeitungs- techniken Herstellung von Geräten	familiäre Arbeits- teilung
Handel Geldwirtschaft Infrastruktur	Auswirkungen auf Sozial- struktur (z.B. Berufe)
technische Erfindungen Industrielle Revolution	Kapitalismus Klassenbildung soziale Spannungen

Gruppenprojekte

Problem

Lernprozesse

C Projektarbeit: Geschichte der Textilherstellung

John Dewey (1859–1952) zählt zu den bedeutendsten amerikanischen Reformpädagogen. In seiner ›Laborschule‹ an der Universität von Chicago erprobt er 1896–1904 sein pädagog. Konzept in der Praxis und entwickelt es weiter.

Die philosophische Grundlage seiner Pädagogik bildet ein **pragmatischer Erkenntnisbegriff.**

> Unter **Erkenntnis** sind all die Fähigkeiten zu verstehen, die der Mensch erworben hat, um erfolgreich in der Welt zu handeln und die Erfolgsbedingungen zukünftigen Handelns zu erhöhen.

Als Lebewesen steht der Mensch in ständiger Auseinandersetzung mit seiner Umwelt, wobei sich beide Seiten verändern. Er lernt aufgrund seiner Erfahrung und gestaltet die Welt dementsprechend um, die dann wiederum neu auf ihn zurückwirkt.

Für die **Erziehung** bedeutet dies, dass weder ausgegangen werden darf von fertigen Anlagen, die sich nur entfalten müssten, noch von feststehenden Bildungszielen einer vorgegebenen Umwelt.

Anthropologisch gesehen bedeutet **Lernen** eine Strategie der Lebensbewältigung. Diesen Charakter verliert es jedoch im künstlichen Raum der Schule, weshalb der Schüler Lernen als Zwang und den Unterrichtsstoff als überflüssig empfindet. Interesse wird durch Lebensprobleme geweckt, die in der Institution der traditionellen Schulen nicht auftauchen, da sie von den Erwachsenen bereits gelöst sind.

Deweys **Schulkonzept** ist dagegen darauf ausgerichtet, dass die Schüler Lebensprobleme selbst erfahren und Lösungswege suchen. (A)

> So werden auch elementare Kulturtechniken wie Lesen, Schreiben oder Rechnen erst dann eingeübt, wenn sie als notwendige Fähigkeiten im Zusammenhang der eigenen Interessen erkannt worden sind.

Der Schüler soll vom Objekt des Lehrens zum Subjekt des Lernens werden und ein Maximum an Verantwortung übernehmen.

Unverzichtbarer Bestandteil des Bildungsprozesses ist deshalb die **Mitbestimmung** der Schüler über Inhalte und Ablauf des Unterrichts. Die jeweiligen Arbeitsprojekte werden gemeinsam beschlossen, geplant und ihre Ergebnisse in täglicher Diskussion bewertet und weiterentwickelt. (B)

Die Aufgabe des Lehrers und der Schule besteht darin, eine *Umwelt* zu schaffen, die Interessen weckt und durch die Bereitstellung von Materialien, Werkstätten, Büchern usw. die Möglichkeit zu selbsttätigem Lernen bietet. Die in traditionellen Schulen vorherrschende bloß symbolische Vermittlung der Erfahrung in Form von Büchern wird abgelehnt.

Ein wesentliches Merkmal der **Arbeitsprojekte** besteht deshalb darin, dass die Schüler Kulturtechniken selbst nachvollziehen und sogar für sich neu erfinden.

So werden z. B. im Projekt »Leben der Primitiven« die Techniken des Nahrungsanbaus, Töpferns, der Textilherstellung usw. selbst eingeübt und die dazu benötigten Geräte z. T. nach eigenen Ideen hergestellt und erprobt. Dabei soll auch das komplexe Zusammenspiel der verschiedenen Kulturbereiche, z. B. von technischer Entwicklung, Ökonomie und sozialen Verhältnissen, deutlich werden. (C)

Eine der Hauptaufgaben der Schule sieht Dewey in der Erziehung für eine demokratische Gesellschaft. Dabei versteht er unter Demokratie nicht primär ein politisches System, sondern

> *»in erster Linie eine Form des Zusammenlebens, der gemeinsamen und miteinander geteilten Erfahrung«.*

Der optimale Austausch von Erfahrung ist die Grundlage für die individuelle wie kulturelle Weiterentwicklung. Weitergabe und Zuwachs von Erfahrung verlangt eine freie *Interaktion* der Individuen und umfassende *Kommunikation,* was der Idee einer demokratischen Gesellschaft entspricht.

Eine Schule, die mündige Bürger heranbilden will, darf deshalb nicht auf hierarchischen Strukturen, Lernzwang und Eigennutz aufgebaut sein, sondern muss

- kooperative und kommunikative Prozesse einüben, z. B. in Arbeitsgruppen,
- aktive Mitbestimmung selbst praktizieren,
- auf der wechselseitigen Anerkennung der Interessen aller als Grundlage der Sozialität aufbauen.

Demokratie meint eine *offene* Gesellschaft, deren konkrete Gestalt immer wieder neu erarbeitet werden muss. Sie lässt sich nicht »von oben« verordnen. Deshalb müssen die Schüler lernen, sich an ihrer Verwirklichung mitzuarbeiten. Passivität, Rezeptivität und Autoritätsstrukturen der alten Schule tragen mit zur Stabilisierung von Gesellschaftsformen bei, die auf Unterwerfung der Mehrheit unter eine Minderheit gegründet sind.

A Stammgruppen in der Jena-Plan-Schule

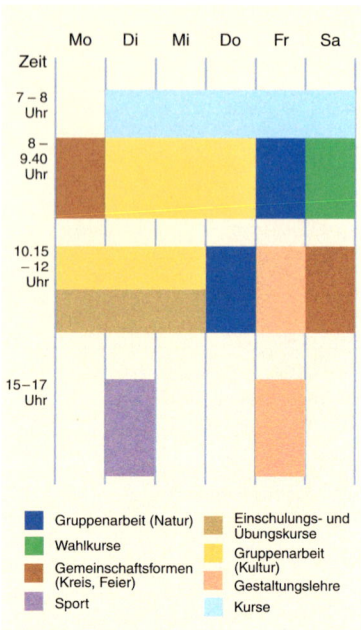

B Wochenarbeitsplan

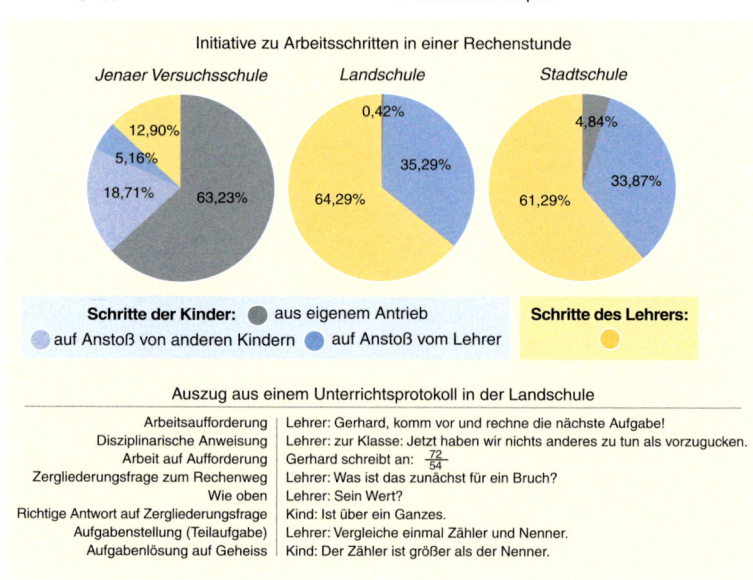

C Pädagogische Tatsachenforschung

Peter Petersen (1884–1952) greift die Ansätze verschiedener Strömungen der Reformpädagogik auf und setzt sie in seiner 1924 eingerichteten Übungsschule an der Universität Jena in die Praxis um. Sein als **Jena-Plan** bezeichnetes Konzept findet weltweite Beachtung, was sich in zahlreichen Gründungen sog. ›Jena-Plan-Schulen‹ in Deutschland und v. a. auch in den Niederlanden äußert.

Notwendigkeit und Möglichkeit der Erziehung beruhen auf der allem Lebendigen innewohnenden *Entelechie* (Aristoteles), dem Streben nach Vervollkommnung des eigenen Seins. Diesen inneren Prozess, durch den die seelisch-körperlichen Anlagen sich zu der ihnen eigenen Form gestalten, bezeichnet Petersen als **Bildung**.

Der Mensch entfaltet seine geistige Wesensform aber nicht allein durch die inneren Kräfte, sondern bedarf der **Erziehung** als einer grundlegenden Funktion der menschlichen *Gemeinschaft*. Diese soll dem Einzelnen dazu verhelfen, sich sowohl zu seiner individuellen Form zu bilden als auch ein verantwortungsbewusstes Mitglied der Gemeinschaft zu werden.

Die von Petersen in Jena aufgebaute Versuchsschule folgt den Prinzipien
- der Selbsttätigkeit,
- der Gruppenarbeit,
- einer reichhaltigen, motivierenden Umgebung,
- der »gebundenen Freiheit«, d. h. des Bewusstwerdens der moralischen Verpflichtung gegenüber anderen, die die eigene Freiheit begrenzt.

Bildungsgrundformen, durch die pädagog. Situationen gestaltet werden, sind
- das Gespräch,
- das Spiel,
- die Arbeit,
- die Feier.

Die konkrete Umsetzung beginnt mit der Auflösung der üblichen Jahrgangsklassen, die durch etwa drei Jahrgänge umfassende **Stammgruppen** ersetzt werden (A).

Die Vorgehensweise, durch Aussieben eine Klasse auf gleiches Niveau bringen zu wollen, hält Petersen für pädagog. verfehlt.

So würden nur »Versagerkarrieren« produziert.

Durch die im Hinblick auf Reife und Kenntnisse heterogene Zusammensetzung der Gruppe können sich die Schüler besser gegenseitig helfen, was auch unter sozialen Gesichtspunkten angestrebt wird.

Anstelle des lehrerzentrierten Frontalunterrichts wechseln sich verschiedene **Arbeitsformen** ab:
- selbsttätige *Gruppenarbeit,* unter Aufsicht und Beratung des Lehrers, besonders in natur- und kulturkundlichen Themenbereichen;
- *Kurse,* für Fächer, bei denen kontinuierliches Fortschreiten notwendig ist (z. B. Lesen, Schreiben, Rechnen); unterschieden werden Einschulungs- und Übungskurse sowie Niveau- und Wahlkurse;
- der *Kreis,* zu dem die gesamte Stammgruppe versammelt ist und der der Pflege sprachlicher und künstlerischer Ausdrucksformen dient;
- *Feier,* die gegenüber der sachlichen Ausrichtung der gemeinsamen Gruppenarbeit die emotionale Seite der sozialen Beziehungen ins Spiel bringt.

Alle Arbeitsformen haben ihren festen Platz im *Wochenarbeitsplan,* den die Schüler mitgestalten dürfen. (B)

Obwohl die **Gruppenarbeit** rein zeitlich nicht den überwiegenden Teil des Unterrichts einnimmt, kommt ihr in pädagog. Hinsicht die größte Bedeutung zu. Ihre Vorteile sieht Petersen darin, dass
- durch die eigenständige Wahl der Aufgaben die *individuellen Fähigkeiten* gefördert werden und doch die unterstützende Eingebundenheit in die Gemeinschaft erhalten bleibt;
- *»aus der Ruhe heraus«* geschaffen werden kann, wodurch sich der Stoff besser vertiefen lässt und der Schüler ein innigeres Verhältnis zu den Sachen gewinnt, mit denen er sich beschäftigt;
- der *Lehrer* dem Schüler durch intensivere Beobachtung und Gespräch besser helfen kann;
- die Arbeit in der Gruppe *zwischenmenschliche Beziehungen* aktiviert.

Jeder wissenschaftliche Schulversuch bedarf der Beobachtung und Kontrolle. Petersen entwickelt daher zusammen mit seiner Frau Else die **pädagogische Tatsachenforschung** als spezif. Forschungsbereich der Erziehungswissenschaft.

Ziel ist es, die Gesamtheit der eine *pädagogische Situation* bestimmenden Faktoren zu beobachten und zu protokollieren.

Da eine Gesamtsituation in ihrer Komplexität schwer zu erfassen ist, werden in der Praxis Einzelaufnahmen herausgegriffen und bestimmte Faktoren des Unterrichts für die Erhebung isoliert betrachtet, wie z. B. von wem die Arbeitsimpulse ausgehen. (C)

Aus der Vielzahl und dem Vergleich der erhobenen Daten sollen verallgemeinerbare Aussagen, z. B. über Lernverhalten, Gruppendynamik, Lehrer-Schüler-Interaktion usw. gewonnen werden.

Aus der Bewertung verschiedener Situationen (unterschiedliches Lehrerverhalten, Unterrichtsmittel, Gruppen-/Frontalunterricht usw.) im Hinblick auf Erziehungsziele lassen sich dann Schlussfolgerungen bzgl. der Angemessenheit von Unterrichtsmethoden ableiten.

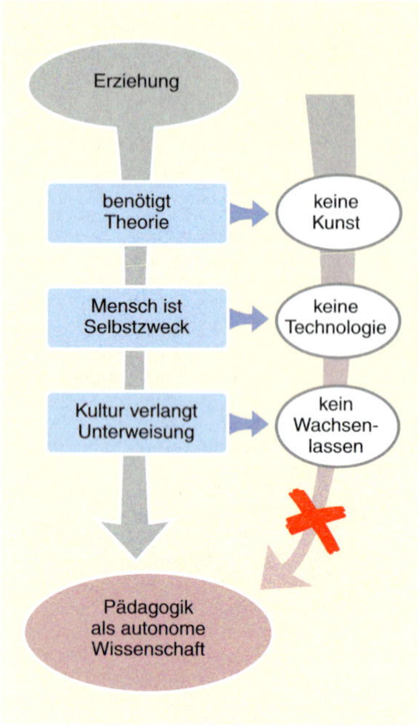

Erziehung

benötigt Theorie	→	keine Kunst
Mensch ist Selbstzweck	→	keine Technologie
Kultur verlangt Unterweisung	→	kein Wachsenlassen

Pädagogik als autonome Wissenschaft

A Pädagogik als eigenständige Disziplin

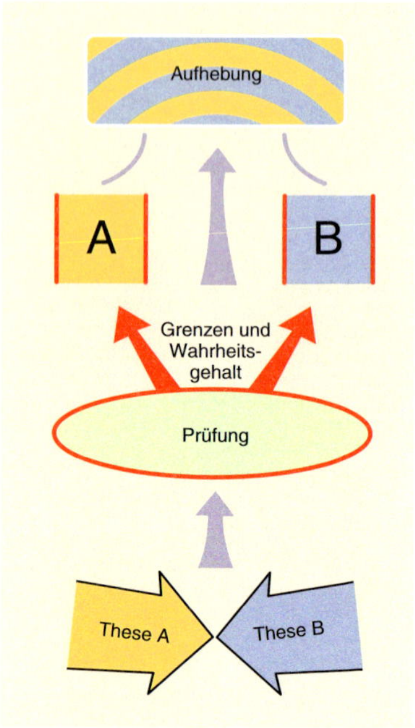

Aufhebung

A   B

Grenzen und Wahrheitsgehalt

Prüfung

These A   These B

B Dialektisches Denkmodell

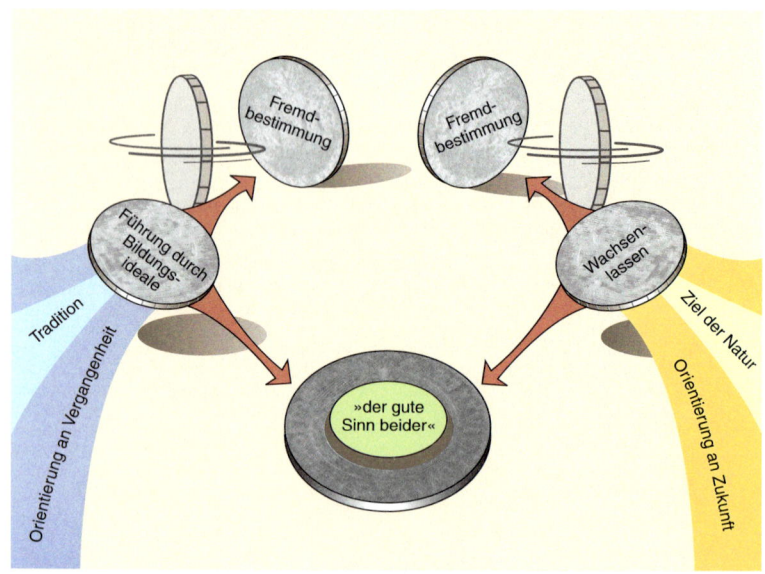

Fremd-bestimmung   Fremd-bestimmung

Führung durch Bildungsideale   Wachsen-lassen

Tradition

Orientierung an Vergangenheit

Ziel der Natur

Orientierung an Zukunft

»der gute Sinn beider«

C Die Dialektik von »Führen« und »Wachsenlassen«

Theodor Litt (1880–1962) gehört zusammen mit Nohl, Spranger und Flitner zu den Vertretern der von Dilthey beeinflussten **geisteswissenschaftlichen Pädagogik,** die in der ersten Hälfte des 20. Jh. die universitäre Ausrichtung des Faches sowie die Entwicklung des Schulwesens in Deutschland maßgeblich prägt.

Litt begreift Erziehung als ein interpersonales Geschehen, das jedoch unlösbar in den historischen **Kulturzusammenhang** eingebettet ist, der somit die Form der pädagog. Beziehung mitbestimmt.

Sinnvolles erzieherisches Handeln setzt daher das Verstehen seiner gesellschaftlich-kulturellen Bedingungen voraus, was durch die Geisteswissenschaften im Sinne einer »Selbstbesinnung« des Menschen geleistet werden soll.

Gegenstand der Pädagogik sind die Interaktionsprozesse zwischen den Heranwachsenden und einer bestimmten Kultur, die über das erzieherische Handeln der älteren Generation vermittelt sind.

Soll **Pädagogik** als eigenständige Disziplin begriffen werden, so muss sie zum einen Wissenschaftscharakter besitzen, zum andern sich deutlich von anderen Disziplinen abgrenzen (A):

- Pädagogik ist nicht in Analogie zur Kunst als vorwiegend intuitives Handeln zu verstehen. Sie beruht auf Wissen und bedarf damit einer Theorie.
- Sie ist keine Technologie, weil der Mensch Selbstzweck ist und damit nicht Gegenstand eines instrumentellen Handelns.
- Der Mensch ist ein Kulturwesen. Daher genügt es nicht, seine naturhaften Anlagen bloß wachsen zu lassen. Kultur und Tradition müssen durch Unterricht vermittelt werden.

Die *Eigenart der Pädagogik* liegt daher in einer unlösbaren Verknüpfung von Theorie und Praxis, von gegebenen Anlagen und angestrebten Zielen: Die pädagog. Theorie interpretiert die bestehende Erziehungswirklichkeit, und das Verstehen wiederum verändert die Handlungspraxis. Gleichermaßen sind Seins- und Sollensaussagen wechselseitig verknüpft, weil die Pädagogik das gegebene Sein des Menschen (im Sinne von Anlagen) als gestaltungsfähig betrachtet und damit Ziele für diese Gestaltung setzen muss.

Anders als in harmonisierenden Erziehungskonzeptionen hebt Litt die *antinomische* Grundstruktur der menschlichen Existenz hervor. Daraus ergibt sich ein **dialektisches Denkmodell** (B):

Gegensätze müssen in ihrer jeweiligen Begrenztheit erkannt und einander vermittelt werden, wodurch sie schließlich auf einer höheren Ebene »aufgehoben« sind.

Dieses Denkmodell prägt auch Litts Behandlung des **pädagogischen Grundproblems** in seiner bekannten Abhandlung ›Führen oder Wachsenlassen‹. Er zeigt darin auf, dass beide Positionen in ihrer Einseitigkeit nicht haltbar sind.

Eine Pädagogik des bloßen *Wachsenlassens* müsste sich selbst aufheben, da sie sich darauf zu beschränken hätte, vom Kind fernzuhalten, was seine Entwicklung stört. Da auch die Vertreter dieses Konzepts faktisch erziehen, schlägt es in ein verstecktes Führen um. Was der Erzieher selbst als Ziel des Wachsens erblickt, wird er als das fördern, was wachsen *soll*.

Bei einer Pädagogik des ausdrücklichen *Führens* hingegen maßt sich der Erzieher an, im Namen eines der Tradition entnommenen Bildungsideals über den künftigen Weg des Heranwachsenden zu bestimmen.

Nach Litt ist es demgegenüber die Aufgabe des Erziehers, den »*guten Sinn*« beider Haltungen zu verbinden, also zugleich Anwalt des Kindes und der objektiven Anforderungen zu sein (C):

- *Wachsenlassen* hat seine Berechtigung dort, wo sich das Kind aus eigenem Antrieb hineinlebt in seine Welt, in personale Bezüge oder z. B. in die schon im Erlernen der Muttersprache übermittelten Gehalte der Kultur.
- *Führung* ist erforderlich, wo es um die Weitergabe von über Generationen erarbeitetem Wissen und Können geht.

In seinem späteren Werk stellt Litt die Frage nach den Aufgaben der Erziehung in der durch die Naturwissenschaften und Technik geprägten modernen Welt. Das klassische, auf die harmonische Ausbildung einer inneren Geisteswelt bezogene Bildungsideal erscheint überholt.

Der Mensch muss sich in einer heterogenen, sich schnell wandelnden Lebenswelt orientieren und mit den Möglichkeiten einer wissenschaftlich-technisch beherrschten Welt umgehen können.

Andererseits sieht Litt die Gefahr der Versachlichung und Unterwerfung des Menschen unter die Technik, weshalb die Erziehung gleichermaßen zur *Sachbeherrschung* wie zu verstehender *Selbstbesinnung* führen soll.

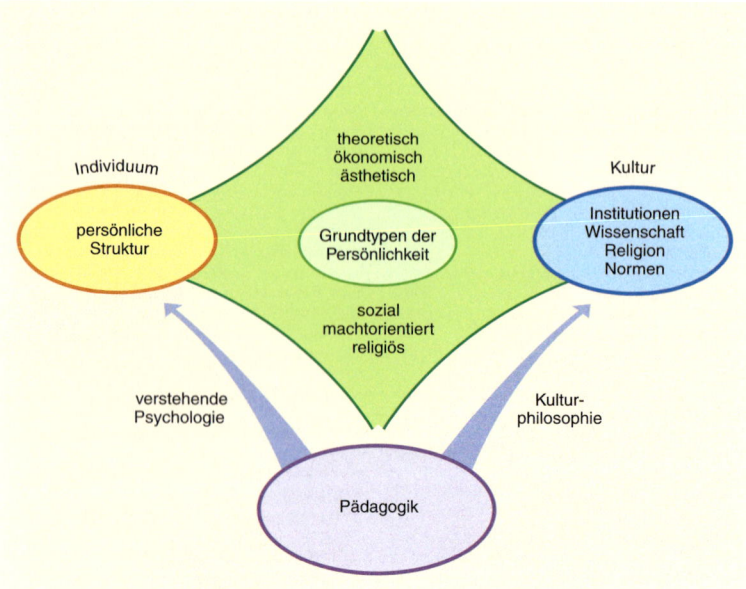

A Spranger: Grundtypen der Persönlichkeit

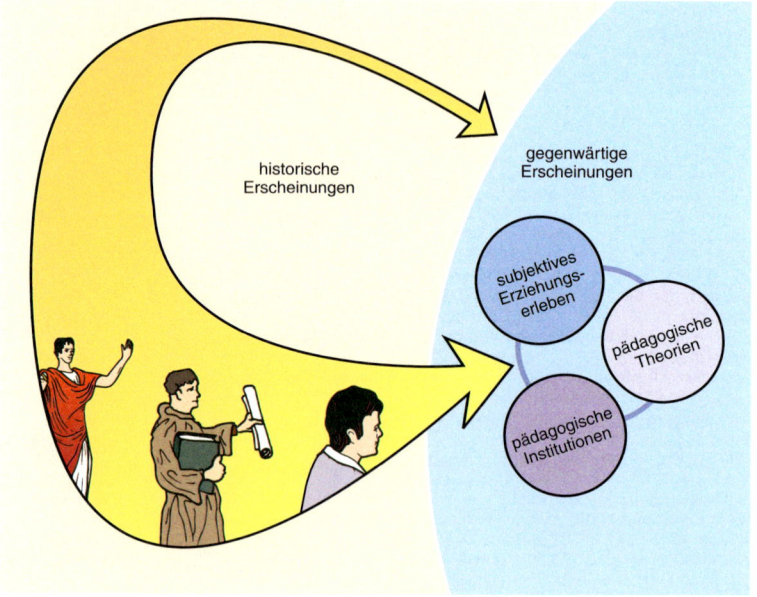

B Nohl: Pädagogik als Erfassung der Erziehungswirklichkeit

Eduard Spranger (1882–1963) ist vom deutschen Idealismus und W. Dilthey beeinflusst und vertritt eine wertorientierte Kulturpädagogik.

Er betrachtet Erziehung im Spannungsfeld zwischen den »objektiven Mächten« der *Kultur* (Institutionen, Normen, überliefertes Wissen) und den subjektiven Leistungen des *Individuums*.

Für die Pädagogik ist daher sowohl die Kulturphilosophie von Bedeutung, die Bildung als Funktion der Kultur begreift, als auch die verstehende Psychologie, die die Voraussetzungen der Bildungsmöglichkeit im Subjekt klärt.

Spranger vertritt die Auffassung, dass das Seelenleben als eine *ganzheitliche Struktur* verstanden werden muss, und wendet sich damit gegen eine Psychologie, die sich nur auf die experimentelle Erforschung isolierter Elemente stützt.

Er arbeitet sechs idealtypische **Grundformen der Persönlichkeit** heraus, die sich aus einer bestimmten Einstellung des Individuums in Bezug auf seine kulturelle Eingebundenheit ergeben (A).

Der einzelne Mensch wird gleichermaßen von der **Kultur** geformt, wie diese umgekehrt durch ihn hervorgebracht und gestaltet wird.

Für die Erziehung stellt sich damit zum einen die Aufgabe, das kulturelle Erbe an die heranwachsende Generation weiterzugeben, und zum anderen, die eigenen kulturschaffenden Kräfte des Individuums zu wecken.

Spranger diagnostiziert für seine Zeit ein gebrochenes Verhältnis des Menschen zur Kultur. Sie erscheint in ihrer Komplexität undurchschaubar geworden und als übermächtiger Apparat, auf den der Einzelne keinen Einfluss mehr hat. Veränderte Sozialstrukturen und das Verschwinden traditioneller Werte führen zu einer Sinnkrise.

Die Erziehung muss deshalb nach Spranger *gesinnungsbildend* wirken und zu bewussten, wertorientierten Entscheidungen befähigen. Bildend wirkende Gehalte entstammen der Tradition einer Kultur, weshalb der Heranwachsende durch Kenntnis ihrer Geschichte und Analyse der gegenwärtigen Gestalt zu einer vertieften Aneignung geführt werden soll.

Die eigentliche Leistung des Unterrichts soll daher darin bestehen, im Schüler das Interesse für seine kulturelle Welt zu wecken, ihr Verständnis zu fördern und zu einer produktiven *Neuaneignung* anzuleiten.

In Fragen der **Schulpraxis** spricht sich Spranger gegen die Idee einer Einheitsschule aus. Sowohl psychologisch, im Hinblick auf unterschiedliche Begabungen, als auch soziologisch, aufgrund der arbeitsteiligen Gesellschaft, hält er ein differenziertes Bildungssystem für notwendig. Nur so kann der einzelne Schüler optimal gefördert und auf seine Aufgaben vorbereitet werden.

Spranger setzt sich entschieden für die Reform der Volksschulen (Verlängerung auf neun Jahre, Berufsorientierung der letzten Schuljahre), die Verbesserung der Lehrerbildung (Einrichtung eigener ›Pädagogischer Hochschulen‹) und für den Ausbau des Berufsschulwesens ein.

Auch **Herman Nohl** (1879–1960) untersucht in Anlehnung an Dilthey die geschichtlich-kulturelle Eingebundenheit der Erziehung. Mit seinem Buch ›Die pädagogische Bewegung in Deutschland und ihre Theorie‹ trägt er maßgeblich zur Verbreitung der reformpädagog. Strömungen bei.

Für Nohl reicht das Feld der Erziehung weit über Familie und Schule hinaus. So beschäftigt er sich intensiv mit Fragen der Sozialpädagogik, weist Institutionen wie Jugendamt und -gericht pädagog. Aufgaben zu und ist 1919 Mitbegründer der *Volkshochschulbewegung*.

Der Ausgangspunkt seiner Pädagogik ist keine normative Theorie, sondern die immer schon vorgegebene **Erziehungswirklichkeit.** Sie stellt ein relativ eigenständiges *Kultursystem* dar, das mit anderen (z. B. Wissenschaft, Kirche, Politik) in Austausch steht, aber in seinem eigenen Wesen zur Geltung kommen muss.

Pädagogik als Wissenschaft will deshalb die Erziehungswirklichkeit sowohl in allen ihren historischen als auch ihren gegenwärtigen Erscheinungen als ein Ganzes erfassen (B):

- als subjektives Erziehungserlebnis in der persönlichen Beziehung,
- als Plattform für pädagog. Anschauungen und Theorien,
- in ihren Institutionen,
- in ihrem geschichtlichen Wandel.

Das *Spezifische der Erziehung* im Unterschied zu anderen Kulturfunktionen sieht Nohl darin, dass ihr Fokus nicht auf objektive Zweckzusammenhänge, sondern in erster Linie auf »das Subjekt, seine Kräfte und sein Wachstum« gerichtet ist.

»Die Pädagogik ... fragt, was wird dabei aus dem Menschen? Sie fragt nicht nach dem Wert, den der Mensch für die objektive Aufgabe hat, sondern zunächst jedenfalls nach dem Wert, den diese objektive Aufgabe für das Wachsen und Gedeihen der Seele hat.«

An zentraler Stelle in Nohls Ansatz steht der **pädagogische Bezug** als ein spezifisches soziales Verhältnis, innerhalb dessen sich das Erziehungsgeschehen vollzieht (A). Das Ursprungsmodell dafür ist die Familie: Die Beziehung zwischen Eltern und Kind ist nicht in erster Linie von sachlichen Interes-

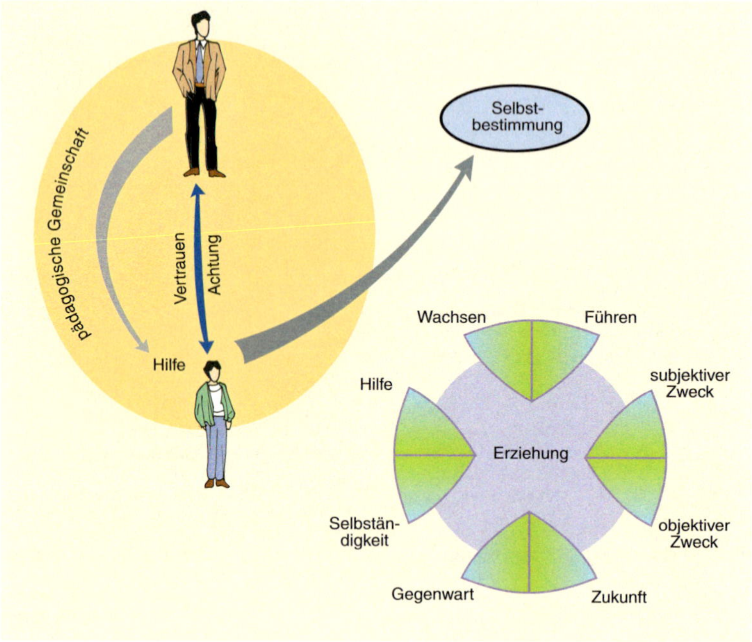

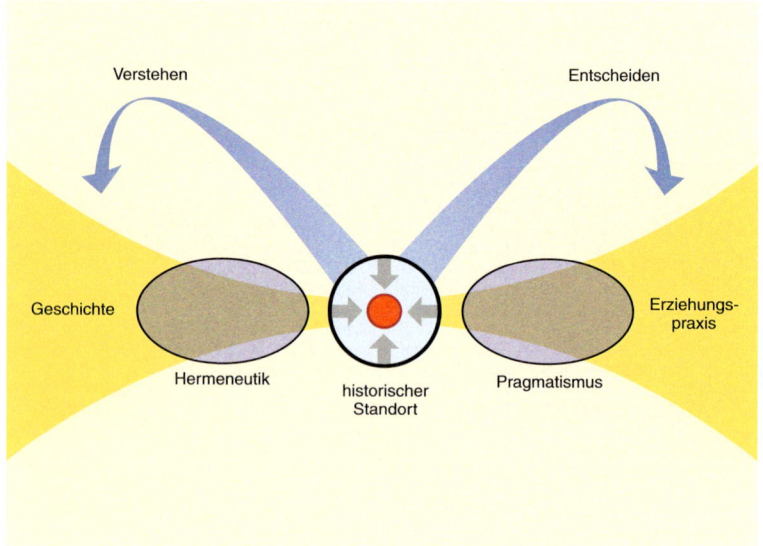

A Nohl: Der pädagogische Bezug und Antinomien der Erziehung

B Flitner: Hermeneutisch-pragmatische Pädagogik

sen geprägt, sondern von Vertrauen, Achtung, Liebe und Autorität. Dieser Charakter der »pädagogischen Gemeinschaft« soll auch in den schulischen Institutionen erhalten bleiben.
Erziehung ist nicht spannungsfrei, da sie verschiedene **Antinomien** in sich birgt (A):

- Sie soll dem Kind jede erforderliche Hilfe gewähren, aber zugleich darauf abzielen, sich selbst in der schließlich vom Kind erreichten Selbstständigkeit aufzuheben.
- Sie muss Rücksicht auf die gegebenen Anlagen nehmen, zugleich aber Anforderungen stellen und Ziele setzen, um Fähigkeiten zu wecken.
- Das Kind wird um seiner selbst willen erzogen, muss aber auch in die Gemeinschaft hineinwachsen, aus der die Bildungsgehalte kommen und in der es künftige Aufgaben übernehmen soll.

Der Erzieher hat daher die schwierige Aufgabe, diese Antinomien auszugleichen und das richtige *Maß* für die Erziehung zu finden.
Grundsätzlich jedoch gilt der Primat der Person vor der Sache und den objektiven Zwecken.
Wer den Menschen bilden will, muss seine Anlagen und Entwicklungsmöglichkeiten kennen, woraus sich der hohe Stellenwert der **Pädagogischen Anthropologie** für Nohl ergibt. In ihrem Kontext beschäftigt er sich mit der Frage der *Bildsamkeit* des Menschen, also seiner individuellen Formbarkeit im Sinne der Ausbildung von Anlagen, der Prägung durch soziale Faktoren, der Aneignung kultureller Gehalte.

Wilhelm Flitner (1889–1990) hat durch sein breitgefächertes Werk und als Vorsitzender des Schulausschusses der Westdeutschen Rektorenkonferenz die Bildungspolitik in der Bundesrepublik wesentlich mitbestimmt.
Als Vertreter der geisteswissenschaftlichen Pädagogik betont Flitner die *Geschichtlichkeit* des jeweiligen Standortes, von dem aus Erziehungsfragen angegangen werden. Ohne ein historisches Verständnis lassen sich gegenwärtige Probleme nicht verstehen und keine sinnvollen Kriterien für ihre Lösung entwickeln.
Pädagogik ist nach seiner Auffassung eine **hermeneutisch-pragmatische** Wissenschaft (B):

- *hermeneutisch,* insofern es »ihre erste Aufgabe, die aus pragmatischen Zusammenhängen auftauchenden Einzelfragen an ihrem historischen Standort zu verstehen«;
- *pragmatisch,* insofern das historische Verstehen nicht Selbstzweck ist, sondern Entscheidungskriterien für Problemlösungen bereitstellen soll.

Da die hermeneutische Betrachtungsweise eine Vielzahl von möglichen Perspektiven zutage fördert, müssen bei der Entscheidung über das für die gegenwärtige Situation angemessene Handeln zusätzlich **normative Kriterien** (z. B. Bildungsziele) ins Spiel kommen.
Diese sollten einem allgemeinen *Konsens* folgen, der sich bei Flitner im Rahmen eines christlich-humanistischen Menschenbildes und der Tradition klassisch-abendländischer Bildungsgehalte bewegt. Ohne einen solchen Konsens ist seiner Ansicht nach keine gemeinschaftliche Erziehung möglich.
Wie alle Geisteswissenschaften ist auch die Pädagogik in ihrem Wesen *dialogisch,* d. h. Erkenntnisgewinn ist nur auf dem Weg eines kommunikativen Prozesses zu erreichen.
»Die Diskussion über die rechte Erziehung, die in der Praxis aller Erziehungsstätten faktisch im Gange ist, wird in einer umfassenden und methodisch geordneten Verständigung aller Praktiker zusammengefasst werden müssen.«
Erziehung vollzieht sich in einem Geflecht von sozialen, kulturellen, politischen und persönlichen Bezügen, sodass pädagog. Fragen aus einer Vielzahl von Perspektiven betrachtet werden müssen. Um in die konkrete Beziehungsvielfalt eine systematische Ordnung zu bringen, unterscheidet Flitner **vier grundlegende Sichtweisen des Menschen:**

1. Die *biologische* hat den größten Abstraktionsgrad. Sie ordnet den Menschen in Kategorien ein, die anhand des gesamten Bereichs des Lebendigen gewonnen werden. Pädagogik behandelt unter diesem Aspekt den Prozess des Wachsens und Reifens und die Maßnahmen, mit denen ihn der Erwachsene unterstützt.
2. Die *geschichtlich-gesellschaftliche* befasst sich mit dem Vorgang der Sozialisation, durch den der Heranwachsende in seine soziokulturelle Lebenswelt eingegliedert wird.
3. Die *geistige* behandelt Erziehung als Übermittlung und Aneignung von kulturellen Inhalten.
4. Der *personalen* schließlich geht es um das Finden und Herausbilden des Selbst. Dieser Vorgang entzieht sich jedoch weitgehend der erzieherischen Beeinflussung von außen.

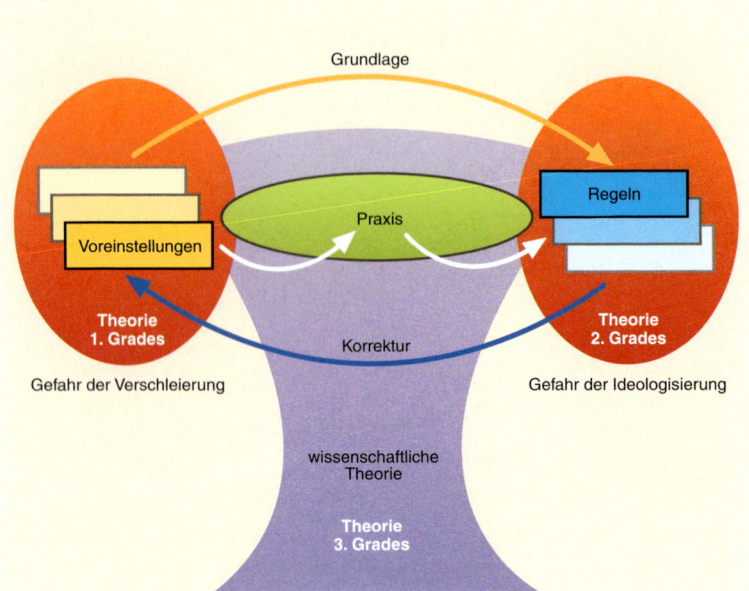

A Theorie-Praxis-Verhältnis

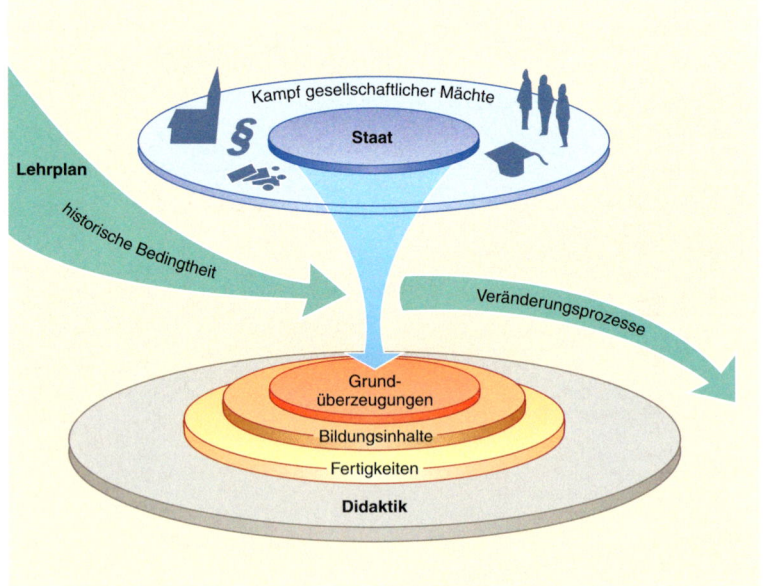

B Geisteswissenschaftliche Lehrplantheorie

Erich Weniger (1894–1961) steht in der Tradition der geisteswissenschaftlichen Pädagogik, zu deren Grundthemen die Klärung des Verhältnisses von Theorie und Praxis im erzieherischen Handeln gehört.

Weniger wendet sich gegen die übliche Gegenüberstellung von praktischer Erfahrung und Theorie. Erfahrung ist nämlich mehr als eine Sammlung zufälliger Eindrücke, sie beruht bereits auf bestimmten Voreinstellungen. Der Praktiker kann nur dann sinnvoll handeln, wenn er sich zumindest einer unbewussten Theorie bedient.

Weniger unterscheidet drei Grade von Theorien, die in das pädagog. Handeln einfließen:

1. unausgesprochene *Voreinstellungen,* mit denen der Erzieher an seine Aufgabe herangeht;
2. Erfahrungen, Lebensregeln, Schlagworte, die vom Praktiker benutzt werden;
3. die *»Theorie des Theoretikers«,* die die einzelnen Erfahrungen wissenschaftlich zu generalisieren versucht und in größere Zusammenhänge einordnet. (A)

Der 1. und 2. Grad bilden die *Theorie in der Praxis,* die dadurch gekennzeichnet ist, dass die Theorie sowohl der Praxis vorausgeht (1.), als ihr auch folgt (2.). Weniger fasst dieses Verhältnis in dem Satz zusammen:

»Praxis enthält Theorie als Bedingung ihres Tuns und wird vollendet zur Erfahrung durch Theorie als Folge des Tuns.«

Von der »Theorie in der Praxis« muss verlangt werden, dass 1. und 2. nicht in Widerspruch zueinander stehen. So dürfen keine Erfahrungssätze aufgestellt werden, die nichts mit den zugrunde liegenden Einstellungen zu tun haben, und umgekehrt müssen die Voreinstellungen sich durch reflektierte Erfahrung korrigieren lassen.

Auf der Ebene der Theorie in der Praxis besteht immer die Gefahr, Voreinstellungen zu verschleiern und leitende Regeln ideologisch zu verfestigen. Von daher gewinnt die **»Theorie des Theoretikers«** als kritische Reflexion des »Verhältnisses von Theorie und Praxis in der Praxis« ihre Bedeutung.

In der Lehrerausbildung hat sie die Aufgabe, dem Erzieher die Beurteilung seines eigenen Handelns zu ermöglichen.

Das nach Weniger für die Erziehung spezifische Theorie-Praxis-Verhältnis muss sich v. a. auf drei Gebieten bewähren:

1. im pädagog. Verhalten selbst,
2. auf der Ebene der Institutionen und des Lehrerstandes,
3. in der wissenschaftlichen Pädagogik.

Konkret gehören dazu u. a. das Recht des Lehrers auf die Unantastbarkeit der eigenen Überzeugung, das Recht des Kindes auf Bildung und auf die kritische Auseinandersetzung mit Bildungsinhalten und der Person des Lehrers.

Weniger sieht die Unabhängigkeit pädagog. Handelns durch die staatl. Organisation des Schulwesens und der gesellschaftlichen Anforderungen an die Erziehung nicht prinzipiell gefährdet. Zum einen gehört es nämlich zu den der Erziehung selbst inhärenten Aufgaben, den Heranwachsenden auf die Anforderungen seiner Kulturwelt vorzubereiten, zum anderen schafft der Staat mit den Bildungsinstitutionen den Rahmen, in dem Erziehung als eigenständiger Kulturfaktor wirksam werden kann.

Entscheidend ist, dass die Pädagogik als Wissenschaft sich ebenso wie der konkrete Unterricht als offen für Kritik und Gesellschaftsveränderung versteht.

In seiner **Didaktik,** die als Theorie der Bildungsinhalte und des Lehrplans verstanden wird, will Weniger die Unterrichtssituation der Schule in ihrer ganzen Komplexität erfassen.

Er wendet sich damit gegen ältere Versuche, Bildungsinhalte aus vorgegebenen Normen abzuleiten.

Die Frage ist: Wie kommen *Lehrpläne* faktisch zustande? Weniger sieht sie als Ergebnis des Kampfes gesellschaftlicher Kräfte (u. a. Politik, Wirtschaft, Wissenschaft, Kirche) (B). Sie sind damit zum einen geschichtlich bedingt, zum anderen variabel, weil sie auch nach ihrer Festlegung Gegenstand der Auseinandersetzung bleiben. Der Fächerkanon selbst ebenso wie die behandelten Themen stellen sich als ein Mosaik historischer Zufälle und aktueller Interessenlagen dar.

In diesem Kampf um die Bildungsinhalte übernimmt der **Staat,** in dessen Händen das Schulwesen liegt, die Funktion des regulierenden Faktors, der letztlich entscheidet, welche Ansprüche anerkannt werden. Er hat damit eine problematische Doppelfunktion, da er zum einen selbst Ziele verfolgt, zum anderen als neutraler Regulator die unmittelbaren Interessen aller Bildungskräfte in eine »zweckfreie Form der Bildung« umzuwandeln hat.

Eine Analyse der Prinzipien dieser Umsetzung zeigt drei Schichten auf:

1. Zunächst bedarf es des *politischen Konsenses,* als Einigung auf gemeinsame Grundüberzeugungen.
2. Diese politischen Entscheidungen werden in vom Lehrplan vorgeschriebene *Fächer* und *Inhalte* umgesetzt.
3. Vom Individuum schließlich werden Kenntnisse und Fertigkeiten gefordert, die als Bedingungen für innerschulische Lernprozesse oder außerschulische Aufgaben (Beruf) betrachtet werden.

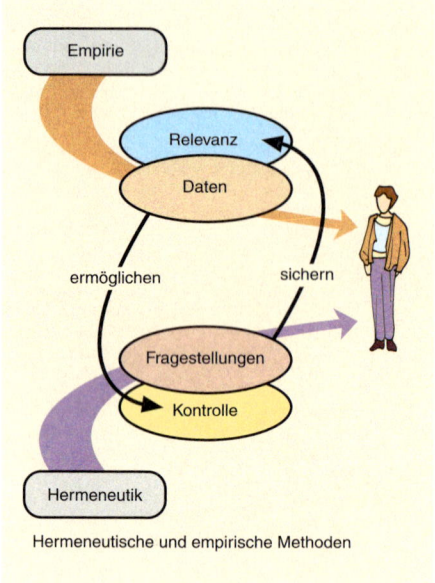

Hermeneutische und empirische Methoden

A Realistische Erziehungswissenschaft

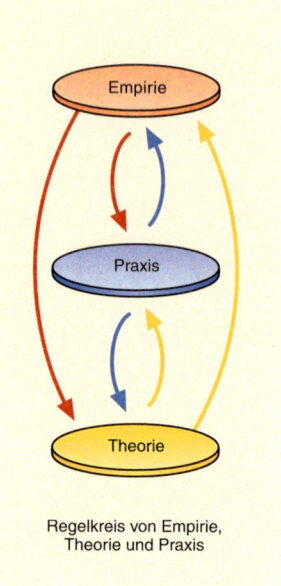

Regelkreis von Empirie,
Theorie und Praxis

B Pädagogik als Integrationswissenschaft

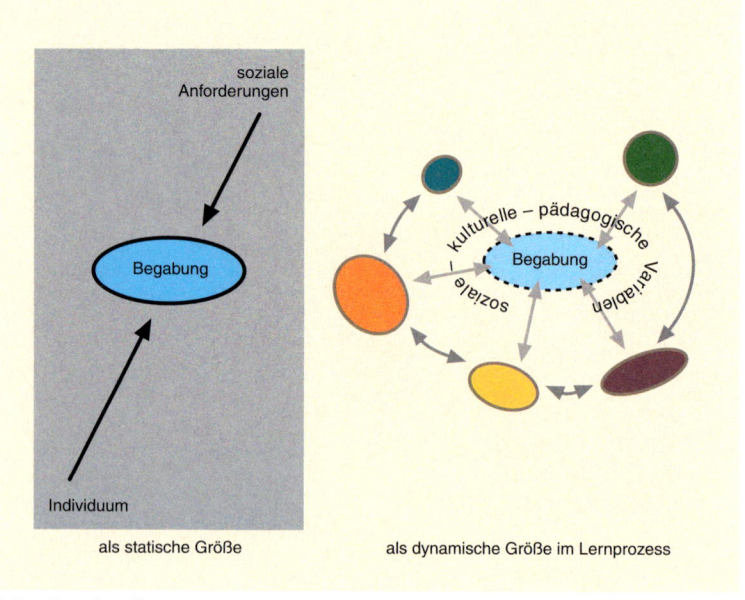

als statische Größe

als dynamische Größe im Lernprozess

C Begabungsbegriff

Heinrich Roth (1906–83) fordert eine »realistische Wendung in der pädagogischen Forschung«, die neben der rein geisteswissenschaftlichen Richtung die Ergebnisse der **empirischen Wissenschaften** vom Menschen (z. B. Biologie, Psychologie) angemessen berücksichtigt.

Diesen kommt die Aufgabe zu, genauere Kenntnisse über die faktischen Grundlagen der Bildsamkeit des Menschen zu erbringen.

Die geisteswissenschaftliche **Hermeneutik** bleibt weiterhin für die Bereiche zuständig, die sich der empirischen Verifikation entziehen. Dazu gehören die Fragen nach Bildungszielen, dem pädagog. Menschenbild oder der Anerkennung von Normen.

Hermeneutische und empirische Verfahren müssen zusammenarbeiten und sind kritisch aufeinander zu beziehen.

Diese Forderung ergibt sich aus *inhaltlicher* Sicht,

• weil alle empirischen Aussagen über das, was der Mensch »ist«, pädagog. im Hinblick darauf gesehen werden müssen, was er noch aus sich machen kann,

• und umgekehrt wiederum Bildungsziele nicht in einem rein ideellen Raum formuliert werden können, sondern nur unter Berücksichtigung der faktischen Gegebenheiten menschlichen Seins.

Methodisch sind Hermeneutik und Empirie als sich ergänzende Verfahren zu sehen,

• weil zum einen die empirische Einzelforschung ihre Bedeutsamkeit erst dadurch gewinnt, dass sie auf die pädagog. Fragestellung hin interpretiert wird,

• zum anderen die hermeneutische Reflexion sich ihrerseits, wo sie auf Tatbestände trifft, die empirisch erforschbar sind, auch der Kontrolle durch die Erfahrung unterziehen muss. (A)

Der Rückgriff der Pädagogik auf eine Vielzahl von Fachgebieten und Methoden entspricht der Mehrdimensionalität und Komplexität der Erziehungswirklichkeit. Daraus ergibt sich aber auch die Gefahr der Aufsplitterung des Faches in ebendiese Einzelwissenschaften. Um dem zu entgehen, muss Pädagogik sich selbst als eine **Integrationswissenschaft** verstehen, in der die unterschiedlichen Forschungsergebnisse im Hinblick auf das arterieische *Handlungsinteresse* zusammengefasst werden.

Pädagogik ist nach Roth keine reine Erkenntniswissenschaft, sondern Theorie einer Praxis, in deren Licht sich erst die Bedeutsamkeit der theoret. Einsichten zeigt und von der her sie sich auch korrigieren lassen müssen.

Theoriebildung, empirische Daten und pädagog. Praxis bilden daher einen *Regelkreis* (B). Dieser dient der

»Vergewisserung, Kontrolle, Kritik und Steuerung dieser [Erziehungs-]Wirklichkeit durch Erfassen und Abklärung des ständigen Kreislaufes zwischen Idee und Wirklichkeit, Normen und Tatsachen, Utopien und Erfahrungen, Maßnahmen und ihren Folgen«.

Die Integration der verschiedenen Disziplinen und ihrer Methoden erfolgt in einer **pädagogischen Anthropologie**, die die wechselseitige Beziehung von *Bildsamkeit* und *Bestimmung* des Menschen zum Gegenstand hat. Beide Größen sind voneinander abhängig, weshalb die anthropologische Forschung weder von einer unveränderlichen Natur des Menschen ausgehen, noch endgültige Bildungsziele vorgeben kann:

»... man kann nicht nach der Natur des Menschen fragen ohne nach dem zu fragen, was er aus sich gemacht hat, und nicht nach dem, was er aus sich gemacht hat ohne ständige Rücksicht auf die Frage, aus welcher Wandlung seiner Kräfte und Fähigkeiten diese seine Kultur erwachsen ist.«

Die Konsequenzen aus Roths Ansatz zeigen sich beispielhaft an einem neuen Verständnis von **Begabung:** Diese darf nicht als statische Größe verstanden werden, sondern als ein soziokulturelles, von Lernprozessen beeinflusstes Phänomen (C). Als individuelle Anlage ist Begabung nur ein (veränderlicher) Faktor

»in einem Feld von Variablen, die alle durch Lehren und Lernen, Unterricht und Erziehung beeinflussbar sind«.

Indem Roth Begabung als eine *dynamische Größe* versteht, gehört ihre Förderung zu den zentralen Aufgaben einer *Bildungsreform.* Dabei ist weniger die Organisation des Schulwesens entscheidend als die Steigerung der Qualität der Lernprozesse. Unterschiedliche Lernleistungen sind nicht einfach mit dem Hinweis auf unterschiedliche Begabungen hinzunehmen, sondern auch Ausdruck mangelhafter Lehrprozesse.

Diese müssen auf die inneren Lernvorgänge abgestimmt sein, d. h. nicht nur an Lerninhalten und -zielen ausrichten, sondern ebenso an Interessenlage und Entwicklungsstand des Lernenden.

Ziel des Unterrichts sollte es sein, v. a. die inneren Voraussetzungen zu schaffen, die es dem Einzelnen ermöglichen, selbstständig auf die Anforderungen der Welt antworten zu können und sich in ihr zu verwirklichen.

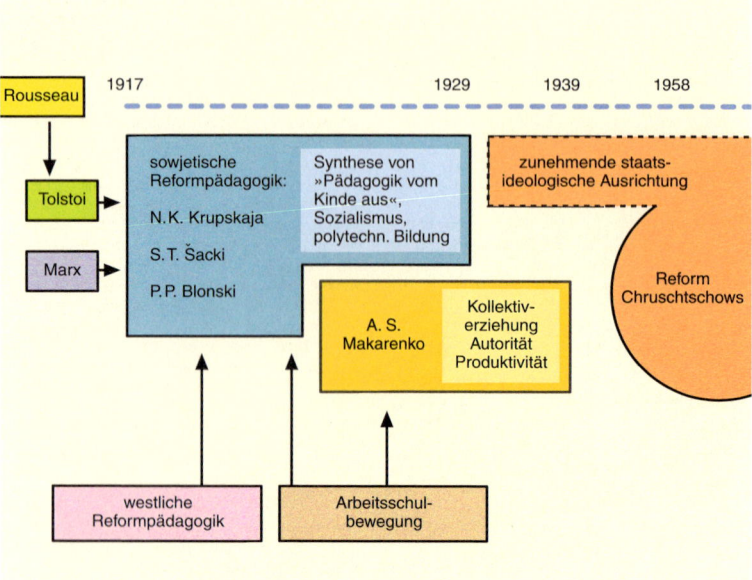

A Sowjetpädagogik bis 1958

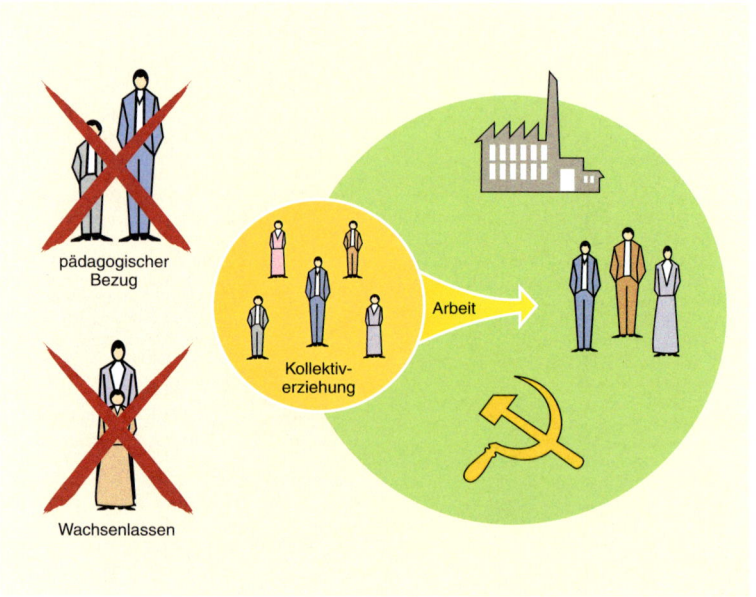

B Makarenko: Kollektiverziehung

In der **frühen Sowjetpädagogik** von 1917 bis etwa 1929 verbinden sich Ideen einer reformpädagog. Orientierung am Kind und der Arbeitsschulbewegung mit dem marxschen Konzept einer polytechnischen Bildung (A).

Zu ihren Vertretern gehören Pawel Petrowitsch Blonski (1884–1941) und Nadeschda Konstantinowna Krupskaja (1869–1939), die Frau Lenins.

Kern der pädagog. Reform ist nach Blonski das Konzept der **Arbeitsschule.** Ihr Ziel ist es, das Kind, ausgehend von seinen angeborenen Fähigkeiten, in die »Beherrschung der modernen industriellen Kultur« einzuführen.

Die spielerische Eigenaktivität des Kindes beinhaltet bereits den Drang zur Teilnahme an und Nachahmung der Welt der Erwachsenen, die in der modernen Gesellschaft industriell geprägt ist. Erziehung ist die Förderung der inneren Entwicklung des Menschen als eines in der und für die Gemeinschaft tätigen Wesens. Deswegen schafft

»nur der Sozialismus natürliche normale Bedingungen für die Entwicklung der Menschheit«.

Auf dem Arbeitsschulkonzept baut auch **Anton Semjonowitsch Makarenko** (1888–1939) auf, der sich aber gegen eine Pädagogik des Wachsenlassens wendet und auf die Formung des Menschen durch Anstrengung, Autorität und kollektive Einwirkung setzt. 1920 übernimmt er den Aufbau einer »Arbeitskolonie für minderjährige Rechtsbrecher« *(Gorki-Kolonie).*

Die Gründung solcher Einrichtungen sollte der Eingliederung der als Folge des Bürgerkriegs und durch Hungersnot in die Millionen gehenden Zahl verwahrloster Jugendlicher in die sich konstituierende Sowjetunion dienen.

Makarenkos Pädagogik muss deshalb vor diesem Hintergrund als *Sozialpädagogik* gesehen werden.

Im Unterschied zur traditionellen Pädagogik sieht Makarenko nicht in dem Bezug zwischen zwei Personen (Erzieher – Heranwachsender) die grundlegende pädagog. Konstellation, sondern im **Kollektiv.** Der Jugendliche soll durch das (soziale) Leben erzogen werden und nicht den Lehrer. (B)

Die Kollektiverziehung ist zum einen *pädagogisches Mittel,* das der realen Lebenssituation entspricht, in der der Einzelne durch vielfältige Einflüsse sozialisiert wird. Sie ist zum anderen *politisches Mittel,* das auf die Schaffung des neuen »Sowjetmenschen« an der »Kampffront der Menschheit in der Epoche der Weltrevolution« abzielt.

Entsprechend ihrer Bedeutung in der marxschen Theorie kommt der **Arbeit** bei Makarenko eine zentrale Bildungsfunktion zu. Er spricht ihr dann eine eigentliche erzieherische Wirkung zu, wenn sie nicht, wie in der Reformpädagogik, als didaktisches Mittel (miss-)verstanden wird, sondern wenn sie tatsächlicher Bestandteil des gesamtgesellschaftlichen Wirtschaftsprozesses ist. Im Hinblick darauf unterscheidet er verschiedene, qualitativ gestaffelte Arten von Arbeit:

- Der »*Selbstbedienung*« (für den eigenen, täglichen Bedarf notwendige Tätigkeiten wie z. B. Nahrungsversorgung) fehlen die Anforderungen an das Können und die Sorge für die Gemeinschaft.
- Auch die *handwerkliche* Arbeit hat negative Nebenerscheinungen, denn sie fördert Vereinzelung und kleinbürgerliche Haltung.
- Erst die *industrielle* bzw. *landwirtschaftliche Produktion* fordert die uneingeschränkte Sorge für die Gesellschaft. Sie wirkt damit am stärksten in sozialer und moralischer Hinsicht formend.

In der von Makarenko später geleiteten *Dserschinski-Kommune* nimmt daher die qualitativ hochwertige Industrieproduktion einen zentralen Platz ein. Der Tagesplan sieht hier vier Stunden Arbeit und fünf Stunden Schulunterricht vor.

Makarenko hält kein einzelnes pädagog. Mittel für an sich geeignet oder unbrauchbar. Die Angemessenheit entscheidet sich erst im Kontext aller Faktoren, die die Erziehungssituation bestimmen. Sein pädagog. Vorgehen zeichnet sich deshalb durch eine ihm eigentümliche Mischung unterschiedlicher **Methoden** aus:

Die *Organisation* seiner Kolonien beruht auf hierarchisch-autoritären Strukturen (Aufstieg vom Zögling über den Kolonisten bis zum Kommandeur, der seine Abteilung führt) und demokratischer Mitbestimmung der einzelnen Abteilungen und des Rats der Kommandeure.

Der Einzelne wird durch und für das Kollektiv erzogen, in dessen Interessen er ganz aufgehen soll. Das Kollektiv übt seinen erzieherischen Einfluss aus, indem es sich sowohl kontinuierlich aufbauender Formen wie Kameradschaftlichkeit, Engagement und Unterricht bedient als auch der sog. *Explosionsmethode.*

Darunter versteht Makarenko das emotionale Auf-die-Spitze-Treiben eines Konflikts, das zu einem Umschlagen der Bewusstseinshaltung führt.

Sein Konzept einer Kollektiverziehung wird von den Vertretern der frühsowjetischen Reformpädagogik als »Kommandeur-Pädagogik« scharf kritisiert, gewinnt aber nach 1939 allgemeine Anerkennung und wird wegweisend für die sowjetische Bildungspolitik.

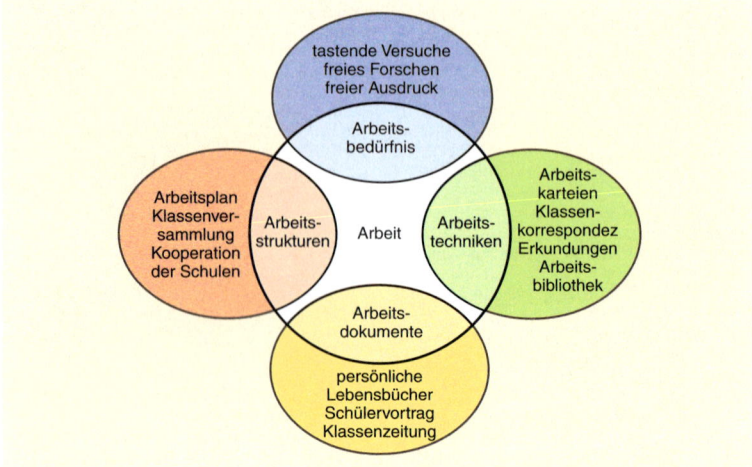

A Struktur der Schule

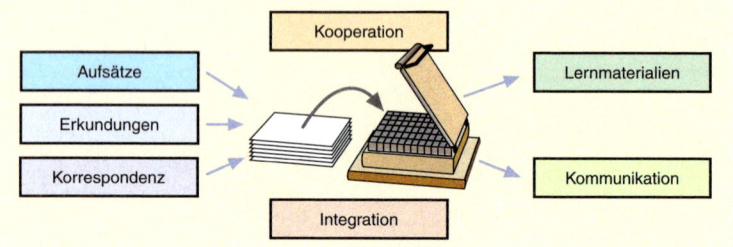

B Schuldruckerei als Zentrum der schulischen Organisation

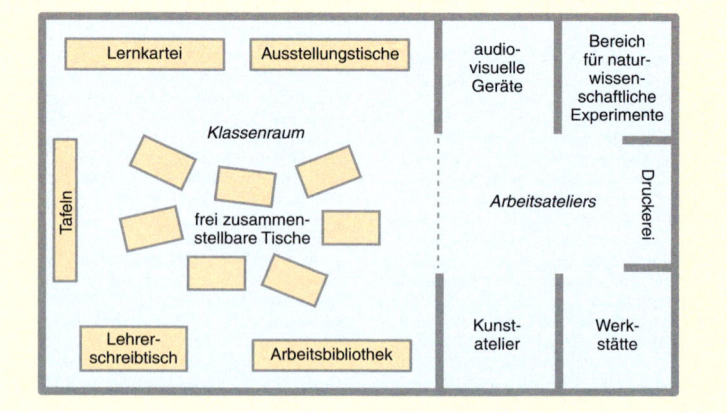

C Gestaltung eines Schulraums

Beeinflusst von Gedanken der Reformpädagogik (Arbeitsschul- und Landerziehungsheimbewegung) entwickelt **Célestin Freinet** (1896–1966) in den 20er Jahren praktische Unterrichtstechniken und Arbeitsmittel zur Förderung des selbsttätigen Lernens.

Die psychische Entwicklung des Kindes ist nach seiner Auffassung auf eine eigentätige Aneignung und Bewältigung der Umwelt ausgerichtet. Diese *Dynamik* soll die Schule fördern und nicht durch einen zur Passivität verurteilenden Unterricht blockieren.

>*Das Kind kommt neu und dynamisch in eine Welt, in der alles noch Geheimnis für es ist, in der es zunächst noch alles zu erforschen gilt.*«

Seine Entwicklung verläuft in drei Phasen: Nach den ersten herantastenden Versuchen beginnt die Phase, in der das Kind Ordnungsmuster entwickelt, die ihm beim zielgerichteten Handeln helfen; es erprobt seine Macht und seine Grenzen. Schließlich beginnt es aktiv, die Gestaltung der Welt in die eigene Hand zu nehmen.

An zentraler Stelle steht jetzt der Begriff der **Arbeit** (A), die Freinet als Selbstverwirklichung in Form sinnvoller Betätigung versteht:

>*Von Arbeit sprechen wir immer dann, wenn das Tätigsein – ob physisch oder geistig – den natürlichen Bedürfnissen des Individuums entspricht und durch diese Tatsache allein schon eine gewisse Befriedigung verschafft.*«

Freinet sieht bereits im kindlichen **Spiel** ein »jeu-travail« (Spiel mit Arbeitscharakter), weil es ernsthaft und konzentriert betrieben wird, als selbsttätige Aneignung und Gestaltung der Welt. Das Kind will etwas Sinnvolles hervorbringen und damit sich selbst bestätigen sowie die Achtung der Erwachsenen erlangen. Bloßes »Herumspielen« entsteht nur dann, wenn die Umwelt keine Möglichkeit zu sinnvoller Tätigkeit bietet.

Sein Konzept einer *aktiven Schule* setzt auf die Verbindung von Schule und Leben, von geistiger und manueller Arbeit, auf die Kooperation und Kommunikation von Schülern und Lehrern sowie die eigene Entwicklung von Unterrichtsmaterialien.

Für Freinet stellt sich nun die Frage, welche Formen von Arbeit der kindlichen Lebenswelt entsprechen, Verstand und Sinne gleichermaßen fordern und ein dauerhaftes Interesse wecken. Er entdeckt schließlich die pädagog. Möglichkeiten der **Schuldruckerei** als Organisationszentrum des Schullebens (B).

Die Schüler setzen und drucken von ihnen verfasste Aufsätze, Dokumentationen und Bilder selbst, die dann anstelle von vorgegebenen Lehrbüchern zu Lernmaterialien werden. Die pädagogischen Vorteile der Schuldruckerei sind vielfältig:

- Es wird nicht nur die *Lese-* und *Schreibfertigkeit* eingeübt, die Kinder achten auch selbst genauer auf orthografische oder stilistische Fehler.
- Das Drucken erfordert *Sorgfalt* und erzieht dazu, eine angefangene Arbeit auch fertigzustellen.
- Die gemeinschaftlich erbrachte Leistung übt soziale *Kooperation* ein, und ihre Vielfältigkeit (Verfassen der Texte, Setzen, Drucken, Korrigieren) ermöglicht es, die unterschiedlichen Fähigkeiten der Kinder in eine einzige Arbeit zu integrieren.
- Durch die kritische Auseinandersetzung mit den Texten wird *Kommunikationsfähigkeit* und Urteilsvermögen geschult.

Eine entscheidende Änderung gegenüber dem herkömmlichen Unterrichtssystem besteht darin, dass die **Lernmaterialien** von den Schülern und Lehrern selbst hergestellt werden.

Die üblichen *Schulbücher* haben für Freinet den Nachteil, dass der Erwachsene vorschreibt, was den Schüler zu interessieren hat, und dass sie weder auf die konkrete Lebenswelt vor Ort (in der Großstadt anders als auf dem Dorf) noch auf die augenblickliche Motivationslage der Kinder eingehen können.

An Freinet-Schulen hingegen beschäftigen sich Schüler mit Texten, die Ausdruck ihrer Erfahrungswelt sind und das widerspiegeln, was für sie bedeutsam ist. Sie erstellen Dokumentationen eigener Erkundungen, die auch die Schulen untereinander austauschen.

Ein weiteres Merkmal des aktiven Unterrichts ist die Strukturierung des Klassenraums in Lernorte, sog. **Arbeitsateliers** (C).

Hier stehen die entsprechenden Materialien und Geräte für die Gruppenarbeit bereit, z. B. für Experimente in Naturwissenschaften oder für künstlerische und handwerkliche Arbeiten.

Unterstützt werden die Schüler bei ihrem selbsttätigen Lernen durch eine *Arbeitsbücherei* und *Lernkarteien*, die Informationen, Versuchsaufbauten, Lösungsvorschläge usw. enthalten, die von Lehrern an Freinet-Schulen erprobt worden sind.

Zur Kontrolle seines Lernfortschritts erstellt jeder Schüler am Beginn der Woche einen **Arbeitsplan**, in den er z. B. Nummern von Arbeitskarteien, Lerneinheiten oder Themen von Aufsätzen einträgt, die er behandeln will. Am Ende der Woche kontrolliert der Schüler selbst, was er tatsächlich erreicht hat, und erhält eine individuelle Bewertung seines Lernfortschritts durch den Lehrer.

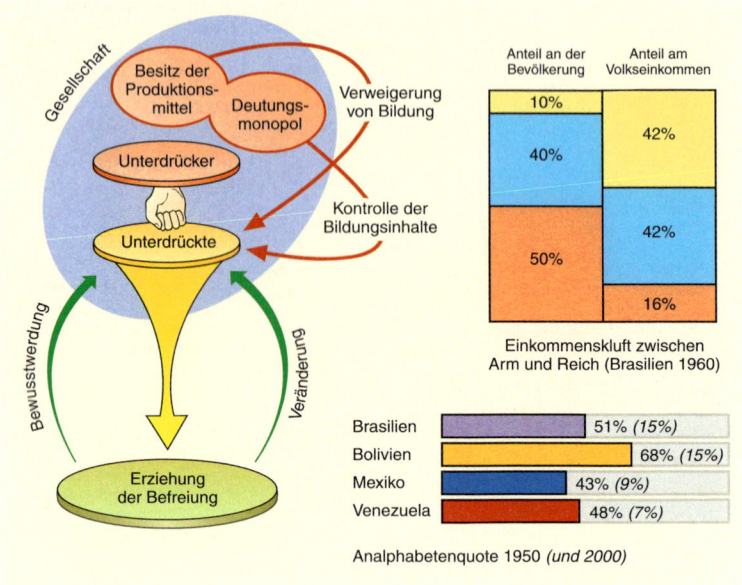

A Bildung als Befreiungsprozess

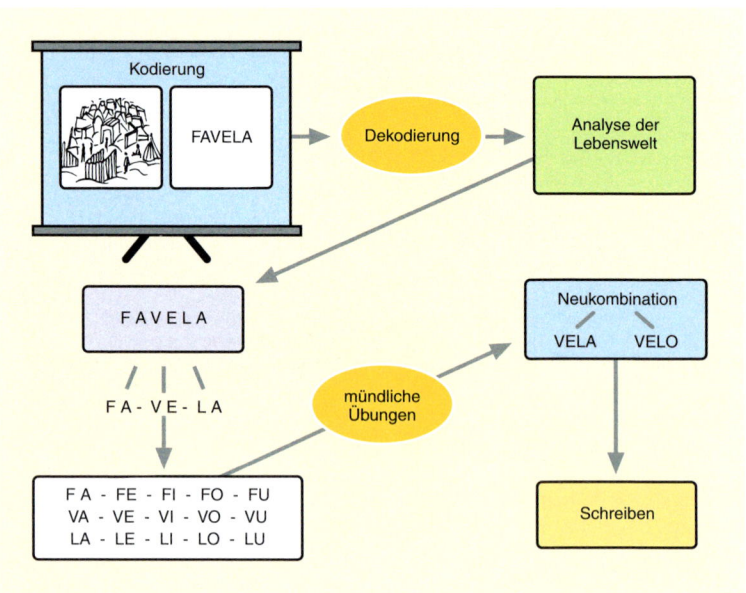

B Alphabetisierungsmethode

Die Pädagogik **Paulo Freires** (1921–97) erwächst aus der besonderen (bildungs-)politischen Situation in Brasilien (und anderen Ländern Lateinamerikas) in den 50er und 60er Jahren. Das gravierende Gefälle zwischen Arm und Reich, die Abhängigkeit von Großgrundbesitzern und über 50 % Analphabeten in manchen Gegenden halten einen großen Teil der Bevölkerung in sozialer Unfreiheit und Armut (A).

Mit der von ihm entwickelten **Alphabetisierungsmethode** will Freire den Menschen nicht nur Lese- und Schreibkenntnisse vermitteln, sondern v. a. einen Prozess in die Wege leiten, der den unterdrückten Schichten ihre Situation bewusst werden lässt und sie zu selbsttätiger Veränderung bewegt.

Dieses **Bewusstwerden** *(conscientização)* als der

> »*Lernvorgang, der nötig ist, um soziale, politische und wirtschaftliche Widersprüche zu begreifen und um Maßnahmen gegen die unterdrückerischen Verhältnisse der Wirklichkeit zu ergreifen*«,

sieht Freire als oberstes Bildungsziel an.

Er unterscheidet drei Stufen, die die jeweilige Lebensweltperspektive des Individuums kennzeichnen:

1. Im Zustand des *semi-intransitiven Bewusstseins* verhält sich der Mensch passiv und reaktiv seiner Umwelt gegenüber. Seine Interessen beziehen sich hauptsächlich aufs reine Überleben, er ist misstrauisch gegenüber Veränderungen.

   Dies ist die Situation, wie sie weitgehend zu Beginn der Bildungsarbeit vorgefunden wird, eine »Kultur des Schweigens«, in der die Menschen dem Fatalismus unterliegen und keine anderen Perspektiven entwerfen können.

2. In der Phase des *naiv-transitiven Bewusstseins* kommt es infolge sozialer und ökonomischer Veränderungen zu Brüchen im Verhältnis zur Lebenswelt, die zu einer ersten Problematisierung führen.

   Allerdings ist diese Stufe gekennzeichnet durch Vereinfachung der Probleme, durch Emotionalität und Ungenauigkeit der Argumentation sowie dem starken Eingebundensein in die Masse. Daher besteht die Gefahr einer Fanatisierung und Dogmatisierung, die den Befreiungsprozess unterläuft.

3. Das Ziel der Bildungsarbeit ist erreicht, wenn eine *kritisch-transitive Bewusstseinshaltung* eingenommen wird. Probleme werden tiefer gehend analysiert, die eigene Position wird kritisch hinterfragt, und es wird Verantwortung für die eigene und die gesellschaftliche Situation übernommen.

Die **praktische Durchführung** der Alphabetisierung beginnt damit, dass sich die Lehrer vor Ort durch Beobachtung und informelle Gespräche Klarheit über die jeweiligen Lebensumstände der Bewohner verschaffen und sie für eine Mitarbeit gewinnen. Die vorgefundene soziale, ökonomische und kulturelle Situation wird zusammen mit einheimischen Helfern ausgewertet und in Form von Fotos oder Zeichnungen »kodiert«.

Dabei werden »generative Wörter« für die spätere Arbeit zusammengestellt, deren Silben durch Rekombination die Bildung neuer Wörter ermöglichen. Die ausgewählten Begriffe sollen existenziell bedeutsame Situationen erfassen.

Nach der didaktischen Aufbereitung des Materials beginnt die Arbeit mit dem »Alphabetisanden«. Ein Bild einer der kodierten, typischen Lebenssituationen wird zusammen mit dem eines dazugehörenden generativen Wortes gezeigt.

Die »**Dekodierung**« erfolgt nun zuerst in Form der gemeinsamen Analyse der dargestellten Situation. Die Betroffenen können dabei in reflektive Distanz zu ihrem Lebensalltag treten und beginnen, ihn zu problematisieren. Anschließend wird die Aufmerksamkeit auf das Wort gelenkt, z. B. *favela* (Slum). Die Aufteilung in Silben leitet das Erkennen *phonemischer Gruppen* ein, aus denen die Sprache zusammengesetzt ist. Die Teilnehmer beginnen schließlich selbst, Silben neu zu kombinieren, und machen bereits am ersten Unterrichtstag Schreibübungen. (B)

Um eine kritisch-transitive Bewusstseinshaltung zu erreichen, muss auch die traditionelle **Lehrer-Schüler-Konstellation** überwunden werden: Nicht der Lehrer bestimmt den Stoff und gibt ihn als Wissen weiter, sondern die gemeinsame Problematisierung der Lebenswirklichkeit produziert den Lernstoff und setzt den Lernprozess in Gang.

Erziehung im Sinne Freires darf weder den Charakter der Bevormundung noch den der politischen Agitation annehmen, weil dies den Menschen wieder zu einem Objekt der Machtausübung degradieren würde.

Sie vollzieht sich vielmehr im **Dialog,** weil sowohl die Kodierung der Lebenssituation als auch ihre Analyse in der Kommunikation mit den Betroffenen erfolgt:

> »*Befreiende Erziehungsarbeit besteht in Aktionen der Erkenntnis, nicht in der Übermittlung von Informationen. ... Die Schüler – nicht länger brave Zuhörer – sind nunmehr die kritischen Mitforscher im Dialog mit dem Lehrer.*«

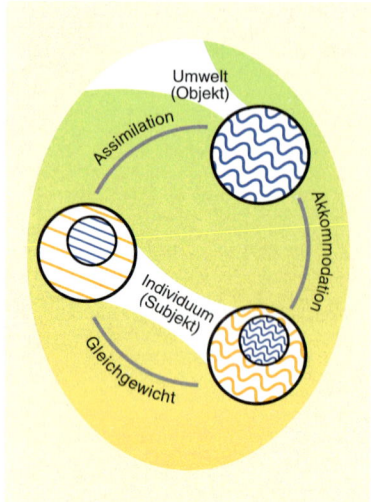

A Wechselwirkung von Subjekt und Objekt

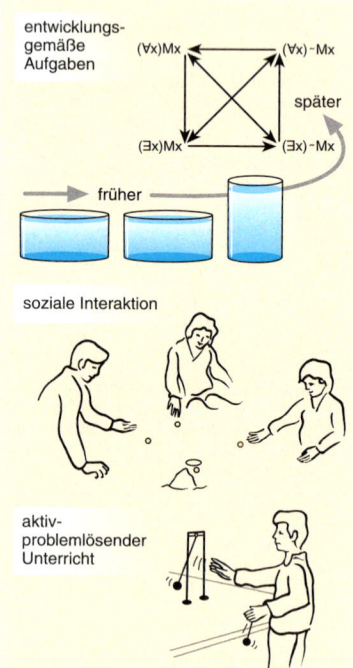

B Didaktische Gesetzmäßigkeiten

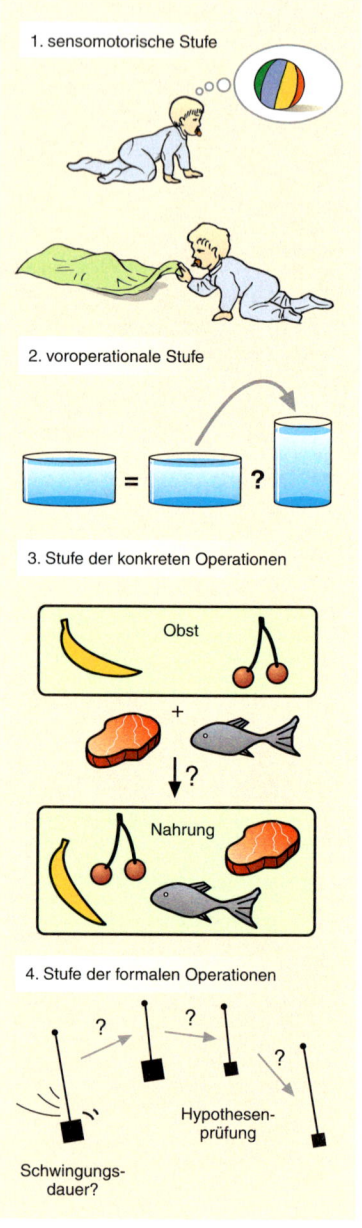

C Stufen der Entwicklung und
Beispiele für Testaufgaben

Im Zentrum von **Jean Piagets** (1896–1980) Werk steht die Erforschung der Entwicklung von Erkenntnisleistungen. Anhand genauer Beobachtungen bei Kindern arbeitet er die Gesetzmäßigkeiten der Bildung z. B. von Raum- und Zeitvorstellungen, des formalen Denkens oder moralischen Urteilens heraus.

Zwischen dem Denken des Kindes und dem des Erwachsenen besteht ein qualitativer Unterschied, weil sich Erkenntnisstrukturen erst allmählich im aktiven Umgang mit der Welt aufbauen.

Der Verstand des Menschen ist nach Piaget weder ein »unbeschriebenes Blatt«, auf dem sich die Welt einfach abbildet, noch sind die Strukturen der Welterkenntnis dem Menschen bereits angeboren. Er entwickelt sie vielmehr aus der ständigen *Wechselwirkung* zwischen Subjekt und Objekt. Dabei wirken drei Grundprinzipien zusammen (A):

1. *Assimilation:* Das Subjekt versucht die Objektwahrnehmung den Denk- und Handlungsmustern anzupassen, über die es bereits verfügt. Das ist z. B. der Fall, wenn das Kind alle ihm neuen vierbeinigen Lebewesen in die Kategorie »Hunde« einreiht, die es bereits kennt.

2. *Akkommodation* ist der umgekehrte Prozess: Die verfügbaren Muster werden so verändert, dass sie zu den Objekten passen. So lernt das Kind z. B., das zunächst unterschiedslose Greifschema dem Charakter der Gegenstände entsprechend abzuändern.

3. *Äquilibration:* Beide Prozesse sind gleichzeitig an der Erkenntnisgewinnung beteiligt. Ein optimales Verhältnis von Subjekt und Objekt ist dann erreicht, wenn sich Assimilation und Akkomodation im Gleichgewicht befinden.

Piaget unterscheidet vier **Entwicklungsstufen des Kindes** (C):

1. die *sensomotorische Stufe* (Geburt bis ca. 2 Jahre). Das Kind lernt, sich selbst von Dingen und Personen seiner Umwelt zu unterscheiden. Angeborene Reflexe werden eingeübt, um dann auf verfügbare Handlungsschemata hin erweitert zu werden. Wirkungen von Handlungen werden erprobt.
   Ein entscheidender Schritt ist die beginnende *Symbolisierungsfähigkeit*. Das Kind baut sich ein inneres Modell der Welt auf, was sich etwa an der Möglichkeit zeitlich verzögerter Nachahmung und dem Erreichen der »Objektpermanenz« zeigt: Ein versteckter Gegenstand wird nun gesucht, was bedeutet, dass er innerlich als Vorstellung präsent sein muss.

2. die *voroperationale Stufe* (ca. 2–6 Jahre). Es werden bereits sprachlich formulierte Konzepte der Welt entworfen, die aber oft fehlerhaft sind, weil Denkmuster un-

angemessen übertragen werden (Bsp.: »Wolken gehen langsam, weil sie keine Füße haben.«). Die Konstanz von physikalischen Größen wie Gewicht oder Volumen wird noch nicht erkannt. So erscheint z. B. die gleiche Menge Wasser einem Kind in einem schmalen Glas größer als in einem breiten, weil dann der Wasserspiegel höher steht.
   Allgemein ist diese Phase von einem egozentrischen Standpunkt geprägt. Das Kind kann sich noch nicht in die Perspektive, die Interessen oder Bedürfnisse eines anderen hineinversetzen.

3. die Stufe der *konkreten Operationen* (ca. 6–11 Jahre). Der Aufbau der Erkenntnisstrukturen ist so weit gelangt, dass die Schwierigkeiten der vorherigen Phase überwunden werden. Komplexere logische Operationen werden bewältigt, bei denen mehrere Variablen zusammenwirken. Eine Kette von Schlussfolgerungen kann durchdacht und wieder zurückverfolgt werden (Reversibilität), um Fehler zu korrigieren. Im moralischen Urteil und sozialen Umgang werden die Perspektiven anderer berücksichtigt.

4. die Stufe der *formalen Operationen* (ab ca. 12 Jahren). Der Jugendliche kann seine abstrakten Fähigkeiten nun von konkreten Aufgaben lösen, über abstrakte Prinzipien nachdenken und Hypothesen aufstellen. Er verwertet nicht nur gegebene Informationen, sondern kann eigene Strategien der Erkenntnisgewinnung entwerfen.

Piaget sieht diese Abfolge von Stufen als notwendig an, d. h. die späteren komplexeren Leistungen setzen die vorhergehenden voraus. Überdies glaubt er darin eine kulturunabhängige, allgemein menschliche Struktur gefunden zu haben.

Die Konsequenzen von Piagets Ansatz für die **Didaktik** ergeben sich aus der Einsicht, dass Erkenntnisgewinn (also Lernen) aus dem *handelnden Umgang* mit den Dingen entspringt. Der Unterricht darf daher nicht auf passives Aufnehmen ausgerichtet sein, sondern muss dem Schüler Gelegenheit geben, *aktiv* mit den Dingen manuell und gedanklich zu operieren (B). Der Schüler soll Lösungen nicht übernehmen, sondern selbst finden. Das lässt sich etwa durch Problemstellungen erreichen, bei denen er merkt, dass sein angewandtes Denkmuster zu Widersprüchen führt oder das gewohnte Handlungsschema scheitert.

Wesentlich ist, dass der Lehrer die der jeweiligen Entwicklungsstufe möglichen Erkenntnisleistungen richtig einschätzt und entsprechende Aufgaben vorlegt, denn Unterforderung verlangsamt die Entwicklung, Überforderung blockiert sie.

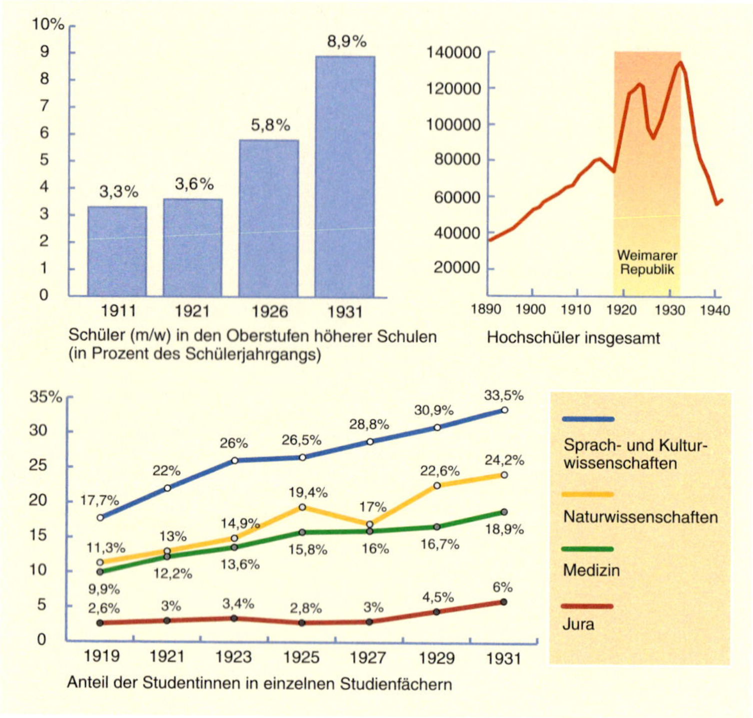

Schüler (m/w) in den Oberstufen höherer Schulen
(in Prozent des Schülerjahrgangs)

Hochschüler insgesamt

Weimarer Republik

Sprach- und Kultur-wissenschaften

Naturwissenschaften

Medizin

Jura

Anteil der Studentinnen in einzelnen Studienfächern

A Bildungsdynamik in der Weimarer Republik

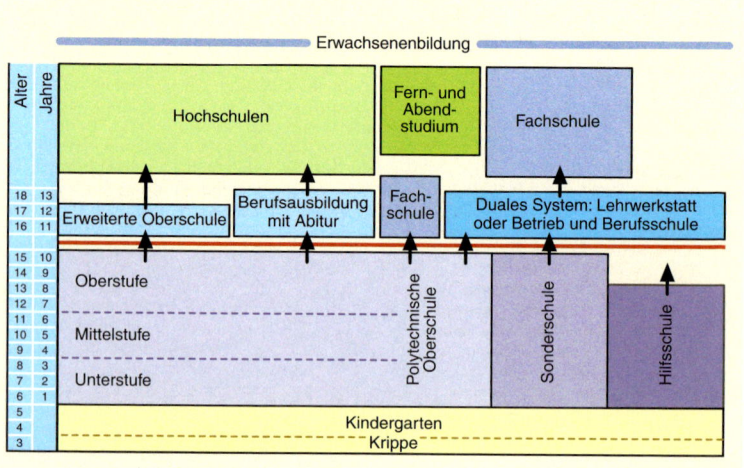

B Das Bildungssystem der DDR (Ende der 80er-Jahre)

Die Schulpolitik während der **Weimarer Republik** ist gekennzeichnet durch den Konflikt zwischen *sozial-liberalen Reformbestrebungen* und den *konservativen Kräften,* die weitgehend auf einer Beibehaltung der kaiserzeitlichen Strukturen beharren. Eine Modernisierung des Schulwesens kommt dadurch nicht über Ansätze hinaus.

Die von den Sozialdemokraten unterstützten **Reformideen** beinhalten die Prinzipien der Weltlichkeit (Abschaffung der konfessionellen Schule), Öffentlichkeit (keine privaten Vorschulen), Schulgeldfreiheit, Koedukation und der organischen Einheitsschule (automatischer Anschluss der mittleren und höheren Stufe an die Grundstufe).

Die in der Weimarer Verfassung von 1919 schließlich enthaltenen Artikel stellen einen Kompromiss dar, auf den sich die Regierungskoalition einigen konnte. Erreicht werden

- die Abschaffung der geistlichen Schulaufsicht über die Volksschulen, der konfessionelle Religionsunterricht bleibt erhalten;
- unentgeltliche Volksschulen;
- eine für alle Schüler gemeinsame vierjährige Grundschule; die Einrichtung privater Vorschulen, die zum Gymnasium überleiten, wird untersagt (damit sollen aus Besitzverhältnissen entspringende Privilegien unterbunden werden).

Der geplante »organische Aufbau« des Schulwesens kann nicht realisiert werden. Es bleibt i. d. R. beim dreigliedrigen Schulsystem mit der Trennung der Bildungswege nach der Grundschule.

Eine weitere Vorgabe der Weimarer Verfassung ist, dass die **Lehrerbildung** nach den Grundsätzen geregelt werden soll, »die für die höhere Bildung allgemein gelten«. Damit soll auch der Volksschullehrerausbildung Abitur und Studium zugrunde gelegt werden.

Die Umsetzung der Verfassungsartikel gestaltet sich in den einzelnen Ländern sehr unterschiedlich: Während es in Bayern weitgehend beim Alten bleibt, Preußen einen Mittelweg wählt, versucht Thüringen, die Einheitsschule konsequent durchzusetzen.

Insgesamt lässt sich eine durch gesellschaftliche Entwicklungen bewirkte **Dynamik** in der Bildungsstruktur feststellen. Sie zeigt sich zum einen an dem steigenden Anteil der Kinder unterer Schichten an weiterführenden Schulen, zum anderen am zügigen Ausbau der höheren Schulen für Frauen und dem zunehmenden Frauenanteil an Universitätsabsolventen und in akademischen Berufen (A).

Die **Nationalsozialisten** nutzen ab 1933 zielstrebig die Mittel totalitärer Herrschaft, um das Bildungswesen ihren *ideologischen* Vorstellungen entsprechend umzubauen.

Anstelle des »Trugbildes der gebildeten Persönlichkeit« soll die Schule nun »den volksverwurzelten, dem Staat verpflichteten deutschen Menschen« formen.

Zu den Instrumenten der »Gleichschaltung« des Bildungswesens gehören

- die ideologische Ausrichtung der Lehrpläne bes. in den »gesinnungsbildenden« Fächern Geschichte, Deutsch, Biologie,
- die Umschulung der Lehrer und Neubesetzung v. a. von Führungspositionen,
- die Abschaffung der Kulturhoheit der Länder und Zentralisierung der Schulverwaltung,
- die Reduzierung der Formenvielfalt der höheren Schulen. Die ›Deutsche Oberschule‹ wird zum Normaltyp, verkürzt auf acht Jahre, um Zeit für Arbeits- und Wehrdienst zu gewinnen.

Da die auf intellektuelle Bildung ausgerichtete Schule von vielen Nationalsozialisten ohnehin als »bürgerliches Relikt« verachtet wird, spielen die **außerschulischen Erziehungsinstitutionen** eine wichtige Rolle. Vom »Lagerleben« und der paramilitärischen Erziehung in den Jugendorganisationen erwartet man sich einen direkteren, emotional prägenden Einfluss auf die heranwachsende Generation. Daneben werden *Eliteanstalten* gegründet, in denen militärisch-sportlich und ideologisch geschulter Führungsnachwuchs für die Partei herangezogen werden soll.

Das Schulsystem der DDR

Mit der staatl. Teilung nach 1945 geht das deutsche Schulsystem zunächst getrennte Wege.

In der **DDR** erfolgt der Aufbau einer **sozialistischen Schule** nach dem Vorbild des sowjetischen Schulsystems.

Grundlage ist der marxsche Gedanke einer Verbindung von allseitiger Bildung, gesellschaftsfunktionaler Ausrichtung der Erziehung und produktiver Arbeit.

Die *Aufhebung der Bildungsprivilegien* einzelner Schichten ist eines der erklärten Hauptziele. Dazu dient in der Anfangsphase die Einführung einer achtjährigen Grundschule als Einheitsschule als Hülle, auf der Berufs- und Oberschulen aufbauen, und die Gründung von *Vorstudienanstalten* (›Arbeiter- und Bauernfakultäten‹), die Begabungsreserven aus diesen Schichten erschließen sollen.

Sind in der Aufbauzeit der DDR noch reformpädagogische Ansätze in der Diskussion, so setzt sich bald ein *autoritatives Unterrichtskonzept* durch, das der Vorgabe von Formung des neuen sozialistischen Menschen entspricht.

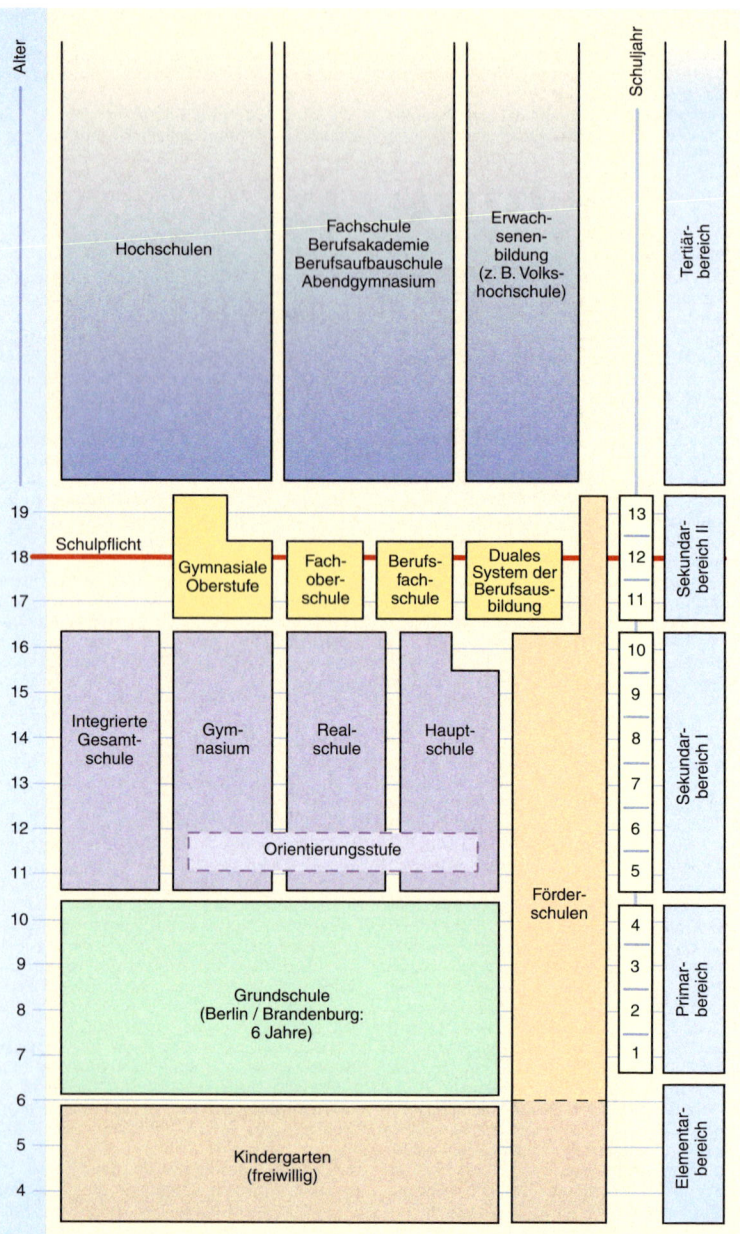

Das Bildungssystem der BRD

Erziehung wird verstanden als planvolle, zielgerichtete Führung durch den Lehrer, dessen fachliche und ideologisch-politische Schulung deshalb eine wichtige Voraussetzung für den Erfolg ist.

Mit der Vorgabe der »Meisterung der wissenschaftlich-technischen Revolution« wird mit Beginn der 60er Jahre das bereits von Marx proklamierte Konzept einer **polytechnischen Bildung** konsequent realisiert. Die zehnstufige *Polytechnische Oberschule* stellt nun als obligatorische Regelschule den Kernbereich des Bildungssystems dar. Daran schließt sich die Berufsausbildung oder die zum Abitur führende »Erweiterte Oberschule« an. Durch eine dreijährige Berufsausbildung mit Abitur besteht die Möglichkeit einer Doppelqualifikation. (S. 140, B)

Der Lehrplan ist primär mathematisch-naturwissenschaftlich ausgerichtet und beinhaltet die Unterweisung in den Grundlagen der sozialistischen Produktion sowie praktische Arbeit selbst.

Um auf dem wissenschaftlich-technischen Sektor mit den westlichen Industrienationen mithalten zu können, setzt die Bildungspolitik zunehmend auf die Förderung von *Leistungseliten*. Die Bemühungen um das Erreichen einer sozial-proportionalen Chancengleichheit treten faktisch zurück.

Mit der Wiedervereinigung der beiden deutschen Staaten 1990 wird das Bildungssystem, im Rahmen der Kulturhoheit der Länder, an das der BRD angeglichen.

Das Schulsystem der BRD

In den Ländern der späteren **BRD** findet nach 1945 eine ähnlich tiefgreifende Umgestaltung des Schulsystems wie im Osten nicht statt. Im Wesentlichen wird auf die Organisationsstruktur der Weimarer Zeit zurückgegriffen.

Die auf eine *Demokratisierung* zielenden Direktiven des alliierten Kontrollrates beinhalten die Forderung nach kostenlosem Schulbesuch, universitärer Ausbildung aller Lehrer und einem einheitlichen Schulsystem, das die Trennung in höhere Schulen für die Elite und Volksschulen aufheben sollte. Ab 1950 setzt sich aber überall das traditionelle dreigliedrige Schulsystem durch.

In den 60er Jahren beginnt eine Phase der **Reformbestrebungen,** die zum einen auf eine Verbesserung der sozialen *Chancengleichheit* für bislang benachteiligte Gruppen (Mädchen, Arbeiterkinder, Landbevölkerung) gerichtet sind, zum anderen einer diagnostizierten »deutschen Bildungskatastrophe« (G. Picht) entgegensteuern wollen.

Konnte das »deutsche Wirtschaftswunder« in den 50er Jahren noch ohne einen quantitativen und qualitativen Ausbau des Bildungswesens in die Wege geleitet werden,

so zeigt sich jetzt ein Mangel an qualifizierten Arbeitskräften, die mit dem internationalen wissenschaftlichen Fortschritt mithalten und das wirtschaftliche Wachstum sichern können. Zwischen 1965 und 1975 folgt deshalb eine Phase der **Bildungsexpansion,** mit einer rapiden Steigerung des Besuchs höherer Schulen sowie der Studentenzahlen.

Als »Verlierer« dieser Entwicklung kann die **Hauptschule** angesehen werden, die zu einer »Restschule« zu werden droht. Um dem entgegenzuwirken, wird im 9. bzw. 10. Schuljahr sowie die Möglichkeit qualifizierender Abschlüsse eingeführt, die die Hauptschule wieder aufwerten sollen.

Der weitestgehende Reformansatz ist das vom Deutschen Bildungsrat 1969 empfohlene Konzept einer integrierten **Gesamtschule,** die den Sekundarbereich in einer einzigen Schulform zusammenfasst. Sie soll eine größere Durchlässigkeit des Schulsystems und eine Verbesserung der Chancengleichheit gewährleisten. Durch ein differenziertes Kern-Kurs-System sollen individuelle Fähigkeiten besser berücksichtigt und gefördert werden sollen.

Die Verbreitung der Gesamtschule ist derzeit in den einzelnen Bundesländern sehr unterschiedlich. Als alleiniger Schultyp für den Sekundarbereich I hat sie sich nicht durchsetzen können.

Im Zuge der Reformbemühungen ist auch die Forderung nach einer die 5. und 6. Klasse umfassenden, schultypunabhängigen **Orientierungsstufe** erhoben worden. Sie soll durch ein differenziertes und individuelle Begabungen förderndes Unterrichtsangebot eine bessere Entscheidungsgrundlage für die spätere Schullaufbahn bereitstellen.

Die in der Geschichte des deutschen **Gymnasiums** einschneidendste Neuerung ist die 1972 beschlossene Reform der Oberstufe mit der Einführung eines Kurssystems: Die Schüler können, mit bestimmten Einschränkungen, ihre Fächer mit unterschiedlichen Leistungsniveaus (Grund- und Leistungskurse) selbst wählen und somit individuellen Interessen besser Rechnung tragen und sich für bestimmte Berufsziele qualifizieren. (Abb.)

Eine tiefgreifende Reform der **Universitätsausbildung** stellt die im Gange befindliche Umstellung der Magister-, Diplom- und Lehramtsstudiengänge auf *Bachelor-* (3 Jahre) und *Masterabschlüsse* (zusätzlich 1–2 Jahre) dar. Mit ihr geht eine starke Verschulung und Reglementierung des Studiums einher.

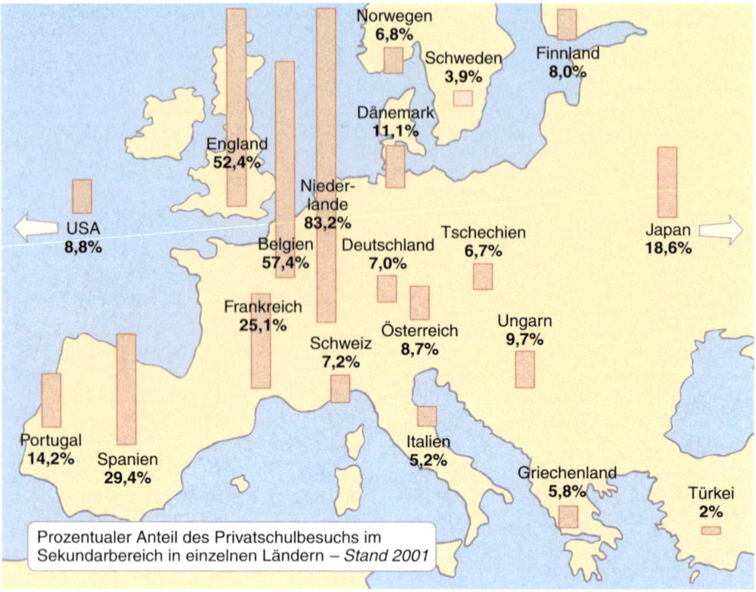

Norwegen
6,8%

Schweden
3,9%

Finnland
8,0%

Dänemark
11,1%

England
52,4%

Nieder-
lande
83,2%

USA
8,8%

Belgien
57,4%

Deutschland
7,0%

Tschechien
6,7%

Japan
18,6%

Frankreich
25,1%

Österreich
8,7%

Ungarn
9,7%

Schweiz
7,2%

Portugal
14,2%

Spanien
29,4%

Italien
5,2%

Griechenland
5,8%

Türkei
2%

Prozentualer Anteil des Privatschulbesuchs im
Sekundarbereich in einzelnen Ländern – *Stand 2001*

A Privatschulen

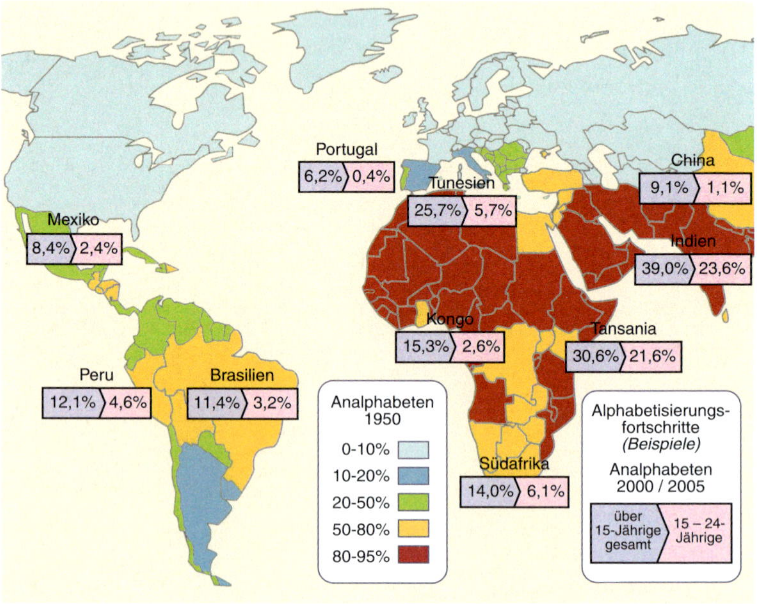

Portugal
6,2% ⟩ 0,4%

China
9,1% ⟩ 1,1%

Tunesien
25,7% ⟩ 5,7%

Indien
39,0% ⟩ 23,6%

Mexiko
8,4% ⟩ 2,4%

Kongo
15,3% ⟩ 2,6%

Tansania
30,6% ⟩ 21,6%

Peru
12,1% ⟩ 4,6%

Brasilien
11,4% ⟩ 3,2%

Analphabeten
1950

0-10%
10-20%
20-50%
50-80%
80-95%

Südafrika
14,0% ⟩ 6,1%

Alphabetisierungs-
fortschritte
(Beispiele)

Analphabeten
2000 / 2005

über
15-Jährige
gesamt ⟩ 15 – 24-
Jährige

B Alphabetisierung

Obwohl die gegenwärtigen Bildungssysteme in den einzelnen Ländern aufgrund verschiedener historischer Entwicklung und kultureller Eingebundenheit unterschiedlich sind, lassen sich doch übergreifende Strukturen und Problemfelder benennen. Zudem ist auch auf dem Bildungssektor ein Globalisierungsprozess zu beobachten, der zu einer größeren Angleichung führt.
Allgemein werden fünf **Bildungsbereiche** unterschieden:
1. *Elementarbereich* (pre-primary education), z. B. Kindergarten;
2. *Primarbereich* (primary education), z. B. Grundschule;
3. *Sekundarbereich I* und *II* (secondary education), z. B. Hauptschule, Realschule, Gymnasium, Berufsschulen;
4. *Tertiärbereich* (tertiary education), z. B. Fachhochschulen, Universitäten;
5. *Weiterbildungsbereich,* z. B. Volkshochschulen.
(Beispiele für den Aufbau des Bildungssystems: s. S. 146: Frankreich; S. 147: USA)

Innerhalb **Europas** gibt es einige wesentliche Unterschiede im Bildungswesen:
• **Organisation:** Heute stehen Systeme stark *zentralistischer* Ausprägung (Frankreich, Italien) neben solchen *dezentraler* Organisation (Schweiz).
Deutschland nimmt eine Mittelstellung ein. Bei bestehender Kulturhoheit der Bundesländer sorgen Abkommen untereinander (Kultusministerkonferenz) für vereinheitlichte Ausbildungswege und Abschlüsse.
Das traditionell dezentrale Schulwesen in England hat im 20. Jh. seine charakteristische Prägung durch das kooperative Verhältnis zwischen den zentralen Bildungsadministration und den regionalen Schulbehörden (›Local Education Authorities‹) sowie der starken Position des jeweiligen Schulleiters erhalten.
• Die Anzahl und Bedeutung von **Privatschulen** differiert in den einzelnen Ländern sehr stark (A).
Wo sie eigene pädag. Konzepte vertreten (z. B. Montessori-, Waldorfschulen), bieten sie eine Alternative zum staatl. Unterrichtsmodell und können Innovationen anregen. Treten sie als *Eliteschulen* auf, unterstützen sie soziale Hierarchisierungen und Selektionsmechanismen.
Bei einer großen Anzahl von Privatschulen, die von unterschiedlichen weltanschaulichen oder gesellschaftlichen Gruppen getragen werden, besteht die Gefahr einer starken Segmentierung der Gesellschaft mit entsprechenden sozialen Spannungen.

Weltweit können Privatschulen (oft unter kirchlicher Trägerschaft) eine Alternative zum ungenügend ausgebauten staatlichen Schulwesen darstellen.
• **Differenzierung** und **Selektion:** Während in den meisten Ländern Europas die Sekundarstufe I als auf größere Chancengleichheit zielende Gesamtschule organisiert ist, ist in Deutschland die vertikale Dreigliederung in getrennte Schulformen vorherrschend, die einen gewissen selektiven Charakter hat. In vielen Ländern üben Eliteschulen die Auslesefunktion für gesellschaftliche Spitzenpositionen aus. Dies kann durch Begabungstests, Leistungswettbewerbe (in Frankreich z. B. für die ›Grandes Ecoles‹) oder im Fall von Privatschulen auch durch die Höhe des Schulgeldes erfolgen.
• **Trennung von Staat und Kirche:** Während etwa in Frankreich das strikte Prinzip der »laïcité« mit Verbot des Religionsunterrichts an Schulen gilt, ist dieser z. B. in Deutschland als Bestandteil der Schulbildung gesetzlich verankert.

Unter weltweiter Perspektive ist der **Analphabetismus** immer noch ein gravierendes Problem.
Alphabetisierungsprogramme haben in den letzten Jahrzehnten zu deutlichen Erfolgen geführt, dennoch droht der weitere Ausbau des Bildungswesens bes. in Afrika an der schlechten ökonomischen Lage vieler Staaten und den Folgen von Bürgerkriegen zu scheitern (B).
In den letzten Jahrzehnten haben sich die Bildungschancen von Männern und **Frauen** in den meisten Ländern zunehmend angeglichen. In Gebieten mit hoher Zahl von Analphabeten stellen aber weiterhin Frauen den deutlich größeren Anteil dar.
Ein weiteres Problem stellt weltweit der Umgang mit ethnisch-kulturellen **Minderheiten** dar. Die bildungspolitisch und pädagog. komplexe Aufgabe liegt dabei darin, die Integration in eine gemeinsame Gesellschaft zu fördern und gleichzeitig Pluralität zuzulassen und als Bereicherung zu begreifen. Ansonsten wird das Beharren auf kultureller Einheitlichkeit zum Instrument politischer Unterdrückungspraktiken.

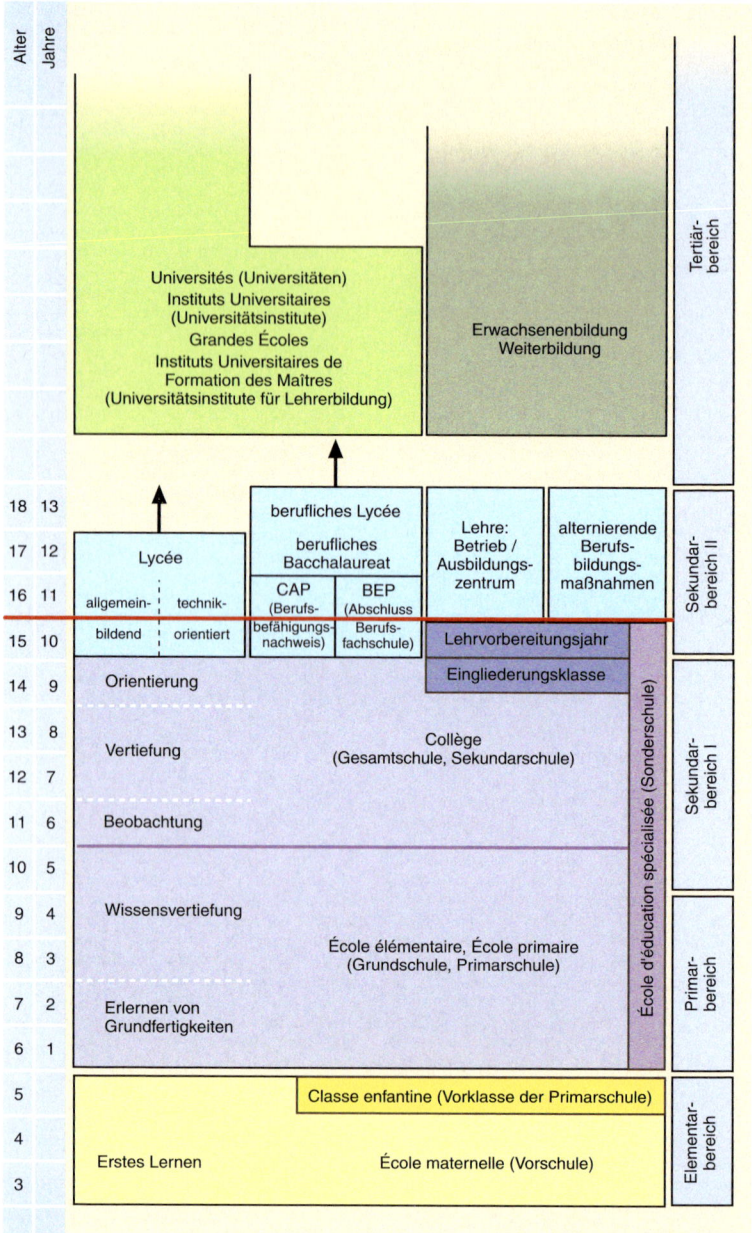

Das Bildungssystem in Frankreich

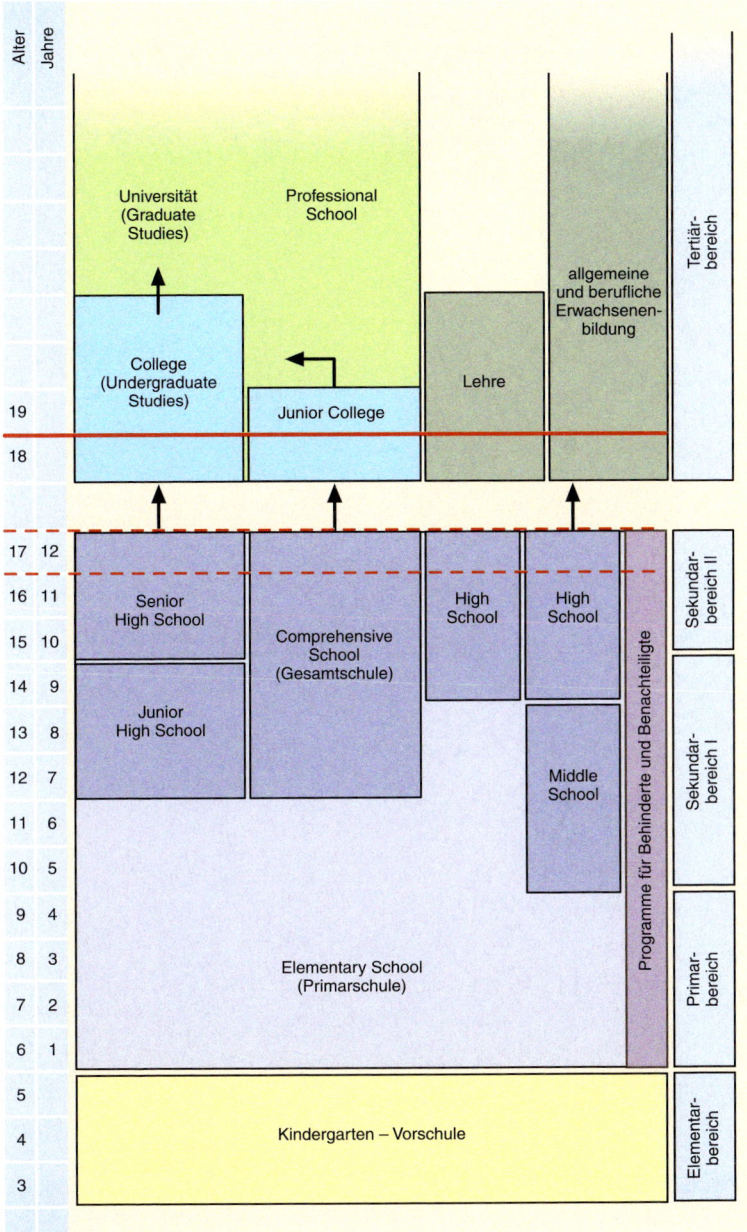

Das Bildungssystem in den USA

Tier: Artspezifische Umwelt   Mensch: Weltoffenheit

A Weltbezug

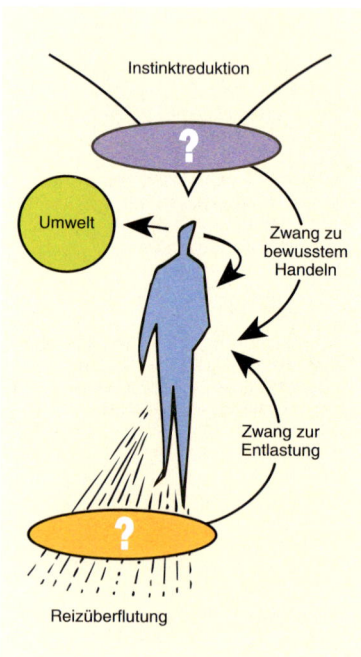

B Anthropologisches Modell von Gehlen   C Faktoren der Lernfähigkeit

Anthropologie (von gr. *anthropos* 'Mensch', *logos* 'Lehre') ist der Sammelbegriff für die wissenschaftlichen Theorien unterschiedlicher Fachgebiete über den Menschen. Die dabei von den Einzelwissenschaften Biologie, Psychologie, Soziologie und Kulturgeschichte gewonnenen Einsichten bilden die Grundlage für die Bemühungen der philosophischen Anthropologie um ein Verständnis des Menschen im Ganzen.

Erziehung als ein bewusster Vorgang muss von den anthropologischen Voraussetzungen ausgehen. Sie stecken nämlich zum einen den empirischen Rahmen der Möglichkeiten pädagog. Handelns ab, zum anderen sind normative Ziele der Erziehung abhängig von der Vorstellung, die man sich vom Menschen macht. Daher gehört die kritische Klärung ihrer impliziten anthropologischen Annahmen zu den notwendigen Aufgaben der Pädagogik.

Biologische Voraussetzungen

Im Unterschied zum Tier fehlt dem Menschen eine durchgängige Instinktsteuerung. Er muss daher die meisten lebensnotwendigen Fertigkeiten erst erwerben und ist überdies einer Vielzahl von Eindrücken und Reizen ausgesetzt, deren Zuordnung und angemessene Beantwortung ebenfalls erst erlernt werden müssen.

Der Biologe **Adolf Portmann** (1897–1982) verweist darauf, dass der Mensch erst im Alter von einem Jahr den Ausbildungsgrad erreicht, den ein seiner Art entsprechendes Säugetier etwa bei der Geburt hat. In diesem ersten Jahr lernt er die Grundlagen spezifisch menschlicher Eigenschaften (aufrechter Gang, Sprache, an diese gebundene Symbolisierung). Der Mensch ist somit einen bedeutenden Zeitraum seiner frühesten Entwicklung bereits kultureller und sozialer Formung ausgesetzt.

Nach **Jakob v. Uexküll** (1864–1944) kann das Tier seine Umwelt nur in einer artspezifischen Weise erfahren; der Mensch dagegen ist auf keinen bestimmten Horizont hin festgelegt, sondern »weltoffen«. Diese *Unspezialisiertheit* ermöglicht ihm eine Vielzahl nicht festgelegter Verhaltensweisen im Umgang mit der Welt. (A)

Philosophische Anthropologie

Weltoffenheit und Nichtfestgelegtheit sind nach **Arnold Gehlen** (1904–76) der Grund dafür, dass der Mensch sich die Bedingungen seines Lebens und Überlebens selbst schaffen muss. Sie ermöglichen ihm die freie, schöpferische Selbstentfaltung, aber gleichzeitig bedingen sie das Angewiesensein auf ein durch Erziehung geleitetes Vertrautwerden mit der Welt. Der Mensch ist so im hohen Maße nicht nur lernfähig, sondern auch lernbedürftig.

Für Gehlen zeichnet sich der Mensch durch einen beständigen **Antriebsüberschuss** aus, da er mehr Aktionspotenzial zur Verfügung hat, als er in direkt lebensbewältigende Handlungen umsetzen kann. Der Mensch lernt daher seine Antriebe zu hemmen und kann so den Überschuss an Energie in neue, produktive Kulturleistungen umsetzen.

Der damit entstehende »Hiatus« (Spalt) zwischen Antrieb und Handlung schafft den Raum der Umorientierbarkeit und Formbarkeit des Verhaltens, an dem die Erziehung ansetzen kann.

Aufgrund seiner Unspezialisiertheit und Weltoffenheit steht der Mensch aber auch einer Überfülle von Handlungs- und Erklärungsmöglichkeiten gegenüber, die ihn allein überfordern würden und die er mit Hilfe seiner Kultur bewältigt. Gehlen interpretiert daher die Bedeutung von gesellschaftlichen Institutionen von ihrer **Entlastungsfunktion** her, da sie dem Menschen Normen für sein Handeln vorgeben und Erklärungsmuster bereitstellen. (B)

Zur Sonderstellung des Menschen gehört, dass er zugleich **Natur- und Kulturwesen** ist.

Über seine physisch-psychische Grundverfasstheit hinaus, die ihm einen variablen Rahmen vorgibt, ist der Mensch frei zur *Selbstgestaltung* nach seinem eigenen Entwurf. Ermöglicht wird dies durch seine besonderen kognitiven Fähigkeiten, die nicht nur ein unmittelbares Erleben und Reagieren zulassen, sondern reflexiv ein Bewusstsein dieser psychischen Akte beinhalten. **Helmuth Plessner** (1892–1985) bezeichnet diese Reflexivität als **exzentrische Positionalität** des Menschen, aufgrund derer er Distanz zu sich hat und sich selbst als Aufgabe begreifen kann.

Selbstbewusstsein ist die Voraussetzung dafür, handelnd in die Bedingungen des eigenen Seins einzugreifen. Der Mensch bringt so seine eigene zweite Welt, seine Kultur hervor, die nun ihrerseits formend auf ihn einwirkt. Da dies ein fortwährender Prozess ist, ist der Mensch ein *geschichtliches Wesen* und seine Bildung eine ebenso geschichtlich sich wandelnde Aufgabe.

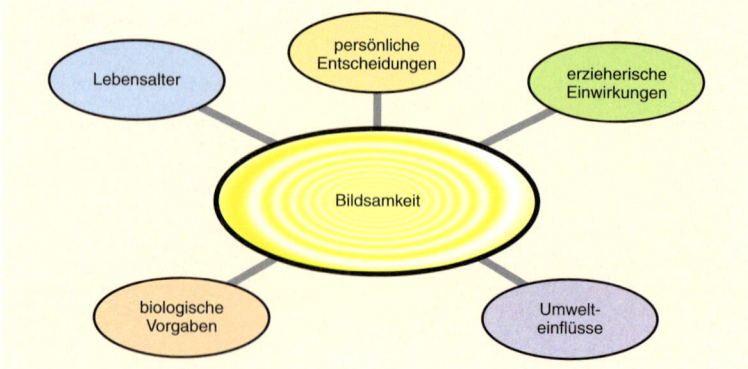

A Faktoren der Bildsamkeit

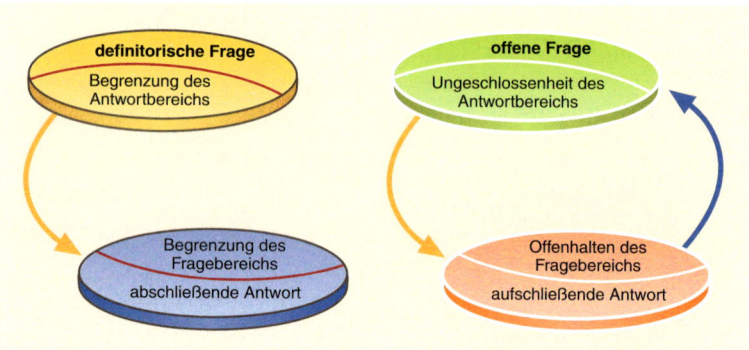

B Plessner: Prinzip der offenen Frage

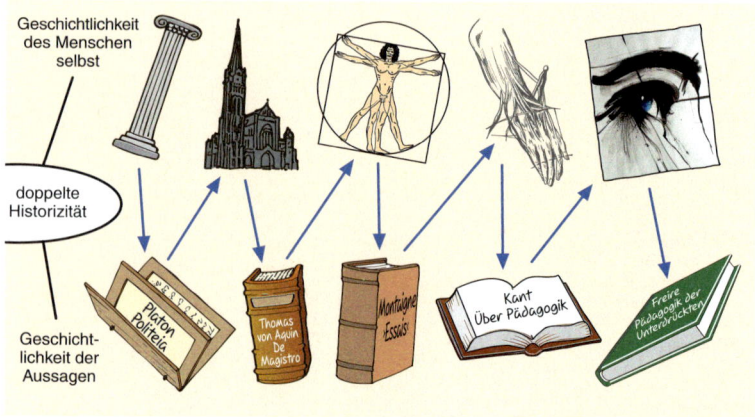

C Wulf: Geschichtlichkeit der pädagogischen Anthropologie

Gegenstand der pädagogischen Anthropologie ist der Mensch unter dem Gesichtspunkt seiner **Bildsamkeit** (A).

Die Verbindung von Anthropologie und Pädagogik ist in deren sachlicher Verschränkung begründet, da jede Pädagogik Aussagen macht über

1. die *Voraussetzungen* der Erziehbarkeit im Menschen,
2. die *Erziehungsziele,*
3. über die *Mittel*, die eine Veränderung des Menschen in Richtung auf diese Ziele bewirken können.

Sie enthält damit eine implizite Anthropologie, die es bewusst zu reflektieren gilt: (1) beinhaltet die (empirische) Erforschung des Menschen, (2) die hermeneutische Klärung des normativ wirkenden Menschenbildes, (3) die Verschränkung beider, da nicht alle wirksamen Erziehungsmittel mit moralischen Überzeugungen (z.B. im Hinblick auf Würde und Freiheit des Individuums) vereinbar sind.

Ein leitender Gesichtspunkt gegenwärtiger anthropologischer Entwürfe ist die **Geschichtlichkeit** des Menschen.

Damit wird zum einen der Sachverhalt zum Ausdruck gebracht, dass der Mensch sich durch sich selbst *verändert* und die Ausdrucksformen des Menschseins historisch und kulturell sehr verschieden sind.

Konstanten (z.B. Sprache, Reflexivität, Sozialität) sind nur abstrakte Größen, ihre Realisierungen zeigen eine unendliche Vielfältigkeit.

Zum anderen erfolgt die *Interpretation* dieser Ausdrucksformen wiederum von einem historisch-kulturell bedingten Standpunkt aus.

Selbst eine scheinbar biologisch fundierte Gegebenheit wie »Kindheit« ist in ihrer bewussten Existenz davon abhängig, dass sie als Lebensphase eigener Qualität wahrgenommen und behandelt wird, wie z.B. die Untersuchungen von Philippe Ariès zeigen.

Die Anthropologie muss sich daher über ihre geschichtliche Bedingtheit im Klaren sein. Ihre Aussagen haben aufschließenden, nicht abschließend-definitorischen Charakter. Diese Einsicht soll nach Plessner als das **»Prinzip der offenen Frage«** die anthropologische Forschung leiten (B):

»Es muss offenbleiben, um der Universalität des Blickes willen auf das menschliche Leben in der Breite aller Kulturen und Epochen, wessen der Mensch fähig ist.«

Die historisch orientierte pädagogische Anthropologie legt die Geschichtlichkeit des Menschen ihren Forschungen konsequent zugrunde. Nach **Christoph Wulf** (geb. 1944) sind folgende Gesichtspunkte leitend:

- die *doppelte Historizität,* die sowohl die Geschichtlichkeit des Menschen selbst als auch die der Aussagen über ihn bezeichnet (C);
- die *Unzulänglichkeit* der Unterscheidung von *Natur* und *Kultur* beim Menschen. Während der Entwicklungsgeschichte haben sich beide so verbunden, dass eine Anthropologie nicht auf ihrer Trennung, sondern auf der daraus entstandenen neuen Qualität aufbauen muss;
- Anthropologie kann nicht ein verbindliches Bild des Menschen entwerfen, sondern muss die *Pluralität* der Perspektiven zur Geltung bringen. Für die Pädagogik heißt dies, dass sie sich in ihrer Praxis nicht auf die scheinbare Sicherheit vereinfachender Menschenbilder zurückziehen kann.

Ein systematisches Modell pädagog. Anthropologie hat **Heinrich Roth** vorgelegt:

Sie ist für ihn eine **Integrationswissenschaft,** die den Versuch unternimmt, alle Disziplinen, die den Menschen erforschen, unter pädagog. Fragestellung zusammenzufassen.

Ihr Erkenntnisinteresse ist *emanzipatorisch* und besteht darin zu untersuchen, wie der Mensch

»unter Erziehungseinwirkungen zu sich selbst kommen und mündig werden kann ...«.

Einen differenzierenden Ansatz vertritt **Werner Loch** (geb. 1928), indem er *anthropologische Pädagogik* (anthropolog. Dimension der Pädagogik) und *pädagogische Anthropologie* (pädagog. Dimension der Anthropologie) voneinander abgrenzt:

Die erste Disziplin untersucht, wie in der Erziehung anthropologische Größen zum Vorschein kommen, die zweite geht davon aus, dass Erziehung eine unabdingbare Kategorie des menschlichen Daseins ist, und fragt danach, wie diese Erziehungsbedingtheit sich in den verschiedenen Lebensphänomenen zeigt.

Die methodisch unterschiedlichen Zugangsweisen müssen sich ergänzen. Sie bringen in ihrer wechselseitigen Verschränkung zum Ausdruck, dass Pädagogik nicht nur anthropologische Vorstellungen zugrunde legt, sondern dass die Erziehung selbst mitgestaltet, wie der Mensch ist.

Der Gegenstand der Pädagogik ist für Loch mit dem Phänomen der **Enkulturation,** als Lernen der Kultur, gegeben.

Als gewordene Persönlichkeit verwirklicht der Mensch einen durch Aneignung seiner Kultur bestimmten Grundtypus, der zugleich durch seine Individualität differenziert wird. Mit der kulturellen Aneignung geht daher eine individuelle Aktivität einher, mit der der Einzelne seine Kultur mitgestaltet und verändert.

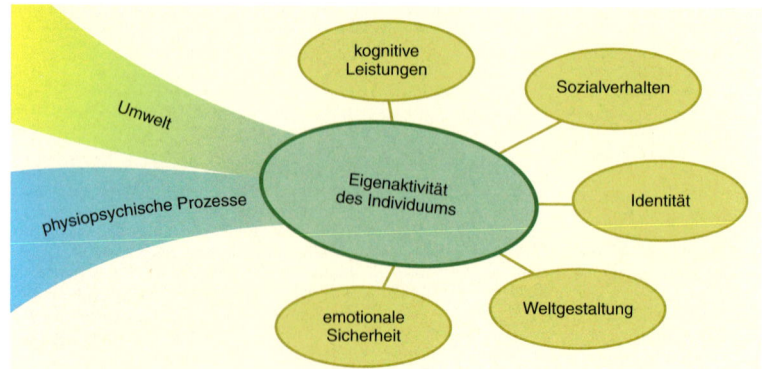

A Entwicklungsfaktoren

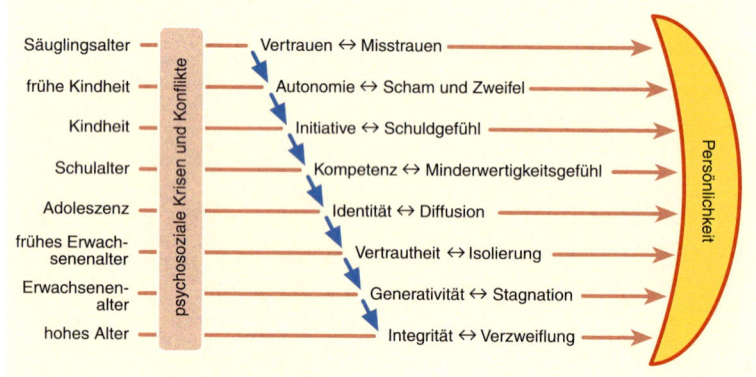

B Erikson: Persönlichkeitsbildung

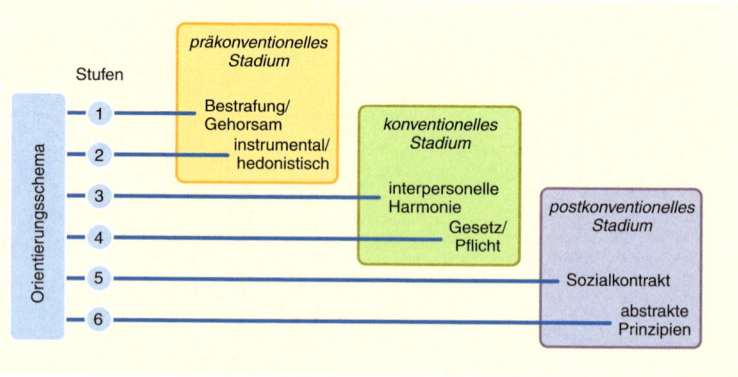

C Kohlberg: Stufen der moralischen Entwicklung

Die **Entwicklungspsychologie** sucht zum einen nach wiedererkennbaren *Mustern* menschlicher Entwicklungsverläufe, zum anderen nach den Gesetzmäßigkeiten, die zu *individuellen Unterschieden* führen.
Ihre Bedeutung für die Pädagogik ergibt sich daraus, dass das Wissen um solche Gesetzmäßigkeiten dazu verhilft, Entwicklungen durch gezielte Einwirkungen beeinflussen zu können.

Relevant ist dies z. B. im Bereich der Begabungsförderung, von Lernanforderungen und -methoden oder des Umgangs mit physiologischen oder sozialen Faktoren, die die Persönlichkeitsbildung beeinträchtigen.

Mit der Berücksichtigung von Entwicklungsfaktoren stellt sich für die Erziehung die leitende Frage nach der **Angemessenheit** ihrer Maßnahmen, und zwar in mehrfacher Hinsicht: Wann ist der richtige *Zeitpunkt,* um welche *Inhalte* mit welchen *Methoden* zu lehren?
Sobald Entwicklung aber aus pädagog. Sicht nicht als bloßes Naturgeschehen betrachtet wird, sondern als etwas, das beeinflusst werden soll, ergibt sich das Problem *normativer Handlungskriterien:* Was gilt als wünschenswert, normal oder gestört?

Dabei muss man sich bewusst sein, dass die empirischen Gegebenheiten der Entwicklungsvorgänge noch keine Begründung für Erziehungsnormen liefern.

Weiterhin ist zu berücksichtigen, dass menschliche Entwicklung immer individuelle Ausdifferenzierung bedeutet, und deshalb keine generalisierten Menschenbilder zum Maßstab erhoben werden können.
Bei Beantwortung der Frage, welche Faktoren die Entwicklung beeinflussen, lassen sich zwei *Extrempositionen* unterscheiden:

1. Die Vertreter der **Anlage-Theorie** sehen Entwicklung als einen hauptsächlich von inneren, psychophysischen Vorgängen gesteuerten Prozess an. Dementsprechend werden die äußeren Einwirkungsmöglichkeiten für begrenzt erachtet.
2. Die Anhänger der **Umwelt-Theorie** sehen im Menschen ein Produkt sozialer, ökonomischer und kultureller Einflüsse. Lernprozesse, Konditionierungen, Veränderungen in den sozioökonomischen Verhältnissen werden daher als bestimmende Größen angesehen.

Heute ist allgemein anerkannt, dass die **Interaktion** verschiedener Faktoren für die Entwicklung maßgebend ist (A). Entscheidend ist, dass der Mensch nicht bloß passives Objekt des Zusammenwirkens innerer Prozesse und äußerer Einflüsse ist, sondern selbst *aktiv* an seiner Entwicklung beteiligt ist.

Bereits das Kind reagiert nicht bloß auf seine Umwelt, sondern schafft Situationen, in denen es Erfahrungen machen kann, erprobt sich und bringt soziale Interaktionen in Gang.

Zu den bekanntesten **Entwicklungsmodellen,** die auch in der Pädagogik starken Widerhall gefunden haben, gehören die Ansätze von Erikson, Kohlberg, Piaget und Bronfenbrenner.
Der Psychologe **Erik H. Erikson** (1902–94) beschreibt in Erweiterung des *psychoanalytischen* Ansatzes von S. Freud Entwicklung als einen Prozess der **Identitätsbildung** durch eine Folge von Krisenbewältigungen.
Identität bedeutet dabei zum einen die Übereinstimmung mit sich selbst, zum anderen die Identifikation mit bestimmten Charakteristika der Lebenswelt, z. B. Kultur, soziale Eingebundenheit.
Erikson unterscheidet **acht Stufen der Persönlichkeitsbildung** vom Säugling bis zum Alter. Auf jeder Stufe kommt es zu spezifischen **Krisen** und **Konflikten,** die durch die Konfrontation mit unterschiedlichen Anforderungen und Bedürfnissen ausgelöst werden. Die Art ihrer Bewältigung entscheidet darüber, welche am Lebenslauf mitbestimmenden *Eigenschaften* beim Individuum ausgeprägt werden. In der Reihenfolge der acht Stufen geht es dabei um folgende Gegensätze:
Vertrauen gegen Misstrauen, Autonomie gegen Scham und Zweifel, Initiative gegen Schuldgefühl, Kompetenz gegen Minderwertigkeitsgefühl, Identität gegen Diffusion, Vertrautheit gegen Isolierung, Generativität gegen Stagnation, Integrität gegen Verzweiflung. (B)

Lawrence Kohlberg (1927–87) führt im Anschluss an Piaget Untersuchungen zur Entwicklung des **moralischen Urteils** durch: Kinder und Jugendliche werden mit Geschichten konfrontiert, die ein moralisches Dilemma enthalten, das von ihnen entschieden werden soll.
Anhand der für die jeweilige Lösung gegebenen *Begründung* stellt Kohlberg Entwicklungsstufen auf, die angeben, woran sich die moralische Urteilsfindung orientiert (C):
Im Stadium der *präkonventionellen Moral* werden Regeln befolgt im Hinblick auf die Konsequenzen für die Person (Lohn, Strafe bzw. Bedürfnisbefriedigung) und äußere Autoritäten. Im *konventionellen* Stadium wird der Erhalt der sozialen Ordnung zum maßgeblichen Kriterium (Familie, Gruppe, Staat). Mit dem *postkonventionellen* Stadium wird schließlich die Ebene einer universell-abstrakten Begründung erreicht (Gesellschaftsvertrag, Sittengesetz), auf der ohne Rücksicht auf Autoritäten und Personen argumentiert wird.

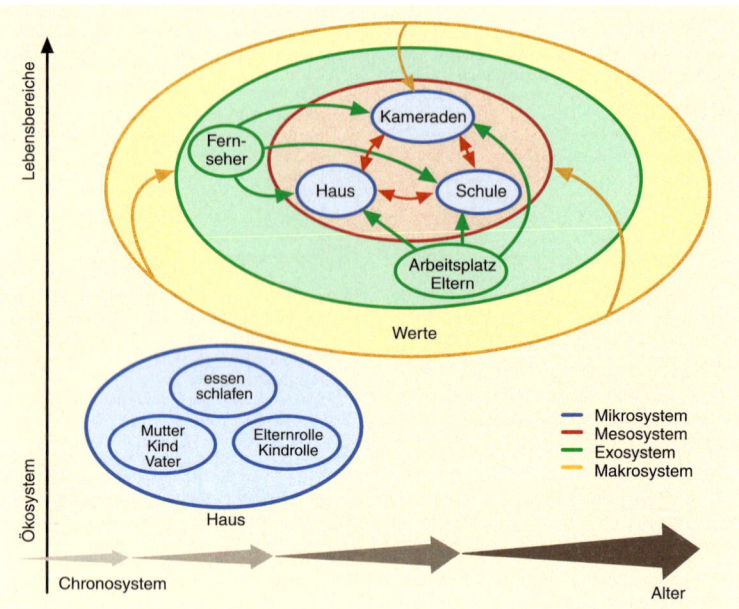

A Bronfenbrenner: Ökologische Entwicklungstheorie

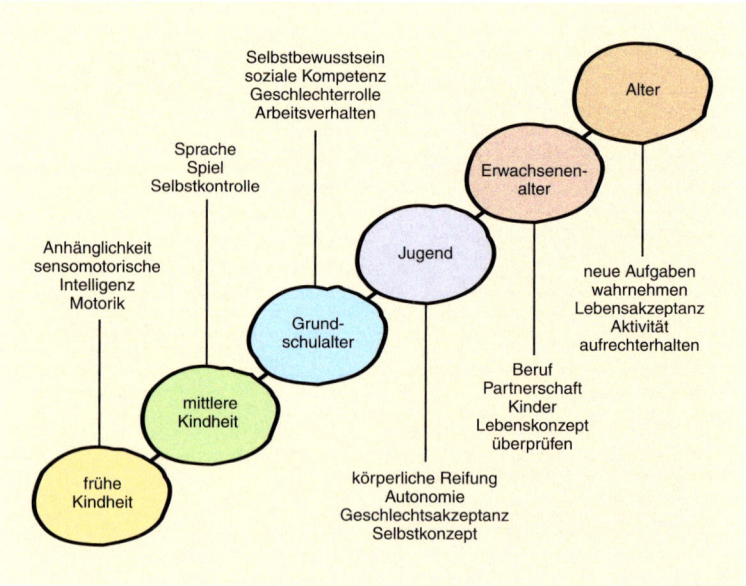

B Entwicklungsphasen und -merkmale

Urie Bronfenbrenner (1917–2005) vertritt eine *ökologische Entwicklungstheorie,* nach der Entwicklung nur zu verstehen ist, wenn man die sich wandelnden Eigenschaften der **Kontexte** beachtet, in denen der Mensch aufwächst (A).
Diese lassen sich differenzieren in das
- *Mikrosystem:* Das ist der aktuelle Lebensraum, den der Mensch mit seinen Sinnen und nur geringfügiger Ortsbewegung erfahren kann, einschließlich der dort befindlichen Personen (z. B. für das Kleinkind die Zimmer des Hauses, die Familie; relevante Größen sind: Tätigkeitsentfaltung, Personenbeziehungen, Rollen);
- *Mesosystem:* hier finden die Verknüpfungen zwischen Lebensbereichen statt, an denen die Person teilhat (z. B. Haus – Schule – Kameraden; Familie – Arbeit – Bekannte);
- *Exosystem:* beinhaltet Lebensbereiche, die für die Person relevant sind, an denen sie aber nicht beteiligt ist (z. B. Arbeitsstelle des Vaters);
- *Makrosystem:* die Kultur, in die die anderen Systeme eingebettet sind; sie vermittelt grundsätzliche Wert- und Sinnvorstellungen.

Zu diesen »räumlichen« Systemen kommt das **Chronosystem** hinzu, das den Wandel im Lebensverlauf bezeichnet, wenn eine Person den Lebensbereich oder seine Rolle ändert und somit auch seine Position im Verhältnis zur Umwelt (z. B. Heirat, Berufswechsel).
Bronfenbrenner macht deutlich, dass kognitive Leistungen, moralische Urteile, Sozialverhalten nicht isoliert untersucht werden dürfen, sondern in ihrer Eingebundenheit in vielfache Kontexte zu sehen sind. Entsprechend müssen auch pädagog. Überlegungen die Interaktion der verschiedenen Lebensbereiche zugrunde legen.

Lebensphasen des Menschen
Betrachtet man den Verlauf der menschlichen Entwicklung, dann lassen sich einige typische Merkmale von Lebensphasen herausstellen (B), die allerdings eine individuelle, historische und kulturelle Variabilität aufweisen:
In der **frühen Kindheit** bilden sich die sensomotorische Intelligenz (Funktionalität der Sinnesorgane), Wahrnehmungsleistungen (Raumkonzept, Wiedererkennen), Motorik (Greifschema, Bewegungsabläufe) und Anfänge kognitiver Leistungen (Begriffsbildung, Objektpermanenz) heraus; kommunikative und soziale Kompetenzen beginnen sich zu entwickeln (Mimik und Gestik, Initiative zu Interaktion, einfache Sprachäußerungen).
In der **mittleren Kindheit** gewinnt das Ich-Bewusstsein an Konturen, das auch die stärkere Abgrenzung gegenüber den Erwachsenen (z. B. »Trotz«) beinhaltet. Das (anschaulich-)symbolische Denken wird möglich, und das Kind beginnt, sich die Welt durch gezieltes Fragen zu erschließen.
Einen bedeutenden Raum nimmt das *Spiel* ein. In ihm verbinden sich Zweckfreiheit für den Spielenden (Freude, Spontaneität) mit Funktionalität im Hinblick auf seine Entwicklung (Einüben von Fertigkeiten, Selbsterprobung, soziale Interaktion).
Mit dem Eintritt in das **Grundschulalter** wird ein neues Mikrosystem zum Lebensbereich des Kindes, das sich stark von dem der Familie unterscheidet. *Symmetrische Sozialbeziehungen* (Freundschaften) gewinnen an Bedeutung, ebenso das Streben nach Anerkennung und die Auseinandersetzung mit der Geschlechterrolle. Arbeitsaufgaben werden von außen herangetragen, Disziplin und Kontinuität erwartet.
Einschneidendes Ereignis des **Jugendalters** ist die *Pubertät.* Die körperlichen Veränderungen gehen zumeist mit emotionaler und motivationaler Unausgeglichenheit einher. Das Verhalten des sozialen Umfelds stellt ein wesentliches Moment in der Bewältigung dieser Umbruchsphase dar. Wichtige Entwicklungsschritte der der Pubertät folgenden *Adoleszenz* sind Geschlechtsakzeptanz, gereifterer Aufbau der Beziehungen zu Altersgenossen, beginnende Unabhängigkeit von den Eltern. Der Jugendliche entwirft ein *Selbstkonzept,* das Planungen für die Zukunft beinhaltet (Beruf, soziale Stellung, Partnerwahl).
Das **Erwachsenenalter** ist in der ersten Phase geprägt von der Realisierung des Lebenskonzepts (Beruf, Form partnerschaftlicher Beziehung, Kinder, Freizeitgestaltung). Im weiteren Verlauf findet eine Überprüfung statt, die aufgrund des Scheiterns von Zielen oder Überdrusses an der Routine zu Konflikten führen kann. Ausbrechen aus den gewohnten Bahnen und eine Neuorientierung können die Folge sein.
Im höheren **Alter** zeigt sich eine Tendenz zu Unflexibilität in geistiger Hinsicht und in Bezug auf Veränderungen im Lebensumfeld. Der Verlust von Aufgaben kann zu reduziertem Selbstvertrauen, Gleichgültigkeit und Lebensüberdruss führen.
Diese Entwicklung ist aber kein unabwendbares »Schicksal«. Geistiges Training, Wahrnehmen neuer Aufgaben, Pflege von Sozialbeziehungen sind Wege, auch das hohe Alter als aktiven Lebensabschnitt zu gestalten.

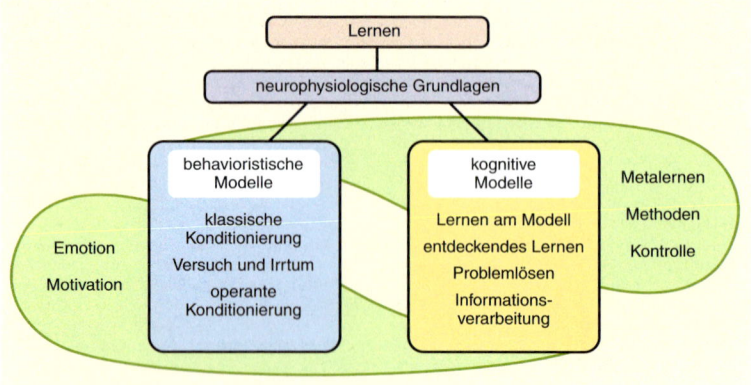

A Lerntheorien im Überblick

B Pawlow: Klassische Konditionierung

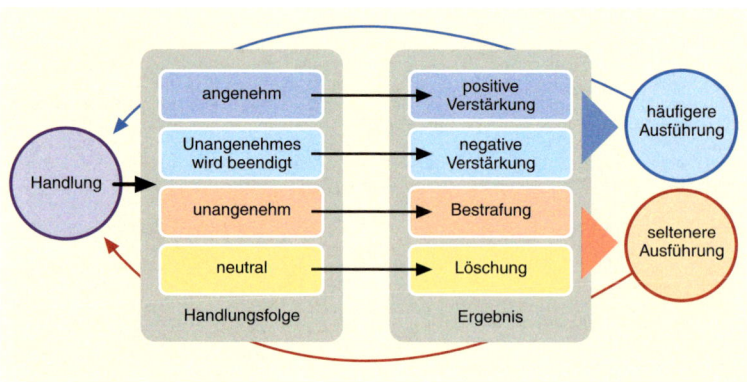

C Skinner: Operante Konditionierung

Allgemein versteht man unter **Lernen** eine Änderung des Verhaltens, der Wissensinhalte oder kognitiven Strukturen, die auf Erfahrung, d. h. der Auseinandersetzung mit der Umwelt beruht.

Angeborenes Instinktverhalten sowie Veränderungen aufgrund von biologischen Reifungsprozessen fallen also nicht darunter.

Eine Grundvoraussetzung des Lernens ist das **Gedächtnis,** denn erworbene Informationen müssen »gespeichert« werden können, wieder abrufbar und miteinander verknüpfbar sein.

Die dem Lernen zugrunde liegenden psychischen Gesetzmäßigkeiten bilden die Grundlage für den Lehr- und Lernerfolg. Ihre Missachtung erschwert nicht nur den Lernprozess, sondern führt auch zu Demotivation und emotionalen Blockaden.

Die psychologischen **Lerntheorien** lassen sich grob in zwei Hauptgruppen unterteilen (A):

1. *Behavioristische Ansätze* definieren Lernen als eine Verhaltensänderung, die als Reaktion auf äußere Einflüsse stattfindet.
2. *Kognitionstheoretische Ansätze* definieren Lernen als Aufbau kognitiver Strukturen. Dabei reagiert der Mensch nicht bloß passiv auf seine Umwelt, sondern setzt aktiv informationsgewinnende und -verarbeitende Strategien ein.

Die Grundlage für die **behavioristischen Lerntheorien** bilden die Forschungen des Physiologen **Iwan Petrowitsch Pawlow** (1849–1936). Er führte folgenden bekannten Versuch durch:

Die Darbietung von Futter (unbedingter Reiz) führt beim Hund zum Speichelfluss (unbedingte Reaktion). Lässt man nun kurz vor Futterabgabe wiederholt eine Glocke läuten (bedingter Reiz), so findet der Speichelfluss schließlich auch als (bedingte) Reaktion auf die Glocke statt, ohne dass Futter gereicht wird (B).

Bei dieser sog. **klassischen Konditionierung** lassen sich auch bedingte Reaktionen höherer Ordnung (ein jeweils vor dem Glockenläuten geschaltetes Signal löst bereits die Reaktion aus) sowie Generalisierungen (ähnliche Reize als Auslöser) beobachten.

Bei Schulangst kann z. B. bereits das Betreten des Klassenzimmers, das ernste Gesicht des Lehrers usw. die Angstreaktion auslösen.

Durch häufige Koppelung von bedingtem und unbedingtem Reiz wird die Reaktion bekräftigt, bei fehlender Verbindung wieder gelöscht.

Die Prinzipien der klassischen Konditionierung werden zum Teil in der Verhaltenstherapie zur Anwendung gebracht.

Edward L. Thorndike (1874–1949) hat im Tierexperiment die Bedeutung von **Versuch und Irrtum** (»trial and error«) für das Lernen untersucht:

Um aus ihrem Käfig herauszukommen, probiert die Katze wahllos Möglichkeiten aus. Die zufällig richtige Aktion wird durch den Erfolg bestärkt. Bei weiteren Durchgängen werden sukzessive unzweckmäßige Verhaltensweisen reduziert, bis die Tür auf Anhieb geöffnet werden kann.

Die Übertragbarkeit des Versuchsergebnisses auf den Menschen ist insofern begrenzt, als dieser bei seinen Problemlösungen nicht wahllos vorgeht, sondern Handlungsmöglichkeiten gedanklich durchspielt.

Burrhus F. Skinner (1904–90) greift den Gedanken der Verstärkung erfolgreichen Handelns auf und baut ihn zu seinem Modell des **operanten Konditionierens** aus. Danach verhalten sich Lebewesen gegenüber ihrer Umwelt nicht bloß passiv, sondern wirken auf diese ein, um bestimmte Folgen zu erzielen. Nach ihnen wird das Verhalten dann vom Akteur bewertet.

Dabei gelten folgende Gesetzmäßigkeiten:

• Das Verhalten wird *häufiger* bei *positiver Verstärkung* (angenehme Konsequenz) oder *negativer Verstärkung* (Beendigung eines unangenehmen Zustandes).
• Es wird *seltener* bei *Bestrafung* (unangenehme Konsequenz) oder *Löschung* (keine Konsequenz). (C)

Von diesem Ansatz ausgehend kritisiert Skinner am üblichen Unterricht, dass der Schüler zu wenig positive Motivation erhält, er lernt hauptsächlich, um negative Folgen zu vermeiden. Weiterhin besteht kein Plan für die regelmäßige und verhaltensnahe Abfolge von Verstärkungen. Sein Konzept eines programmierten Unterrichts baut daher auf dem gezielten Einsatz von positiver Verstärkung auf.

So sollen etwa durch kleine und schülerorientierte Lernschritte Misserfolge möglichst vermieden werden. Um motivierend zu wirken, muss die Verstärkung zeitnah zur Handlung folgen.

Obwohl die verhaltenstheoretischen Ansätze einzelne Momente von Lernvorgängen beleuchten helfen, unterliegen sie dennoch einigen Einschränkungen:

Die Übertragbarkeit von Tierexperimenten auf den Menschen ist begrenzt. Die Komplexität realer Lernsituationen ist unter »Versuchsbedingungen« nicht vollständig einzufangen. Die Beschränkung auf beobachtbares Verhalten blendet die eigenständigen kognitiven, emotionalen und motivationalen Leistungen des Menschen weitgehend aus.

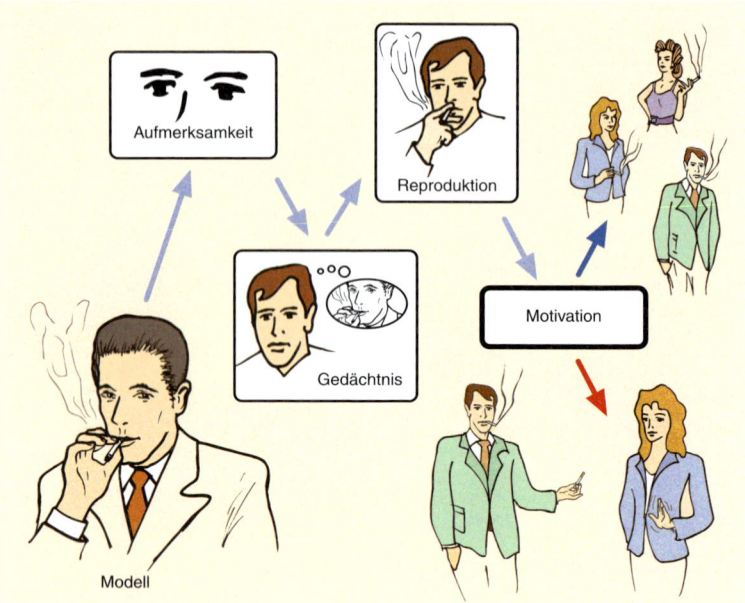

A Bandura: Lernen am Modell

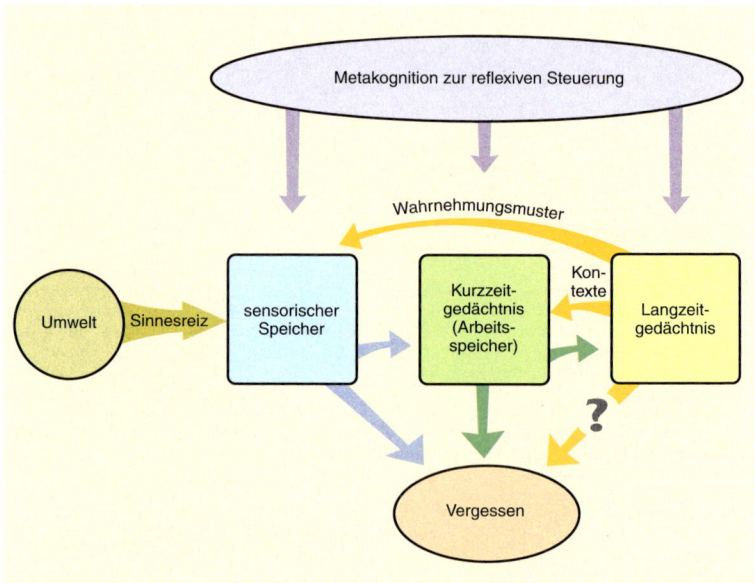

B Lernen als Informationsverarbeitung

Das behavioristische Lernmodell vernachlässigt mit seinem Reiz-Reaktions-Kurzschluss die kognitiven Vorgänge, die dem Handeln zugrunde liegen.

Kognitive Lerntheorien wenden ihr Augenmerk daher den Vorgängen der *symbolischen Repräsentation* der Welt zu. In diesem Zusammenhang wird Lernen als ein komplexer Denkprozess verstanden, bei dem Probleme erfasst sowie Lösungswege entworfen, bewertet und weiterentwickelt werden.

Die Untersuchungen **Albert Banduras** (geb. 1925) beschäftigen sich mit dem sog. **Lernen am Modell,** d. h. dem Beobachtungs- bzw. Nachahmungslernen, bei dem der Lernende sich Verhaltensweisen aneignet, die er bei anderen beobachtet hat (A). Dabei lassen sich vier Phasen unterscheiden:

1. *Aufmerksamkeitszuwendung.* Sie wird durch bestimmte Eigenschaften des Vorbildes und durch die (emotionale) Haltung des Beobachters gefördert.
2. Verarbeitung im *Gedächtnis.* Das Wahrgenommene muss behalten werden, wobei es gleichzeitig in für die Person bedeutsame Schemata eingeordnet wird.
3. *Reproduktion.* Das Verhalten wird ausgeführt und eingeübt, und zwar entsprechend dem innerlich aufgebauten Modell (also nicht als bloße Kopie des Beobachteten).
4. *Verstärkung und Motivation.* Hier hängt es von der Reaktion des sozialen Umfelds ab, ob das Verhalten beibehalten oder fallen gelassen wird.

Es ist nach diesem Modell also keineswegs so, dass etwa Kinder sich jedes beobachtete Verhalten (z. B. im Fernsehen) aneignen. Entscheidend ist die vorgängige Bereitschaft, die Art der Verarbeitung und Verstärkung.

Einen interdisziplinären Ansatz, der auch die neurophysiologischen Erkenntnisse über die Funktionsweise des Gehirns heranzieht, verfolgt die Theorie des Lernens als **Informationsverarbeitung** (B).

Nach diesem Modell wird ein aus der Umwelt eingehender Reiz (Information) zunächst im *sensorischen Speicher* registriert, wobei im Langzeitgedächtnis bereits vorhandene Wahrnehmungsmuster zu Hilfe genommen werden. Im *Kurzzeitgedächtnis* (»Arbeitsspeicher«) werden diese Rohdaten nun (visuell, akustisch, semantisch) enkodiert, d. h. es wird ihnen eine Bedeutung gegeben. Dabei wird auf die im Langzeitgedächtnis abgelegten Wissensbestände zurückgegriffen. Die Information kann dann entweder als bedeutungslos sofort wieder »vergessen« werden, oder sie wird an das Langzeitgedächtnis zur weiteren Verarbeitung übergeben.

Ist die Information zu unvollständig, um bewertet zu werden, erfolgt die Aufforderung, gezielt (durch Beobachten, Handeln usw.) weitere Informationen einzuholen.

Im *Langzeitgedächtnis* werden Inhalte nicht einfach »in Schubladen« abgelegt, sondern in komplexer Weise miteinander verknüpft. Jede Information enthält die zu ihr gehörenden *Kontexte* (Raum/Zeit, Begleitumstände, Emotionen) und ist in ein hierarchisches System eingegliedert.

Auf diese Weise ist es möglich, Informationen überhaupt erst zu finden (und zwar unter ganz verschiedenen »Suchkriterien«) und sich somit in komplexen Situationen zu orientieren, weil Bündel von zusammengehörenden Daten (sog. »Skripts«) gleichzeitig abgerufen werden können.

Eine wichtige Rolle spielt auch die Reflexivität dieser Prozesse, d. h. das Vermögen des menschlichen Gehirns, sich bei der Arbeit beobachten zu können.

Diese **Metakognition** ermöglicht es, die Informationsverarbeitung zu steuern, gezielte Lernstrategien zu entwickeln und Gedächtnisleistungen zu verbessern.

Aus diesem Modell ergeben sich einige Konsequenzen für sinnvolle **Lernmethoden:**

- Da vom Gehirn neue Informationen mit bereits vorhandenen verglichen werden, um sie einzuordnen, ist es hilfreich, Verbindungen vom Lernstoff zu bereits *Bekanntem* herzustellen.
- Das Gedächtnis bildet eine vernetzte Struktur. Für die Bedeutsamkeit von Wissen ist daher das Herstellen möglichst reichhaltiger *Kontexte* entscheidend. Dazu gehört auch die *Multimedialität.* Sachverhalte werden leichter gelernt und behalten, wenn sie z. B. nicht nur sprachlich, sondern zusätzlich auch in Form von Bildern vermittelt werden.
- Die aktiv selbstständige Erarbeitung von Wissen und Fertigkeiten ermöglicht es dem Lernenden, die Strategien anzuwenden, die seiner spezif. Art von Informationsverarbeitung am besten entsprechen.

Einen entscheidenden Anteil am Lernen haben **emotionale** und **motivationale Faktoren.** Das sog. limbische System im Gehirn reguliert Stimmungen und Handlungsbereitschaft des Menschen. Es gibt Informationen einen affektiven Stellenwert und damit eine Bedeutung in der Gedächtnisstruktur, da es mit anderen Hirnregionen eng zusammenarbeitet.

Man kann daher sagen, dass es bei Lernvorgängen immer um ein Zusammenspiel kognitiver und emotionaler Prozesse geht. Daher haben Emotionen entscheidenden Einfluss auf die Aufnahmebereitschaft, die Verarbeitung von Informationen und die Gedächtnisleistung.

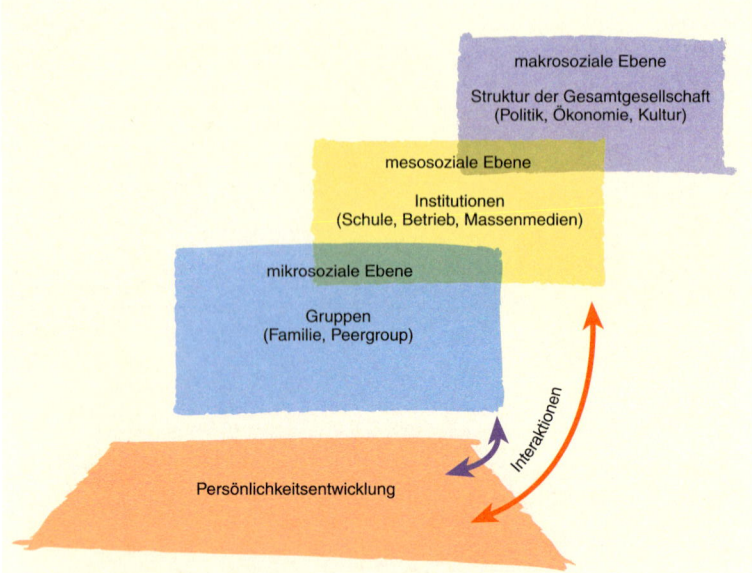

A Sozialisationsebenen

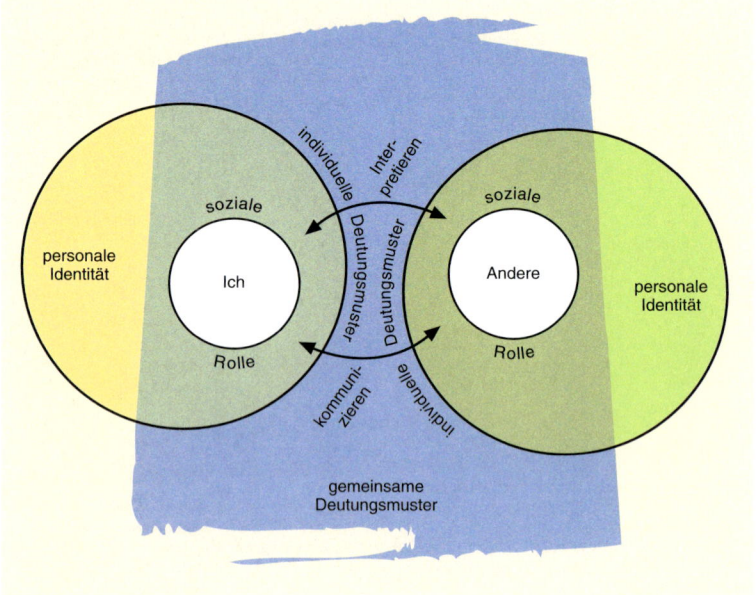

B Symbolische Interaktion

Die **pädagogische Soziologie** untersucht die wechselseitige Beziehung zwischen Individuum und Gesellschaft (Gruppen, Organisationen, Institutionen).

Vom Individuum aus gesehen bedarf dieses der Gesellschaft, um die für sein Leben notwendigen Kenntnisse, Fertigkeiten, Verhaltensmuster usw. zu erwerben.

Umgekehrt muss die Gesellschaft, um ihre Ordnung zu erhalten und funktionsfähig zu bleiben, das Individuum in ihr Sozialsystem integrieren.

Unter **Sozialisation** versteht man den Prozess der Entstehung und Entwicklung von Persönlichkeit in Abhängigkeit von der gesellschaftlich vermittelten Umwelt.

Wesentl. Aspekte sind dabei die Ausbildung einer eigenen Identität und der Erwerb von sozialer Handlungskompetenz.

Die zwischen Individuum und Gesellschaft stattfindenden Prozesse sind auf verschiedenen Ebenen angesiedelt (A):
- der *mikrosozialen:* Interaktion zwischen Personen (z. B. Eltern – Kind);
- der *mesosozialen:* über Institutionen vermittelte Einflüsse (z. B. Schule, Betrieb, Medien);
- der *makrosozialen:* ökonomische, politische, kulturelle Vorgaben der Gesamtgesellschaft.

Die Einbeziehung von Sozialisationsprozessen in die Analyse erweitert das Bildungs- und Erziehungsverständnis über den Bereich der bewusst geplanten (z. B. schulischen) Einflussnahmen hinaus.

In der Soziologie haben sich zwei einflussreiche Richtungen der Sozialisationsforschung herausgebildet:

Der **funktionalistische** Ansatz betrachtet die Gesellschaft als ein Gesamtsystem, das in Teilsysteme untergliedert ist, die einen jeweils spezif. Beitrag zu dessen *Stabilität* und *Funktionalität* leisten.

So unterscheidet **Talcott Parsons** (1902 bis 79) zwischen dem organischen (physiologische Grundlagen des menschlichen Lebens), psychischen (Persönlichkeit), sozialen und kulturellen System.

Das **soziale System,** zu dem der Bereich der Erziehung gehört, hat eine die Individuen integrierende Funktion. Diese wird durch die Vermittlung von Mustern (Rollen) wahrgenommen, die die Beziehungen der Handelnden untereinander regeln.

Um die Integrität des Sozialsystems zu gewährleisten, müssen zugleich Mechanismen der *sozialen Kontrolle* vorhanden sein, die systemgefährdendes Verhalten unterbinden bzw. korrigieren.

Eine Einseitigkeit des funktionalistischen Modells besteht darin, dass das Individuum vorrangig in einer passiven Rolle als Objekt von Sozialisierungspraktiken gesehen wird. Die auf Systemerhaltung ausgerichtete Perspektive lässt des Weiteren individuelle Eigenheiten, Subkulturen, soziale Umbrüche vorrangig als »Störungen« erscheinen, die beseitigt werden müssen.

Einen anderen Ansatz verfolgt der **Symbolische Interaktionismus.** Ihm geht es weniger um die makrosoziale Systemanalyse als um die zwischen Personen stattfindenden Interaktionen (B). Seine *Grundannahmen* sind,
- dass Menschen auf der Basis von *Bedeutungen* handeln, die sie den Dingen zuschreiben, und dass
- solche Bedeutungen aus *sozialen Interaktionen* mit anderen abgeleitet sowie
- in einem *interpretativen* Prozess immer wieder neu festgelegt werden.

Das bedeutet, dass Weltsicht, Werte, Verhaltensweisen und Ziele des Einzelnen sich aufgrund konkreter Situationen in der (kommunikativen) Auseinandersetzung mit anderen Menschen ausbilden.

Dabei nimmt jeder der Partner eine bestimmte Position ein, die von gesellschaftlich bereitgestellten Handlungsmustern geprägt ist (z. B. als Elternteil, Lehrer, Altersgenosse).

Wesentlich bei der Interaktion ist, dass jeder die Möglichkeit hat, sich in die Perspektive des anderen hineinzuversetzen und von daher z. B. Erwartungen an seine Rolle wahrzunehmen. So kann das Verhalten immer wieder neu in Bezug auf die jeweilige Situation definiert werden.

Rollenübernahmen werden von Kindern auch im Spiel eingeübt. Indem sie z. B. in die Rolle der Mutter oder des Lehrers schlüpfen, rufen sie deren typische Reaktionen in sich selbst hervor und lernen so deren Perspektive kennen.

Jeder Mensch legt sich im Laufe des Lebens ein Repertoire an Rollen zu, die er gemäß seiner Interpretation der jeweiligen sozialen Situation gestalten kann. In diesem Sozialisationsmodell erscheint der Mensch nicht passiv den äußeren Einflüssen unterworfen, sondern als produktiv Realität verarbeitend und gestaltend.

Die Analyse von konkreten Interaktionen muss in eine gesellschaftskritische Gesamtperspektive eingebunden sein, damit die sozialen Machtverhältnisse, die die Handlungsmöglichkeiten faktisch mitprägen, ins Blickfeld gelangen können.

Es ist nämlich nicht selbstverständlich, dass Rollen frei gewählt werden können, weil hierarchische Strukturen, traditionelle Rollenbilder oder fehlende Bildungsmöglichkeiten den Gestaltungsspielraum u. U. stark beschränken.

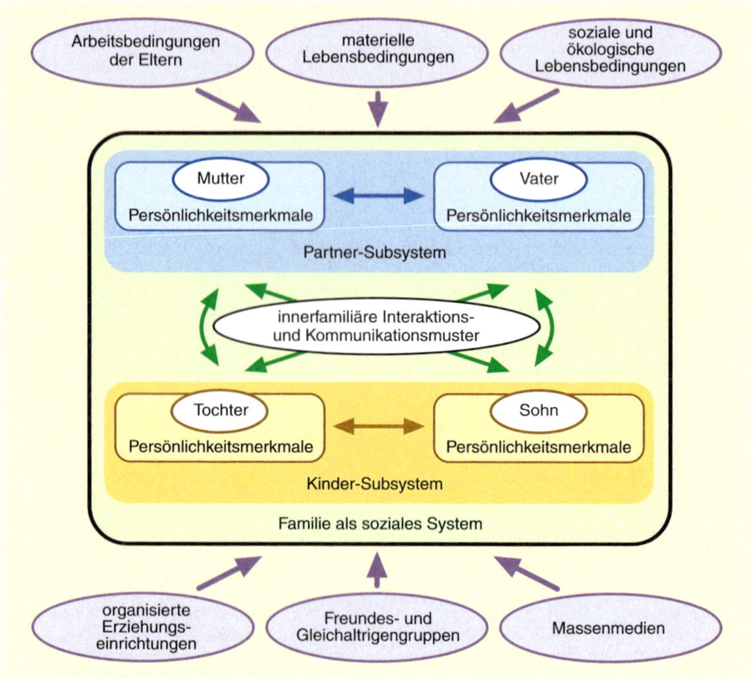

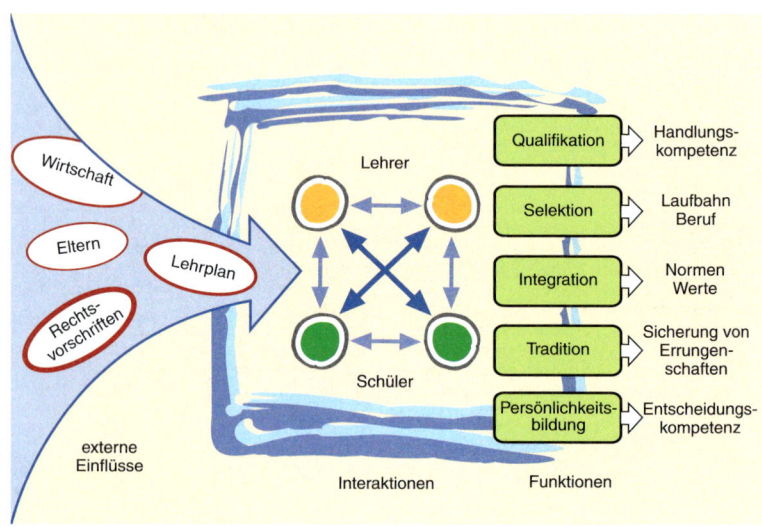

A Sozialisationsbedingungen in der Familie

B Sozialisation in der Schule

Die *Familie* ist die **primäre Sozialisationsinstanz.** Für das Kleinkind tritt die außerfamiliäre Lebenswelt zunächst nur über die Weltsicht und die Wertorientierungen der Eltern in Erscheinung.

Es werden die grundlegenden Erkenntnis- und Verhaltensmuster angelegt, mit denen später auch an andere soziale Situationen herangegangen wird.

Später erschließen sich dem Kind zunehmend selbst weitere Umwelten (Kindergarten, Schule, Spielkameraden).

Die Familie als Sozialisationsinstanz ist keine statische Größe, sondern Veränderungen unterworfen. So finden nachfolgende Kinder ein anderes Umfeld vor als erstgeborene.

Die berufliche Tätigkeit der Eltern, ihre Flexibilität und Interessenvielfalt, die Qualität der partnerschaftlichen Beziehung sind weitere Faktoren, die das Sozialisationsklima bestimmen. (A)

Neben Rollenerwartungen der Eltern beeinflusst auch ihr *Erziehungsstil* (autoritär, partnerschaftlich, antiautoritär) die verfügbaren Verhaltensmuster des Kindes.

Erhält es selbst z. B. nur unbegründete Anweisungen, wird es ihm später schwerfallen, sprachlich-argumentativ seine Interessen zu vertreten.

Die *Schule* ist die Institution, in der die **gesellschaftlich organisierte Sozialisation** ihren konsequentesten Ausdruck findet. Die pädagog. Zielrichtung wird hier von organisatorischen Strukturen umfasst, die nicht nur eine Kontinuität der Lernprozesse ermöglichen, sondern zugleich den politischen Einfluss auf die Sozialisation sichern. (B)

Aus *strukturfunktionaler* Sicht übernimmt die Schule die Aufgaben der Bildung des Individuums zu einer eigenständig handelnden *Persönlichkeit*, der *Qualifikation* für bestimmte Tätigkeiten, der *Selektion* für gesellschaftliche Positionen und der *Integration* in das Gesamtsystem.

Unter dem Aspekt der handelnden Personen betrachtet, zeigt sich die Schule als Raum vielfältig sich überschneidender *Interaktionen* zwischen Lehrern und Schülern, Schülern untereinander und zwischen Lehrern, Schülern und Eltern. Diese Interaktionen werden mitgeprägt durch externe Einflüsse wie z. B. organisatorische und rechtliche Vorgaben, die den äußeren Rahmen (z. B. Schulpflicht, Klasseneinteilung, Disziplin) und die pädagog. Vorgehensweise (Lehrplan) beeinflussen.

Da letztendlich nicht die geplanten Interaktionen, sondern die tatsächlich ablaufenden das Sozialisationsklima bestimmen, spielt der sog. *heimliche Lehrplan* eine bes. Rolle.

Der offizielle Lehrplan sieht z. B. die Erziehung zur Kooperation vor, während die Struktur des Schulalltags (Notengebung, Selektionsverfahren) faktisch Konkurrenz erzeugt.

Schüler und Lehrer müssen jeweils mit verschiedenen, oft widersprüchlichen *Rollenerwartungen* zurechtkommen.

So muss der Lehrer manchmal im Widerspruch zu seiner eigenen pädagog. Erfahrung handeln, z. B. weil es der Lehrplan verlangt. Oder er muss Selektionsaufgaben wahrnehmen und soll gleichzeitig die Interessen des Kindes vertreten.

Der Schüler wiederum steht in der Diskrepanz zwischen seinem eigenen Identitätsverständnis und der ihm in der schulischen Interaktion zugeschriebenen Rolle.

So haben etwa *Etikettierungen* von Seiten der Lehrer Einfluss auf seine Leistungen.

Das Kind übernimmt z. B. die zugeschriebene Rolle des »schlechten Schülers« und entfaltet vorhandene Fähigkeiten gerade in Abgrenzung dazu in außerschulischen Bereichen.

Einen wichtigen Einfluss auf die **Sozialisation** während der Jugendzeit haben auch die **Gleichaltrigen-Gruppen** (sog. *Peergroups).* Einen bedeutsamen Unterschied zur Interaktionsstruktur von Familie und Schule macht hierbei die (zumindest formale) *Gleichheit* der Stellung aus: Die Gruppe ermöglicht die gemeinsame Identifikation mit neuen, von denen der älteren Generation unterschiedenen Leitbildern und Wertvorstellungen. Sie spielt daher eine wichtige Rolle im Rahmen der Ablösungsprozesse von der primären Familiensozialisation.

Von zentraler Bedeutung auf allen sozialen Ebenen sind die **geschlechtsspezifischen Sozialisationsvorgänge:** Die unterschiedlichen biologischen Anlagen von Mädchen und Jungen erhalten ihre gesellschaftliche Bedeutung erst durch soziokulturelle Definitionsprozesse.

Das dadurch konstituierte *soziale Geschlecht* (engl. *gender*) legt die Rollenerwartungen fest, sowohl in der individuellen Beziehung von Männern und Frauen als auch in Bezug auf die Position in der hierarchisch-arbeitsteiligen Gesellschaftsstruktur. Durch diese Verinnerlichung einerseits und die vorgegebenen sozialen und ökonom. Verhältnisse andererseits werden die entsprechenden Rollenmuster reproduziert.

Ihre Neuorientierung bedarf daher einer bewussten Auseinandersetzung mit sozialen Erwartungen, der Umgestaltung sozioökonomischer Strukturen (z. B. Möglichkeiten der Berufsausübung) und der Neuvermittlung in den täglichen Interaktionsprozessen (z. B. partnerschaftlicher Umgang).

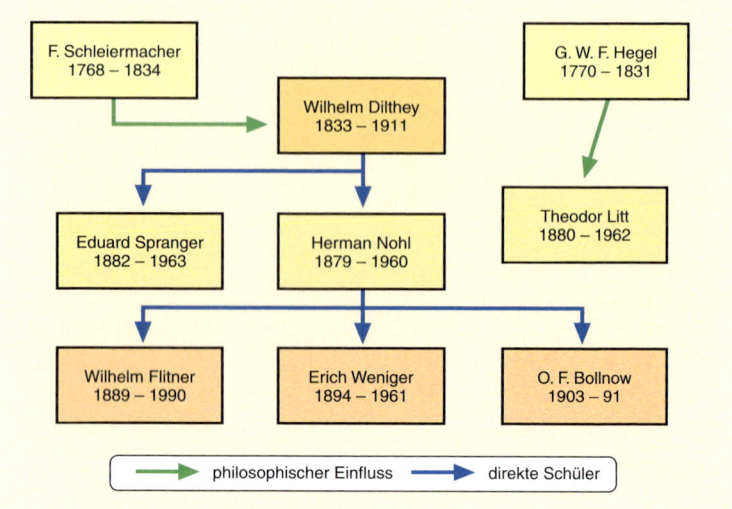

A Traditionslinien geisteswissenschaftlicher Pädagogik

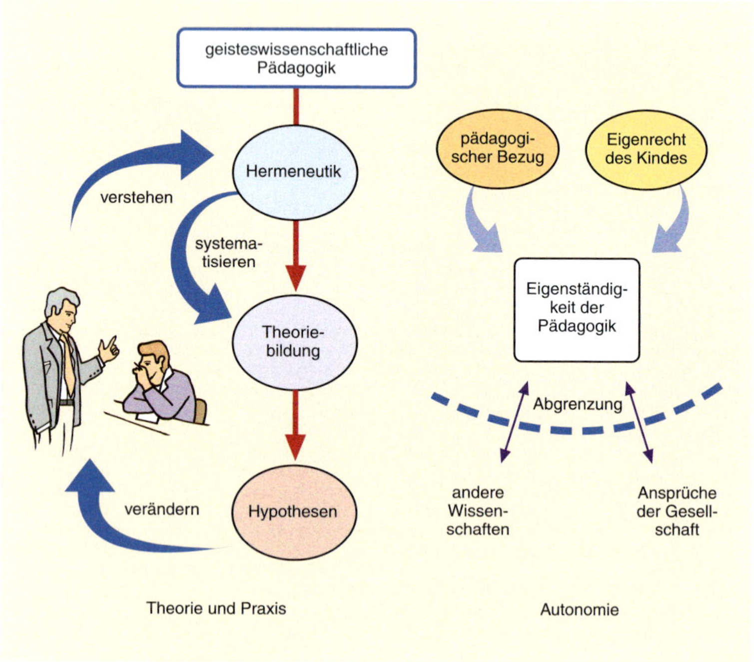

B Pädagogik als Geisteswissenschaft

Die **geisteswissenschaftliche Pädagogik** wurde in den 1920er Jahren begründet und war fast ein halbes Jahrhundert lang die einflussreichste pädagog. Richtung in Deutschland.

Gemeinsam ist ihren Vertretern die theoretische Verankerung im *historisch-hermeneutischen* Denken Wilhelm Diltheys, dessen Schüler sie zum Teil waren (A).

> Durch ihr bildungspolitisches Engagement (z. B. Beratertätigkeit in politischen Gremien, Einrichtung pädagog. Akademien, Volkshochschulbewegung) haben sie auch das öffentliche Schulsystem in Deutschland maßgeblich mitgeprägt.

Wie Dilthey gehen die Vertreter der geisteswissenschaftlichen Pädagogik von der **Geschichtlichkeit** aller kulturellen Institutionen, und damit auch der Erziehung, aus. Die soziokulturellen Gegebenheiten, darunter auch soziale Normen, Wertvorstellungen und Bildungsziele, lassen sich demnach nicht mit Hilfe überzeitlicher Prinzipien erklären, sondern sind Ausdruck einer bestimmten Gesellschaft zu einer bestimmten Zeit und müssen aus dieser Bedingtheit heraus begriffen werden.

Das **Verstehen** als Herausarbeiten von Bedeutungszusammenhängen ist somit die Grundlage der Geisteswissenschaften.

> Die reflektierte Methodik des Verstehens (Interpretierens) wird als **Hermeneutik** bezeichnet.

Im Unterschied zu den Naturwissenschaften beschäftigen sich die Geisteswissenschaften mit Gegenständen, die der Mensch selbst hervorgebracht hat (Literatur, Kunst, soziale Institutionen). Ihre Vorgehensweise ist daher nicht auf einen von außen erklärenden Zugang beschränkt, sondern besteht im Nachvollziehen der inneren Sinngebungen, aus denen die Kulturleistungen entstanden sind.

Die Beschäftigung mit der **Geschichte** von Erziehungstheorien und -institutionen nimmt daher einen bes. Stellenwert ein, weil die gegenwärtige pädagog. Situation nur von ihrer Herkunft her betrachtet angemessen verstanden werden kann. Zugleich ist die historische Analyse auch eine Voraussetzung, um die gegebene Erziehungswirklichkeit in ihrer geschichtlichen Bedingtheit kritisieren und für die heutige Situation neue Aufgaben formulieren zu können.

Die geisteswissenschaftliche Hermeneutik bezieht sich aber nicht nur auf historische Phänomene, sondern ebenso auf die gegenwärtige soziale Wirklichkeit, auf Handlungen, Interaktionen, Wertvorstellungen usw. Daher sind interpretative Verfahren auch Bestandteil einer qualitativ orientierten empirischen *Sozialforschung.*

Die Beschreibungskategorien geisteswissenschaftlicher Pädagogik werden nicht von außen, d. h. abstrakt-deduktiv an die Phänomene herangetragen, sondern aus dem *Lebenszusammenhang* selbst gewonnen. Ein Grundsatz ist deshalb der **Vorrang der Praxis** vor der Theorie, denn Erziehung findet schon lange vor jeder reflexiven Aufarbeitung statt.

> Erziehungsverhältnisse, -ziele, -institutionen sind aus der Praxis heraus entstanden, und die darin enthaltenen Sinnbestimmungen gilt es zunächst einmal aufzudecken.

Die interpretative Durchdringung der Erziehungswirklichkeit ist dann die Grundlage für die **Theoriebildung.** Das theoretische Modell bringt Ordnung in die Vielfalt, zeigt Zusammenhänge auf – und gegebenenfalls Widersprüche – zwischen Ideal und Realität, zwischen historischer Bedingtheit und aktuellen Anforderungen.

Indem sie *Hypothesen* aufstellt, wie Widersprüche aufgelöst oder Ziele realisiert werden können, kann die Theorie schließlich auch der Praxis vorausgehen. (B)

Die Vertreter der geisteswissenschaftlichen Pädagogik haben die *Eigenständigkeit* der Erziehung in theoretischer und praktischer Hinsicht herausgestellt.

> Dabei können sie auch auf die historische Entwicklung verweisen, in der sich die Erziehung seit der Aufklärung zunehmend als autonomes Kultursystem etabliert hat.

Pädagogik als *Theorie* hat eine relative Unabhängigkeit von anderen Wissenschaften, mit denen sie aber zusammenarbeitet (Psychologie, Soziologie, Philosophie), weil sie im »pädagogischen Bezug« zwischen Erzieher und Heranwachsendem einen eigenen Kulturbereich zum Gegenstand hat, der von keiner anderen Wissenschaft abgedeckt wird.

In der *Praxis* zeigt sich ihre Autonomie darin, dass sie gegenüber den Ansprüchen der Gesellschaft das Eigenrecht des Kindes zu vertreten hat.

Die von Staat, Wirtschaft, Beruf an den Heranwachsenden herangetragenen Forderungen müssen daraufhin geprüft werden, welche Bedeutung sie für die Entwicklung der Person haben. Alle Inhalte, die in die Erziehung einfließen, sollen so ausgewählt bzw. umgeformt werden, dass sie sinnvoll im Hinblick auf diese Persönlichkeitsbildung sind.

Grundlage erzieherischen Handelns ist für die geisteswissenschaftliche Pädagogik der **pädagogische Bezug** zwischen der älteren und der jüngeren Generation. Dieses Verhältnis weist spezifische *Merkmale* auf:

● Der Erzieher übernimmt *Verantwortung* für das Kind.

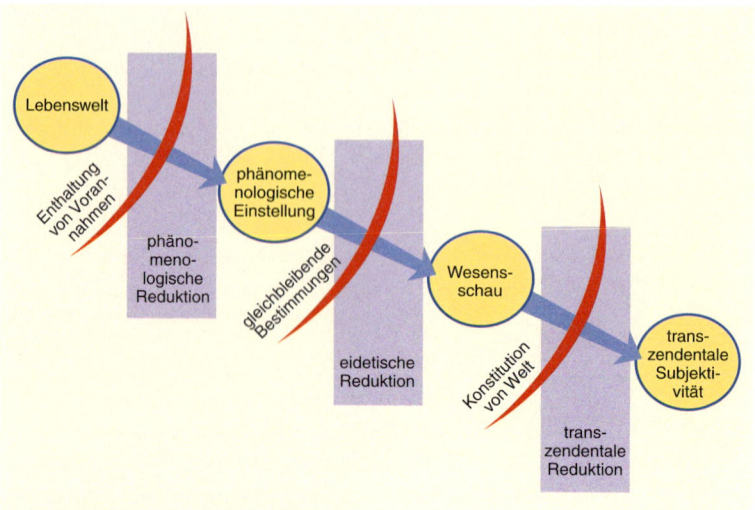

A Husserl: Phänomenologische Methode

B Bollnow: Pädagogische Atmosphäre

C Phänomenologischer Ansatz in der Pädagogik

- Es besteht eine Wechselwirkung zwischen beiden, die *Autorität* auf der einen und *Vertrauen* auf der anderen Seite voraussetzt.
- Das Verhältnis ist *freiwillig*. Gelingt es nicht, eine vertrauensvolle Beziehung aufzubauen, muss sich der Erzieher zurückziehen und einen Wechsel der Bezugsperson in die Wege leiten; das ist z. B. in der Sozialpädagogik von bes. Relevanz.
- Das pädagogische Verhältnis zielt auf die *Selbstständigkeit* des Heranwachsenden und damit darauf, sich nach Erreichen des Ziels aufzulösen.

Der Erzieher steht dabei vor der Aufgabe, zwischen **Antinomien** vermitteln zu müssen, wie z. B. Individualität zu fördern und zugleich Ansprüche und Normen der Gesellschaft zu vermitteln (s. S. 127).

Für die geisteswissenschaftliche Pädagogik charakteristische **Bildungsmerkmale** sind

- die Entfaltung aller Potenziale des Menschen,
- die Dialektik von Aneignung der Kultur und produktiver Weiterentwicklung,
- die Bezogenheit von Erziehungszielen auf die soziokulturelle Situation (in der modernen Gesellschaft z. B. Individualität, Emanzipation),
- die exemplarische Auswahl und Darbietung von Bildungsinhalten im Hinblick auf die Lebenssituation des Lernenden.

Kritik an der geisteswissenschaftlichen Pädagogik kommt ab den 60er Jahren v. a. von Seiten der Sozialwissenschaft. Bemängelt wird das Fehlen einer *Theorie der Gesellschaft*, die die Funktion von Erziehung im Rahmen der sozialen Verhältnisse hinterfragen könnte.

Der »pädagogische Bezug« erscheint als unpolitisches Konstrukt einer »Idylle«, die frei von äußeren Einflüssen allein auf der Qualität des persönlichen Verhältnisses beruht. Tatsächlich vollzieht sich Erziehung aber innerhalb institutioneller Strukturen, die von gesellschaftlichen und politischen Vorgaben geprägt sind.

Die an der **Phänomenologie** orientierte Richtung der Pädagogik bezieht sich auf die Philosophie **Edmund Husserls** (1859–1938). Dessen Ziel ist eine unvoreingenommene Beschreibung der Dinge, so wie sie dem Bewusstsein urspr. erscheinen.

Die Phänomenologie versucht also »die Sachen selbst« (im Bewusstsein) zu erfassen.

Um dieses Ziel zu erreichen, geht sie methodisch in drei Schritten vor (A): Zuerst müssen alle vorgefassten Meinungen oder theoretischen Annahmen ausgeklammert werden *(phänomenologische Reduktion)*. Danach sollen die sich so zeigenden Erscheinungen in ihrem Wesen begriffen werden *(eidetische Reduktion)*. Schließlich wird geklärt, wie das Erkenntnisvermögen von Subjekten überhaupt beschaffen sein muss, damit der Mensch sich seiner selbst und der Welt bewusst werden kann *(transzendentale Reduktion)*.

Die phänomenologische Pädagogik verwendet diese Methode, um das den historisch-empirischen Erscheinungen pädagog. Handelns zugrundeliegende Wesen von Erziehung überhaupt zu erkennen.

Otto F. Bollnow (1903–91) beschäftigt sich auf dieser Grundlage mit der Bedeutung der »pädagogischen Atmosphäre« als Gesamtheit der gefühlsmäßigen Beziehungen zwischen Erzieher und Kind, die für ihn entscheidend ist für das Gelingen von Erziehung (B).

So prägen z. B. in der Kindheit ausgebildete Grundstimmungen wie Geborgenheit oder Vertrauen die spätere Weltsicht und Handlungsweise des Erwachsenen wesentlich.

Martinus J. Langeveld (1905–89) fordert, dass sich der Erzieher erst einmal ganz auf die Erfahrungswelt des Kindes einlassen muss (z. B. durch Teilnahme am Spiel), bevor er pädagog. Aussagen treffen kann.

Damit sollen die vorwiegend wissenschaftlichen Deutungsmuster von Wahrnehmen und Lernen bei Kindern aufgebrochen und das Verständnis für die *Weltsicht des Kindes* eröffnet werden (C).

Wilfried Lippitz (geb. 1945) will die vorwissenschaftliche Erfahrung in der Pädagogik rehabilitieren. Mit Husserl weist er darauf hin, dass die **konkrete Lebenswelt** jeder Theorie fundierend vorausgeht. Die vielschichtige, *leiblich-sinnliche* Dimension der Welterfahrung, des Denkens und Lernens soll in der Pädagogik wieder zur Geltung gebracht werden. So sollen *schulische Lernprozesse* bei der kindlichen Lebenswelt ansetzen und über die sinnlich-praktische Erfahrung des Könnens zu abstrakteren Gebieten fortschreiten.

Die Tragweite des phänomenologischen Ansatzes zeigt sich z. B. auch im Bereich der *Geistigbehindertenpädagogik,* wo nichtsprachliche Zugangsweisen zu den Kindern von großer Bedeutung sind und ein einseitig kognitives Lernkonzept nicht trägt.

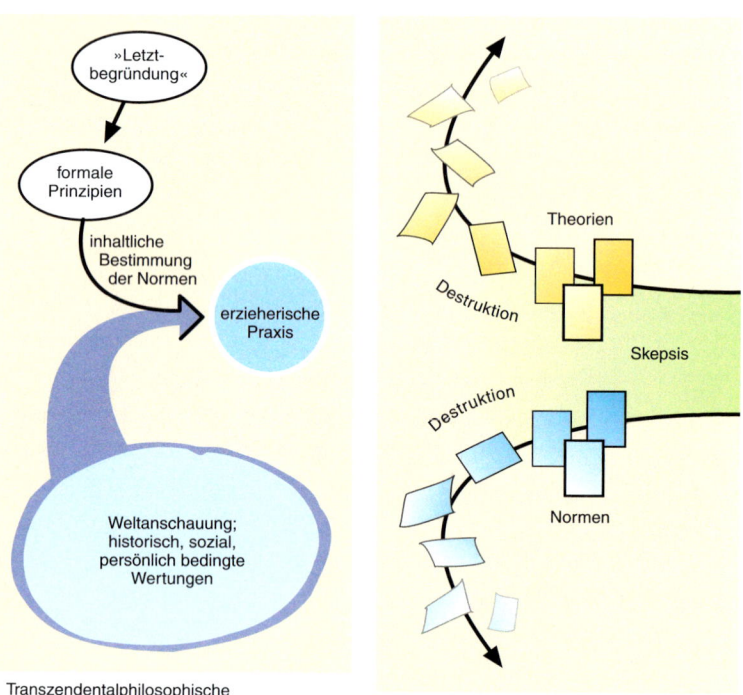

A Traditionslinien der transzendentalphilosophischen Pädagogik

B Transzendentalphilosophische
Normenbegründung

C Fischer: Skeptische Pädagogik

Der Bezugspunkt für eine **transzendental-philosophisch** orientierte Pädagogik ist in erster Linie die kritische Philosophie Immanuel Kants, die im *Neukantianismus* ihre Fortführung findet (A).

Unter dessen Vertretern sind für die Pädagogik v. a. Paul Natorp, Richard Hönigswald und Jonas Cohn von bes. Bedeutung.

Pädagogik wird als **Prinzipienwissenschaft** in dem Sinne verstanden, dass sie die Geltung pädagog. Begriffe und Normen (Erziehungsziele) nicht aus der Analyse der historisch-sozialen Gegebenheiten ableitet, sondern in Prinzipien verankert sieht, die a priori (vor aller Erfahrung) im Menschen gegeben sind. Nur wenn die Erziehung Grundsätzen folgt, die sich aus dem »Wesen und Werden« des Menschen selbst ergeben, kann sie eine Unabhängigkeit gegenüber beliebigen gesellschaftlichen Ansprüchen (aus Politik, Wirtschaft usw.) gewinnen.

Zu diesen Grundsätzen gehört nach **Natorp,** dass Bildung die Hauptrichtungen des personalen Strebens umfassen muss, d. h. die *Erkenntnis* (Intellekt), die *moralische Führung* (Wille) und das *ästhetische Erleben* (Fantasie). Da Erkenntnis eine spontane Leistung der Subjektivität ist, muss weiterhin die Förderung der *Selbsttätigkeit* zu den pädagog. Zielen gehören.

Zu den Prinzipien der Ethik wiederum zählt, dass moralische Regeln sich an alle Menschen wenden und damit eine *Gemeinschaft* gleicher und sich gleichermaßen verpflichtender Individuen voraussetzen. Die erzieherische Umsetzung der darin zum Ausdruck kommenden notwendigen Bezogenheit von Individualität und Sozialität nennt Natorp *Sozialpädagogik* (mit einem weiteren Begriffsverständnis als heute).

Vor diesem Hintergrund fordert er ein von Stand und Vermögen unabhängiges **Einheitsschulwesen,** das dezentral von Lehrern, Eltern und Schülern selbst geleitet werden soll. Darüber hinaus engagiert er sich für die Förderung von Benachteiligten, für die Volks- und Arbeiterbildungsbewegung.

Auch **Alfred Petzelt,** ein Schüler Hönigswalds, versucht die Bedingungen der Möglichkeit von Pädagogik zu klären. Er findet sie in der dem Menschen eigenen **Aktivität des Ich.** Diese hat eine zweifache Richtung: auf die Gegenstände (Erkennen) und rückbestimmend auf sich selbst (Verantwortung). Daraus ergeben sich als Normen *Wahrheit* und *Sittlichkeit,* zu denen die Pädagogik in Form des Unterrichts (Hilfe zum Erkennen) und der Erziehung (Hilfe zum Handeln, Charakterbildung) beizutragen hat.

Die **Problematik** einer transzendental-normativ verfahrenden Pädagogik zeigt sich darin, dass die Prinzipien (z. B. Freiheit, Vernünftigkeit), aus denen Handlungsnormen abgeleitet werden, nur allgemein und formal sind. Bei der Umsetzung in die pädagog. Praxis müssen aber konkrete Inhalte und Anweisungen angegeben werden, die sich nicht unmittelbar aus den Prinzipien selbst ableiten lassen. Entgegen dem eigenen Anspruch einer transzendentalphilosophischen Begründung von Normen fließen in ihre Bestimmung daher wieder historisch, sozial und persönlich bedingte Wertungen ein (B).

Es bedarf deshalb einer eigenen Reflexion der Bedingungen inhaltlicher Normenfindung, die von neueren Vertretern der Richtung vorgenommen wird:

Marian Heitger (geb. 1927) sieht gemäß transzendentalphilosophischer Tradition in der Entfaltung theoretischer und praktischer *Vernunft* das Prinzip für die Begründung pädagog. Handelns. Die inhaltliche Klärung, Prüfung und Kritik von Normen geschieht aber in Form eines beständigen vernünftigen **Dialogs,** zu dem die an der Erziehung beteiligten gesellschaftlichen Gruppen beitragen.

Die von **Wolfgang Fischer** (1928–98) vertretene *transzendentalkritische* Richtung radikalisiert den Gesichtspunkt der analytischen *Prüfung* von pädagog. Theorien und Erziehungsnormen und lehnt eine Letztbegründung ab.

Er kritisiert an den bisherigen Ansätzen, dass ihr erkenntniskritisches Potenzial verspielt worden sei in »absolut hoffnungslosen Versuchen«, Letztheiten und Unbedingtes ausfindig zu machen. Es sei der größte Fehler der Vernunft, »Wissen vorzugaukeln, wo man nichts wissen kann«.

Fischers **skeptische Pädagogik** ist *destruktiv* im Hinblick auf das Zersetzen ungeprüfter pädagog. Überzeugungen, aber *konstruktiv* in der Ermöglichung gesteigerter Rationalität (C). Sie stellt eine Herausforderung an die Pädagogik dar, sich beständig kritisch-argumentativ zu rechtfertigen.

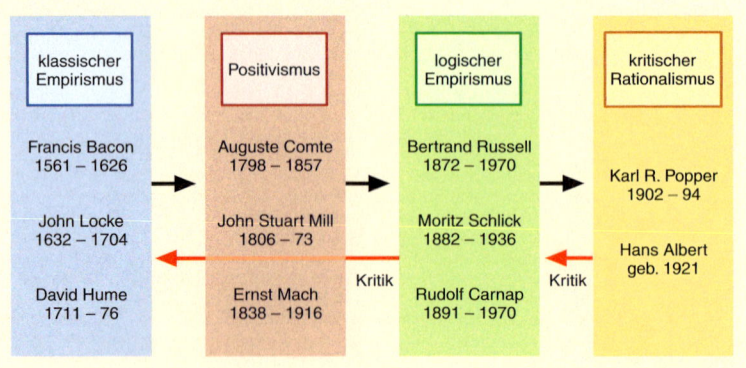

A Traditionslinien des Empirismus

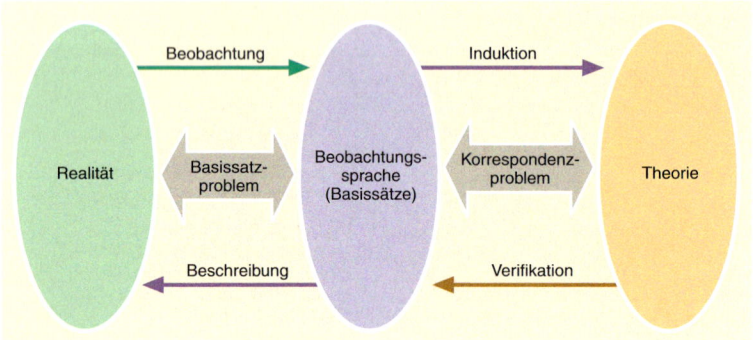

B Erkenntnismodell des logischen Empirismus

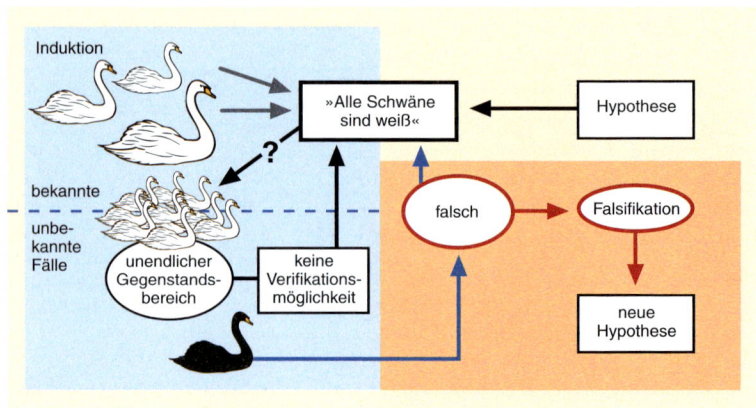

C Kritischer Rationalismus: Falsifikation

Erste Ansätze, Pädagogik nach dem Vorbild der Naturwissenschaften auf *Beobachtung* und *experimentelle Erfahrung* zu gründen, finden sich bereits Ende des 18. Jh. (z. B. bei E. Ch. Trapp). Mit dem Beginn des 20. Jh. erfolgt eine zunehmende systematische und methodische Ausarbeitung einer empirischen Erziehungswissenschaft.

Deren wissenschaftstheoretische Grundlage bilden Empirismus und Positivismus. Die Vertreter des **klassischen Empirismus** (u. a. F. Bacon, J. Locke) sehen die Quelle jeder Erkenntnis in der Erfahrung. Wissenschaft muss sich auf die gegebenen Tatsachen gründen und nicht auf vermeintlich apriorische Vernunfteinsichten. Ziel ist, gesetzmäßige Ursache-Wirkungs-Zusammenhänge formulieren zu können.

Dazu genügt es nicht, sich auf beliebige Alltagserfahrungen zu beziehen, weil die tatsächlichen Wirkursachen von zufälligen Begleiterscheinungen unterschieden werden müssen. Erkenntnisinstrument ist daher das **Experiment**, mit dem die Natur gezielt befragt wird. Diese geplante Beobachtungssituation bietet die Möglichkeit, einzelne Faktoren systematisch zu verändern, um Zufälliges von Gesetzmäßigem trennen zu können. Aufgrund der Wiederholbarkeit des Experiments sind die Ergebnisse jederzeit nachprüfbar.

Die Vertreter des **logischen Empirismus** (oder *Neopositivismus),* wie M. Schlick, R. Carnap, B. Russell, kritisieren dieses klassische Modell als zu einfach. Ihrer Ansicht nach ergeben sich Erkenntnisse nicht unmittelbar aus der Beobachtung, sondern erst aufgrund eines Umformungsprozesses, der selbst wissenschaftlich geklärt und problematisiert werden muss.

Nicht die empirische Wahrnehmung selbst ist nämlich die Grundlage für die Theorie, sondern die darauf bezogenen *Aussagen* (sog. Basissätze oder Beobachtungsprotokolle).

Damit ergibt sich als Erstes das sog. **Basissatzproblem:** Inwieweit entsprechen Beobachtungssätze der Realität?

Beobachtungen sind abhängig von den Vor-Annahmen des Forschers, der Versuchsanordnung, den ausgewählten Aspekten usw. Da wir über die »Wirklichkeit an sich« nichts wissen können, sind diese durch den Forschungsprozess bedingten Aussagen die einzige Grundlage für die Theorie, die sich *induktiv* (Schluss vom Einzelnen auf das Allgemeine) aus ihnen ergibt.

Die Theorie muss sich ihrerseits wieder an der Erfahrung überprüfen lassen *(Verifikation),* was zum sog. **Korrespondenzproblem** führt: Wie lässt sich die theoretische Sprache in die Beobachtungssprache übersetzen?

Notwendig sind also wissenschaftlich-methodisch geklärte Regeln, die festlegen, wie sich Theorien ableiten lassen und mit welchen Methoden sie sich an der Beobachtung verifizieren lassen. (B)

Die Vertreter des **Kritischen Rationalismus** (K. R. Popper, H. Albert u. a.) zeigen auf, dass einige Grundannahmen des logischen Empirismus nicht haltbar sind. Dies betrifft v. a. das Induktionsprinzip und die Methode der Verifikation.

Mit Bezug auf Hume zeigt Popper, dass auch unendlich viele Beobachtungen keinen Beweis für die Gültigkeit einer Theorie liefern können.

Auch wenn alle bisher bekannten Schwäne weiß sind, ist damit der allgemeine Satz »alle Schwäne sind weiß« nicht bewiesen, da im unendlichen Gegenstandsbereich immer noch andersfarbige Schwäne auftauchen können. (C)

Theorien lassen sich also nicht verifizieren, wohl aber *falsifizieren:* Ein einzelner schwarzer Schwan widerlegt die obige Behauptung.

Theorien sind daher als **Hypothesen** zu verstehen, die einer möglichst kritischen Prüfung unterzogen werden müssen.

Die Wissenschaftlichkeit von Thesen hängt auch davon ab, wie viele Möglichkeiten der Kritik und Falsifikation sie zulassen, während sich weltanschauliche Dogmen gegen Kritik abschotten.

Eine Theorie, die möglichst vielen Widerlegungsversuchen standgehalten hat, kann als *vorläufig* gesichert gelten.

Forschung stellt sich im Kritischen Rationalismus als *offener Prozess* mit folgenden Schritten dar:

- Ein Problem wird erkannt (definiert).
- Dies führt zu einer ersten Hypothese im Sinne eines Lösungsvorschlags.
- Die Hypothese wird kritisch geprüft, Fehler werden beseitigt.
- Mit der Neufassung der Hypothese ergibt sich eine neue Problemsituation als Ausgangspunkt für die weitere Forschung.

Jeder Wissenschaftsansatz, der nicht auf diese Weise problemoffen und kritisch vorgeht, sondern glaubt Letztbegründungen liefern zu können, gerät nach H. Albert zwangsläufig in das sog. **»Münchhausentrilemma«.** Der Versuch einer letztgültigen Erklärung führt entweder

- zu einem *unendlichen Regress,* weil auf der Suche nach Gründen endlos zurückgegangen werden kann,
- zu einem *Abbruch* des Verfahrens und damit zu einem Dogmatisieren,
- oder zu einem *logischen Zirkel,* bei dem die Begründung das schon voraussetzt, was erst noch zu begründen ist.

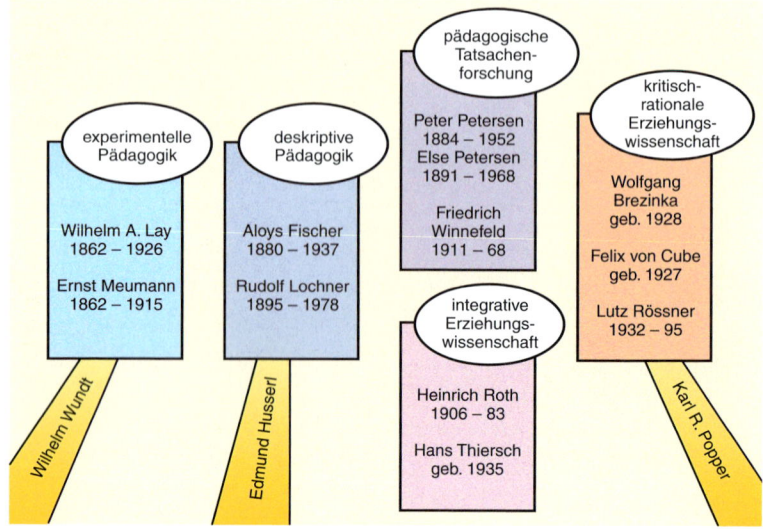

A Vertreter und Richtungen empirischer Erziehungswissenschaften

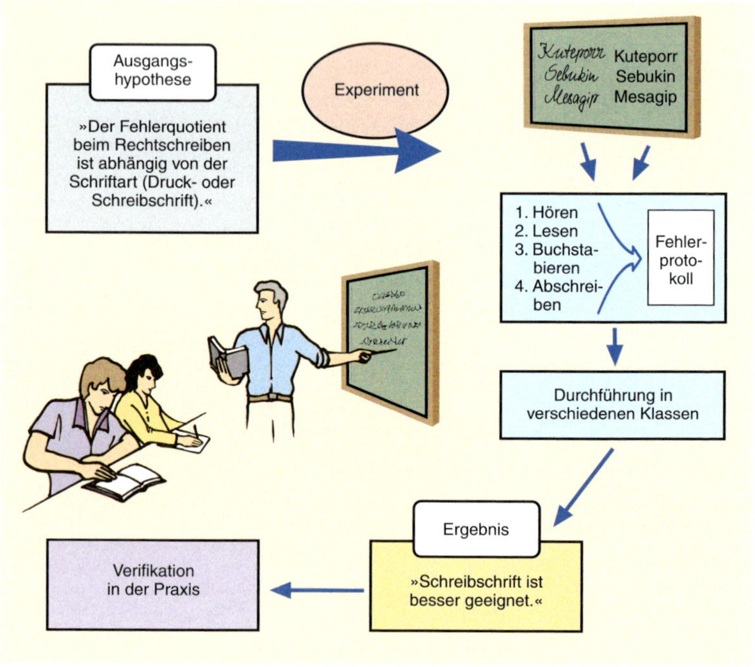

pädagogische Tatsachenforschung
Peter Petersen
1884 – 1952
Else Petersen
1891 – 1968

Friedrich
Winnefeld
1911 – 68

kritisch-rationale Erziehungswissenschaft
Wolfgang
Brezinka
geb. 1928

Felix von Cube
geb. 1927

Lutz Rössner
1932 – 95

experimentelle Pädagogik
Wilhelm A. Lay
1862 – 1926

Ernst Meumann
1862 – 1915

deskriptive Pädagogik
Aloys Fischer
1880 – 1937

Rudolf Lochner
1895 – 1978

integrative Erziehungswissenschaft
Heinrich Roth
1906 – 83

Hans Thiersch
geb. 1935

Wilhelm Wundt

Edmund Husserl

Karl R. Popper

Ausgangs-hypothese

»Der Fehlerquotient
beim Rechtschreiben
ist abhängig von der
Schriftart (Druck- oder
Schreibschrift).«

Experiment

Kuteporr   Kuteporr
Sebukin   Sebukin
Mesagip   Mesagip

1. Hören
2. Lesen
3. Buchsta-
   bieren
4. Abschrei-
   ben

Fehler-proto-koll

Durchführung in
verschiedenen Klassen

Ergebnis

»Schreibschrift ist
besser geeignet.«

Verifikation
in der Praxis

B Lay: Experiment zur Optimierung des Rechtschreibunterrichts

Die **experimentelle Pädagogik** wird im deutschsprachigen Raum von Wilhelm August Lay (1862–1926) und Ernst Meumann (1862–1915) begründet (A).

Ihr Ziel ist es, »jede pädagogische Erscheinung als Wirkung von Ursachen« erklären zu können, d. h. *kausale Zusammenhänge* herauszustellen. Die Forschungsmethoden sind Experiment, Beobachtung und Statistik. Dabei kommt dem **Experiment** eine bes. Bedeutung zu, um Ursachen von zufälligen Begleitumständen trennen zu können.

Lay beschreibt die Vorgehensweise so:
> »*Ein pädagogisches Experiment weist folgende Stufen auf: 1. Die Hypothesenbildung; 2. die Gestaltung und Durchführung des Versuchs; 3. seine Bewahrheitung (Verifikation) in der Praxis.«*

Ein Beispiel für einen solchen von Lay durchgeführten Versuch ist die Erfassung der Lese- bzw. Rechtschreibfehler beim Vergleich von Schreib- und Druckschrift in verschiedenen Schulstufen mit dem Ziel, die beste Methode für den Rechtschreibunterricht zu finden. (B)

Eine wissenschaftliche Begründung der Pädagogik kann nach Lay nur auf empirischer Basis erfolgen. Die Thesen und Erfahrungen der traditionellen Pädagogik spielen daher für ihn nur bei der Hypothesenbildung als Ausgangsprobleme für die experimentelle Untersuchung eine Rolle.

Im Unterschied dazu liefert die experimentelle Methode bei **Meumann** zwar die empirische Basis für die systematische Pädagogik, erschöpft aber nicht deren Gesamtbereich.

> So bleibt für ihn die Bestimmung der Erziehungsziele »zum großen Teil Sache der philosophischen Pädagogik«.

Auch schätzt Meumann die Möglichkeit der unmittelbaren Umsetzung der experimentellen Ergebnisse in die erzieherische Praxis kritischer ein. Aus ihnen ergibt sich nicht bereits eine zwingende Reglementierung der Praxis, sondern nur die empirische Grundlage für die Analyse von Erziehungsfragen und deren Bewältigung.

Für **Aloys Fischer** (1880–1937) bildet eine theoriefreie und interesselose **Deskription** des Erziehungsgeschehens die Grundlage wissenschaftlicher Pädagogik.

In phänomenologischer Tradition geht es ihm darum, die »Sachen selbst« unverstellt von theoretischem Vorwissen und praktischem Vorwissen zur Erscheinung kommen zu lassen. Der daraus gewonnene, von traditionellen ebenso wie von reformistischen Zielvorstellungen freie Gegenstandsbereich der Erziehung stellt die zu erklärenden Tatsachen dar. Dabei spielt auch für Fischer das *Experiment* eine bes. Rolle als

> »*systematische Beobachtung eines unter vollständig bekannten, willkürlich wiederholbaren und variablen Bedingungen erzeugten Tatbestandes«.*

Auf der empirisch exakten Forschung kann dann die *Theorie* aufbauen, die die Aufgaben der Erziehungswissenschaft bestimmt und begrifflich klärt.

In Weiterführung des Ansatzes von Fischer klammert **Rudolf Lochner** (1895–1978) später alle normativen Fragen aus der Erziehungs*wissenschaft* aus und weist sie einer davon scharf zu trennenden Erziehungs*lehre* zu.

> »*Der Zweck der Erziehungswissenschaft liegt nicht in der Beeinflussung eines erzieherischen Handelns, sondern … in der Erkenntnis der Gegebenheiten; sie schaltet bewusst jedes Ziel- und Zweckdenken aus.«*

Im Unterschied zu diesem Ansatz, der Erziehungswissenschaft als »praxisfreien« Bereich konstituieren will, ist der **pädagogische Tatsachenforschung** von **Peter** (1884–1952) und **Else Petersen** (1891–1968) in das konkrete Erziehungs- und Unterrichtsgeschehen eingebettet.

Ausgangspunkt der Forschung ist die komplexe Gesamtheit der pädagog. Situation, die in einem mehrdimensionalen *Beobachtungsverfahren* protokolliert werden soll.

Unterschieden werden die *Einzelaufnahme* eines Schülers (sein Verhältnis zu Lehrer, Mitschülern), die *Lehreraufnahme* (Handlungen, Kommunikationsweisen) und die *Gesamtaufnahme* der Lerngruppe.

> An seiner Jenaer Versuchsschule erprobt Petersen diese empirische Untersuchungsmethode und macht sie für die Gestaltung des Unterrichts fruchtbar. Um den Lehrern ein besseres Verständnis für das Erziehungsgeschehen zu vermitteln, sollen diese während ihrer Ausbildung in Jena selbst Forschungen durchführen.

Heinrich Roth (1906–83) fordert eine **realistische Wendung** in der Erziehungswissenschaft, die die hermeneutische Methoden durch empirische Forschungen erweitern soll. Theorie, empirische Forschung und Praxis sollen einen Regelkreis der Abgleichung von Idee und Wirklichkeit, Normen und Tatsachen, Maßnahmen und ihren Folgen bilden.

Die wissenschaftstheoretische Position des **Kritischen Rationalismus** wird bes. von **Wolfgang Brezinka** (geb. 1928) in die pädagog. Theoriebildung eingebracht.

Nach ihm soll die empirische Erziehungswissenschaft intersubjektiv nachprüfbare Aussagen über die Erziehungswirklichkeit

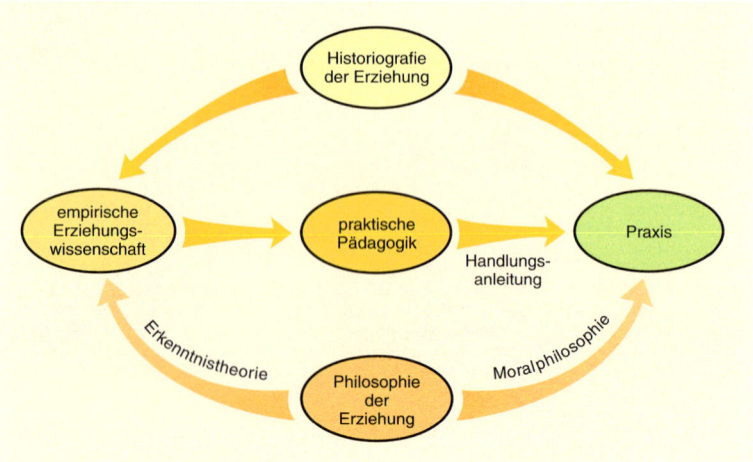

A Wissenschaftsprogramm von Brezinka

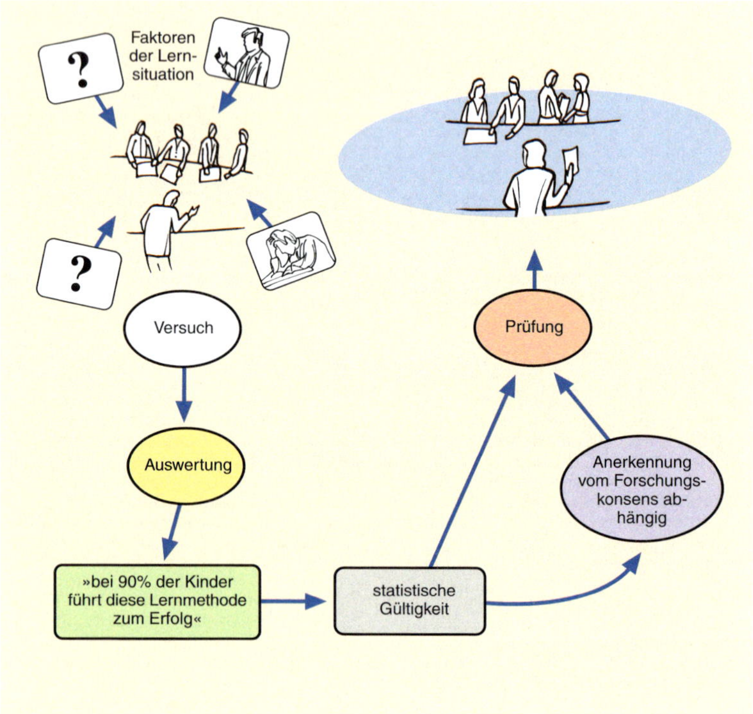

B Probabilistische Hypothesen in der Sozialforschung

machen, die frei von Normen, Weltanschauungen, politischen Programmen und dergleichen sind.

In Bezug auf die Frage der **Wertfreiheit** von Wissenschaft greift Brezinka auf Hans Albert zurück und unterscheidet folgende Bereiche:

- Die *Wertbasis* von Forschung betrifft deren Voraussetzungen, d.h. den wissenschaftstheoretischen Ansatz, die Auswahl von Forschungsgebieten und Methoden sowie die Anwendung der Forschungsergebnisse.
- *Werturteile* sind normative Aussagen *über* den Objektbereich der Wissenschaft, z.B. »Lehrer sollen gerecht sein«.
- *Wertungen* schließlich sind Normen, die *im* Objektbereich vorkommen und über die eine beschreibende Aussage gemacht wird, z.B. »80% aller Schüler sind der Ansicht, dass Lehrer gerecht sein sollen«.

Die Forderung nach Wertfreiheit bezieht sich nur auf die Enthaltung von *Werturteilen:*

> »Von Formulierungen, die den Ausdruck eigener Gefühle, die Erregung von Gefühlen bei anderen oder die Aufforderung zu einem Verhalten bezwecken, müssen wissenschaftliche Theorien freigehalten werden.«

Die empirische Erziehungswissenschaft zielt auf die Erfassung von gesetzmäßigen Zusammenhängen im Bereich der Erziehung. Dem *kritisch-rationalen Erkenntnisprogramm* folgend

- nimmt sie ihren Ausgang bei Problemen und Lösungsversuchen,
- stellt sie Theorien in Form einer Gesamtheit von Hypothesen auf, die zur Erklärung und Voraussage der Phänomene herangezogen werden müssen,
- überprüft sie die Hypothesen durch den Versuch, sie an der Erfahrung scheitern zu lassen (Falsifikation),
- und stellt schließlich neue Hypothesen auf, die neue Problembereiche erschließen.

Die so gewonnenen Erkenntnisse haben für die Praxis eine dreifache Relevanz:

1. als *Erklärung* (z.B. »Franz ist nicht kooperativ, weil er an der Gruppenarbeit nicht teilnimmt.«),
2. als *Prognose* (»Wenn Franz an der Gruppenarbeit teilnimmt, wird er sich kooperativer verhalten.«),
3. als *Technologie* (»Um die Kooperation zu fördern, ist Gruppenarbeit ein geeignetes Mittel.«).

Die empirische Erziehungswissenschaft ist jedoch nicht in der Lage, alle Aufgaben wahrzunehmen, die sich der Pädagogik stellen. Deshalb nimmt Brezinka noch weitere Teilbereiche in sein Wissenschaftsprogramm auf (A):

Eine **Historiografie der Erziehung** ist notwendig, weil die Erziehungswissenschaft sonst nur den gegenwärtigen Ausschnitt der Erziehungswirklichkeit erfassen kann.

Weiterhin gibt es Fragen, die nur durch die **Philosophie der Erziehung** geklärt werden können. Sie betreffen zum einen die *Erkenntnistheorie* (logische Analyse pädagog. Begriffe, Methodologie, Kritik pädagog. Systeme) und zum anderen die *Moralphilosophie* (kritische Überprüfung der Geltung und Begründung von Normen).

Schließlich liefert die empirische Erziehungswissenschaft auch keine direkten Regeln für die Praxis. Dies ist Aufgabe der **praktischen Pädagogik.**

> Sie soll den Erzieher informieren, motivieren, über die Gründe für Handlungsnormen aufklären und somit eine Grundlage für seine praktischen Entscheidungen bieten.

Die **Weiterentwicklung** des Programms einer kritisch-rationalen Erziehungswissenschaft trägt u.a. dem Sachverhalt Rechnung, dass der ihr zugrunde liegende wissenschaftstheoretische Ansatz Poppers sich auf deterministische Gesetzesaussagen bezieht, die im strengen Sinn für die Sozialwissenschaften nicht aufgestellt werden können.

> Da z.B. bei Lernvorgängen sehr unterschiedliche Faktoren eine Rolle spielen können (Individualität, sozialer Einfluss, Lehrerverhalten), lassen sich nur *statistische* Aussagen, sog. probabilistische Hypothesen, machen (B), z.B. »bei 90% der Kinder zeigt diese Lernmethode Erfolge«.

Prognosen sind daher auch nur mit einer gewissen *Wahrscheinlichkeit* möglich, und eine Falsifikation im strengen Sinn scheidet aus, weil abweichende Fälle die (statistische) Gültigkeit der Theorie noch nicht zu Fall bringen.

Neuere Ansätze machen auch die Reflexion über den Gesellschaftsbezug der Forschung sowie über deren Verwertung selbst zu einem Bestandteil der empirischen Erziehungswissenschaft.

> Damit wird die Abhängigkeit des Forschungsprozesses (Aufstellung und Überprüfung von Theorien, Anwendung) von *historisch-sozialen* Bedingungen stärker berücksichtigt.

Vorherrschend sind *integrative Ansätze,* die hermeneutische Methoden einbinden und quantitative mit qualitativer Sozialforschung verbinden.

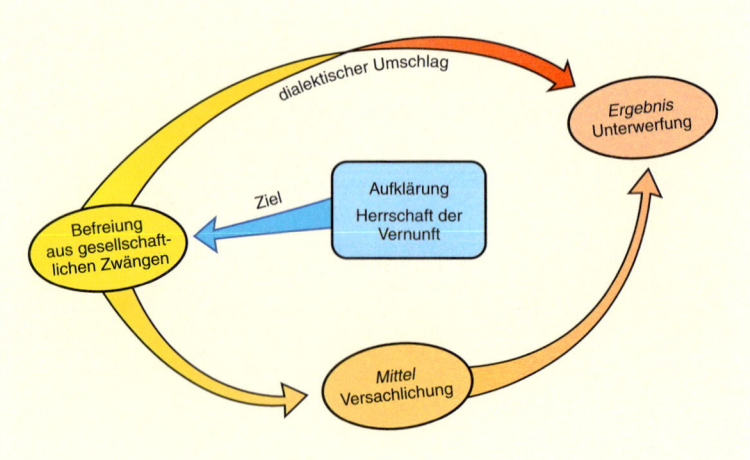

A Horkheimer/Adorno: Dialektik der Aufklärung

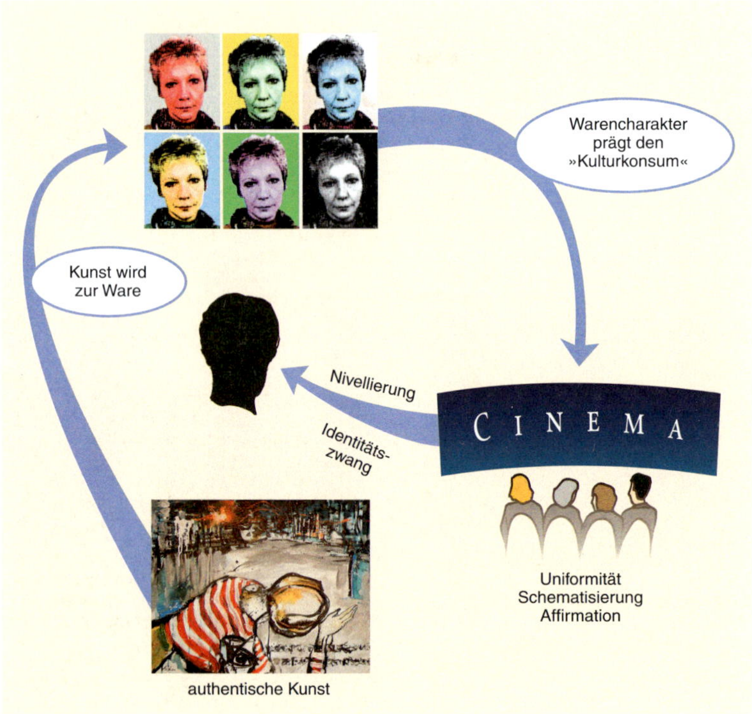

B Herrschaft der instrumentellen Vernunft am Beispiel der Kulturindustrie

Der Bezugspunkt für die kritische Erziehungswissenschaft ist die **Kritische Theorie** der ›Frankfurter Schule‹.

Deren Hauptvertreter sind Max Horkheimer (1895–1973), Theodor W. Adorno (1903–69), Herbert Marcuse (1898–1979) und später Jürgen Habermas.

Gegenüber traditionellen Theorien – sowohl geisteswissenschaftlich-hermeneutischen als auch empirisch-positivistischen – betont die Kritische Theorie die *gesellschaftliche Abhängigkeit* von Wissenschaft.

Wissenschaft ist Bestandteil der gesellschaftlichen Produktionsverhältnisse, und daher ist sowohl die Entstehung von Erkenntnissen als auch ihre Verwendung von den ökonomischen, sozialen und politischen Verhältnissen geprägt.

Die von den Sozialwissenschaften untersuchten Tatsachen müssen als vom Menschen hervorgebrachte und veränderbare begriffen werden. Die kritische Theorie der Gesellschaft hat daher

>*»die Menschen als die Produzenten ihrer gesamten historischen Lebensformen zum Gegenstand«.*

In ihrer Methodik verbindet die Kritische Theorie dabei historische und empirische Forschung, sozialphilosophische Reflexion und gesellschaftskritische Analyse.

Durch *Aufklärung* über den Entstehungszusammenhang sozialer Verhältnisse soll zu deren Veränderung beigetragen werden.

Ihr Ziel ist die **Emanzipation** des Menschen, d. h. seine Befreiung aus ungerechtfertigten gesellschaftlichen Zwängen. Diesem Zweck der Theoriebildung dient die Klärung der (historischen) Ursachen, die einer Selbstbestimmung des Menschen entgegenstehen, und die gedankliche *Antizipation* einer freien und vernünftigen Gesellschaft.

Erkannt werden sollen die gesellschaftlichen Strukturen und Prozesse, die den Einzelnen dazu bringen, in einer bestimmten Weise zu denken und zu handeln, ohne dass ihm dieser Wirkungszusammenhang bewusst wäre.

Ein Beispiel für eine solche kritische Analyse ist die ›Dialektik der Aufklärung‹ von Horkheimer/Adorno:

Die Herrschaft der **Vernunft** (als Aufklärung bezeichnet) soll den Menschen von der Abhängigkeit von Aberglauben und Naturzwängen befreien. Dies gelingt aber nur, indem die Vernunft alle Verhältnisse kausal versachlicht und damit auch den Menschen selbst nur noch als berechenbares Objekt betrachtet.

Als *instrumentelle* Vernunft führt die Aufklärung aber nicht zur Befreiung des Menschen, sondern zu seiner totalen Unterwerfung. (A)

Ein Beispiel ist die moderne *Kulturindustrie.* Wenn Kunst zur reinen Ware wird, verliert sie den Charakter der Andersheit und des Widerspruchs und reproduziert nur noch die bestehenden Verhältnisse und deren repressive Moral. (B)

In ihrer späteren Zeit haben Horkheimer und Adorno weitgehend die Hoffnung aufgegeben, breite Bevölkerungsschichten zu einer aktiven Veränderung der sozialen Verhältnisse bewegen zu können. Die Analysen verharren in der Kritik, ohne gesamtgesellschaftlich konstruktive Alternativen aufzeigen zu können.

In einer *»negativen Dialektik«,* die das Nicht-Identische (d. h. Einzelne) zu retten versucht, und in der *Kunst* sieht Adorno die Möglichkeit, das Individuum vor Uniformität und Identitätszwang der modernen Kultur zu bewahren.

Jürgen Habermas (geb. 1929) hat die Kritische Theorie unter Einbeziehung verschiedener anderer Theorieansätze weiterentwickelt und als Gegenmodell zum instrumentellen Verständnis von Vernunft einen *kommunikativen Vernunftbegriff* begründet.

Er geht davon aus, dass mit der Organisation jeder Gesellschaft bestimmte **Interessen** verknüpft sind, die auch das wissenschaftliche Erkenntnisziel leiten:

- Den empirisch-analytischen Wissenschaften liegt ein Interesse an der Ausweitung technischer Verfügungsgewalt zugrunde,
- die historisch-hermeneutischen zielen auf eine Erweiterung der Verständigungsmöglichkeiten,
- die kritische Wissenschaft ist von einem emanzipatorischen Interesse geleitet.

Letztere soll die Gründe für gesellschaftliche Fehlentwicklungen aufdecken und zu deren Aufhebung beitragen.

Die Idee der Mündigkeit verweist auf ein kommunikatives Handeln, das auf Verständigung beruht. In einer freien Gesellschaft muss die Lösung anstehender Probleme daher in einem vernünftigen **Konsens** gesucht werden. Jeder muss bereit sein, von ihm erhobene (normative) Geltungsansprüche in einem **Diskurs** rational zu begründen. Die dabei erzielte Übereinstimmung ist verbindlich, wenn die Bedingungen der *idealen Sprechsituation* eingehalten werden:

1. Jeder Betroffene hat das gleiche Recht, teilzunehmen und sich frei von Zwängen zu äußern.
2. Jeder Sprecher erkennt den anderen dadurch an, dass seine Aussagen wahr sind, er die Sprache verständlich verwendet, seine Motivationen wahrhaftig mitteilt und es ihm um allgemeinverbindliche Normen geht, an die er sich zu halten bereit ist.

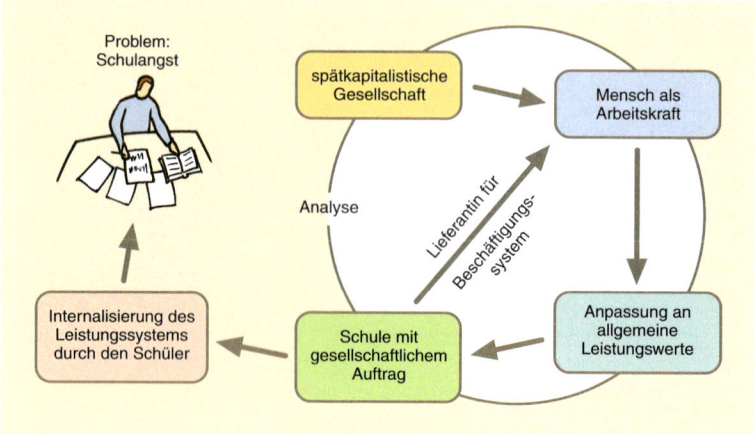

Problem:
Schulangst

spätkapitalistische
Gesellschaft

Mensch als
Arbeitskraft

Analyse

Lieferantin für
Beschäftigungs-
system

Internalisierung des
Leistungssystems
durch den Schüler

Schule mit
gesellschaftlichem
Auftrag

Anpassung an
allgemeine
Leistungswerte

A Beispiel für eine gesellschaftskritische Analyse der Schule

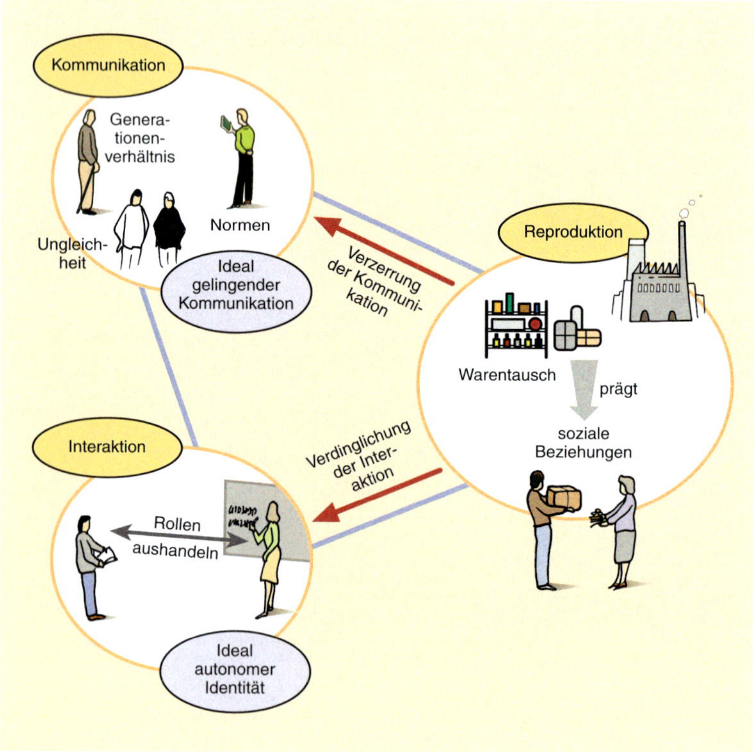

Kommunikation

Genera-
tionen-
verhältnis

Normen

Ungleich-
heit

Ideal
gelingender
Kommunikation

Verzerrung
der Kommuni-
kation

Reproduktion

Warentausch

prägt

soziale
Beziehungen

Interaktion

Verdinglichung
der Inter-
aktion

Rollen
aushandeln

Ideal
autonomer
Identität

B Mollenhauer: Kritische Erziehungstheorie

Die **kritische Erziehungswissenschaft** begreift pädagog. Handeln als eine (historisch bedingte) soziale Praxis und will die Wechselbeziehungen zwischen dem Erziehungssystem und den gesellschaftlichen Verhältnissen herausarbeiten.

Wichtige Vertreter sind Wolfgang Klafki (geb. 1927), Herwig Blankertz (1927–83) und Klaus Mollenhauer (1928–98).

In ihrer **Methodik** grenzt sie sich sowohl von rein geisteswissenschaftl. als auch von empirischen Richtungen der Pädagogik ab:

An der geisteswissenschaftl. Pädagogik wird kritisiert, dass sie Erziehung in einem unpolitischen Raum des individuellen Bezugs von Erzieher und Kind ansiedelt und dabei einfließenden gesellschaftl. Bedingungen ausblendet.

Gegen empirisch-positivistische Ansätze wird eingewendet, dass diese eine objektive Position gegenüber ihrem Gegenstandsbereich einnehmen zu können meinen und dabei verkennen, dass sie selbst Teil der sozialen Praxis sind. Außerdem liefern sie technisch-rationales Verfügungswissen, das Herrschaftsverhältnisse unterstützt.

Die kritische Erziehungswissenschaft will dagegen hermeneutische und empirische Methoden verknüpfen und die von beiden ausgeblendete *gesellschaftliche Dimension* mit einbeziehen.

So lässt sich *empirisch* z. B. der Anteil bestimmter sozialer Schichten an unterschiedlichen Schulformen feststellen. *Hermeneutisch* können die in Lehrplänen, Unterrichtsmethoden oder Medien enthaltenen normativen Komponenten herausgestellt werden. *Ideologiekritisch* lässt sich schließlich analysieren, inwiefern beides Ausdruck ökonomischer und sozialer Machtverhältnisse ist und welche sozialen Gruppen Einfluss auf das Bildungssystem nehmen.

Bes. Klafki hat zudem die Methode der sog. **Aktionsforschung** (action research) der kritischen Erziehungswissenschaft zugeordnet. Bei diesem Ansatz nimmt sich der Forscher nicht aus seinem Gegenstandsbereich heraus, sondern erarbeitet im *Diskurs* mit den Betroffenen Lösungsmöglichkeiten für soziale Probleme.

Die Vorgehensweise bei der **Ideologiekritik** besteht in der Aufdeckung der Mechanismen und Strukturen, die bestehende Machtverhältnisse rechtfertigen und stabilisieren.

So muss z. B. untersucht werden, wie sich in pädagog. Theorien, Einrichtungen, Lehrplänen usw. unreflektierte gesellschaftl. Interessen ausdrücken und *»ob bestimmte gesellschaftliche Gruppen ihre Interessen bewusst hinter bestimmten Zielsetzungen, Theorien usw. verbergen,*

um bei anderen Menschen bzw. Kindern und Jugendlichen Ideologien, falsches Bewusstsein zu erzeugen«. (W. Klafki)

Im **schulpraktischen** Bereich wird v. a. Kritik am dreigliedrigen Schulsystem geübt, dem die Gesamtschule als positive Alternative gegenübergestellt wird, sowie am Einfluss der Schulbürokratie, die als verlängerter Arm bestehender Machtverhältnisse gesehen wird.

Da kritische Erziehungswissenschaft aber nicht nur auf die Analyse, sondern auch auf die Veränderung der Gesellschaft abzielt, muss sie auch *konstruktiv* normative Vorstellungen entwickeln.

Wesentlicher Leitbegriff ist dabei die **Emanzipation,** die sich nicht nur auf Individuen, sondern auf die Gesellschaft insgesamt bezieht.

Emanzipation bedeutet Befreiung *von* Herrschaft und Befreiung *zu* Mündigkeit und Selbstbestimmung.

Der Zweck der Bildung liegt daher in der Mündigkeit des Subjekts, und das Forschungsinteresse der kritischen Erziehungswissenschaft ist auf die Möglichkeit der Veränderung der Praxis in Richtung auf Selbstbestimmung, Demokratisierung und Freiheit gerichtet.

Weiterhin versucht die kritische Erziehungswissenschaft, Erziehungsziele zu formulieren, die dem Anspruch auf Emanzipation gerecht werden, und entsprechende Formen und Inhalte für den Unterricht zu finden.

In seiner kritischen Erziehungstheorie unterscheidet **Mollenhauer** Erziehung als Kommunikation, Interaktion und Reproduktion (B):

Auf das *kommunikative Handeln* wirken Faktoren wie Generationenverhältnis, Tradition, Reproduktion von Ungleichheit und Erziehungsnormen ein.

Pädagogisches Handeln soll den Idealfall *gelingender Kommunikation* anstreben, bei dem auch Gründe für Verzerrungen reflektiert und Normen im Diskurs legitimiert werden.

Unter dem Gesichtspunkt des erzieherischen Handelns als *Interaktion* hebt Mollenhauer bes. den Prozess der Identitätsbildung (Aushandeln von Rollen) und dessen Abhängigkeit von Herrschaftsstrukturen hervor.

Formen und Inhalte pädagog. Handelns stehen schließlich in Verbindung mit der *materiellen Produktionsbasis* der Gesellschaft. Misslingende pädagog. Kommunikationsprozesse sind daher oft nicht den Individuen anzulasten, sondern Ausdruck der reproduzierten ökonomisch-sozialen Strukturen.

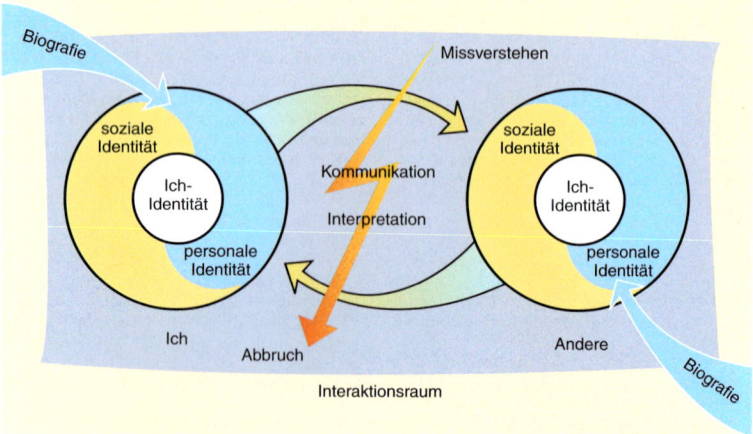

A Interaktion und Identität

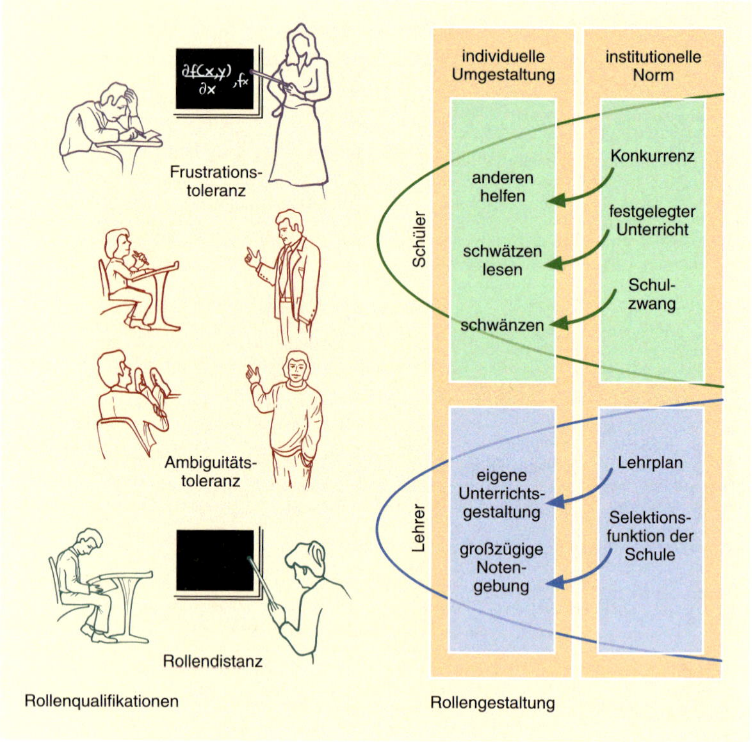

B Interaktion in der Schule

Der **symbolische Interaktionismus** ist eine sozialpsychologische Handlungstheorie, die von George Herbert Mead (1863–1931) begründet und von Erving Goffman (1922–82) weiterentwickelt und auf die Analyse unterschiedlicher sozialer Institutionen angewendet wurde.

Er beschreibt **Kommunikationsprozesse** im Hinblick auf die Identitätsbildung von Individuen. Die gegenseitige Beeinflussung erfolgt durch den Austausch von Zeichen (Sprache, Gesten, Körperkontakt), die vom jeweils anderen verstanden werden müssen. Daher wird ein gemeinsames *Deutungssystem* in Form allgemein anerkannter symbolischer Muster vorausgesetzt, das der Einzelne im Lauf seiner Sozialisation kennen und anwenden lernt.

Der Erfolg einer solchen Kommunikation ist aber immer infrage gestellt, weil die konkreten Situationen unterschiedliche Interpretationen zulassen, die Missverständnisse beinhalten. Hinzu kommen unterschiedliche Erwartungshaltungen der Beteiligten, die, wenn sie nicht befriedigt werden, zum Abbruch der Kommunikation führen können.

Interaktionssituationen werden von den Teilnehmern aktiv gestaltet, indem sie bestimmte **Rollen** einnehmen. Diese sind abhängig von der jeweiligen Situation (z. B. auf einer Party, vor Gericht, in der Schule), von gesellschaftlich bereitgestellten Handlungsmustern (z. B. Begrüßungsritual, geschlechtsspezifische Verhaltensnormen) und eigenen biografischen Lernprozessen.

Entscheidend ist, dass die zur Verfügung stehenden allgemeinen Muster durch den spezifischen Verlauf der Interaktion aktiviert werden (Erwartungen und Reaktionen auf Erwartungen), aber auch spielerisch abgeändert und neu definiert werden können (»Aushandeln« von Rollen).

Eine konkrete Interaktion wechselt daher zwischen dem Vorgang des *role taking* und dem des *role making* ab.

Role taking bedeutet, dass ich die Erwartungen des anderen an mich erkenne und die mir zugedachte Rolle annehmen kann. Ich kann dem anderen auch eine veränderte Rolle anbieten *(role making),* die er akzeptieren, ablehnen oder erneut modifizieren kann.

Der Spielraum für das Aushandeln von Rollen ist sehr unterschiedlich. Im Rahmen von Institutionen (Firma, Schule, Gericht) ist er enger definiert als im privaten Umgang.

Jedoch haben die Untersuchungen von Goffman gezeigt, dass selbst in sehr repressiven Institutionen wie Gefängnis oder Militär noch Interpretationsspielräume und damit Möglichkeiten der eigenen Rollengestaltung vorhanden sind.

Die sozialen Interaktionen bilden die Voraussetzung dafür, dass der Einzelne überhaupt zu einer eigenen **Identität** gelangen kann. Der Aufbau eines Selbstbildes verlangt die Fähigkeit, zu sich selbst in Distanz treten zu können, d. h. sich mit den Augen eines anderen zu sehen *(Perspektivenübernahme):* Ich kann beobachten, wie meine Selbstdarstellung beim anderen ankommt und wie er darauf reagiert.

So nehmen etwa Kinder spielerisch verschiedene Rollen ein (Mutter/Vater, Lehrer, Verkäuferin) und lernen dabei deren Perspektive kennen.

Die vom Einzelnen aufgebaute *Ich-Identität,* das Selbst, ist das Ergebnis des Ausgleichs zwischen seiner *personalen Identität,* die aufgrund der biografischen Erfahrungen schon in die Interaktion eingebracht wird, und seiner *sozialen Identität,* die aufgrund bestehender Rollenmuster und der jeweiligen Situation von anderen an ihn herangetragen wird. (A)

Für die Persönlichkeitsentwicklung ist es entscheidend, dass die Balance zwischen Individualität und Sozialität in befriedigender Weise hergestellt werden kann.

Unter Bezug auf den interaktionistischen Ansatz hat Habermas die **Qualifikationen** herausgestellt, die für ein selbstbestimmtes Rollenhandeln benötigt werden:

Allgemein sind dies *Sprachkompetenz* und *Empathie* (als Fähigkeit zur Perspektivenübernahme).

Da Interaktionen selten völlig unproblematisch verlaufen, sollten folgende Qualifikationen hinzukommen:

- *Frustrationstoleranz:* Die Rolle muss fortgesetzt werden, obwohl sie nur eine geringe Bedürfnisbefriedigung gewährt (Bsp. Schule: Der Schüler hat Fächer, die ihn nicht interessieren);
- *Ambiguitätstoleranz:* Rollendefinitionen sind oft unklar oder widersprüchlich (jeder Lehrer hat unterschiedliche Erwartungen an das Schülerverhalten);
- *Rollendistanz:* Der Einzelne muss seiner Rolle reflektiert gegenüberstehen und gegebenenfalls aus ihr heraustreten können (Bsp.: Der Schüler liest ein spannendes Buch, anstatt langweiligem Unterricht zu folgen). (B)

Am Beispiel der Schule lässt sich zeigen, dass »gute Leistungen« zu einem großen Teil weniger auf Begabung und Fleiß als auf der Beherrschung der Rollenqualifikationen beruhen.

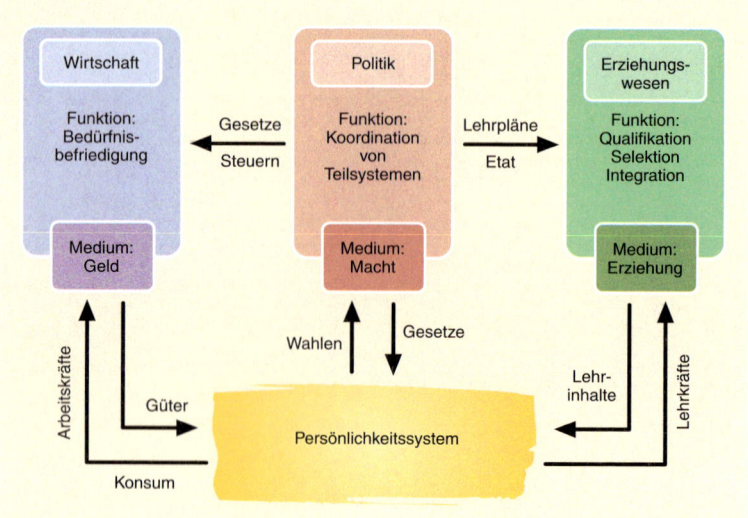

A Vernetzung von Teilsystemen der Gesellschaft

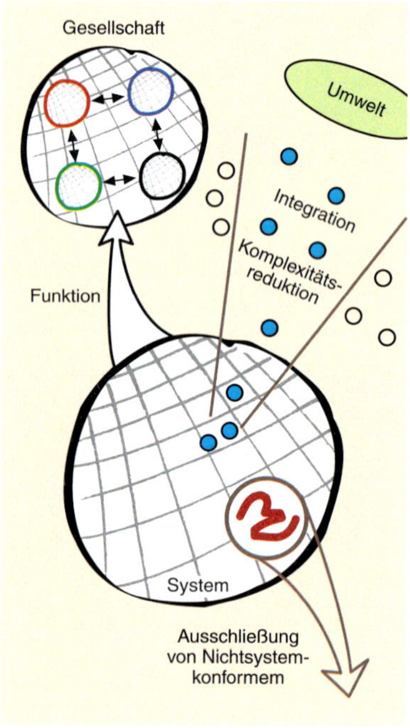

B Systemeigenschaften

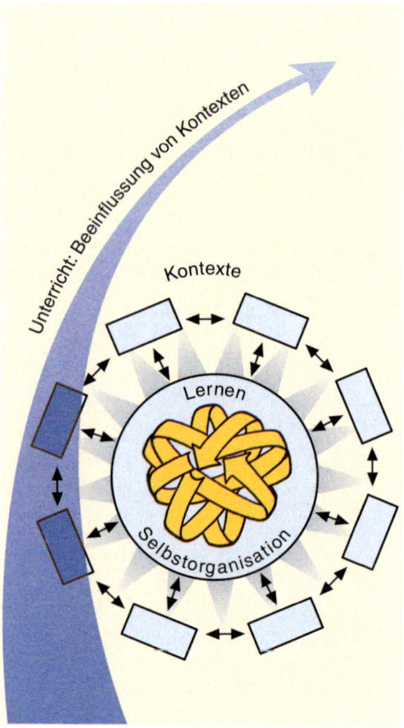

C Systemisches Erziehungsverständnis

Die **Systemtheorie** beschreibt gesellschaftliche Systeme im Verhältnis zu ihrer Umwelt.

> Unter **System** wird eine Gesamtheit von Elementen verstanden, die miteinander in Beziehung stehen.

Das können z. B. das Wirtschafts-, Erziehungs-, Kultursystem sein oder der Mensch selbst, als »Persönlichkeitssystem« begriffen. Als umfassendes Gesamtsystem gilt die *Gesellschaft.*

Nach dem **strukturfunktionalen** Ansatz von **Talcott Parsons** (1902–79) strebt jedes System danach, seine eigene Ordnung aufrechtzuerhalten.

Intern geschieht dies durch das spezifische Zusammenwirken seiner Teile im Hinblick auf die *Stabilität* und *Funktionalität* des Ganzen. Daher kann ein System auch nur das integrieren, was ihm entspricht, bzw. es strebt danach, alles sich selbst anzupassen.

So ist z. B. das öffentliche Schulsystem weitgehend auf rezeptives, fremdbestimmtes Handeln ausgerichtet. Erfolgreich ist der Schüler, der von sich aus in der Lage ist, nicht selbstständiges Handeln zu organisieren. Im hohen Maß selbstständige Schüler drohen dagegen zu scheitern, weil ihre Aktivität sich gegen die Struktur der Schule richtet.

Extern zeichnet sich jedes Teilsystem wiederum durch seine *Funktion* für den Erhalt des Ganzen, also der Gesellschaft, aus.

So hat das Erziehungssystem u. a. die Funktion der Qualifikation (Wissens- und Handlungskompetenz), der Selektion (für soziale Positionen) und der Integration (Stabilität durch Wertevermittlung). (A)

Niklas Luhmann (1927–98) verbindet die Systemtheorie mit der Evolutions- und der Kommunikationstheorie.

Nach ihm beweist die Existenz bestehender Systeme, dass sie ein Problem gelöst haben, ansonsten hätten sie sich nicht erhalten können. D. h. sie haben die Eigenschaft, eine bestimmte *Funktion* zu erfüllen. Für die Ausübung dieser Funktion könnte das System prinzipiell jedoch auch andere Strukturen als die vorhandenen haben, daher sind diese im Hinblick auf die Problemlösung *variabel.*

Eine weitere wichtige Eigenschaft ergibt sich aus dem Verhältnis von System und *Umwelt.* Die Umwelt ist prinzipiell vielfältiger, als sie im System dargestellt werden kann. Dessen Aufgabe besteht daher in einer *Komplexitätsreduktion,* die die Wahrnehmung von Funktionen erst ermöglicht. (B)

Dies lässt sich am Beispiel der *Geschichte der Erziehung* zeigen: Bei geringem Organisationsgrad einer Gesellschaft vollzieht sich Lernen als unproblematisiertes Mitleben. Mit zunehmendem Wissensstand und vielfältigeren Aufgaben muss die Erziehung aus der nun zu komplexen Gesamtheit der Lebensvollzüge herausgenommen und eigens organisiert werden.

Ebenso wird es nötig, über den Lehrplan Wissensinhalte auszuwählen. Zunehmend entwickelt sich die Fähigkeit zu einem formal-methodischen »Lernen des Lernens«, das den höchsten Grad der Reduktion von Inhalten aufweist, damit aber zugleich auf ein weites Feld möglicher Aufgaben vorbereitet.

Später hat Luhmann stärker die Geschlossenheit von Systemen betont, welche auf deren Fähigkeit zur **Selbstorganisation** (Autopoiesis) beruht.

Aus diesen Überlegungen heraus hat Luhmann zusammen mit Karl Eberhard Schorr (1919–96) Folgerungen für die Pädagogik abgeleitet:

Erziehung als geplantes Geschehen muss zur Enttäuschung (auf Seiten des Lehrers) und Frustration (auf Seiten des Schülers) führen, weil in ihr die uneinlösbare Voraussetzung enthalten ist, direkt auf die Intentionen des Schülers einwirken zu können.

Als sich selbst organisierendes System lässt sich nämlich die Psyche des Menschen nicht von außen direkt beeinflussen, der Lehrer kann also nicht kontrollieren, was beim Schüler wie ankommt. Der Schüler wiederum sieht sich einem Lehrverfahren ausgesetzt, das seinen »Systemeigenschaften« nicht entspricht.

Dennoch ist das sich selbst organisierende System natürlich nicht von seiner Umwelt isoliert, es reagiert auf seine vielfältigen Kontexte und setzt sich aktiv in Bezug zu ihnen.

Die Konsequenzen daraus sind, dass sich die (Schul-)Pädagogik nicht auf den Lehrer-Schüler-Bezug konzentrieren darf, sondern das gesamte schulische *Interaktionssystem* zu berücksichtigen hat, das nur Anstöße für die inneren Lernprozesse geben kann.

Leitsätze für ein »systemisches Erziehungsverständnis« sind daher (C):

- Die pädagogische Praxis muss der Komplexität und Vernetztheit von Interaktionsfeldern gerecht werden.
- Der Unterricht soll darauf abzielen, die Selbstorganisation von Lernprozessen zu unterstützen und zu verbessern.
- Einflussnahmen laufen über Veränderungen von *Kontexten.*

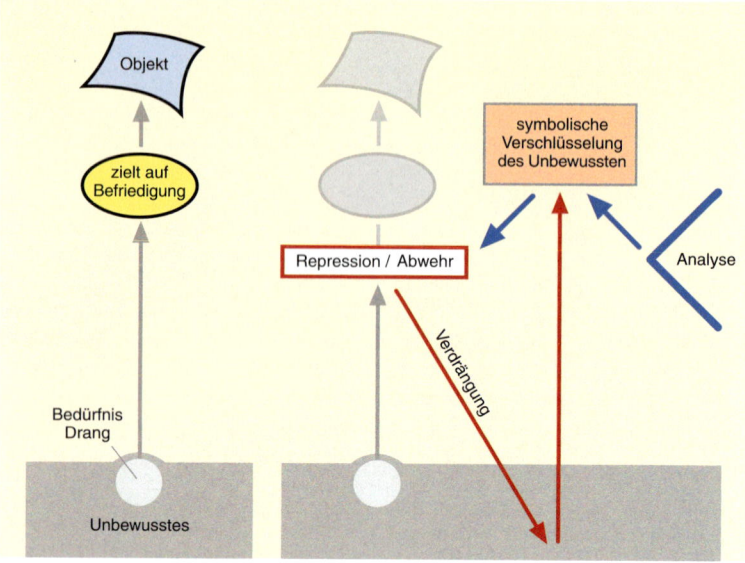

A Freudsches Modell der Triebdynamik

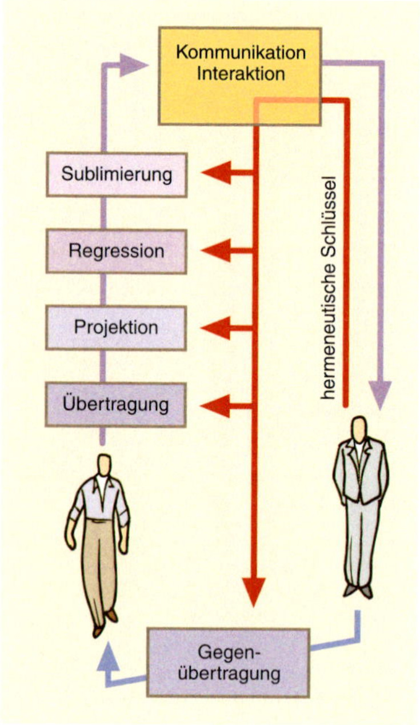

B Tiefenstrukturen von Interaktionen

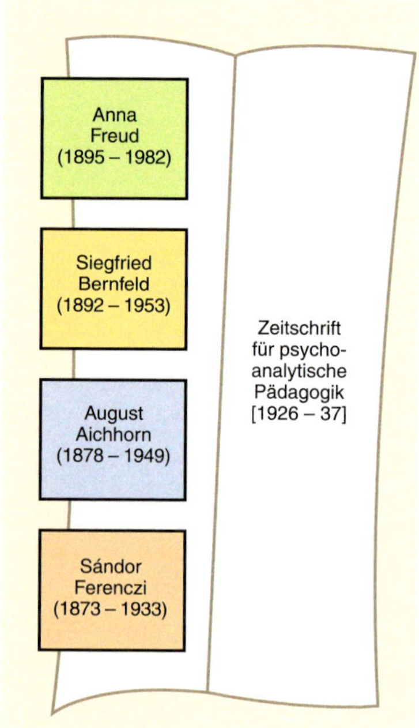

C Frühe Vertreter psychoanalytischer Pädagogik

Die **psychoanalytische Pädagogik** stützt sich auf die von **Sigmund Freud** (1856–1939) begründete Psychoanalyse.

> **Psychoanalyse** ist eine Therapiemethode zur Behandlung psychischer Störungen durch Aufdeckung traumatischer Erfahrungen und zugleich eine Theorie der psychischen Verfasstheit des Menschen in Abhängigkeit von Bewusstem und Unbewusstem.

Freuds Theorien konfrontieren die Pädagogik mit einer neuen Sichtweise der menschlichen Entwicklung und einer neuen Verhaltenserklärung. Dazu gehören

1. die Entdeckung der **kindlichen Sexualität:** Freuds Phasenmodell der Libido-Entwicklung beim Kind zeigt, wie sich Objektbeziehungen und Ich-Organisation in der Interaktion von sexuellen Reifungsprozessen und Umwelt herausbilden (A).

> Eine wesentliche Rolle spielt dabei der sog. *Ödipuskomplex,* der die konflikthafte Beziehung des Sohnes (bzw. bei der Tochter: Elektrakomplex) zu den Eltern beschreibt.

Störungen der Entwicklungsphasen bzw. mangelhafte Überwindung der Konfliktsituationen können Ursachen für spätere neurotische Erkrankungen sein.

2. die Annahme eines **Unbewussten:** Dem menschlichen Handeln liegen oft *unbewusste Absichten* zugrunde, die sich auch auf die pädagogische Interaktion auswirken. Unangenehme Erlebnisse oder unerfüllte Wünsche werden ins Unbewusste verdrängt und beeinflussen das Verhalten. (A)

> U. a. in Form von Projektionen (eigene Motive werden als die anderer wahrgenommen), Regression (Rückfall in frühere Lebensabschnitte) oder Sublimierung (anstößige Formen der Triebbefriedigung werden in kulturell akzeptable verlagert).

Eine wichtige Rolle in der pädagogischen Interaktion spielen auch *Übertragungsphänomene* (gefühlsmäßige Einstellungen zu früheren Bezugspersonen werden auf andere Personen übertragen). (B)

3. die Bedeutung der Sublimierung für die **Kultur:** Nach Freud beruht die Entstehung und Fortentwicklung von Kultur auf der Unterdrückung von Triebenergien (Sexualität, Aggression), die dadurch auf geistig-produktive Bereiche verlagert werden. Daraus ergibt sich der *repressive* Charakter kultureller Normen und Institutionen, der bei Nichtbewältigung zu psychischen Störungen führen kann.

In den 1920er Jahren erlebt die psychoanalytische Pädagogik einen ersten Höhepunkt mit der Entwicklung systematischer Konzepte für die Erziehungspraxis.

So hat **Anna Freud** (1895–1982) die Methodik der Kinderanalyse mitentwickelt und Beiträge zur frühkindlichen Erziehung geliefert. Die Relevanz der Psychoanalyse für die Pädagogik sieht sie auf folgenden Gebieten:

- Sie übt Kritik an den schon bestehenden Erziehungsformen;
- sie schärft das Verständnis des Erziehers für die komplizierte Beziehung zwischen Kind und Erwachsenen;
- als Behandlungsmethode dient sie zur Behebung der Schäden, die dem Kind während der Erziehung zugefügt wurden.

Siegfried Bernfeld (1892–1953) verknüpft Psychoanalyse mit marxistischen Grundgedanken und kritisiert den triebfeindlichen, repressiven und machtstabilisierenden Charakter der traditionellen Erziehung.

> Auch spätere Konzepte einer antiautoritären Erziehung greifen auf psychoanalytische Erkenntnisse zurück bzgl. der gesellschaftl. Unterdrückung kindlicher Sexualität und der von der Kultur aufgezwungenen Libido- und Aggressionsverdrängung.

Wichtige Beiträge zur Weiterentwicklung der psychoanalytischen Pädagogik in den 1980er Jahren stammen von **Günther Bittner** (geb. 1937). Ihm zufolge ist Psychoanalyse im pädagog. Zusammenhang relevant als *Verstehenslehre* (des kindlichen Seelenlebens), als *Vervollständigung der Anthropologie* (z. B. Erforschung der kindlichen Sexualität), als *Beziehungslehre* (Verhältnis des Erziehers zum Kind) und als *Wirkungslehre* (Folgen erzieherischen Handelns).

Die psychoanalytische Theorie liefert *hermeneutische Schlüssel,* die unbewusste Aspekte der erzieherischen Kommunikation aufdecken helfen (Projektionen, Widerstände) und so zwischen Erzieher und Kind eine Beziehung schaffen, die diesem hilft, sich selbstständig zu entwickeln.

Hans-Georg Trescher (1950–92) versteht Psychoanalyse als *kritisch-hermeneutische Sozialwissenschaft,* die den Menschen als Individuum innerhalb seiner historisch-sozialen Verortung zu erfassen sucht.

Die Persönlichkeitsentwicklung ist nach Trescher abhängig von den **Interaktionen** des Kindes mit Bezugspersonen, weshalb es der psychoanalytischen Pädagogik um die Genese, Struktur und Dynamik solcher Beziehungen geht. Pädagog. Handeln ist also ein dialogischer Prozess, der es ermöglichen soll, für das Kind individuell angemessene Entfaltungs- und Förderungsmöglichkeiten bereitzustellen.

Eine zentrale Rolle nimmt dabei das »**szenische Verstehen**« ein, mit dessen Hilfe

> *»unbewusste, aber gleichwohl handlungs- und erlebnisleitende Themen in Interaktionen erfasst werden können«.*

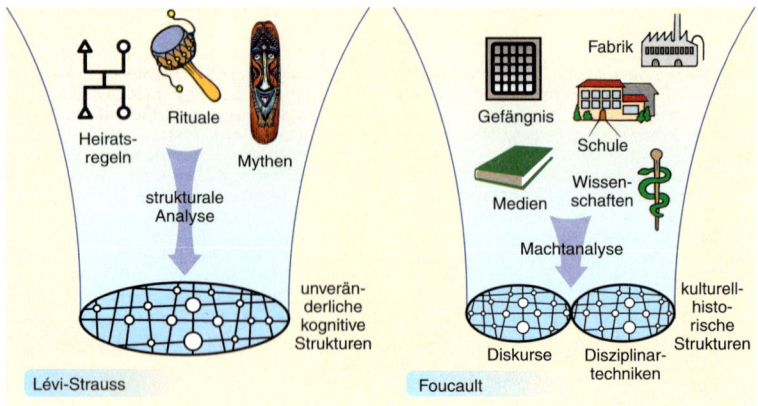

A Strukturalistische Methode

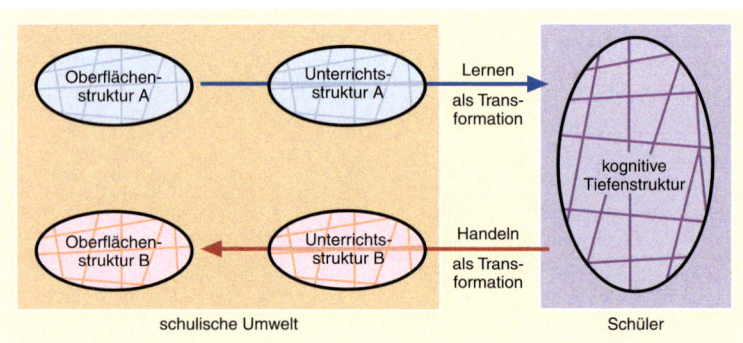

B Lenzen: Didaktisches Strukturmodell

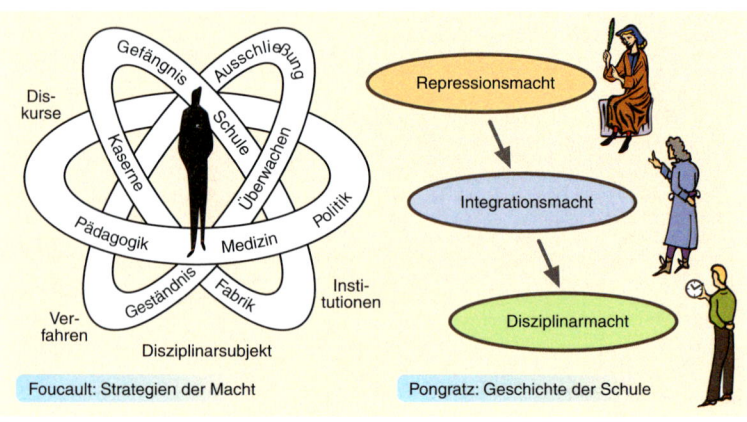

C Machtanalysen

Strukturalistische Ansätze finden sich seit dem 19. Jh. in verschiedenen Wissenschaften. Gemeinsam ist ihnen die Methode, beobachtbare Phänomene auf die ihnen zugrunde liegenden Strukturen (Regelsysteme) zurückzuführen.

> **Struktur** meint eine Gesamtheit von *Elementen* und der zwischen ihnen bestehenden *Beziehungen*, wobei jede Änderung eines Elements oder einer Relation Einfluss auf die anderen hat.

Claude Lévi-Strauss (geb. 1908) überträgt die einflussreiche Methode der strukturalen Sprachwissenschaft (F. de Saussure) auf die Ethnologie und macht sie damit für die Sozialwissenschaften fruchtbar. Er untersucht Erscheinungsformen des sozialen Lebens fremder Kulturen (z. B. Heiratsregeln, Mythen) darauf hin, welche gleichbleibenden und kulturübergreifenden *kognitiven Strukturen* ihnen zugrunde liegen (A).

In der Pädagogik vertritt **Dieter Lenzen** (geb. 1947) eine strukturale Sichtweise von Lernprozessen. In seinem **didaktischen Strukturmodell** unterscheidet er die *Oberflächenstrukturen* des Verhaltens des Individuums von den *Tiefenstrukturen* seiner kognitiven Organisation, wobei beide historisch-kulturell vermittelt sind. Lernen heißt, Umweltstrukturen in kognitive Strukturen zu transformieren, während Handeln den umgekehrten Vorgang darstellt. Der Lehrer hat die Aufgabe, diese Transformationsprozesse durch die passende Unterrichtsform zu optimieren. Dazu benötigt er Wissen über den Aufbau kognitiver Strukturen und über die didakt. sinnvolle Gestaltung der Lernumwelt des Schülers (B).

In Weiterentwicklung strukturalistischer Gedanken hat **Michel Foucault** (1926–84) untersucht, aufgrund welcher Machtpraktiken sich das moderne Subjekt konstituiert. Unter **Macht** werden primär nicht bestimmte polit. Verhältnisse verstanden, sondern

> *»die Vielfältigkeit von Kräfteverhältnissen, die ein Gebiet bevölkern und organisieren«.*

Moderne Macht versucht sowohl den Menschen zu kontrollieren und zu normieren, als auch seine Produktivkraft zu steigern, um ihn zu einem »nützlichen« Mitglied der Gesellschaft zu machen. Dabei arbeiten Diskurse und Disziplinartechniken zusammen (A, C).

> **Diskurse** sind Aussagesysteme über ein bestimmtes Themengebiet, mit deren Hilfe u. a. festgelegt wird, *was* legitim behauptet werden kann (z. B. was »vernünftig« ist), *wer* berechtigt ist, zu äußern (z. B. Autoritätspersonen wie Arzt, Jurist, Pädagoge) und *wie* gesprochen werden darf (z. B. Kriterien für richtig/falsch).

Diskurse sind somit Mittel, mit deren Hilfe bestimmte Normen gesellschaftlich festgelegt werden und anderweitige Ansichten zum Schweigen gebracht werden können. Eine weitere Form der Machtausübung sind die **Disziplinartechniken,** die auf die Erzeugung »gefügiger Körper« zielen, weil die moderne Industriegesellschaft eine große Zahl von Arbeitskräften braucht, die bereit sind, sich einem Leistungszwang zu unterwerfen.

Die Mittel dazu sind z. B. die räumliche Absonderung in Disziplinaranstalten wie Kaserne, Schule, Fabrik und die Reglementierung der Zeitabläufe (Arbeit/Freizeit; Lernen/Pause/Hausaufgaben).

> *Fabrikarbeit* z. B. erfordert Arbeiter, die bereit sind, sich den Arbeitsbedingungen (z. B. Fließband) anzupassen. Die Schule bereitet darauf durch die Stundeneinteilung, das Stillsitzen an einem Ort, das Schwätzverbot usw. vor. Unterstützt wird dies durch den Diskurs der bürgerlichen Gesellschaft, der Pünktlichkeit und Gehorsam zu Tugenden erhebt, die wiederum durch die Schule vermittelt werden.

Unter Bezugnahme auf Foucault hat **Ludwig A. Pongratz** (geb. 1948) die Geschichte der **Schule** auf Machtstrukturen untersucht und drei unterschiedliche historische Machttypen herausgearbeitet (C):

1. Zunächst herrscht der Typus der *Repressionsmacht* vor, der auf physischer Gewalt beruht und äußerlichen Gehorsam fordert.

2. Die *normative Integrationsmacht* im Zeitalter der Aufklärung zielt auf die innere Anpassung. Körperliche Züchtigung wird fragwürdig, der Schüler soll sich selbst kontrollieren, Zwang wird verinnerlicht (z. B. Philanthropen, Francke).

3. Die moderne *Disziplinarmacht* bildet sich ab dem 19. Jh. aus. Die Schule wird zur privilegierten Institution (Zurückdrängung/Verbot des Privatunterrichts), die die Raum- und Zeitstruktur des Lernens organisiert und durch Prüfungen kontrolliert sowie durch das Berechtigungswesen über soziale Positionen entscheidet.

In seinem Spätwerk hat Foucault in einer **»Ethik/Ästhetik der Existenz«** die Möglichkeit gesehen, gegenüber den Machtpraktiken der Gesellschaft ein eigenbestimmtes Selbst aufzubauen. Techniken der reflektierten und praktischen Selbstformung sollen das Individuum widerstandsfähig gegenüber äußerer Funktionalisierung machen und ihm die Möglichkeit geben, einen eigenen Lebensstil zu finden.

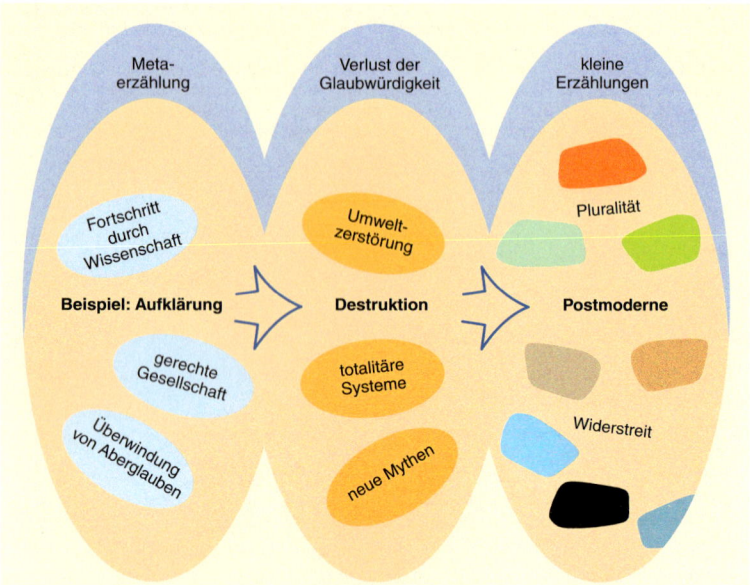

A Lyotard: Ende der Metaerzählungen

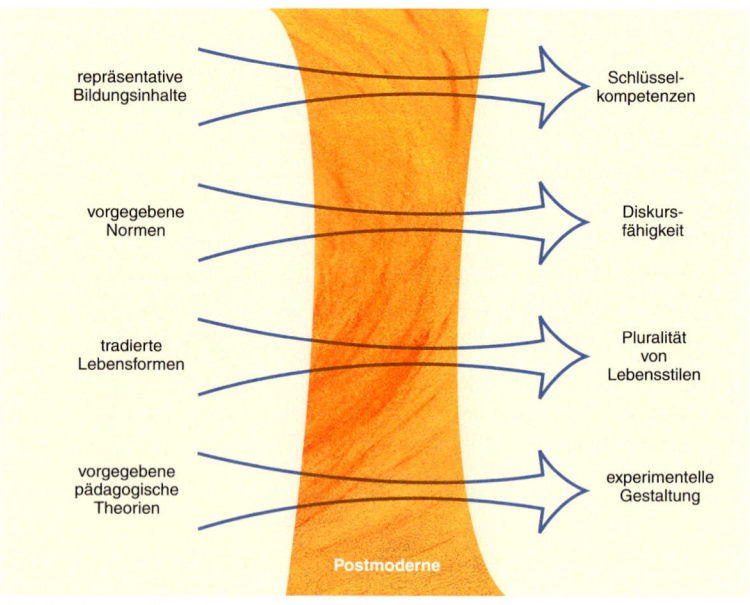

B Postmoderne als Herausforderung an die Pädagogik

Der Begriff **Postmoderne** kennzeichnet ein Interpretationsmodell, das sich auf bestimmte Momente gesellschaftlicher Veränderungsprozesse bezieht.

Weit gefasst liegen

»postmoderne Phänomene dort vor, wo ein grundsätzlicher Pluralismus von Sprachen, Modellen und Verfahrensweisen praktiziert wird«. (W. Welsch)

Jean-François Lyotard (1924–98) hebt bes. drei Aspekte der Postmoderne hervor:
- das Ende der großen sinngebenden Metaerzählungen der Moderne,
- den radikalen Pluralismus,
- das Konzept des Widerstreits.

Metaerzählungen sind für Lyotard umfassende Entwürfe, die beanspruchen, die Welt zu erklären und Handlungsziele zu begründen. Sie streben danach, den gesamten Diskurs über ein Gebiet zu dominieren, indem sie andere Erzählungen entweder integrieren oder als illegitim ausgrenzen.

Beispiel für solche Metaerzählung ist die *Aufklärung*. Sie proklamiert die mittels der Herrschaft der Vernunft mögliche Emanzipation, Gerechtigkeit und den sozialen, wissenschaftlichen sowie moralischen Fortschritt.

Diese Metaerzählungen der Moderne haben aber mittlerweile ihre Glaubwürdigkeit verloren, weil die historische Erfahrung gezeigt hat, dass soziale und politische Konflikte nicht weniger geworden sind und der technisch-wissenschaftliche Fortschritt zur Verdinglichung menschlicher Beziehungen und totalitären Herrschaftsformen geführt hat.

An die Stelle von Metaerzählungen tritt daher eine Vielzahl von kleineren Erzählungen, die nebeneinander bestehen. Dieser **Pluralismus** kommt in verschiedenen Bereichen zum Ausdruck:
- In der Architektur werden verschiedene Stilrichtungen bei demselben Bauwerk kombiniert.
- Es ist nicht mehr nur ein Rationalitätstyp vorherrschend, sondern Kunst und Literatur treten gleichberechtigt neben Wissenschaft.
- Es existiert nicht mehr eine normgebende Lebensform (z. B. die bürgerliche), sondern eine Vielfalt von möglichen Lebensstilen.
- Unterschiedliche Kulturen begegnen sich gleichberechtigt, ohne dass eine kolonialistische Überlegenheitsansprüche geltend macht.

Damit ist die Situation des **Widerstreits** gegeben, weil die Pluralität nicht von einer übergeordneten Instanz aufgehoben werden kann. Es gilt vielmehr zu lernen, mit Widersprüchen und konkurrierenden Diskursarten umzugehen und sie als Chance für eigene Lebensentwürfe zu begreifen. (A)

Aus den Konzepten der Postmoderne ergeben sich für die Pädagogik verschiedene Konsequenzen (B):

Der klassische *Bildungsbegriff,* dem eine wertende Auswahl maßgeblicher Inhalte zugrunde liegt, wird hinterfragt.

An seine Stelle tritt der Gedanke des Erwerbs von *Schlüsselkompetenzen,* die es ermöglichen, mit einer zunehmenden Vielfalt von Wissen umzugehen (Lernen des Lernens, Organisation von Information, Umgang mit Multimedialität, Interkulturalität).

Problematisiert wird weiterhin die Berechtigung der Vermittlung konkreter, historischkulturell bedingter *Normen* durch die Pädagogik.

An deren Stelle lässt sich mit Habermas das Konzept einer Bildung zur *Diskursfähigkeit* denken, mit der Forderung, eigene Ansprüche und die anderer kommunikativ zu begründen.

Dazu gehört auch die zu vermittelnde Fähigkeit, sich in die Sichtweise des anderen hineinzuversetzen, mehrperspektivisch zu denken und auf gewaltsame Mittel der Durchsetzung eigener Interessen zu verzichten.

Schließlich ist die Pädagogik angehalten, auf konkrete *gesellschaftliche Veränderungsprozesse* zu antworten, anstatt der sozialen Wirklichkeit pädagog. Konzepte überzustülpen.

Dazu gehört etwa, die Erscheinungsformen der Jugendkultur ernst zu nehmen und ihre Neuformulierung von Werten, Lebensstilen und Identitätsentwürfen in Erziehungskonzepte zu integrieren. Das Gleiche trifft auf die Ablösung der bürgerlichen Idealfamilie durch andere Formen des Zusammenlebens zu, die die Fähigkeit des Aufbaus individualisierterer Rollenverständnisse erfordern.

Als *Wissenschaft* ist die Pädagogik herausgefordert, sich selbstkritisch auf dominante Metaerzählungen hin zu befragen, die weiterwirken, obwohl ihre Versprechungen sich als nicht einlösbar gezeigt haben.

Als Konsequenz der Postmoderne soll nach Dieter Lenzen die Pädagogik drei Arten von **Wissen** hervorbringen:
1. *Risikowissen* klärt über die gesellschaftl. Implikationen und Folgen von Erziehung auf.
2. *Mythenwissen* analysiert als histor. Anthropologie die (unerkannten) Orientierungen bzw. Diskurse, die in pädagog. Konzeptionen eingeflossen sind.
3. *Poietisches Wissen* beschreibt Erziehung als Form ästhetischer Gestaltung, die dem Einzelnen eine Flexibilität hinsichtlich seiner Lebensentwürfe (z. B. wechselnde berufliche Tätigkeiten) vermitteln soll.

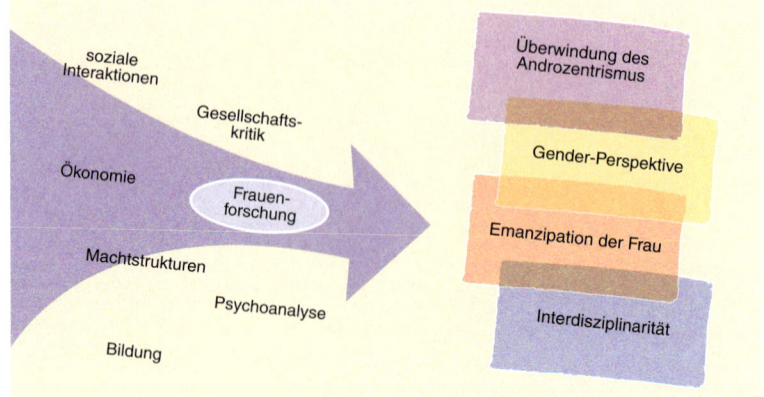

A Forschungsfelder und Ziele

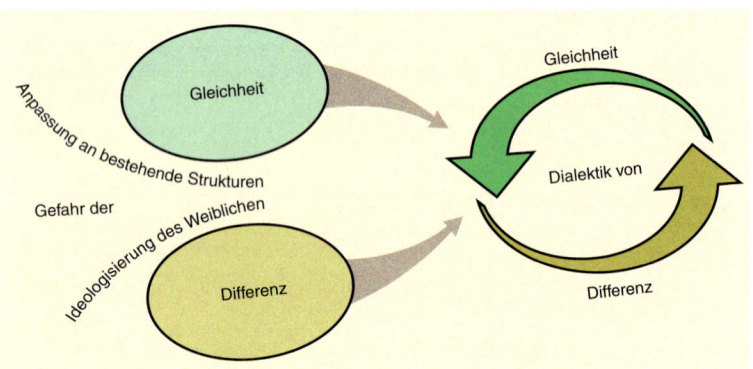

B Gleichheit und Differenz als Problem feministischer Theorieansätze

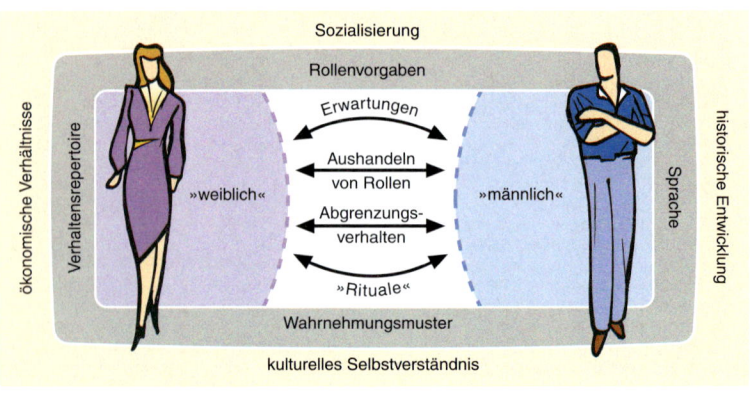

C Soziale Konstruktion der Kategorien Mann / Frau

Ziel des feministischen Diskurses in den Sozialwissenschaften ist die Analyse sozialer Verhältnisse unter dem Gesichtspunkt der *Geschlechterdifferenz.* Ausgehend von der Erfahrung der Ungleichbehandlung und Unterdrückung der Frau zielt die sozialwissenschaftliche **Frauenforschung** auf

- eine Überwindung des Androzentrismus,
- die konsequente Anwendung einer Gender-Perspektive (engl. *gender* 'soziales Geschlecht'),
- die Förderung der Emanzipation der Frau.

Methodisch gesehen ist dabei zu beachten, dass Wissenschaft selbst nicht neutral, sondern soziokulturell geprägt ist und damit auch geschlechtsspezifische Perspektiven und Verzerrungen enthält, die es aufzudecken gilt. Feministische Forschung will daher eine bewusste Erweiterung und ein Gegengewicht zu historisch androzentrisch geprägten Positionen darstellen.

Diese neue Perspektive wird in verschiedene *Forschungsfelder* eingebracht bzw. für die Kritik an deren Theorieansätzen nutzbar gemacht (A):

- *Ökonomie:* An die Kritische Theorie anknüpfend wird der Zusammenhang von (kapitalistischer) Wirtschaftsform und patriarchal-hierarchischen Unterdrückungsstrukturen herausgestellt.
- *Psychologie:* In Abgrenzung zur klassischen Psychoanalyse werden alternative Konzepte des Verständnisses von (weiblicher) Identitätsfindung entwickelt.
- *Soziale Interaktionen:* Sie werden daraufhin untersucht, wie in ihnen männliches/ weibliches Rollenverhalten als soziale Zuschreibung konstituiert wird.
- *Machtstrukturen:* Poststrukturalistische Ansätze versuchen im Anschluss an Foucault von einem hierarchischen Verständnis der Beziehung zwischen den Geschlechtern wegzukommen und Macht als ein »Kräfteverhältnis zwischen Freiheiten« zu begreifen, in dem sich das Subjekt als es selbst konstituiert.

Bei den feministischen Theorieansätzen in der Pädagogik lassen sich vereinfachend drei **Grundpositionen** unterscheiden:

Die erste setzt bei der Benachteiligung von Frauen in Bildung und Berufsausübung an und zielt auf die Verwirklichung einer faktischen **Gleichstellung** mit den Männern.

Dabei geht es nicht nur um formale Gleichberechtigung, sondern etwa um die Überwindung (unbewusster) Verhaltensmuster von Lehrern im Unterricht, die auf eine ungleiche Verteilung der Aufmerksamkeit, Bestärkung, Förderung usw. hinauslaufen.

Hinzu kommt der Abbau sowohl von sozial-strukturellen als auch individuell-psychischen Hindernissen, die dazu führen, dass Frauen ihre formale Chancengleichheit faktisch nicht wahrnehmen können.

Die Gefahr dieses Ansatzes besteht in der Anpassung weiblicher Lebensentwürfe an das männlich dominierte Gesellschaftssystem und seine Normen. Spezif. Fähigkeiten und Veränderungspotenziale, die von Seiten der Frauen eingebracht werden könnten, drohen so verloren zu gehen.

Eine zweite Position betont daher die **Differenz** zwischen männlichen und weiblichen Lebensformen.

Frauen sollen sich nicht an die männlich dominierte Bildungs- und Gesellschaftsstruktur anpassen, sondern sich auf ihre spezif. weiblichen Potenziale besinnen. Männlichem Leistungs- und Herrschaftsdenken sollen auf gegenseitiger Anerkennung und Respekt basierende Beziehungen gegenübergestellt werden.

Der *Affidamento-Ansatz* der »Mailänder Frauen« will eine Praxis der Solidarität und Wertschätzung unter Frauen etablieren. Sie sollen sich als Autoritätspersonen untereinander akzeptieren und die Geschlechterdifferenz sprachlich-symbolisch in die Gesellschaft einschreiben.

Die Kritik am Differenzansatz richtet sich auf die Ontologisierung und Idealisierung des Weiblichen. Bestimmte Eigenschaften werden als wesensmäßig weiblich ausgegeben, was wiederum einen ideologischen Normierungsdruck auf die Frauen selbst ausübt. (B)

Eine dritte Position hebt daher die **soziale Konstruktion** der Kategorien Mann/Frau hervor (C).

Was als männlich/weiblich gilt, wird aufgrund von Zuschreibungsprozessen bestimmt und als Rollenidentität in Interaktionen »ausgehandelt«. Historisch und kulturell gibt es daher eine große Bandbreite des Verständnisses von männlichen/weiblichen Eigenschaften und Verhaltensmustern.

Aufgabe einer auf diesen Ansatz bezogenen *Bildungsforschung* ist die Analyse des »doing gender« im Kontext von Erziehungsinstitutionen. Dazu gehört die Untersuchung der Interaktion von Schülern und Schülerinnen untereinander, von Lehrern und Schülern sowie den Inhalten von Lehrbüchern.

Besonderes Augenmerk liegt dabei auch auf der Wirkung sprachlicher Etikettierungen, durch die Geschlechtsrollen zugewiesen und fixiert werden.

Pädagogisches Ziel muss es sein, benachteiligende Erziehungsverhältnisse aufzuheben, starre Rollenzuschreibungen aufzulösen und Gleichberechtigung inhaltlich zu füllen durch die Offenheit gegenüber differenten Perspektiven und Lebensentwürfen.

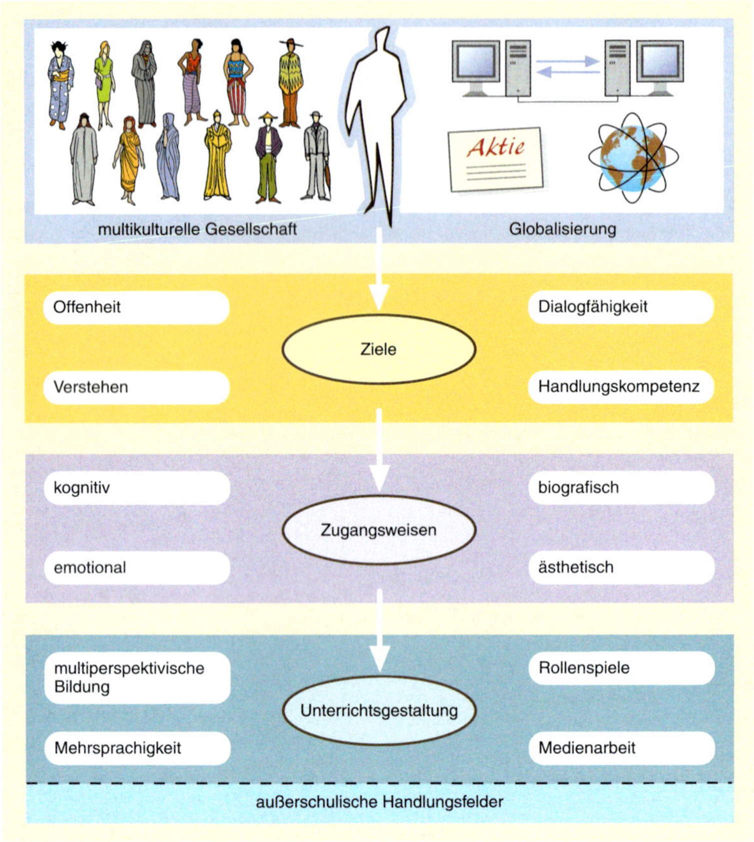

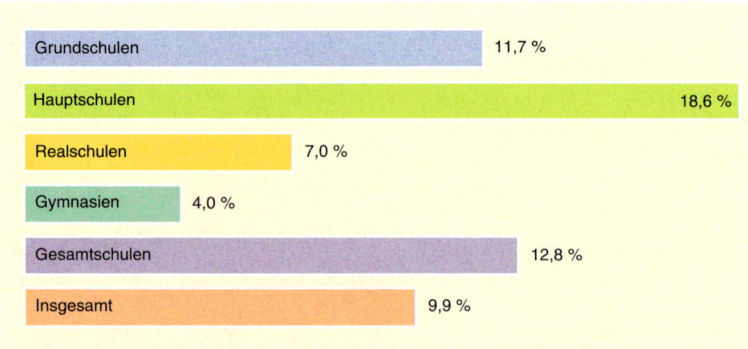

multikulturelle Gesellschaft

Globalisierung

Offenheit

Dialogfähigkeit

Ziele

Verstehen

Handlungskompetenz

kognitiv

biografisch

Zugangsweisen

emotional

ästhetisch

multiperspektivische Bildung

Rollenspiele

Unterrichtsgestaltung

Mehrsprachigkeit

Medienarbeit

außerschulische Handlungsfelder

A Ziele und Methoden interkultureller Pädagogik

Grundschulen 11,7 %

Hauptschulen 18,6 %

Realschulen 7,0 %

Gymnasien 4,0 %

Gesamtschulen 12,8 %

Insgesamt 9,9 %

B Ausländische Schüler in Deutschland (Stand 2004)

Globale Vernetzung von Lebensbereichen, Informationsvermittlung über Massenmedien und Internet und internationale Migration intensivieren den kulturellen Austausch und führen zu einer Pluralisierung von Lebensformen.

Dieser Entwicklung versucht das Konzept einer **interkulturellen Pädagogik** Rechnung zu tragen.

Es bezieht sich zum einen auf die pädagog. Aufgaben, die eine zunehmend multikulturelle Gesellschaft erfordert, zum anderen auf den neuen Bedarf an Bildungs- und Handlungskompetenzen, der sich im Zuge der Globalisierung aus der Intensivierung internationaler Beziehungen ergibt.

Interkulturelle Pädagogik ist daher nicht nur auf die Minderheiten in einem Land bezogen, sondern zielt allgemein auf den verstehenden Umgang mit kulturellen Differenzen ab.

Grundlage dafür ist ein **dynamisches Kulturverständnis**. Danach sind Kulturen keine statischen Gebilde, sondern entwickeln sich beständig durch innere Prozesse und äußere Einflüsse weiter. Sie sind *lebensweltlich* bezogen und nicht identisch mit Nationen oder Ethnien.

So entwickeln auch Migranten eine eigene Kultur, die nicht gleichzusetzen ist mit der des jeweiligen Herkunftslandes.

Für die interkulturelle Erziehung lassen sich einige allgemeine Ziele formulieren (A):

- *Offenheit:* Dazu sind Ängste gegenüber dem Unvertrauten abzubauen, Neugier zu wecken und das kulturell Andere als Bereicherung zu empfinden.
- *Verstehen:* Kultur lässt sich als ein Symbolsystem begreifen, mit dessen Hilfe der Mensch sich eine bedeutungshaltige Welt erschafft. Teilnahme an einer anderen Kultur heißt, deren spezif. Orientierungssystem des Denkens, Wertens und Handelns nachzuvollziehen, zu dem eigenen in Beziehung zu setzen und auf das Handeln anwenden zu können.

  Dabei besteht das Problem, dass Verstehen etwas Ähnliches, Gemeinsames zugrunde legen muss, zugleich aber das Andere als Anderes bewahrt bleiben soll. Daher muss das Verstehen immer in Bewegung bleiben, um das Andere nicht einfach in das Eigene zu vereinnahmen.
- *Dialogfähigkeit:* Gefordert ist die Bereitschaft, sich hinsichtlich Normen und Handlungsalternativen argumentativ zu verständigen und eine Basis für Kooperation zu suchen.
- *Handlungskompetenz* in zwei oder mehreren Kulturen: Verlangt ist die Fähigkeit, mit unterschiedlichen Orientierungs- und Wertesystemen umgehen zu können. Da-

bei bleiben Konflikte nicht aus, die eine Entscheidung und die Einnahme eines eigenen Standpunkts erfordern.

Die Umsetzung interkultureller Erziehung in der **Schulpraxis** darf sich nicht allein auf der Ebene der Wissensvermittlung bewegen. Vielmehr bieten sich kognitive, emotionale, biografische und ästhetische Zugangsweisen an:

1. *Kognitiv:* Der Begriff der *Allgemeinbildung* muss multiperspektivisch gefasst werden und interkulturelle Kommunikations- und Handlungskompetenz einschließen. Bei der Auswahl der Unterrichtsinhalte soll auf andere Kulturen Bezug genommen werden, wobei sowohl Gemeinsamkeiten als auch Differenzen herauszuarbeiten sind.
2. *Emotional:* Da im Umgang mit Mitgliedern anderer Kulturen oft emotionale Hemmschwellen abgebaut werden müssen (Vorurteile, Ängste, Befremdung durch andere Verhaltensweisen), bieten sich alternative Unterrichtsformen an, die persönlichen Kontakt und Kooperation fördern.

   Dazu gehören etwa Rollen- und Interaktionsspiele, die zur bewussten Wahrnehmung und Auseinandersetzung mit anderen Lebensweltperspektiven auffordern.
3. *Biografisch:* Unterschiedliche Identitätsentwürfe werden durch biografisch orientierte Zugänge thematisiert, z.B. durch Erzählen der jeweiligen Familiengeschichte.
4. *Ästhetisch:* Schließlich bieten sich Zugangsweisen über künstlerische Darstellungsformen an, da diese von sich aus zur Änderung von Wahrnehmungsgewohnheiten und der Einnahme neuer Perspektiven auffordern.

Neben dem Einsatz geeigneter didaktischer Mittel müssen Lehrer spezifischere Kenntnisse der Kulturen, mit denen sie durch ihre Schüler konfrontiert werden, erwerben (Sprache, Religion, Wertvorstellungen) und eventuell unterschiedlichen Erwartungen an Lehr- und Lernmethoden Rechnung tragen können. (A)

Bes. Bedeutung kommt auch den *außerschulischen* pädagog. Handlungsfeldern zu, da interkulturelle Erziehung in die jeweiligen Lebenswelten hineinwirken muss.

Hierher gehören Jugend- und Sozialarbeit, Einbeziehung von Eltern, Schulpartnerschaften, Schüleraustausch, Übernahme von Patenschaften.

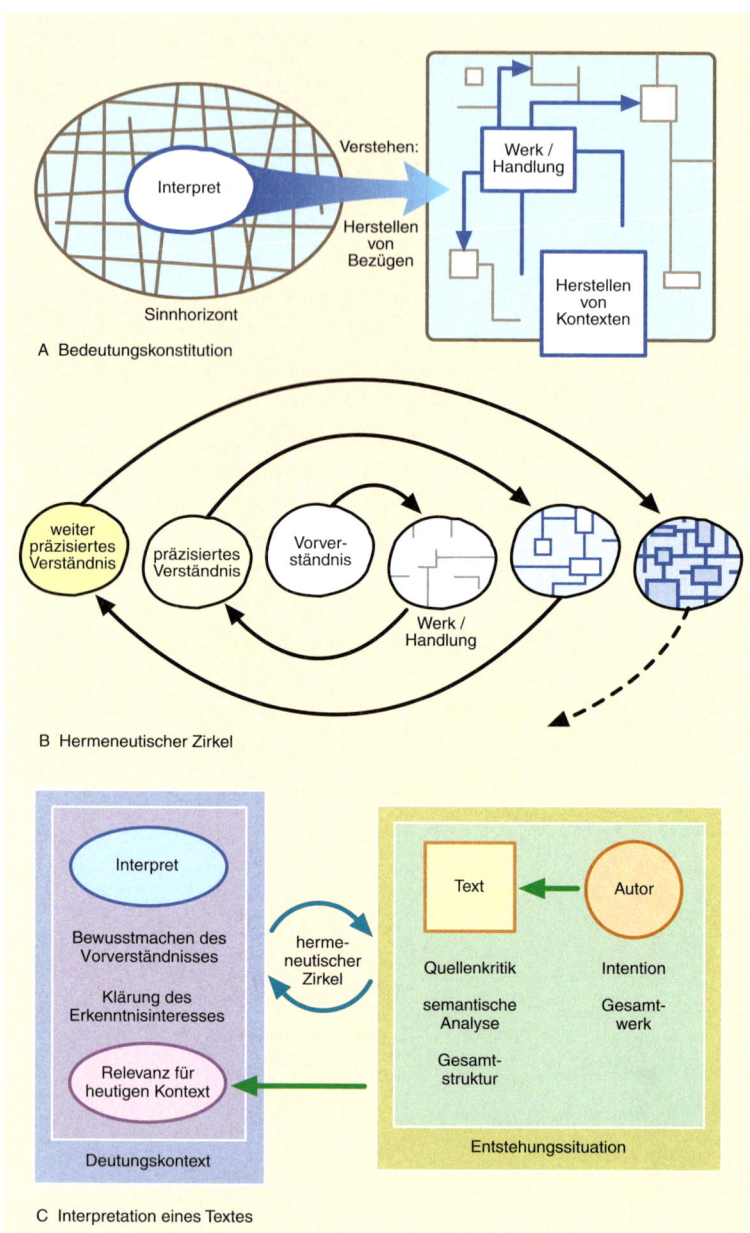

A Bedeutungskonstitution

B Hermeneutischer Zirkel

C Interpretation eines Textes

Hermeneutische Verfahrensweisen

Hermeneutische Verfahren (von gr. *herme-neuein* 'auslegen, interpretieren') werden in allen geistes- und sozialwissenschaftlichen Fächern angewandt.

> **Hermeneutik** ist die wissenschaftliche Reflexion der Vorgehensweise bei der Interpretation von Texten, historischen Zusammenhängen, Kunstwerken – ganz allgemein: von Lebensäußerungen, wozu auch Handlungen, Kommunikationsformen usw. gehören.

W. Dilthey hat die Hermeneutik als Grundlage der Geisteswissenschaften von der Methodik der Naturwissenschaften abgegrenzt:

- Das naturwissenschaftliche *Erklären* bezieht sich auf Vorgänge der Natur, die sich nur von außen mit Hilfe von Gesetzeshypothesen beschreiben lassen.
- Geisteswissenschaftliches *Verstehen* dagegen bezieht sich auf eine Wirklichkeit, die vom Menschen selbst hervorgebracht ist, d. h. hier beschäftigt sich der Geist mit den Schöpfungen des Geistes selbst.

Heute wird diese strikte Trennung nicht mehr aufrechterhalten; zum einen fließen in die Naturwissenschaften, z. B. bei der Aufstellung von Forschungshypothesen, hermeneutische Vorgehensweisen ein, zum anderen bedienen sich auch die Sozialwissenschaften erklärender, quantifizierbarer Methoden, um soziale Phänomene vollständig erfassen zu können.

Verstehen richtet sich auf ein sinnlich Wahrnehmbares (z. B. Sprache, eine Geste, ein Musikstück), dessen *Bedeutung* erfasst werden soll.

Ein Element hat isoliert für sich betrachtet keine Bedeutung; diese konstituiert sich erst durch den Bezug zu anderen.

> Ein unbekannter archäologischer Gegenstand z. B. gewinnt erst dann eine Bedeutung, wenn ein Bezug etwa zu seinem Gebrauch in einem bestimmten Ritual hergestellt werden kann; und dieses lässt sich wiederum nur begreifen, wenn wir die Religion dieser Kultur kennen.

Verstehen heißt also allgemein Kontexte herstellen, etwas in einen übergeordneten Sinnzusammenhang einordnen (A). Dabei sind einige Aspekte zu beachten:

- die Abhängigkeit der Interpretation vom **historisch-kulturellen** Standpunkt. Jede Deutung setzt einen Sinnhorizont voraus, in dem der Interpret sich befindet.
  > Ein Text des 14. Jh. wird von den Zeitgenossen anders verstanden als von heutigen Lesern.
- das Einfließen leitender **Erkenntnisinteressen.** Der Interpret geht mit bestimmten Fragestellungen an den Gegenstand heran und erwartet Antworten innerhalb des ihm zur Verfügung stehen-

den Deutungsmusters. Der eigene Standpunkt muss daher kritisch überprüft werden.

- Verstehen bewegt sich im **hermeneutischen Zirkel.** Jede Interpretation, z. B. eines Textes, einer Handlungssituation, setzt schon ein bestimmtes *Vorverständnis* voraus, das überhaupt erst einen ersten Zugang ermöglicht. Im Laufe der Auseinandersetzung mit dem zu Interpretierenden erweitert sich dieses und bewirkt somit wiederum ein vertieftes Verständnis. (B)

Geisteswissenschaftliches Verstehen ist daher immer ein offener Prozess, der beständiger Überprüfung bedarf. Als wissenschaftliche Methode unterliegt es Regeln, die das Ergebnis nachvollziehbar und einer argumentativen Auseinandersetzung zugänglich machen.

Dazu gehören u. a. die Klärung des eigenen Deutungshorizonts, von dem aus die Interpretation erfolgt, die möglichst umfassende Berücksichtigung der für die Bedeutungserschließung relevanten Kontexte, die Nachvollziehbarkeit der Gründe für die bei der Interpretation hergestellten Deutungsbezüge.

Hermeneutische Verfahren kommen in der **Pädagogik** auf verschiedenen Gebieten zur Anwendung:

- bei der Interpretation von *Texten* (C): Pädagog. Erfahrungen und Theorien werden zumeist in schriftlicher Form festgehalten. Sie sind daher zum einen für den einzelnen Erzieher eine notwendige Quelle für seine pädagog. Bewusstseinsbildung, um den begrenzten Bereich der eigenen Erfahrung zu überschreiten. Zum anderen bilden sie die Grundlage für die Weiterentwicklung der Pädagogik als Wissenschaft.
- bei der Erforschung der *Erziehungswirklichkeit:* Hierher gehören die Analyse von Interaktions- und Kommunikationsprozessen (zwischen Eltern und Kindern, in der Schule, Gleichaltrigengruppen usw.) oder von pädagog. Institutionen (ihrer historischen Bedingtheit, gesellschaftlichen Funktion, politischen Interessengebundenheit).
- bei der Klärung von *Normen und Zielen* in der Erziehung: Analysiert werden ihre historische Herkunft, ihre Abhängigkeit von Menschenbildern, als Ausdruck gesellschaftlicher Interessenlagen. Dies beinhaltet auch ihre Kritik, z. B. durch Aufzeigen von Widersprüchen und der Konfrontation mit alternativen Entwürfen.

Hermeneutische Verfahren sind heute auch die Grundlage der qualitativen empirischen Sozialforschung.

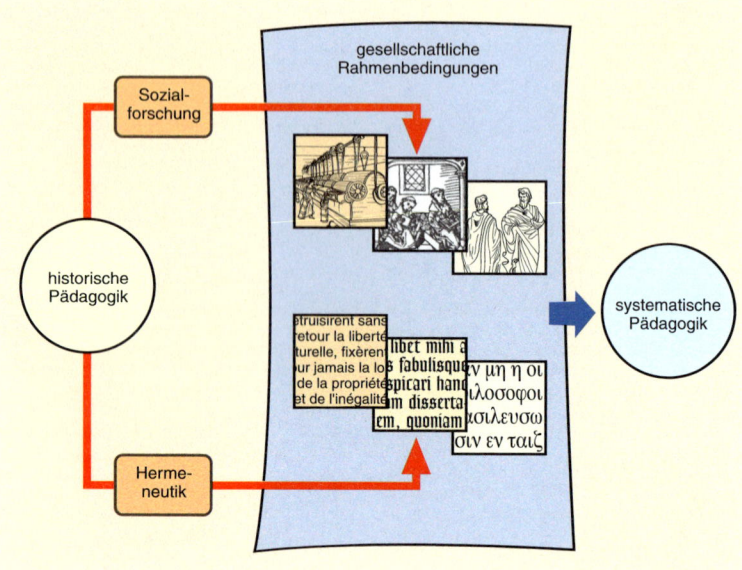

A Historische Pädagogik

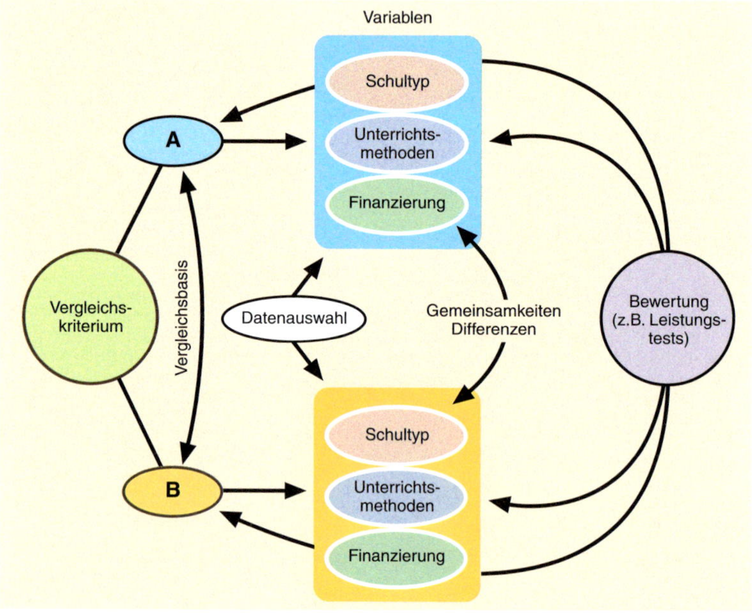

B Methoden der vergleichenden Pädagogik

Gegenstand der **historischen Pädagogik** ist die Geschichte der Entwicklung von Erziehung und Bildung als eigenem Kultursystem, innerhalb derer sich folgende Themenfelder unterscheiden lassen:

• die historischen Formen *faktischer Erziehung* im privaten (Familie) und institutionellen (Schulen) Bereich,
• die ideelle Ebene der *Erziehungsnormen,* die sich z. B. in der Schulgesetzgebung äußern kann, aber nicht mit der tatsächlichen Praxis übereinstimmen muss,
• die *Theoriekonzepte,* die in philosophischen und pädagog. Schriften überliefert sind.

Die Aufbereitung des historischen Materials durch die historische Pädagogik ist zugleich eine wichtige Grundlage für die systematische Pädagogik, denn sie bewahrt und rekonstruiert bereits erworbenes Wissen, das für Theorie und Praxis gegenwärtiger Pädagogik fruchtbar gemacht werden kann. Die geschichtliche Betrachtungsweise zeigt zudem die soziokulturelle Bedingtheit aller Erziehungssysteme und Theorieentwürfe. Sie liefert damit auch ein kritisches Instrumentarium zur Abklärung der kontextuellen Abhängigkeiten aktueller Konzepte.

Mit der Erkenntnis, dass pädagog. Ideen ebenso wie die Praxis nicht unabhängig von den gesellschaftlichen Verhältnissen entstehen und verstanden werden können, etabliert sich historische Pädagogik als historische **Sozialforschung.**

Damit wird die Rekonstruktion *sozialer Strukturen* sowie von *Sozialisationsprozessen* zu einem Forschungsschwerpunkt.

Die historische Pädagogik bedient sich heute einer Kombination hermeneutischer und sozialwissenschaftlicher Methoden, um die Geschichte des Erziehungsdenkens und -geschehens zu rekonstruieren und für gegenwärtige Fragestellungen fruchtbar zu machen (A).

In das Gebiet der *Hermeneutik* fällt die Auslegung von Texten, Bildern, Tondokumenten usw.

Mit *sozialwissenschaftlichen Methoden* werden gesellschaftliche Bedingungen sowie Funktion und Folgen von Erziehung untersucht. Dazu werden u. a. Institutionen der Erziehung im historischen Verlauf oder der Zusammenhang zwischen sozioökonomischen Verhältnissen und Ideengeschichte analysiert und die konkreten Sozialisationspraktiken rekonstruiert (z. B. durch Biografieforschung). Zur Anwendung kommen hier auch *quantifizierende* Methoden (z. B. Bevölkerungsstatistik).

Die **vergleichende Pädagogik** beschäftigt sich schwerpunktmäßig mit Erziehungssystemen in anderen Ländern und im internationalen Vergleich. Daneben sind auch Unterschiede innerhalb eines Landes (z. B. verschiedene Schularten, Lehrpläne und -methoden) Gegenstand vergleichender Studien.

Das theoretische *Erkenntnisinteresse* am Vergleich beruht auf der Einsicht, dass sich das pädagog. Verständnis durch den Blick auf andere soziokulturelle Räume erweitert und vertieft.

Daneben bestehen praktisch-politische Gründe, Pädagogik unter vergleichender Perspektive zu betreiben:

• Die *Globalisierung* des Arbeitsmarktes fordert dazu auf, die Ressource »Bildung« international wettbewerbsfähig zu machen.
• Die zunehmende *Multikulturalität* der Gesellschaft verlangt von politischen Entscheidungsträgern Kenntnisse anderer Kulturen sowie von deren Lehr- und Lernsystemen, um auf Bildungsinteressen/-probleme von Angehörigen verschiedener ethnischer, religiöser oder sozialer Gruppen eingehen zu können.

Die vergleichende Pädagogik kann bei der Suche nach besseren pädagog. Modellen in diesem Zusammenhang eine bildungspolitisch beratende Funktion einnehmen.

Methodisch stellen sich Vergleiche sehr komplex dar und sind mit vielen Unsicherheitsfaktoren belastet.

Zunächst muss eine *Vergleichsbasis* hergestellt werden, d. h. die Untersuchungsgegenstände müssen Ähnlichkeiten aufweisen, die wiederum mit dem definierten *Vergleichskriterium* (Tertium Comparationis) in Zusammenhang stehen.

Soll z. B. die Unterrichtsmethodik zweier Länder verglichen werden, so ist eine Vergleichsbasis durch Beobachtungen in einem bestimmten Fach (z. B. Leseunterricht) und bei derselben Altersgruppe herstellbar.

Bei einer anschließenden Bewertung, z. B. durch Tests des Leseverständnisses, ist zu beachten, dass Leistungsunterschiede nicht allein auf den Differenzen der beobachteten Größen (in diesem Fall der Didaktik) beruhen müssen. Vielmehr sind immer mehrere Variablen in Betracht zu ziehen (soziale Struktur der Klasse, Engagement der Eltern zu Hause usw.). (B)

Weiterhin ist das *Vergleichsziel* zu klären, etwa

• die Beschreibung kultureller Besonderheiten,
• das Erkennen überkulturell gültiger Gemeinsamkeiten,
• das Finden praktischer Handlungsanleitungen zur Verbesserung des Erziehungssystems.

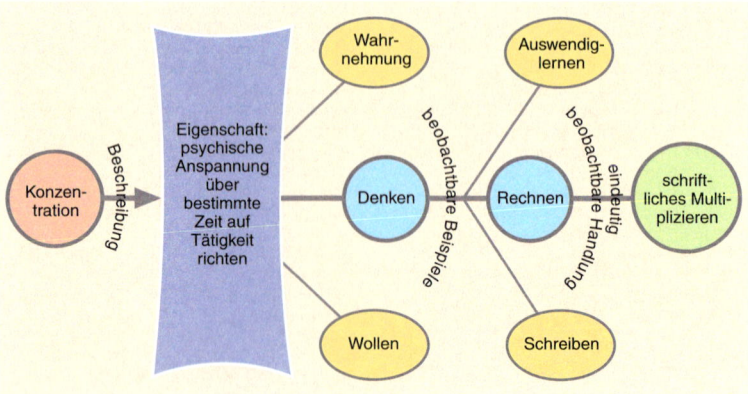

A Operationalisierung des Begriffs »Konzentration«

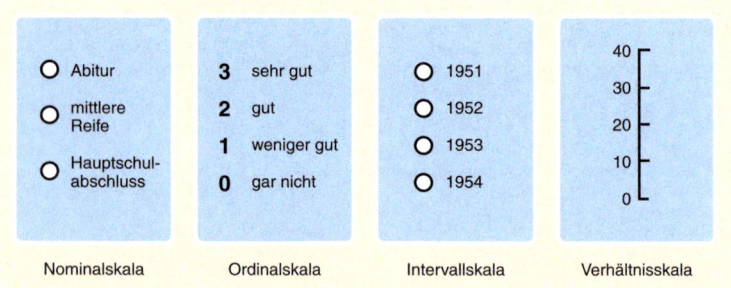

B Skalierungsverfahren

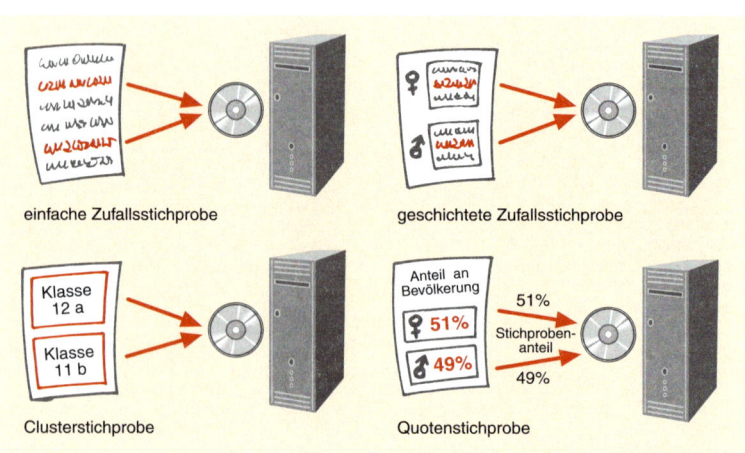

C Stichproben

Ziel der quantitativen empirischen Forschung ist es, beobachtbare Phänomene als Wirkungen bestimmter Ursachen zu erfassen und auf dieser Basis Hypothesen aufzustellen, die für die Erklärung neuer Beobachtungen herangezogen werden können. Dies geschieht mittels der Erhebung (z. B. Beobachtung, Befragung oder Experiment) und Auswertung quantifizierbarer Daten.

Quantitative Methoden beruhen auf der *Messbarkeit* der Eigenschaften der Forschungsgegenstände, d. h. diese müssen zahlenmäßig ausgedrückt und statistisch ausgewertet werden können.

Die Qualität der Untersuchung bemisst sich an den **Gütekriterien** der

- *Objektivität:* Unterschiedliche Forscher müssen bei der Durchführung zum gleichen Ergebnis kommen;
- *Reliabilität:* Wiederholte Messungen unter denselben Rahmenbedingungen müssen zum gleichen Ergebnis führen;
- *Validität:* Das Testverfahren muss auch tatsächlich das messen, was es messen soll oder zu messen vorgibt.

Die **Durchführung** einer empirischen Untersuchung beinhaltet im Wesentlichen folgende Schritte und Entscheidungen:

1. Hypothesenbildung
Hypothesen sind Annahmen über den Zusammenhang zweier oder mehrerer Größen (Variablen). Bsp.: »Fernsehen fördert Aggressivität.«
Man unterscheidet zwischen *unabhängiger Variable* (Häufigkeit des Fernsehkonsums), die bei einem experimentellen Forschungsaufbau vom Versuchsleiter verändert werden kann, und der davon *abhängigen Variable* (Ausmaß der Aggressivität).

2. Operationalisierung
Um eine Hypothese prüfen zu können, muss sie in messbare Größen übersetzt werden. Operationalisierung bedeutet die Zuordnung von Begriffen zu empirisch erfassbaren Indikatoren.
Im obigen Beispiel muss der Begriff »Aggressivität« durch beobachtbares Verhalten definiert werden (z. B. jemanden schlagen, beschimpfen usw.), das dann quantitativ festgehalten werden kann (wie oft schlägt ein Kind ein anderes?).

Ein Problem der Operationalisierung ist, dass hier bereits Vorannahmen als Interpretationen einfließen (wie wird aggressives Verhalten bestimmt?).

3. Quantifizierung
Einzelne Beobachtungen müssen miteinander vergleichbar sein, d. h. es muss dieselbe Messskala angelegt werden. Wichtige Skalierungsverfahren sind (B):

- *Nominalskala.* Hiermit wird lediglich die Zugehörigkeit zu einer Gruppe erfasst (z. B. welcher Schulabschluss liegt vor?).
- *Ordinalskala.* Erlaubt das Aufstellen einer Rangordnung (z. B. die Beliebtheit von Fernsehsendungen).
- *Intervallskala.* Die Abstände zwischen einzelnen Kategorien haben eine feste Größe, die erlaubt, Differenzen zwischen Messwerten quantitativ anzugeben (z. B. zwischen Geburtsjahren).
- *Verhältnisskala.* Hat einen absoluten Nullpunkt, wodurch sich Messwerte proportional vergleichen lassen (z. B. Kind A sieht doppelt so lange fern wie Kind B).

4. Stichprobe
Bei den meisten Untersuchungen ist es nicht möglich, Daten für alle Personen der *Grundgesamtheit* zu erheben (z. B. Fernsehkonsum bei Vorschulkindern). Deshalb werden Stichproben festgelegt, die repräsentativ für die Gesamtheit sein müssen. Dabei stehen verschiedene Möglichkeiten zur Wahl (C):

- *Einfache Zufallsstichprobe.* Aus der Grundgesamtheit wird eine statistisch aussagekräftige Anzahl von Personen nach dem Zufallsprinzip ausgewählt.
- *Geschichtete Zufallsstichprobe.* Es kann zweckmäßig sein, die Grundgesamtheit nach aufschlussreichen Merkmalen in Gruppen einzuteilen und daraus jeweils Zufallsstichproben zu nehmen (z. B. Vorschulkinder nach Geschlecht oder Wohnort usw. zu gliedern).
- *Clusterstichprobe.* Gruppen werden nicht nach Merkmalen, sondern aufgrund organisatorischer Zusammengehörigkeit ausgewählt (z. B. ganze Schulklassen).
- *Quotenstichprobe.* Der Anteil z. B. der männlichen bzw. weiblichen Probanden entspricht deren jeweiligem Anteil z. B. an der Bevölkerung oder einer anderen Bezugsgröße.

5. Forschungsdesign
Es beschreibt die Entscheidungen über die Art der Datenerhebung. Man unterscheidet:

- *nichtexperimentelles Design:*
  - *Querschnittstudie.* Die Daten werden einmalig innerhalb einer kurzen Zeitspanne erhoben.
  - *Längsschnittstudie.* Es werden mehrere aufeinander folgende Erhebungsphasen angesetzt, entweder mit denselben Personen (individuelle Veränderung) oder mit unterschiedlichen, jeweils repräsentativen Gruppen (Trends).
- *experimentelles Design:*
  Man bildet eine Versuchs- und eine Kontrollgruppe, um eine Überprüfung der unabhängigen Variable zu ermöglichen.
  Bsp.: Eine Schülergruppe sieht viel fern, die andere nicht. Ist in beiden eine Zunahme der Aggressivität zu beobachten, ist diese auf andere Faktoren als das Fernsehen zurückzuführen.

In welcher Form fand die
Studienberatung statt?

....

....

....

offene Fragen

Wie gut wurden Sie durch das Studium
auf das Schulpraktikum vorbereitet?

(1 = sehr schlecht / 5 = sehr gut)

Unterrichtsstunden
vorbereiten ① ② ③ ④ ⑤

Eine Sachanalyse
ausarbeiten ① ② ③ ④ ⑤

Eine Klassenarbeit
ausarbeiten und
bewerten ① ② ③ ④ ⑤

Ratingfragen

Wie wurde die Studienberatung
durchgeführt?

○ Verteilung von Informations-
broschüren

○ Durchführung eines Tests

○ kurzes Gespräch (bis zu 15 Minuten)

○ längeres Gespräch (bis zu 1 Stunde
und länger)

geschlossene Fragen

5. Haben Sie eine Studienberatung in
Anspruch genommen?

○ Ja ○ Nein

Wenn nein, fahren Sie bitte mit Frage 8 fort.

6. Wie lange dauerte die Beratung?

○ weniger als 30 Minuten

○ 30 bis 60 Minuten

○ länger als 60 Minuten

7. ...

8. ...

Filterfragen

A Fragebogen: Beispiele für Fragetypen

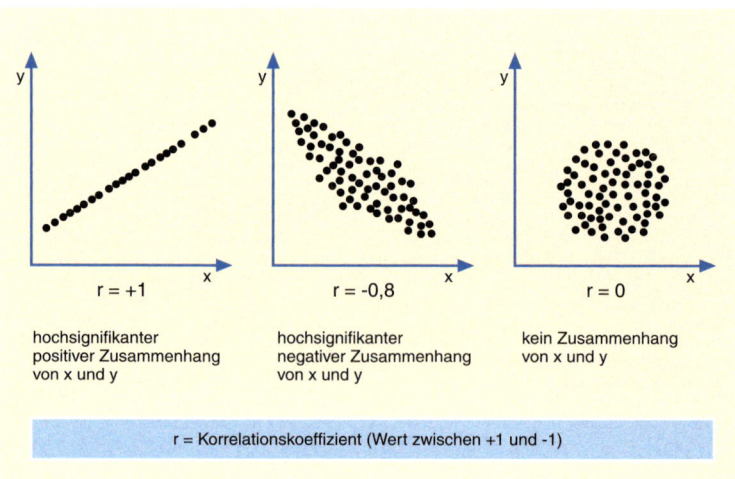

$r = +1$	$r = -0{,}8$	$r = 0$
hochsignifikanter positiver Zusammenhang von x und y	hochsignifikanter negativer Zusammenhang von x und y	kein Zusammenhang von x und y

r = Korrelationskoeffizient (Wert zwischen +1 und -1)

B Datenauswertung: Korrelation von Variablen

6. Verfahren der Datenerhebung

a) *Beobachtung:* Sie spielt in der Pädagogik v. a. bei der *Unterrichtsforschung* eine wichtige Rolle. Um wissenschaftlich auswertbare Ergebnisse zu erhalten, werden i. Allg. die zu beobachtenden Merkmale vorher festgelegt und in einem Erhebungsbogen festgehalten.

Bsp.: Die Hypothese ist, dass Jungen im naturwissenschaftlichen Unterricht stärker gefördert werden als Mädchen. Als Merkmale könnten festgelegt werden, wie oft Jungen/Mädchen aufgerufen werden und wie die Reaktion des Lehrers auf die Antwort ist (aufmunternd/abwiegelnd). Der Beobachtungsbogen wird dann festhalten: die Fragen des Lehrers, die Anzahl der Meldungen und die Aufrufe nach Jungen und Mädchen unterschieden sowie die Lehrerreaktion auf die Antworten.

Bei der *Art der Beobachtung* wird unterschieden zwischen *teilnehmender* (der Beobachter ist selbst in der Gruppe aktiv) und *nicht teilnehmender* (von außen) sowie *offener* (die Personen wissen, dass sie beobachtet werden) und *verdeckter.*

Da die Qualität der Untersuchung von der Wahrnehmung des Beobachters abhängt, muss dieser gründlich geschult sein und einschlägige Erfahrung besitzen. Dennoch lässt sich das subjektive Moment nicht ausschalten. Häufige *Fehler* sind

- selektive Wahrnehmung (z. B. durch Sympathie/Antipathie) und Wertungen,
- fehlerhafte Aufzeichnung aufgrund von Ablenkung, Ermüdung, Überforderung,
- Verfälschung der Situation durch die Anwesenheit des Beobachters,
- nicht repräsentative Auswahl der Beobachtungsphasen.

b) *Befragung:* Bei dieser Erhebungsmethode geht es v. a. um Einstellungen und Gedanken von Personen, die der Beobachtung nicht zugänglich sind. Dabei ist zu berücksichtigen, dass die Antworten der Befragten nicht mit ihrem tatsächlichen Handeln übereinstimmen müssen.

Die Befragung kann *mündlich* als Interview durchgeführt werden oder *schriftlich* mit Fragebögen. In beiden Fällen ist darauf zu achten, dass die Fragen *kurz, einfach* und *eindeutig* formuliert sind.

Es gibt vier Fragetypen, wobei in der quantitativen Forschung *geschlossene Fragen* (mit vorgegebenen Antwortmöglichkeiten) bevorzugt werden, da offene Fragen schwerer standardisiert auswertbar sind (A).

Bei der mündlichen Befragung besteht das Problem darin, dass die Person des Interviewers Einfluss auf die Beantwortung haben kann. Bei verschickten Fragebögen dagegen ist nicht zu kontrollieren, wer z. B. beim Ausfüllen »hilft«; außerdem kann eine nicht repräsentative Selektion dadurch stattfinden, dass nur bestimmte Personenkreise die Fragebögen zurückschicken.

Weiterhin sind generell *psychologische Effekte* beim Beantworter zu berücksichtigen: so etwa Ermüdungserscheinungen, Neigung zur Vermeidung von Extremen, Tendenz zur sozialen Erwünschtheit von Antworten oder der Lerneffekt im Verlauf der Befragung.

Durch den geeigneten Aufbau des Fragebogens wird versucht, solchen Verzerrungen entgegenzuwirken bzw. sie zu erkennen.

Dazu dienen u. a. *Kontrollfragen,* die den gleichen Inhalt, aber eine andere Formulierung haben, oder *psychologische Fragen,* die der Überleitung, Aufmerksamkeitssteigerung oder dem Hemmungsabbau dienen.

7. Auswertung

Um aus den erhobenen Daten Aussagen ableiten zu können, müssen sie mathematisch ausgewertet und in Bezug zum theoretischen Modell gesetzt werden. Als Instrument der quantitativen Analyse dient die **Statistik.** Man unterscheidet folgende Analysemöglichkeiten:

- Bei der *univariaten,* d. h. eine Variable betreffenden Analyse geht es um die Berechnung der Häufigkeitsverteilung von Merkmalen, z. B. wie viele Befragte mittlere Reife, Abitur usw. haben.

  Für die Auswertung von Interesse ist die Feststellung der *zentralen Tendenz* (Mittelwert) und der *Streuung* (Extremwerte); z. B. würde ein Temperaturmittelwert von 10 °C nichts darüber aussagen, ob es im Winter sehr kalt und im Sommer sehr heiß oder ganzjährig gleichbleibend ist.

- Die *bivariate* Analyse zielt auf den Zusammenhang zweier Variablen ab (z. B. Abiturnote und Studienerfolg).

  Mit der *Korrelationsanalyse* wird festgestellt, ob ein Zusammenhang gegeben ist. Das ist dann anzunehmen, wenn das gemeinsame Auftreten der Merkmale *signifikant* von dem abweicht, was aufgrund statistischer Wahrscheinlichkeit zu erwarten wäre. (B)

  Mit der *Regressionsanalyse* wird darüber hinaus die Art des Zusammenhangs untersucht, d. h. die abhängige Variable y soll als Funktion f der unabhängigen Variable x dargestellt werden (z. B. für Prognosen).

- Bei der *multivariaten* Analyse wird der Zusammenhang mehrerer unabhängiger und abhängiger Variablen untersucht.

  Dazu zählt u. a. die *Faktorenanalyse,* bei der versucht wird, von der Korrelation mehrerer Variablen auf einen zugrunde liegenden Faktor zu schließen.

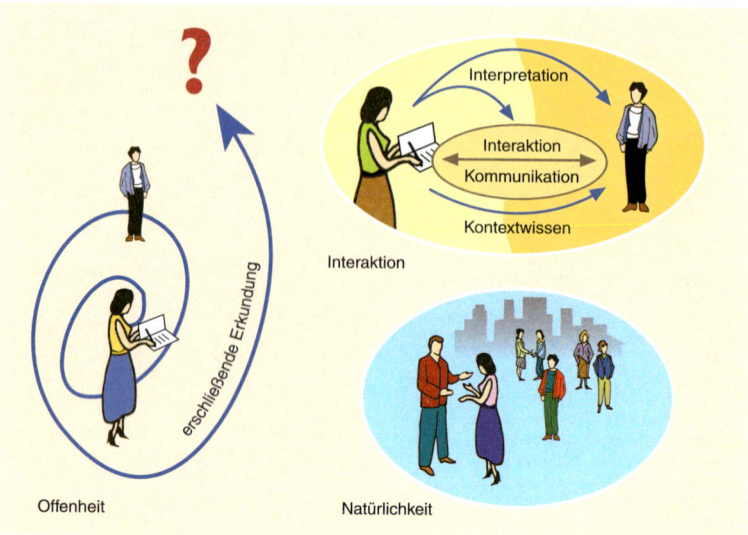

Interpretation

Interaktion
Kommunikation

Kontextwissen

Interaktion

erschließende Erkundung

Offenheit

Natürlichkeit

A Prinzipien qualitativer Forschung

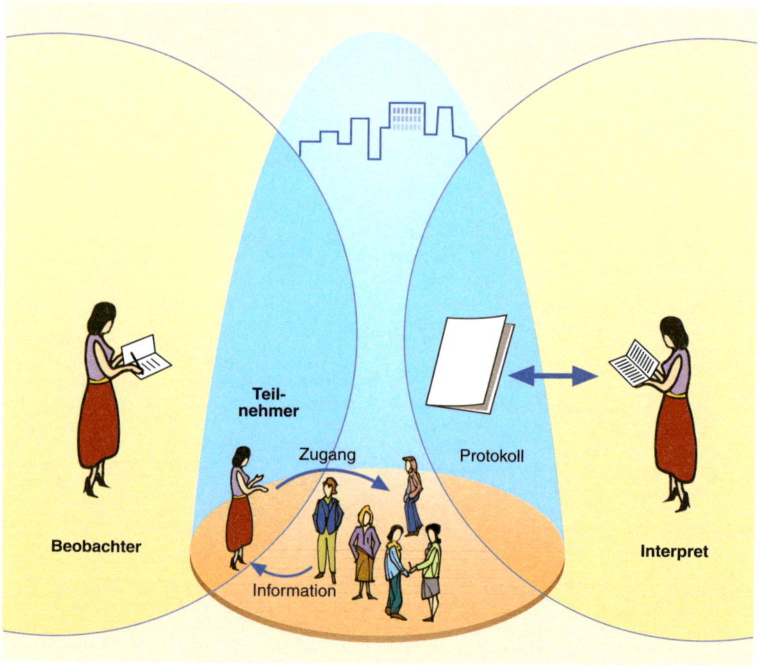

Teil-
nehmer

Zugang

Protokoll

Beobachter

Information

Interpret

B Teilnehmende Beobachtung

Die **qualitativen Methoden** der Sozialforschung greifen auf die Wissenschaftskonzepte der Phänomenologie, der Hermeneutik und des symbolischen Interaktionismus zurück. Gemeinsam ist ihnen die Grundannahme, dass
- die soziale Welt *bedeutungshaltig* strukturiert ist,
- Individuen aufgrund dieser Bedeutungen handeln,
- es Ziel der Forschung ist, diese Bedeutungen zu erkennen.

Der qualitativen Forschung geht es um eine möglichst gegenstandsnahe und ganzheitliche Erfassung von *Lebenskontexten* und den Nachvollzug der Perspektive der darin Handelnden. **Grundprinzipien** dabei sind:

1. *Offenheit* des Forschungsprozesses.
   Vorgegebene Theoriemodelle und Methoden treten zurück gegenüber der erschließenden Erkundung des Gegenstandsfeldes. Die angemessene Vorgehensweise wird während der Untersuchung erst entwickelt; Hypothesen stehen am Ende, nicht am Anfang.

2. Verständnis von Forschung als *kommunikativer Interaktion.*
   Die gewonnenen Informationen sind in hohem Maß von der Person des Forschers abhängig. Es hängt von der von ihm in Gang gesetzten Interaktion ab, welchen Einblick er in die Lebenswelt der Untersuchten gewinnt. Die Interpretation der Daten wiederum erfordert ein umfassendes Kontextwissen. Erschwerend kommt oft die Einmaligkeit der Forschungssituation hinzu, sodass eine Kontrolle der Daten durch Wiederholung schwer möglich ist.

3. *Natürlichkeit* der Erhebungssituation.
   Gesucht wird ein möglichst unmittelbarer Zugang zur Lebenswelt, z. B. durch teilnehmende Beobachtung (anstelle von experimentellen Designs) oder freie, narrative Interviews (anstelle von standardisierten). (A)

Schwerpunkte qualitativer Forschung in der Pädagogik sind u. a.
- *Lebensweltstudien,* die sich mit der Analyse des Alltags in pädagog. Institutionen und ihrem außerschulischen Kontext beschäftigen,
- *Autobiografieforschung,* die (vergangene) Sozialisationsbedingungen aus der Sicht rekonstruiert, wie sie das Individuum erlebt hat,
- *Inhaltsanalyse* von Dokumenten wie Schülerzeitungen, Aufsätzen, Schulfotos, Wandtafeln usw.

Erhebungsverfahren
1. Befragung
In der qualitativen Forschung werden wenig strukturierte Formen des Interviews bevorzugt, weil sie es dem Befragten ermöglichen, bedeutsame Aspekte seiner Biografie oder Weltsicht zur Sprache zu bringen.

Eine Möglichkeit ist das sog. *narrative Interview,* bei dem freie und detaillierte Erzählungen persönlicher Erfahrungen erwartet werden.

Wichtig ist eine offene und vertrauensvolle Atmosphäre zwischen Interviewer und Befragtem. Der eigentlichen Erzählung kann sich eine *Nachfragephase* anschließen, in der der Interviewer unklare oder seiner Ansicht nach unvollständige Passagen wieder aufgreift. Die abschließende *Bilanzierungsphase* soll den Befragten ermuntern, eigene Interpretationen des Erlebten zu entwickeln.

Weitere Formen des qualitativen Interviews unterscheiden sich durch den größeren Grad an Strukturiertheit und bereits einfließenden theoretischen Konzepten.

Z. B. kann der Interviewer vorher einen *Leitfaden* aufstellen, anhand dessen er das Gespräch auf bestimmte Themen lenken kann.

2. Beobachtung
Bei der *teilnehmenden Beobachtung* ist die soziale Interaktion im Feld Bestandteil des methodischen Vorgehens. Der Forscher nimmt, im Idealfall über einen längeren Zeitraum, an der soziokulturellen Lebenswelt teil, um sie aus der Innenperspektive der Handelnden kennenzulernen.

Er befindet sich damit in der schwierigen Situation, sowohl distanzierter Beobachter als auch ins Geschehen involvierter Akteur zu sein.

Grundsätzlich besteht das Problem, als Außenstehender erst einmal Zugang zu der zu erforschenden Sozialgruppe zu erhalten. Die Akzeptanz ist meist Voraussetzung, um überhaupt Einblick in bestimmte Lebensbereiche zu gewinnen.

Eine wichtige Rolle spielen dabei *Informanten,* zu denen eine bes. Vertrauensbeziehung besteht. Sie können nicht nur den Zugang zur Gruppe öffnen, sondern liefern ihrerseits Informationen, die durch bloße Beobachtung nicht zugänglich sind (innere Einstellungen, Weltbild usw.). (B)

Die teilnehmende Forschung im Feld bringt eine Reihe weiterer **Probleme** mit sich:
- Die Unwiederholbarkeit der Situation schließt eine nachträgliche Kontrolle der Datenerhebung nahezu aus. Die Aufzeichnungen des Forschers vor Ort sind später die einzige heranziehbare Quelle.
- Die Forschungsergebnisse sind in starkem Maß davon abhängig, zu welchen Personen und Ereignissen der Forscher Zugang bekommen hat und zu welchem Zeitpunkt, was ihre Verallgemeinerung infrage stellt.

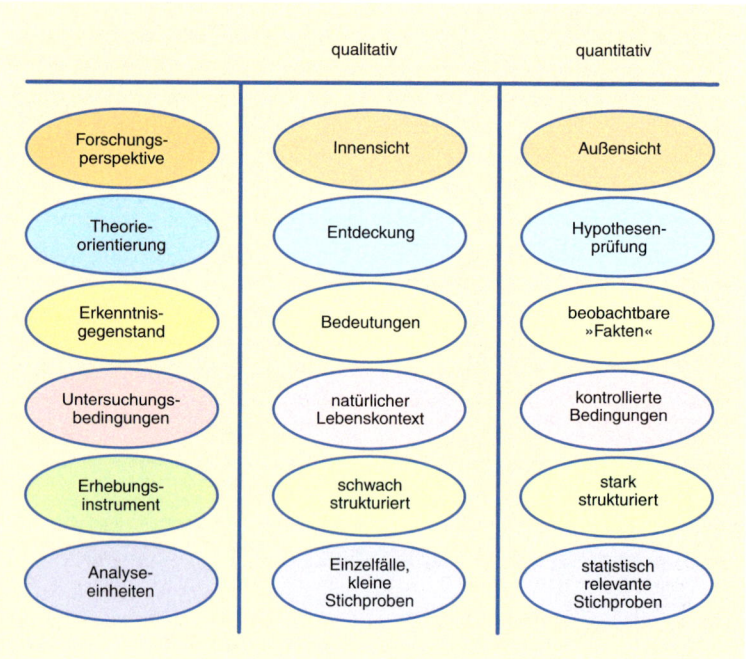

A Inhaltsanalyse (nach P. Mayring)

B Qualitative und quantitative Forschung

- Der Beobachter interpretiert das Geschehen und die Aussagen der Informanten innerhalb seines eigenen Deutungshorizonts. Dieser ist von seinen Erfahrungen, seiner soziokulturellen Eingebundenheit und dem theoretischen Modell abhängig.

3. Inhaltsanalyse

Ihr Gegenstand sind die Kommunikationsinhalte von Texten, Bildern, Tondokumenten. Die Vorgehensweise kann stärker *quantitativ* oder *qualitativ* ausgerichtet sein, wobei in der Praxis oft beides ineinandergreift.

Grundlage ist das Modell der **sozialen Kommunikation** als *Zeichenverkehr* zwischen einem Sender (z. B. Journalist) und einem Empfänger (z. B. Leser) mittels eines Mediums (z. B. Zeitung).

Ziel ist es, aus Merkmalen des Mediums (soziale) Zusammenhänge seiner Entstehung und Verwendung zu erschließen. Dazu gehören Fragen nach dem

- Sender: Wer sagt zu welchem Zweck was aus?,
- Empfänger: An wen ist die Aussage gerichtet, wie wird sie aufgenommen?,
- Medium: Wie beeinflusst es die Form und Aufnahme der Aussagen?,
- sozialen Hintergrund des Kommunikationsprozesses.

Beispiel für eine *quantitative Vorgehensweise* ist die Frequenzanalyse, die die Häufigkeit des Auftauchens bestimmter Elemente gegenüber anderen untersucht.

So kann z. B. die Repräsentanz unterschiedlicher sozialer Gruppen in Schulbüchern verglichen werden.

Die *qualitative Vorgehensweise* im engeren Sinn lehnt sich an die methodischen Kriterien der Hermeneutik an. Sie dient u. a. der Auswertung vorhergehender Erhebungen, z. B. narrativer Interviews (A).

4. Biografieforschung

Im Nachvollzug individueller Lebensgeschichten sollen vergangene und gegenwärtige *Sozialisationsbedingungen* herausgearbeitet bzw. deren historischer Wandel beschrieben werden. Von Einzelfallanalysen ausgehend sollen verallgemeinerbare Aussagen gewonnen werden. Als Verfahren bieten sich sowohl das Interview als auch die Analyse historischer Dokumente (Autobiografien, Tagebücher) oder eine Kombination aus beidem an.

Datenauswertung

Bei der Auswertung der Ergebnisse in der qualitativen Forschung geht es darum, die grundlegenden Interaktions- und Kommunikationsmuster der Untersuchten zu erfassen, wobei ihre Individualität bewahrt bleiben soll. Die Ergebnisse beruhen auf einer **Interpretation** des zugrunde liegenden Materials. Bei aller Offenheit des Forschungsprozesses sind Regeln der Erhebung und Interpretation einzuhalten und auszuweisen, um die Ergebnisse intersubjektiv nachvollziehbar zu machen.

Die Auswertung kann unterschiedliche Ziele verfolgen:

Vertreter **analytisch-konstruktiver** Richtungen versuchen, anhand von Einzelfallstudien allgemeine Deutungs-, Verhaltens- und Sozialisationsmuster herauszuarbeiten.

Auf eine Theoriebildung zielt die von Barney G. Glaser und Anselm L. Strauss entwickelte Grounded Theory ab.

Der Forscher fasst seine Beobachtungen in Begriffe, anhand derer dann übergeordnete Kategorien gewonnen werden. Diese werden in ein Koordinatensystem eingeordnet, um Bezüge und Unter- bzw. Überordnungen erkennbar zu machen. Das theoretische Modell wird ständig an empirischen Fakten überprüft und dient dazu, neue Fragestellungen zu entwerfen. Am Ende sollen sich die Kernkategorien und Schlüsselkonzepte herauskristallisieren, die die Grundlage für die entstehende Theorie bilden können.

Die von Ulrich Oevermann vertretene **objektive Hermeneutik** will Sinnstrukturen erfassen, die unabhängig von den Intentionen der Handelnden wirksam sind.

Es geht also nicht darum, subjektive Sinnentwürfe nachzuvollziehen, sondern verborgene gesellschaftliche Regelsysteme zu erkennen.

Als Mittel dazu dienen die Fein- und die Sequenzanalyse:

Die *Feinanalyse* (z. B. von Interviewprotokollen) umfasst u. a. folgende Aspekte: Klärung der Bedeutung des mitgeteilten Inhalts; Rekonstruktion der subjektiven Intentionen des Sprechers; Rekonstruktion objektiver Motive und der Folgen für die Interaktion; Funktion der Rollenverteilung in der Interaktion; Charakterisierung der sprachlichen Merkmale (z. B. durchgängiger Kommunikationsfiguren).

Bei der *Sequenzanalyse* werden Bedeutungsvarianten des Textes Abschnitt für Abschnitt durchgespielt, um ein breites Spektrum aller möglichen Handlungsregeln zu erhalten, die für die Interaktion eine Rolle spielen könnten. Vor diesem Hintergrund kristallisieren sich dann die Regeln heraus, die im Interaktionsverlauf tatsächlich gewählt wurden. So ergibt sich eine Charakteristik individuell realisierter Handlungsvarianten.

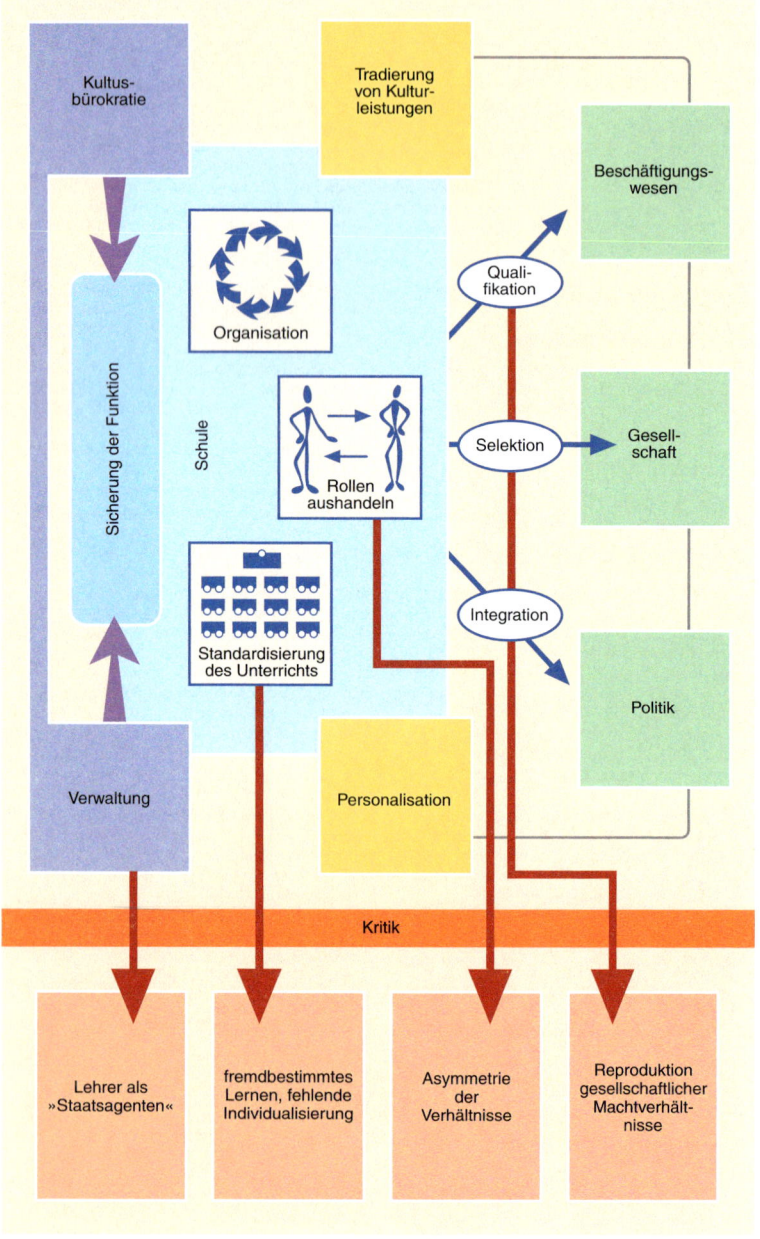

Funktionen der Schule und Kritik

In hoch entwickelten Gesellschaften kann sich Lernen nicht mehr als unmittelbares Hineinwachsen in die Lebenswelt vollziehen. Daher übernimmt die spezialisierte Institution der **Schule** die Aufgabe der Vermittlung von Wissen und Fertigkeiten.

Einige *charakteristische Merkmale* von Schule sind:

- Sie bildet einen eigenen Sozialisationsbereich, der auch räumlich und zeitlich von anderen Gesellschaftssystemen getrennt ist.
- Die Unterrichtssituation ist standardisiert, es wird in Gruppen unterrichtet unter Zurücktreten individualisierter Lernbedingungen.
- Vorherrschend ist eine verbal-abstrahierende und lehrerzentrierte Kommunikationsform.

Im Laufe der Geschichte wurden immer wieder Versuche gestartet, Nachteile dieser »Standardform« von Schule durch alternative Modelle zu überwinden, etwa durch die Reformpädagogik. Sie konnten sich aber gegen den schulbürokratisch-organisatorisch geprägten Allgemeintyp nicht durchsetzen und bleiben Ausnahmen.

Zur Beschreibung, Analyse und Kritik von Schule haben sich verschiedene Theorien entwickelt:

1. Nach dem **organisationssoziologischen Ansatz** wird Schule als gegliedertes Ganzes betrachtet, das innerhalb seiner Struktur Abläufe so organisiert, dass die vorgegebenen Ziele erreicht werden können. D.h., es gibt ein komplexes System von Regeln, das z.B. festlegt, wer zu dieser Organisation gehört, welche Funktion er darin hat, was er wann und wie auszuführen hat.

Zwischen der notwendigen formalen Verwaltungsorganisation und der eigentlichen pädagog. Zielsetzung bleibt immer ein Konflikt bestehen, weil letztere individualisiertes, situationsabhängiges Handeln erfordert.

2. Der **systemtheoretische Ansatz** versteht Schule als ein System, das mit anderen Gesellschaftssystemen in Beziehung steht und dabei bestimmte *Funktionen* zu erfüllen hat. Dazu gehören:

- *Qualifikation:* Der nachwachsenden Generation müssen Kenntnisse und Fertigkeiten übermittelt werden, die sie benötigt, um Aufgaben in der Gesellschaft wahrnehmen zu können.
- *Selektion* und *Allokation:* Die Schule führt eine Auslese nach bestimmten Leistungskriterien durch, aufgrund derer gesellschaftliche Positionen zugewiesen werden.
- *Integration:* Die Schule vermittelt gemeinsame Kulturwerte und Normen.

- *Personalisation:* Dem Einzelnen soll die Möglichkeit eröffnet werden, seine spezifischen Fähigkeiten zu entfalten und eine Persönlichkeit auszubilden.

3. Der **anthropologische Ansatz** geht vom Eigenwert des heranwachsenden Kindes aus. Bildung und Erziehung dienen der Entwicklung des Individuums zu einer verantwortungsbewussten und frei handelnden Persönlichkeit.

Die Schule soll nicht auf ihre gesellschaftliche Funktion reduziert werden, sondern dem Heranwachsenden den Freiraum gewähren, in dem er umfassend und zweckfrei seine Kräfte entfalten kann.

4. Beim **interaktionistischen Ansatz** wird auf mikrosoziologischer Ebene untersucht, wie sich die Akteure innerhalb der Institution Schule verhalten.

Welche Rollen werden ausgehandelt? Wie werden Identitäten entwickelt und dargestellt? Welche Formen von Etikettierungen gibt es?

Einige von pädagog. Seite immer wieder vorgebrachten **Kritikpunkte** an der bestehenden Schulform sind (Abb.):

- Unterricht in der Schule bedeutet weitgehend passives, fremdbestimmtes Lernen. Staatliche Reformen zielen meist nur auf eine noch stärkere Kontrolle ab *(mehr* lernen anstatt *anders* lernen).
- Sozialkritische Ansätze verweisen darauf, dass die Schule lediglich der Reproduktion gesellschaftlicher Machtstrukturen dient, anstatt Kritik, Eigenverantwortung und Kreativität zu fördern.
- Die eigentliche pädagog. Beziehung zwischen Lehrer und Schüler wird durch ein institutionalisiertes Verhältnis ersetzt. Der Lehrer ist dem Staat verpflichtet und in ein rechtlich-bürokratisches System eingebunden.
- Aus interaktionistischer Perspektive wird die Asymmetrie der Beziehungen durch das Machtübergewicht der Lehrer und der Institution selbst sowie die unzureichende Beteiligung der Schüler an Entscheidungsprozessen bemängelt. Die »Freiheit« des Rollenaushandelns auf Seiten der Schüler wird dadurch zwangsläufig durch die aufgezwungenen Rollenmuster unterlaufen.

Die von pädagog. Seite angebrachte Schulkritik zeigt auch in der Praxis Folgen: Zum einen ist sie ein Motor in der langfristigen Veränderung des staatl. Schulwesens, zum anderen liefert sie eine Motivation zur Gründung freier Schulen mit alternativem Unterrichtsangebot.

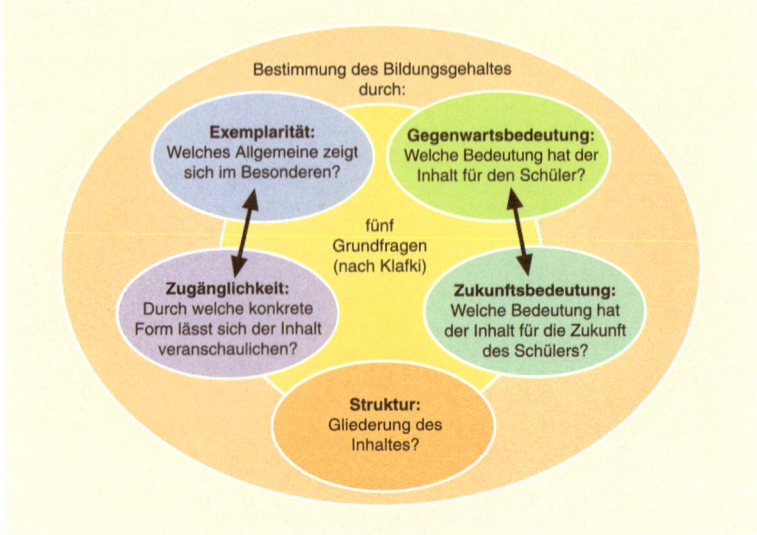

A Bildungstheorie: Didaktische Analyse

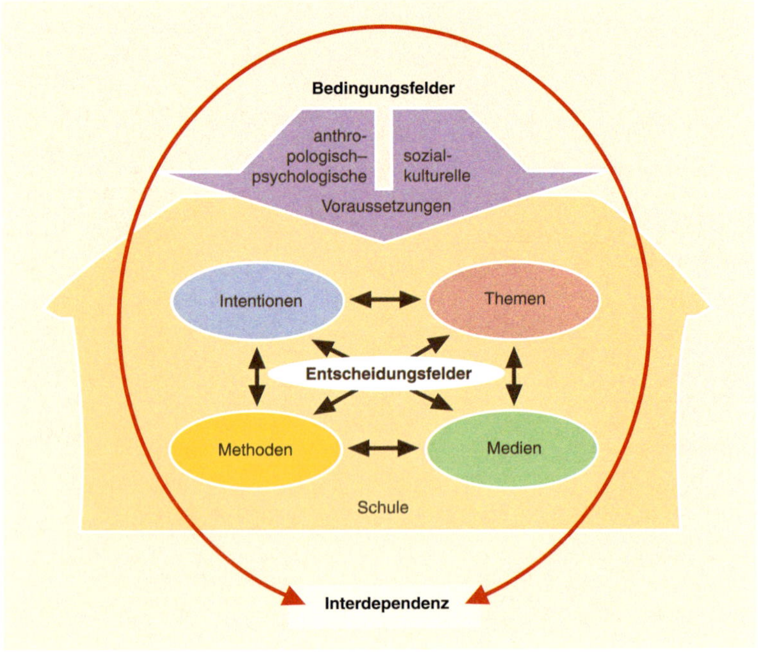

B Lerntheorie: Berliner Modell

Im weitesten Sinne ist **Didaktik** heute die Wissenschaft vom Lernen und Lehren überhaupt *(allgemeine Didaktik)*. Im engeren Sinne wird darunter die Wissenschaft vom Unterricht oder, noch eingegrenzter, die Theorie der Bildungsinhalte verstanden.

Darüber hinaus wird unterschieden zwischen

- *Fachdidaktik:* Theorie des Unterrichts in einem speziellen Fach,
- *Bereichsdidaktik:* Theorie eines Lernbereichs oder einer Fächergruppe,
- *Stufendidaktik:* fachübergreifende Theorie einer Schulstufe sowie der
- *besonderen Didaktik:* Theorie des Unterrichts einer bestimmten Schulart.

Die ursprüngliche griech. Wortbedeutung bezog sich auf eine lehrhaft-poetische Vermittlung von Wissen in Schule und Wissenschaft.

Didaktik als pädagog. Begriff und bes. Disziplin lässt sich erst im 17. Jh. belegen. Der Pädagoge W. Ratke benutzte 1613 erstmals den Begriff »didactica« (Lehrkunst) bereits im Zusammenhang mit der Berufsqualifikation der Lehrer. In J. A. Comenius' wegweisendem Werk ›Didactica magna‹ (große Lehrkunst) von 1657 wird Didaktik zum Zentralbegriff der Pädagogik. Das darin versprochene optimistische Ziel lautet, »alle Menschen alles zu lehren«.

Eine spezif. Ausrichtung des Didaktikbegriffs auf den Unterricht fand im 19. Jh. durch J. F. Herbart, Otto Willmann und Wilhelm Rein statt.

Der Begriffsinhalt von »Didaktik« hängt heute vom jeweiligen theoretischen Bezugssystem ab. Verschiedene Konzepte stehen dabei zur Diskussion:

Das bildungstheoretische Konzept

In den 20er und 30er Jahren des 20. Jh. definiert die geisteswissenschaftliche Pädagogik (E. Weniger, W. Klafki, Wolfgang Kramp) im Anschluss an Dilthey und Nohl eine Theorie der *Bildungsinhalte*.

Der Gesamtbereich des Lernens und Lehrens wird auf die inhaltliche Dimension konzentriert. Nur bildungswirksames Lernen und Lehren ist Gegenstand der Didaktik.

Die These vom Primat der Inhalte vor der Methode wird erstmals von Weniger formuliert: Die Bildungsinhalte sind in den Lehrplänen enthalten, da sich in diesen das Interesse der Gesellschaft und des Staates an der Bildung artikuliert. Bildungsinhalte werden zweckfrei bestimmt und auf allgemeine Haltungen, Werte und Fähigkeiten ausgerichtet. Mit Wenigers Theorie findet die historische Didaktik ihren Abschluss.

Eine Konkretisierung dieses bildungstheoretischen Ansatzes für die Didaktik liefert die von Klafki entwickelte sog. *didaktische Analyse*. Diese will mittels eines differenzierten Fragenkatalogs »Theorie für die Praxis« sein und dem Lehrer Entscheidungshilfen an die Hand geben. Im Zentrum stehen dabei fünf Grundfragen, die den Bildungsinhalt bestimmen (A).

Bildungsinhalte sollen nach Klafki so gestaltet sein, dass sie eine *»doppelseitige Erschließung«* ermöglichen: Der Schüler lernt in der Bildungsbegegnung nicht nur den jeweils konkreten Inhalt kennen, sondern auch das darin eingebettete Allgemeine.

Die Didaktik steht also unter dem Oberbegriff der *kategorialen Bildung* und zeigt sich dabei als Vermittlerin zwischen der objektiven Wirklichkeit und der individuellen Welt des Schülers.

Bildungsinhalte sollen auf Kritik-, Kommunikations- und Selbstbestimmungsfähigkeit abzielen; gesellschaftliche Realität soll individuell und kritisch erkennbar und dadurch veränderbar werden.

Das lern- bzw. lehrtheoretische Konzept

Im Gegensatz zum bildungstheoretischen Ansatz erachten die Vertreter des lern- bzw. lehrtheoretischen Konzepts (Paul Heimann, Wolfgang Schulz) alle Merkmale des Unterrichts, also nicht nur den Inhalt, als für die Unterrichtsplanung relevant. Nach ihrer These der *Interdependenz* sind alle Faktoren im Unterrichtsgefüge voneinander abhängig und sollen, angelehnt an das positivistische Wissenschaftsverständnis, empirisch-analytisch erfasst werden.

In Heimanns **Berliner Modell,** einem phänomenologischen Kategoriensystem zur Analyse und Planung von Unterricht, werden folgende vier *Entscheidungsfelder* unterschieden (B): Intentionen (pädagog. Ziele), Themen, Methoden (Verfahrensweisen im Unterricht) und Medien.

Diese Entscheidungsfelder müssen vom Lehrer mit den beiden *Bedingungsfeldern* der anthropologisch-psychologischen (Eigenarten, Anlagen, Erfahrungen von Lehrern und Schülern) und der soziokulturellen Voraussetzungen (geografische, wirtschaftliche und gesellschaftlich-ideologische Situation, Sprach- und Kommunikationskultur) in Einklang gebracht werden. Diese sechs Felder werden als voneinander abhängig begriffen und stehen in ständiger wechselseitiger Beziehung.

Das Modell klärt im Hinblick auf die Unterrichtsplanung, über welche Unterrichtsfaktoren Entscheidungen getroffen werden müssen und wodurch diese beeinflusst werden, gibt aber selbst keine normativen Kriterien für Entscheidungen an.

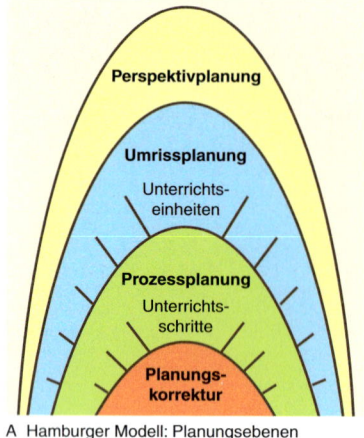

A Hamburger Modell: Planungsebenen

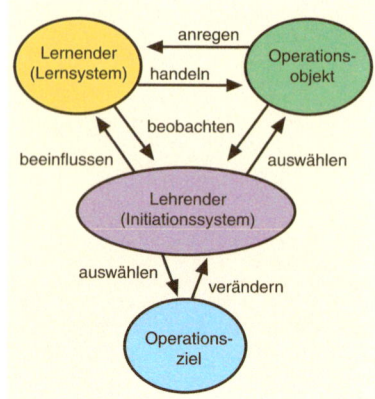

B Systemtheoretisches Lernen (nach H. Riedel)

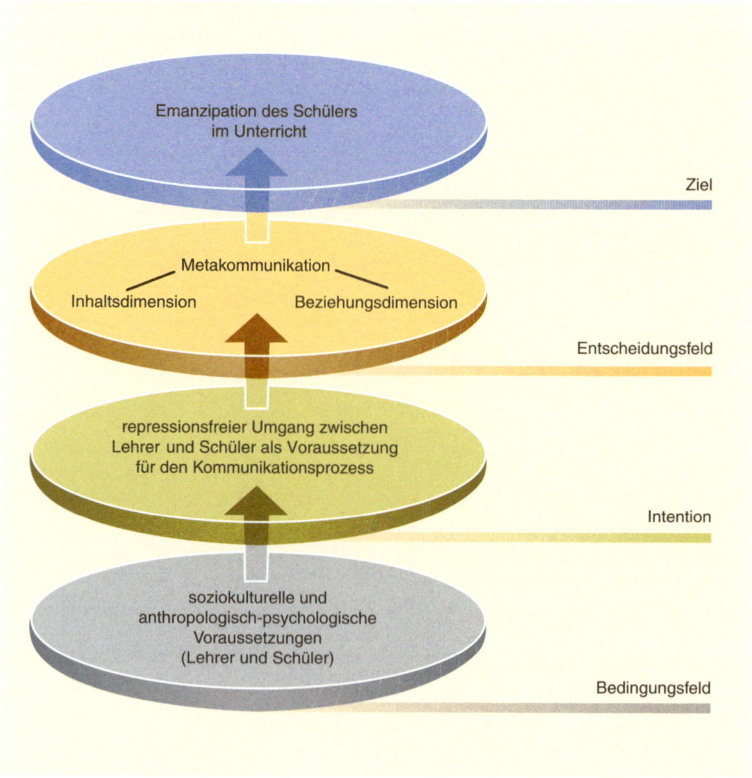

C Kommunikative Didaktik

Das urspr. Berliner Modell wurde um 1980 von Wolfgang Schulz zum sog. **Hamburger Modell** weiterentwickelt. Es beinhaltet eine verstärkte Bindung von didaktischem Denken und Handeln an das *emanzipatorische* Interesse.

Emanzipation umschreibt Schulz als die »Verfügung aller über sich selbst«. Entscheidungen sind auch von den Schülern zu treffen. Eine interaktive, gemeinsame Unterrichtsplanung von Schülern und Lehrern wird, wo immer möglich, angestrebt. Das Ziel ist die Förderung von Kompetenz, Autonomie und Solidarität der Schüler.

Die Unterrichtsplanung erfolgt auf vier Ebenen (A): der *Perspektivplanung* für einen längeren Zeitraum, die Intentionalität und Thematik verbindet und Ziele didaktischen Handelns angibt; der *Umrissplanung* für Unterrichtseinheiten; der *Prozessplanung* für einzelne Unterrichtsschritte; der *Planungskorrektur* während der Durchführung.

Das informationstheoretisch-kybernetische Konzept

Entsprechend der informationstheoretischen Terminologie werden Lehrer und Schüler in diesem Modell (H. Frank, F. v. Cube) als *Sender* und *Empfänger* verstanden. Der Bildungsinhalt wird zur *Information* und Erziehung zur *Verhaltenssteuerung.*

Das Ziel ist die maximal effektive und rationale Organisation des Lernvorgangs. Lernen wird im Sinne des sog. *Regelkreismodells* als selbstorganisierender Prozess verstanden, bei dem der Empfänger von Information unter ständiger Korrektur *(Feedback,* d. h. Rückmeldung des Systems über Erfolg/ Misserfolg) zu seinem Lernziel hingesteuert wird.

> Die Inhaltsproblematik bleibt unberücksichtigt, da sie als außerwissenschaftlich und ideologisch beurteilt wird. Ziele sind nicht Diskussionsgegenstand, sondern werden als gegebene Voraussetzungen angenommen.

Anwendung findet dieses Modell im *programmierten Unterricht* als einer Form des Selbstlernens mit Hilfe objektivierter Programme, die die direkte Mitwirkung eines Lehrers ersetzen können. Das Lernprogramm ist in kleinen Schritten aufgebaut, nach denen jeweils der Erfolg kontrolliert wird. Je nach Ergebnis wird zur neuen Aufgabe weitergeführt oder die alte wiederholt.

Das systemtheoretische Konzept

Als Weiterentwicklung des kybernetischen Ansatzes wird das Denken in Systemen auf die Didaktik angewandt (E. König, H. Riedel). Unterricht wird in diesem Modell als technisch-konstruktiver Prozess begriffen.

Am Ausgangspunkt steht eine Analyse der Unterrichtsfunktion, um wissenschaftliche, ideologische und technische Probleme der Didaktik aufzudecken. Ziel ist es, die größtmögliche Entscheidungsfreiheit und Differenzierbarkeit in den Handlungen von Schülern und Lehrern zu erreichen. Um für die systemische Beschreibung des Unterrichts ein geeignetes Instrumentarium zu haben, werden zentrale Begriffe neu eingeführt, z. B. Operation, Initiation, Lernsystem, Interaktion, »natürliche« und »geplante« Lernsituation.

> In einer »geplanten Lernsituation« fungiert der Lehrer z. B. als »Initiationssystem«: Er wählt innerhalb eines Lernsystems geeignete »Operationsobjekte« aus und regt Lernprozesse durch attraktive und konstruktive Eingriffe an.

Die Operationsobjekte (in traditioneller Sprache: Lernmaterialien) sind entscheidend für die Qualität des Unterrichts: Es handelt sich dabei um die Gegenstände, an denen der Lernende operiert, im Unterschied zu den Gegenständen, die er lernt (»Operationsziele«). Operationsobjekte werden den Zielen entsprechend ausgewählt und hinsichtlich zahlreicher Eigenschaften auf ihre Eignung geprüft (z. B. Konkretion, Reiz-Intensität, der verwendete »Nachrichtenkanal« [optisch/akustisch] usw.). (B)

Das kommunikationstheoretische Konzept

Die Vertreter der kommunikativen Didaktik (K.-H. Schäfer, K. Schaller) suchen über *offenen Unterricht,* in dem auch Schülerinteressen und -bedürfnisse zur Sprache kommen, Alternativen zum herkömmlichen schulischen Erziehungsprozess.

Emanzipation steht dabei im Mittelpunkt. Ziel ist die Selbstverwirklichung, Autonomie und Persönlichkeitsentwicklung des Schülers.

Kommunikation wird nicht mehr nur als Mittel aufgefasst, sondern wird selbst zum Gegenstand des Unterrichts. Diese *Metakommunikation,* also die Kommunikation über Kommunikation, nimmt in diesem Modell eine wichtige Position ein.

Die *Beziehungsdimension,* das Verhältnis zwischen Lernendem und Lehrendem, wird vor die Inhaltsdimension gestellt. Der an die kritische Wissenschaftsauffassung angelehnte Ansatz verlangt einen repressionsfreien Umgang zwischen Lehrer und Schüler. Rationaler Diskurs und symmetrische Kommunikation sind die geforderten Beziehungsprinzipien im Unterricht. (C)

Praktische Unterrichtskonzepte

Um verschiedene Defizite in den heutigen Schulen zu überwinden, entstanden viele spezielle Unterrichtskonzepte, die den An-

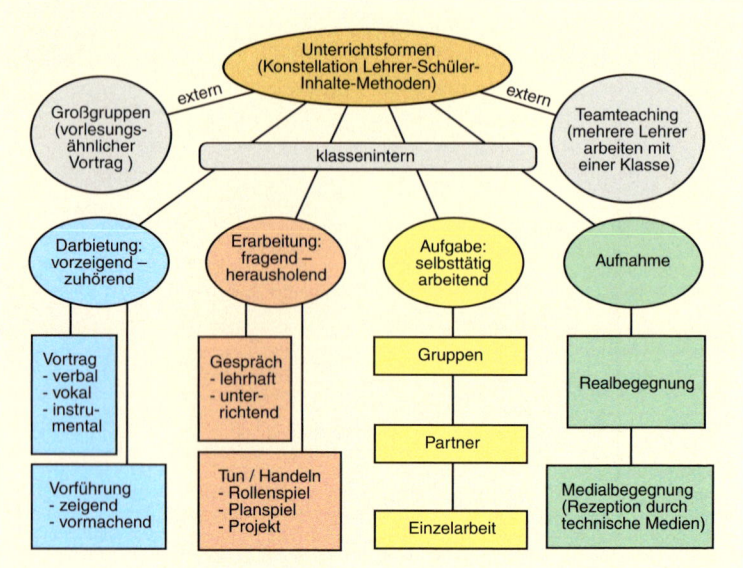

A Unterrichtsformen

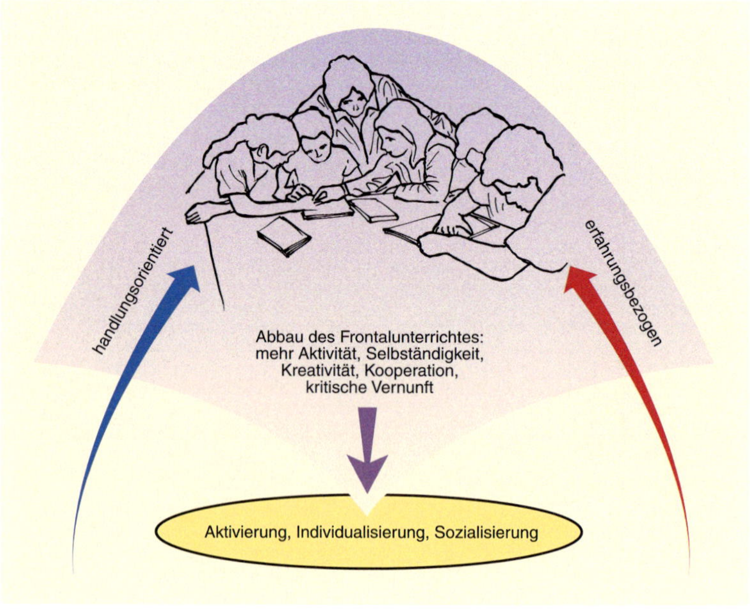

B Schülerorientierung des Unterrichts

spruch der *Orientierung am Schüler* vertreten (B):

- *offener Unterricht* (freie Arbeit nach Entscheidung der Lernenden),
- *Projektunterricht* (handelnd-lernende, an den Interessen der Beteiligten ausgerichtete gemeinsame Bearbeitung einer konkreten Sachlage),
- *erfahrungsbezogener Unterricht* (Einarbeitung persönlicher Erfahrungen in den Unterricht),
- *handlungsorientierter Unterricht* (Annäherung von Schule und Leben durch handwerkliche und soziale Schüleraktivitäten),
- *praktisches Lernen* (stärkere Verknüpfung von Kopf- und Handarbeit),
- *genetisches Lernen* (Themen und Lösungen werden als Entstehungsprozess behandelt),
- *gestaltpädagogischer Unterricht* (emotionale und erlebnisorientierte Bearbeitung von Themen).

Curriculum-/Lehrplantheorie

Der **klassische Lehrplan** ist eine Zusammenstellung von Unterrichtsinhalten, die in einem bestimmten Zeitraum zu lehren sind.

Kritisch an ihm sind seine Unflexibilität gegenüber aktuellen Veränderungen, das Fehlen von Hinweisen zur methodischen Umsetzung im Unterricht und sein »Verordnungscharakter« (durch die Kultusbürokratie) zu sehen.

Im Gegensatz zum traditionellen Lehrplan definiert sich das **Curriculum** als Lernplan, der außer Stoff- und Zielbestimmungen auch Methoden- und Medienhinweise enthält.

Zur Erstellung curricularer Ziele werden in Abgrenzung zu intuitiven Entscheidungen herkömmlicher Lehrplankommissionen objektive wissenschaftliche Methoden herangezogen. Die Verbindung von Forschung, Praxis und Theorie soll eine ständige Überprüfbarkeit und Korrekturmöglichkeit der Unterrichtsplanung gewährleisten.

Unterschieden werden *geschlossene Curricula*, die durch (lehrerunabhängige) exakte Vorausplanung gekennzeichnet sind, von *offenen*, die Raum für kreative Gestaltung und situationsbedingte Aspekte bieten.

Die *Curriculumforschung* ist in den 1970er Jahren ein Kernbereich der Bildungsforschung. Gegenstand sind die Auswahl, Begründung und Beschreibung curricularer Lernziele, die entsprechenden Methoden zur Vermittlung im Unterricht und die Lernerfolgskontrolle.

Gegenwärtige Konzepte verbinden Elemente des klassischen Lehrplans mit dem Curriculumgedanken. Moderne Lehrpläne sollten demnach folgende Elemente enthalten:

- *Ziele* (Welche Qualifikationen sollen erreicht werden?);
- *Inhalte* (Kenntnisse und Fertigkeiten, durch die die Qualifikationen erworben werden);
- *Methoden* (Verfahrensweisen der Vermittlung von Inhalten);
- *Kontrolle* (Überprüfung von Zielen, Inhalten und Methoden im Hinblick auf sich vollziehende Veränderungen).

Medien im Unterricht

Der Einsatz verschiedener Medien erweitert die Möglichkeiten der Vermittlung von Unterrichtsinhalten. Dabei ist zu beachten, dass das jeweilige Medium Einfluss auf die Art der Wissensaufnahme und -verarbeitung hat (z. B. hinsichtlich der selektiven Wahrnehmung von Inhalten, der emotionalen Beteiligung usw.).

Der Einsatz von Medien bietet sich u. a. an im Hinblick auf

- *lernpsychologische Gesetzmäßigkeiten* (Steigerung der Aufmerksamkeit durch den Wechsel von Medien; Inhalte werden besser erinnert, wenn sie in einer Kombination von Schrift und Bild dargestellt werden);
- die i. d. R. größere *Aktualität* von Film oder Internet im Verhältnis zum gedruckten Buch;
- das Erlernen des *Umgangs mit Medien* selbst (z. B. Internet).

Das klassische Unterrichtsmedium ist das *Schulbuch*. Es unterstützt schulische Informationsprozesse und dient der Nach- und Vorbereitung des Unterrichts. Bereits seit der Antike sind *Bilder* ein wichtiges Mittel zur Veranschaulichung, heute kommen audiovisuelle Medien sowie die *multimedialen* Möglichkeiten des Computers hinzu.

Medien können nach methodischen Gesichtspunkten als *Lehrmittel* eingesetzt werden, sind aber auch *Lernmittel*, um die Aktivität und Kreativität des Schülers zu fördern.

Versteht man Lernen als eine aneignende Auseinandersetzung mit der *Lebenswelt*, so ist die Kompetenz im Umgang mit Medien ein wichtiges Unterrichtsziel im Hinblick auf die moderne Informationsgesellschaft.

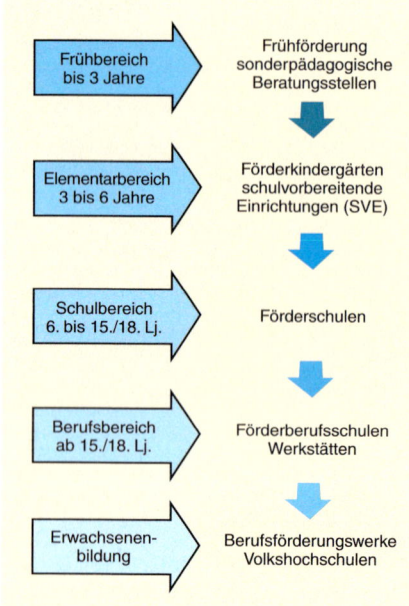

A Altersgruppen und Einrichtungen

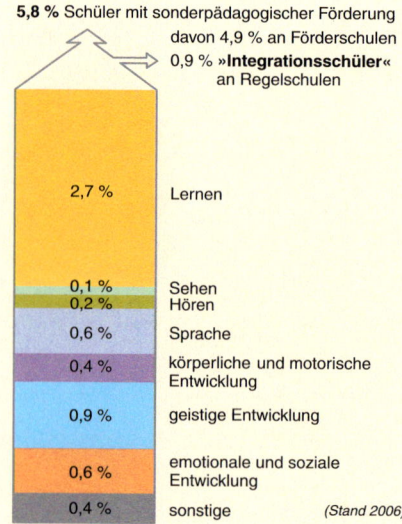

B Anteil der Schüler mit sonderpädagogischer Förderung
an der Gesamtschülerzahl

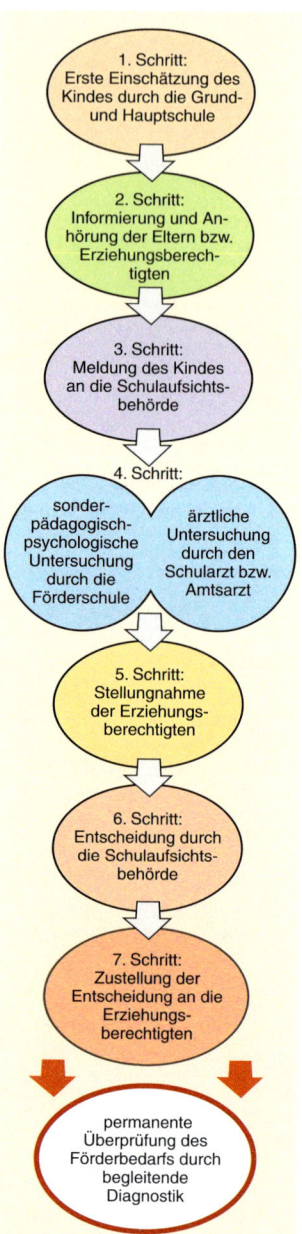

C Verfahrensablauf bei Lernbehinderung

Sonderpädagogik ist die Theorie und Praxis der Erziehung, Unterrichtung und Förderung von Kindern, Jugendlichen und Erwachsenen, die in irgendeiner Weise als körperlich, geistig oder seelisch beeinträchtigt (durch Behinderung, Störung oder Gefährdung) oder verhaltensauffällig angesehen werden.

Die bes. Förderung von durch Behinderung benachteiligten und von Behinderung bedrohten Kindern und Jugendlichen ist sehr wichtig, wenn ihre Situation in der normalen Schule nicht ausreichend berücksichtigt werden kann. Eine spezifische und verstärkte Erziehungs- und Unterrichtsarbeit kann Folgeeinschränkungen und -behinderungen vorbeugen.

Eine Begriffsbestimmung von **Behinderung** in pädagog. Hinsicht ist deshalb von Bedeutung:

Die Behinderung ergibt sich aus einer körperlichen oder geistig-seelischen Schädigung. Der Betroffene selbst empfindet eine Beeinträchtigung vieler Lebensbereiche, die sich, z. B. im beruflichen Bereich, auch objektiv nachweisen lässt.

Für die **Pädagogik** stehen nicht die medizinisch therapierbaren Schädigungen im Mittelpunkt, sondern die aus ihnen erwachsenden *Lernprobleme* und *sozialen Integrationsschwierigkeiten.* Eine Behinderung verändert die Bedingungen von pädagog. Verfahrensweisen. Als behindert im pädagog. Sinn gelten also nur Kinder, Jugendliche und Erwachsene, deren Lernbedingungen und soziale Eingliederungsvoraussetzungen erschwert sind.

Da in der Realität *Mehrfachbehinderungen* überwiegen, können sich Probleme bei der Zuordnung von pädagog. relevanter Benachteiligung durch Behinderung und Förderschulbedürftigkeit ergeben.

So ist z. B. für sprach- *und* lernbehinderte Kinder eine reine Sprachbehindertenschule nicht geeignet, da sie auf die Lernbehinderung nicht speziell genug eingehen kann.

Als **soziale Kategorie** ist »Behinderung« ein relativer Begriff, insofern er von jeweils geltenden Normvorstellungen abhängig ist. Das Ausmaß der sozialen und beruflichen Benachteiligung hängt von den institutionellen Einrichtungen und den Hilfsangeboten der Gesellschaft ab.

Begriffsgeschichte

1861 wurde der Begriff »*Heilpädagogik*« durch Jan Daniel Georgens und Heinrich Marianus Deinhardt wissenschaftlich geprägt. Durch Analogien zu anderen Heilbegriffen wie dem medizinischen Heilen oder dem theologischen Heil wurden illusionäre Erwartungen gesetzt, die der Situation der meisten Betroffenen nicht entsprachen. Da Behinderung durch Pädagogik fast nicht geheilt werden kann, wurde der Begriff »Heilpädagogik« ab den 1920er Jahren zunehmend ersetzt bzw. differenziert. 1941 wurde von Heinrich Hanselmann der formale Ersatzbegriff der »*Sondererziehung*« eingeführt.

In gemischten Begriffssystemen wird heute »Sonderpädagogik« als Oberbegriff verwendet. »Heilerziehung« wird dort beibehalten, wo durch Erziehung geheilt werden kann, wie z. B. in der Sprachheilpädagogik. Sondererziehung beschreibt den weitaus größeren Bereich der Erziehungswirklichkeit, in dem die Behinderung bestehen bleibt.

Alternativ zum Begriff »Sonderschule« wird im gegenwärtigen Sprachgebrauch der Begriff »Förderschule« verwendet. Dementsprechend ersetzt »sonderpädagogischer Förderungsbedarf« die ehemalige »Sonderschulbedürftigkeit«.

Dies ist auch Ausdruck einer zunehmenden Orientierung an den Fähigkeiten und nicht an den Schwächen von Menschen mit besonderen Förderungsbedürfnissen.

Seit den 1980er Jahren wird versucht, das Förderschulwesen integrativer zu entwickeln. Neben der förderpädagogischen Betreuung in speziellen Einrichtungen für Menschen mit Behinderung wird mehr gemeinsamer Unterricht in Regelschulen (sog. *Integrationsklassen*) angestrebt. Schüler mit und ohne Behinderung sollen dadurch frühzeitig den Umgang miteinander lernen und sozial voneinander profitieren.

Die spezifischen Anforderungen an die Sonderpädagogik ergeben sich aus den erschwerten Bedingungen in den Bereichen des Lernens (Aufnahme, Verarbeitung und Handlungsplanung), der Lehrmethoden und der sozialen Integration.

Die Sonderpädagogik unterteilt sich in die *allgemeine Sonderpädagogik,* die verschiedenen Aspekte sonderpädagog. Problemstellungen durch Überblick, Abstraktion und Grundfragenklärung verbindet und Überschneidungen mit dem wissenschaftlichen Nachbargebieten abklärt, und die *differenzielle Sonderpädagogik* mit den Einzelbereichen Blinden-, Gehörlosen-, Geistigbehinderten-, Körperbehinderten-, Lernbehinderten-, Schwerhörigen-, Sehbehinderten-, Sprachbehinderten-, Verhaltensauffälligenpädagogik.

Als Ergänzung zur zentralen Aufgabe der Erziehung, Unterrichtung und Förderung in der Sonderpädagogik kommen häufig *therapeutische Handlungsmethoden* zur Anwendung wie heilpädagog. Übungsbehandlung, Musiktherapie, Verhaltenstherapie, Logopädie, Krankengymnastik.

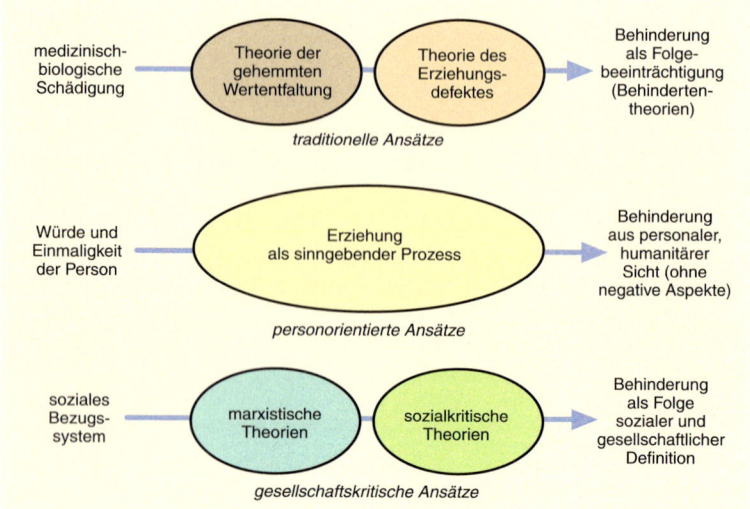

medizinisch-
biologische
Schädigung
— Theorie der gehemmten Wertentfaltung → Theorie des Erziehungs-defektes → Behinderung als Folge-beeinträchtigung (Behinderten-theorien)

traditionelle Ansätze

Würde und
Einmaligkeit
der Person
— Erziehung als sinngebender Prozess → Behinderung aus personaler, humanitärer Sicht (ohne negative Aspekte)

personorientierte Ansätze

soziales
Bezugs-
system
— marxistische Theorien → sozialkritische Theorien → Behinderung als Folge sozialer und gesellschaftlicher Definition

gesellschaftskritische Ansätze

A Wissenschaftliche Ansätze (Auswahl)

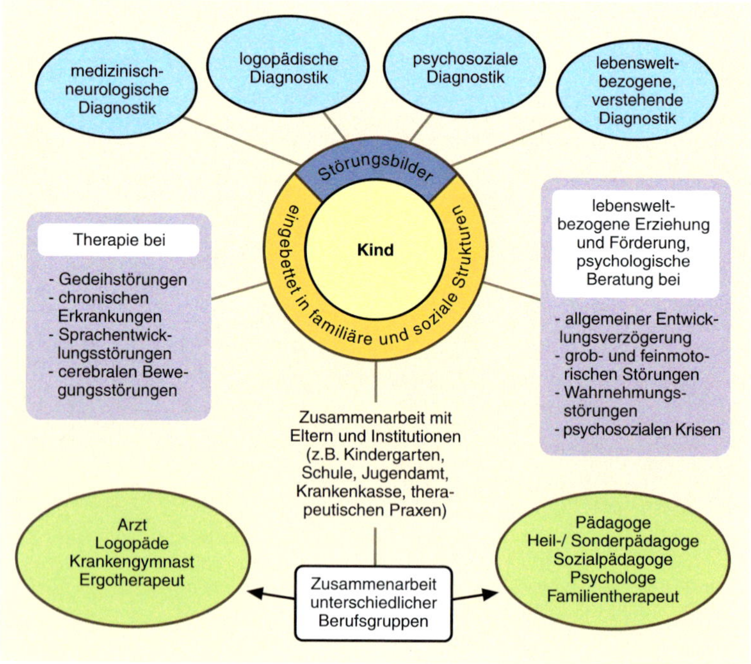

medizinisch-neurologische Diagnostik

logopädische Diagnostik

psychosoziale Diagnostik

lebenswelt-bezogene, verstehende Diagnostik

Störungsbilder

eingebettet in familiäre und soziale Strukturen

Kind

Therapie bei

- Gedeihstörungen
- chronischen Erkrankungen
- Sprachentwick-lungsstörungen
- cerebralen Bewe-gungsstörungen

lebenswelt-bezogene Erziehung und Förderung, psychologische Beratung bei

- allgemeiner Entwick-lungsverzögerung
- grob- und feinmoto-rischen Störungen
- Wahrnehmungs-störungen
- psychosozialen Krisen

Zusammenarbeit mit
Eltern und Institutionen
(z.B. Kindergarten,
Schule, Jugendamt,
Krankenkasse, thera-
peutischen Praxen)

Arzt
Logopäde
Krankengymnast
Ergotherapeut

← Zusammenarbeit unterschiedlicher Berufsgruppen →

Pädagoge
Heil-/ Sonderpädagoge
Sozialpädagoge
Psychologe
Familientherapeut

B Ganzheitliches Handlungskonzept

Für die theoretische Begründung der Sonderpädagogik als Wissenschaft gibt es verschiedene Ansätze (A):

Traditionelle Ansätze
In der 1930 erschienenen, **theologisch** und **wertphilosophisch** ausgerichteten Schrift ›Allgemeine Heilpädagogik in systematischer Grundlegung ...‹ von L. Bopp steht die »Wertverwirklichung« im Mittelpunkt. Das behinderte Kind soll mittels Religion zum »Heil« geführt werden. Heilpädagogik stellt sich als »Theorie der gehemmten Wertentfaltung« dar, denn der »Heilzögling« ist aufgrund seiner Behinderung durch »Wertausfall oder das Steckenbleiben in der Aufwärtsentwicklung« gehemmt.
Im 1931 konzipierten **empirisch-deskriptiven** Ansatz von K. Heinrichs wird die theoretische Begründung des Begriffs »Heilpädagogik« im »Erziehungsvorgang selber« gesucht, woraus eine *Theorie des Erziehungsdefektes* entsteht. Erziehung hat »Kulturfunktion« und überträgt »Kulturbesitz als objektiven Geist in den subjektiven Geist«. Der Begriff des Heilens bezieht sich dagegen auf den organischen Bereich der Natur und beschreibt die Wiederherstellung der organischen Funktionstüchtigkeit.
Reibungsloses Lernen setzt organ. und psychische Gesundheit voraus. In der Situation der Behinderung ist die organ. Natur nicht vollständig gesund, wodurch der Erziehungsvorgang als Kulturfunktion »defekt« ist. Der Erziehungsprozess kann nicht den von Behinderung betroffenen Menschen heilen, sondern soll den »Erziehungsschaden« aufheben und somit die Erziehungsmöglichkeit wiederherstellen.

Personorientierte Ansätze
Ihre Vertreter wie z. B. R. Allers (1883 bis 1963), K. König (1902–66) und P. Moor (1899–1977) stellen den Menschwerdungsprozess unter dem Aspekt der Erziehung ins Zentrum ihrer Theoriebildung: Die Würde der Person ist einmalig und kann nicht verloren werden. Auch schwerste Schädigungsgrade ändern nichts an diesem Sachverhalt. Dadurch werden alle möglichen negativen Betrachtungsweisen gegenüber dem behinderten Menschen von vornherein ausgeschlossen. Die »Liebe des Heilpädagogen« sieht nicht nur die momentan verwirklichten Werte im Menschen, sondern auch jene, die künftig realisiert werden sollen,
»*nach seinem einmaligen, ganzheitlichen und personalen Wertentwurf*«. (H.-E. Hengstenberg)

Gesellschaftskritische Ansätze
Im Gegensatz zu traditionellen Ansätzen werden in gesellschaftskritischen die Bedingungen von Behinderung nicht als gegeben hingenommen. Der Begriff »Heilpädagogik« wird in Hinblick auf das *soziale Bezugssystem* hinterfragt.
Nach **W. Jantzen** (geb. 1941) ist Behinderung in diesem (dialektischen) Verständnis ein »sozialer Gegenstand« und wird gesellschaftlich »verdinglicht«, bzw. der Behinderte wird zum Objekt gemacht. Erst aufgrund sozialer Kommunikation und Interaktion im Zusammenhang mit »gesellschaftlichen Minimalvorstellungen« wird Behinderung sichtbar und dadurch wirklich.
Die soziale Konstitution von Behinderung wird durch eine harmonisierende Sicht der Gesellschaft verdeckt: Auffällige werden »abgeschoben«, die Sonderschule dient als »Alibi« und der Entlastung der Gesellschaft.
Marxistisch-materialistisch orientierte Ansätze sehen Behinderung als Produkt der Klassengesellschaft. Aus dieser Perspektive ist eine Mitbedingung (unter soziologischem Aspekt) die Zugehörigkeit zu unteren sozialen Schichten; diese Schichtung ist (unter materialistischem Aspekt) ökonomisch bedingt durch die bürgerliche Klassengesellschaft.
Lernbehinderungen und Verhaltensstörungen werden nach marxistischer Auffassung durch das kapitalistische Interesse an »minderqualifizierten« Arbeitskräften erzeugt.
Historischer Bezugspunkt dieser These ist die »industrielle Reservearmee« (Marx). Die »bürgerliche Klassenschule« des 19. Jh. hatte demnach die Aufgabe, »Versager« zu produzieren, um der herrschenden Klasse den zur Kapitalsicherung nötigen Nachwuchs an ausbeutbaren Lohnarbeitern zu sichern.

Gesellschaftstheoretische und traditionelle Theorien beschreiben das positive Bemühen um die Verbesserung der Lebenssituation und Verwirklichungsmöglichkeiten behinderter Menschen auf der Basis unterschiedlicher Verständnisdimensionen.
Die einzelnen Theorien sind zwar nicht auf systematische Vollständigkeit ausgerichtet, aber sie bieten durch ihre partielle Richtigkeit zusammen ein umfassendes Bild des vielschichtigen Phänomens der Behinderung aus pädagog. Sicht. Der Begriff der Behinderung an sich aber ist dadurch nicht weniger problematisch geworden.

Es gibt eine Reihe pädagog. **Erklärungsmodelle** für die Erfassung von Behinderung:
• Das *individualtheoretische Modell*. Behinderung ist durch Anomalie oder Schädigung beim Individuum definiert, d. h. sie ist medizinisch fassbar und mehr oder we-

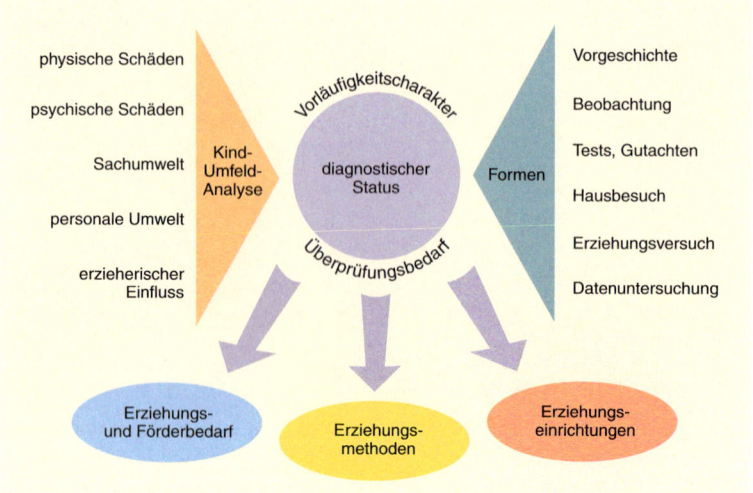

A Sonderpädagogische Diagnostik

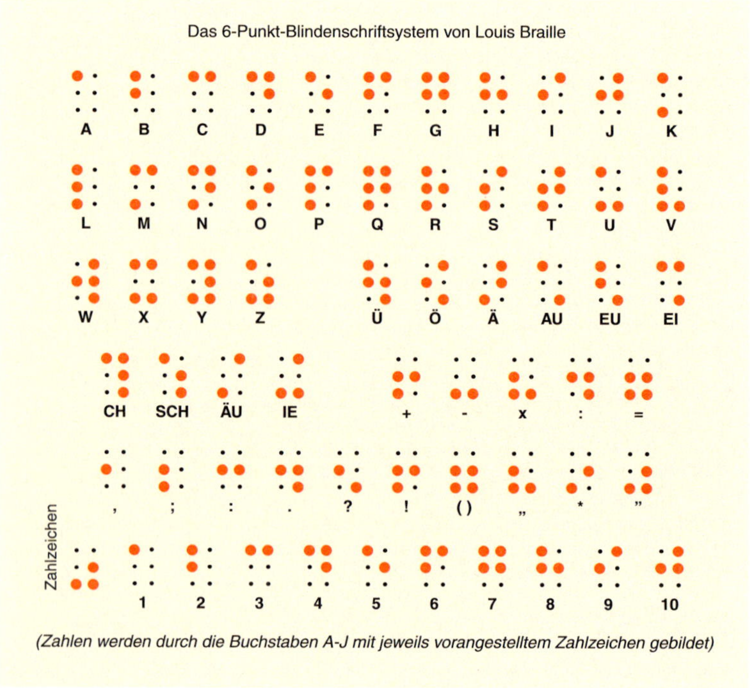

Das 6-Punkt-Blindenschriftsystem von Louis Braille

A B C D E F G H I J K

L M N O P Q R S T U V

W X Y Z Ü Ö Ä AU EU EI

CH SCH ÄU IE + - x : =

, ; : . ? ! ( ) „ * "

Zahlzeichen

1 2 3 4 5 6 7 8 9 10

(Zahlen werden durch die Buchstaben A-J mit jeweils vorangestelltem Zahlzeichen gebildet)

B Brailleschrift

niger veränderbar. Gesellschaftliche Zusammenhänge treten bei diesem Modell in den Hintergrund. Kritisch zu bedenken ist, dass der medizinische Befund nicht die Eigenständigkeit der pädagog. Aufgabenstellung ersetzen kann.

- Das *interaktionistische Modell.* Behinderung ist das Ergebnis eines sozialen Zuschreibungsprozesses, d. h. eine soziale Etikettierung. Der Behinderte weicht von gesellschaftlichen Normvorstellungen ab und bekommt daher zum Zweck der Aufrechterhaltung des Ordnungssystems einen bes. Status zugewiesen.
- Das *systemtheoretische Modell.* Behinderung resultiert aus dem Prozess der Differenzierung und Entlastung des allgemeinen Schulwesens, d. h. sie ist organisationssoziologisch fassbar. Aus unterrichtsökonomischen Gründen differenziert sich das Schulsystem und bildet »Sonderschulen« für Schüler, die mit den üblichen Lehrmethoden nicht gefördert werden können. Aus der Sicht des Lernideals der normalen Schule gelten diese Schüler somit aber als behindert.
- Das *politisch-ökonomische Modell.* Behinderung ist ein Gesellschaftsprodukt und die Folge der sozioökonomischen Benachteiligungen seitens der bürgerlichen Klassengesellschaft. Behinderte werden in Schulen für »Minderqualifizierte« ausgebildet, um sie später schlecht bezahlte Arbeit erledigen lassen zu können.

Keine dieser Theorien kann für sich beanspruchen, den komplexen Sachverhalt vollständig zu beschreiben. Der Bezugspunkt für eine Theorie der Behindertenpädagogik sollte daher ein

> »pragmatischer und systemoffener Oberbegriff für Behinderungen sein, der in sozialpolitisch wirksamer Weise handlungsbezogen auf die praktische, therapeutische und pädagogische Hilfeleistung ausgerichtet ist«. (U. Bleidick/U. Hagemeister)

Sonderpädagogische Diagnostik

Die sonderpädagog. Diagnostik dient der Ermittlung des Erziehungs- und Förderbedarfs, der richtigen Erziehungsmethoden und der geeigneten Einrichtungen für den Behinderten (A).

> Damit wird auch festgestellt, ob ein dauerhafter sonderpädagogischer Förderbedarf vorliegt oder ob kurzzeitige Maßnahmen wie Therapie oder Förderunterricht genügen.

Die Diagnostik muss die medizinischen, psychischen und sozialen Gegebenheiten des Individuums gleichermaßen berücksichtigen. Da sich diese wechselseitig bedingen, ist die Ermittlung der *Möglichkeiten* für erzieherische Maßnahmen wichtiger als die reine Feststellung von Ausfällen oder Minderleistungen des Förderungsbedürftigen. Eine sonderpädagog. Diagnose ist nicht absolut, sondern muss stetig neu überprüft werden. Andererseits ist sie nötig, um angemessenes pädagog. Handeln einzuleiten.

Die **Methoden** der Diagnose sind (A):

- die *Anamnese* (Erhebung der Vorgeschichte),
- die *Beobachtung* des Verhaltens (z. B. auf dem Spielplatz, im Unterricht, in der Pause, Verhalten gegenüber anderen), der Sprache, des künstlerischen Ausdrucks u. a.,
- *Tests* (Erfassung des Entwicklungsstandes in Bezug auf Motorik, Sensorik, Kognition und Sprache),
- der *Hausbesuch* zur Ermittlung der sozialen Gegebenheiten,
- der *Erziehungsversuch* (ermöglicht oft eine konkretere Abklärung als Tests und Beobachtungen),
- die *Untersuchung* der vorhandenen *Daten* aus dem psychologischen, medizinischen und soziologischen Bereich unter Berücksichtigung ihrer pädagog. Relevanz.

Ziel der Diagnose ist die bestmögliche Förderung im Hinblick auf den weiteren schulischen Werdegang des Behinderten.

> »Diagnose und Förderung können nicht mehr getrennt gesehen werden, stellen eine Einheit dar und müssen permanent unter Einbezug der Umwelt und deren Interaktionen als Prozess stattfinden.« (K. Bundschuh)

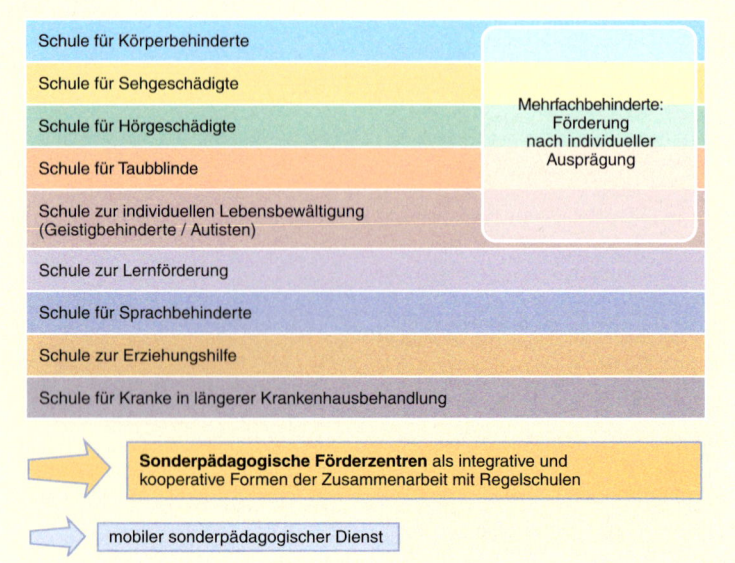

A Förderschulen in Deutschland

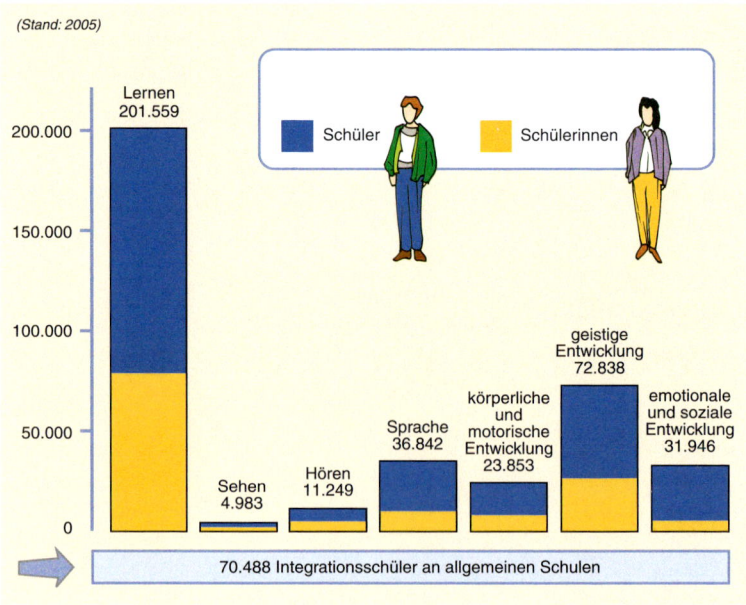

B Schülerinnen und Schüler mit sonderpädagogischer Förderung an Förderschulen in Deutschland

Die Bildung und Erziehung Behinderter erfolgt in für die jeweilige Altersstufe vorgesehenen **sonderpädagogischen Einrichtungen** (S. 214, A):

Für den **Frühbereich** (bis 3 Jahre) gibt es *Beratungsstellen.* Zu ihren Aufgaben gehören Früherkennung und -förderung als Prophylaxe, um Folgeerscheinungen der Primärbehinderung im Lauf der kindlichen Entwicklung zu verhindern, die Koordination von Frühförderungskonzepten und (Präventiv-)Therapie sowie die pädagog., medizinische und rechtliche Elternberatung.
Da die ersten Lebensjahre die spätere Entwicklung wesentlich mitbestimmen, ist die frühzeitige pädag. Einflussnahme von entscheidender Bedeutung. Ihre Aufgabe besteht bes.
• in der Vermittlung emotionaler Sicherheit,
• im Ausgleich bzw. in der Beseitigung von Wahrnehmungs- und Bewegungshindernissen,
• in der Einübung sensomotorischer Fertigkeiten,
• in der Förderung der Sprachbildung.

Für den **Elementarbereich** (3–6 Jahre) sind *Förderkindergärten* und *schulvorbereitende Einrichtungen* (SVE) vorgesehen. Diese übernehmen prophylaktische Aufgaben zur Vermeidung von Leistungsstörungen, Schulversagen und Verhaltensauffälligkeiten behinderter Kinder im Vorschulalter. Bes. Anliegen ist der Ausgleich von (Sinnes-)Schädigungen und ungünstigen sozialen Voraussetzungen bis zum Grundschuleintritt, um eine möglichst problemfreie Entwicklung während der Schulzeit zu gewährleisten.
Ziel ist eine möglichst umfassende Förderung, die den sprachlich-intellektuellen, sensomotorischen, emotionalen und sozialen Bereich umfasst.

Für den **Schulbereich** (6–15/18 Jahre) sind allgemeinbildende *Förderschulen* vorgesehen, deren Unterricht auf den diagnostizierten Förderbedarf ausgerichtet ist (A).
Die Vorteile individueller Förderung in diesen Schulen können von den Nachteilen der schulischen Isolation Behinderter und der damit verbundenen Abgrenzung von Nichtbehinderten relativiert werden. Wo es die Art der Behinderung zulässt, ist es daher sinnvoll, behinderte Kinder in Regelschulen zu integrieren (»Integrationskinder«). Die Durchlässigkeit von Förderschulen zu Regel- und anschließenden Schulen wird zunehmend erhöht. Verschiedene Förderschularten werden mit weiterführenden Schulen wie Gymnasien und Berufsschulen verknüpft.

Sonderpädagogische Förderzentren (ohne eigene Schülerschaft) unterstützen diese *Integrationsbestrebungen.* Von diesen zentralen Einrichtungen aus unterrichten Sonderpädagogen behinderte Kinder an allgemeinen Schulen, zusammen mit den regulären Lehrern.

Für den **Berufsbereich** (ab 15/18) sind *Werkstätten* und *Förderberufsschulen* vorgesehen.
In speziellen Klassen werden Behinderte, die im Lauf ihrer schulischen Entwicklung nicht in reguläre Schulen integriert werden konnten, zur Arbeitswelt hingeführt.
Schwerbehinderte besuchen i. d. R. zunächst weiterhin die Förderschule, um danach in einer Werkstatt für Behinderte zu arbeiten. Wenn aufgrund der Behinderung keine Berufstätigkeit möglich ist, wird eine sinnvolle Lebensperspektive durch die Aufnahme in selbstständige Wohnformen angestrebt.

Im **Bereich der Erwachsenenbildung** sind *Berufsförderungswerke* (Umschulungskurse usw.) sowie spezielle *Angebote der Volkshochschulen* vorgesehen. Viele Behinderte brauchen noch über Jahre hinaus pädagog. und soziale Hilfe – manche bedürfen dieser lebenslang.
Berufliche Weiterbildung, Umschulung, Hilfe in Rechts-, Alltags- und Lebensfragen (z. B. Familie und Freizeit) gehören zu den Aufgaben der Pädagogik in dieser Phase.
In diesen Bereich fallen auch Betroffene, deren Behinderung erst durch Unfall oder Krankheit entstanden ist.
Auf der Behinderung basierende Lebenskrisen können mit umfassender gesellschaftlicher Annahme und Fürsorge über die Schul- und Bildungsphase hinaus besser bewältigt werden.

Die Vielfalt der Bildungsbereiche zeigt deutlich, dass sich Sonderpädagogik nicht nur als Förder*schul*pädagogik versteht. Sie nimmt ihre Aufgabe überall dort wahr, wo Probleme für Behinderte auftreten: zu Hause, in der Schule, in der Freizeit und im Beruf.

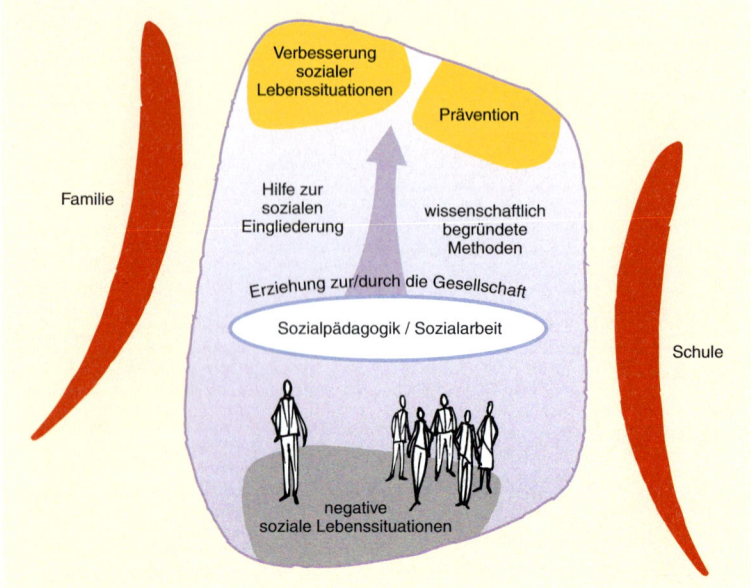

A Aufgabengebiet

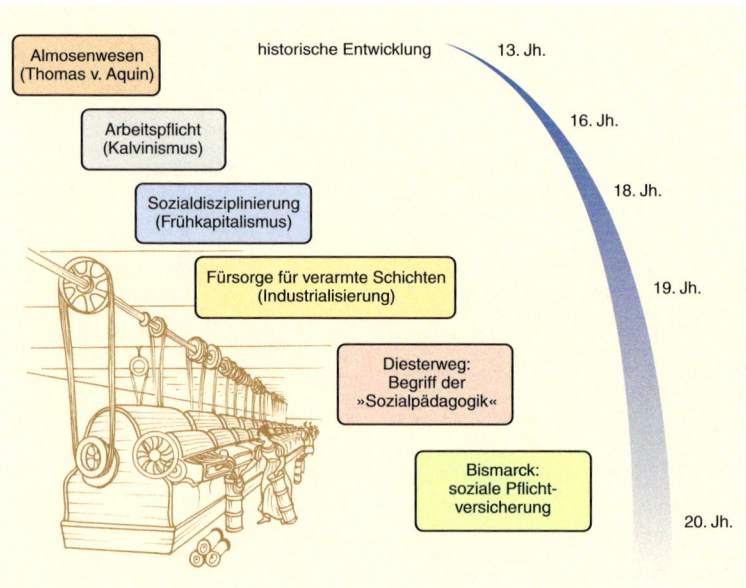

B Geschichte

Unter dem Begriff »Sozialpädagogik« wird eine Vielzahl verschiedener Arbeitsgebiete zusammengefasst.

> **Sozialpädagogik** bzw. **Sozialarbeit** ist auf die Prävention, Erleichterung oder den Abbau negativer sozialer Lebenssituationen von Einzelnen oder Gruppen ausgerichtet.

Sie leistet soziale Eingliederungshilfe in die Gesellschaft, wo die Instanzen Familie und/oder Schule ganz oder teilweise nicht mehr aktiv sind und kompensiert werden müssen (A). Eine strikte begriffliche Trennung von Sozialpädagogik und Sozialarbeit wird heute kaum noch aufrechterhalten, da beide Bereiche in Praxis und Theorie zunehmend zusammenwachsen. Deshalb wird häufig, in Anlehnung an das engl. *social work,* der Begriff »*soziale Arbeit*« verwendet.

Als Vorläufer der Sozialpädagogik/Sozialarbeit wird das **Almosenwesen** des Mittelalters angesehen, das auf der Almosenlehre des Thomas von Aquin gründet.

Dieser karitative Ansatz sieht Armut als gottgewollt an, die christliche Nächstenliebe fordert aber eine Linderung der Not. Zudem trägt das Almosen zum Seelenheil des Spenders bei.

Die Einstellung zur Armut erfährt eine Umwertung durch die calvinistische Ethik im 16. Jh., gemäß der ökonomischer Erfolg ein Zeichen der Auserwähltheit vor Gott ist und beständige Arbeit die Möglichkeit bietet, sich dessen zu versichern. Damit entsteht der Gedanke der *Arbeitspflicht.*

In der frühkapitalistischen Gesellschaft (ab dem 17. Jh.) wird Armut zur Verhaltenskategorie: Sie ist individuell verschuldet und wird mit Faulheit und moralischer Verderbtheit identifiziert. In den Städten entsteht eine frühe Form von »Sozialverwaltung«: Bedürftige werden registriert und müssen sich als unterstützungswürdig erweisen; die *Armenfürsorge* wird zum Instrument einer Erziehung zur Arbeit.

In der **industriellen Gesellschaft** des 19. Jh. entwickelt sich die Sozialarbeit vor dem Hintergrund des mit der Industrialisierung entstandenen Massenelends.

Von den daraus resultierenden Nöten wie Hunger, Krankheit, Verzweiflung, Alkoholismus, Kriminalität usw. sind vor allem Kinder und Jugendliche betroffen.

In diese Zeit fällt die Prägung des Begriffs »Sozialpädagogik« durch A. Diesterweg (1850).

Die Einführung der Kranken- und Unfallversicherungspflicht für Arbeiter in den Jahren 1883/84, von Bismarck als politisches Instrument initiiert, markiert eine Wende der sozialen Situation in Deutschland. Die *soziale Pflichtversicherung,* 1911 in die ›Reichsversicherungsordnung‹ aufgenommen, bewahrt viele arbeitende Menschen vor größerer Armut und Not.

In der Zeit von 1918–33 wird öffentliche Fürsorge zunehmend in die Hände von ausgebildeten Fachkräften gelegt und im ›Reichsjugendwohlfahrtsgesetz‹ von 1922 auf den Kernbereich »Jugendliche« konzentriert. (B)

Die **moderne Sozialpädagogik/Sozialarbeit** bietet psychische, soziale und materielle Hilfe für Personen, die dauerhaft oder vorübergehend soziale oder ökonomische Anforderungen nicht bewältigen können.

Sie ist auf den Gebieten des Gesundheitswesens, der Alten- und Behindertenhilfe, der begleitenden Kinderpflege und Erziehung, der außerschulischen Jugendbildung und Heimerziehung, im Sonderschulbereich und in der Erwachsenenbildung aktiv.

Zu ihren Aufgaben gehört die Unterstützung von Menschen in konkreten Krisensituationen wie Armut, Arbeitslosigkeit, Krankheit, gesellschaftlicher Isolation und die Prävention solcher sozialer Problemsituationen.

Klassische Gebiete sind Sozial- und Jugendhilfe, Suchtberatung, Ausländerarbeit, Strafvollzug und Bewährungshilfe.

Die komplexeren Anforderungen an die soziale Projektarbeit lassen ab Anfang der 1980er Jahre den Gedanken einer Orientierung an der Methode der Managementlehre aufkommen:

Sozialmanagement zielt auf eine Erweiterung der Organisations- und Entscheidungskompetenz des Sozialpädagogen im Hinblick auf planende, koordinierende und erfolgskontrollierende Aufgaben.

Sozialpädagogik/Sozialarbeit ist einerseits dem hilfsbedürftigen *Individuum* und dessen Lebensentwurf verpflichtet, andererseits hat sie einen *gesellschaftlichen Auftrag* hinsichtlich der Sicherung sozialer Stabilität durch Konflikt- und Missstandsbehebung.

Die dieser Problematik zugrunde liegenden Widersprüche sollen durch sozialerzieherisches Arbeiten nicht verdeckt oder unterdrückt werden, sondern vom Hilfsbedürftigen als interessengebundene Wirklichkeit erkannt werden.

Betroffene sollen durch *Hilfe zur Selbsthilfe* befähigt werden, möglichst selbstständig ein menschenwürdiges Dasein zu erreichen und aufrechtzuerhalten.

Aufgrund der *Veränderlichkeit* sozialer Realität sind sozialerzieherische Ziele nicht absolut, sondern immer wieder neu zu konkretisieren.

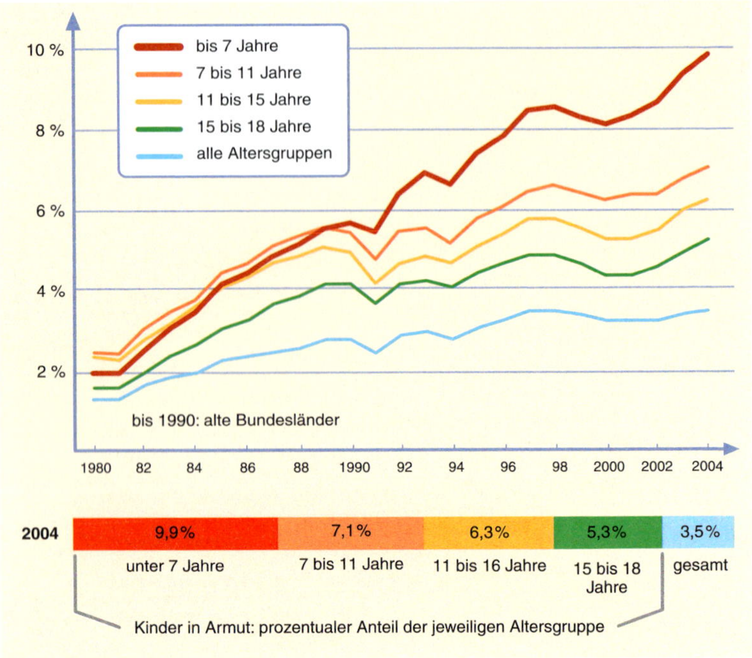

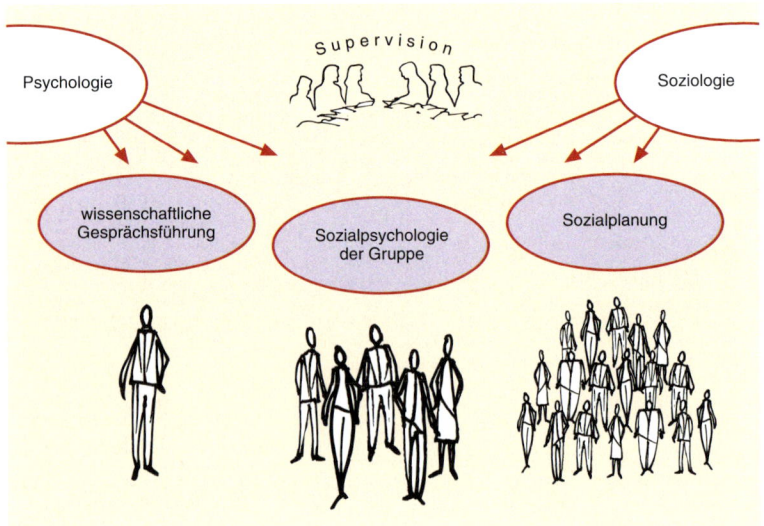

Legende:
- bis 7 Jahre
- 7 bis 11 Jahre
- 11 bis 15 Jahre
- 15 bis 18 Jahre
- alle Altersgruppen

bis 1990: alte Bundesländer

X-Achse: 1980 82 84 86 88 1990 92 94 96 98 2000 2002 2004

2004	9,9 %	7,1 %	6,3 %	5,3 %	3,5 %
	unter 7 Jahre	7 bis 11 Jahre	11 bis 16 Jahre	15 bis 18 Jahre	gesamt

Kinder in Armut: prozentualer Anteil der jeweiligen Altersgruppe

A Sozialhilfebedürftigkeit von Kindern in Deutschland

Supervision

Psychologie

Soziologie

wissenschaftliche Gesprächsführung

Sozialpsychologie der Gruppe

Sozialplanung

B Methoden der Sozialpädagogik

Die **Handlungsmethoden** im Feld der Sozialpädagogik sind meist aus anderen Disziplinen, v. a. der Psychologie und der Soziologie, entliehen.

Da sie deshalb eigentlich auf andere Problemkonstellationen ausgerichtet sind, eignen sie sich nicht in allen Fällen für die speziellen Problemkreise heutiger sozialer Arbeit. Als grundlegend haben sich folgende Methoden erwiesen (B):

- **Wissenschaftliche Gesprächsführung** (früher: Einzelfallhilfe) zur Untersuchung sozialer Rollen, Bedürfnisse und Kommunikationsstrukturen.

  Mit Hilfe des Sozialpädagogen soll der Betroffene seine Situation klären und eigene Kräfte zur Lösung der Probleme mobilisieren.

  Unterschieden wird nach Form, Technik, Inhalt, Funktion, Objekt und Bereich der Gesprächsführung. Methodische *Elemente* der Gesprächsführung sind z. B. klientzentrierte Gesprächsführung, Transaktionsanalyse, Gestalttherapie, Kommunikationstherapie, Verhaltenstherapie.

- **Sozialpsychologie der Gruppe** (früher: Gruppenarbeit) zur ökonomischen Lösung bestimmter Problemkreise, wie z. B. Bewährungshilfe, mit Ausrichtung auf die Interessen der Gruppenmitglieder.

  Der Sozialpädagoge benötigt in seiner Funktion als Gruppenleiter professionelles Wissen über Gruppenprozesse und den methodischen Umgang mit den Beziehungen der Gruppenmitglieder untereinander und zu ihm selbst.

- **Sozialplanung** (früher: Gemeinwesenarbeit) mit dem Ziel der Anpassung von Problemgruppen an die Umgebung sowie der Veränderung des Umfelds, das soziale Probleme hervorruft.

  Zu den anvisierten Veränderungen gehören auch Einsicht in Problemzusammenhänge, öffentliche Wahrnehmung von Interessen und Bereitschaft zu solidarischem Handeln.

  Sozialplanung orientiert sich primär an den gesellschaftlichen Bedürfnissen. Sie erfordert die Zusammenarbeit mit verschiedenen Berufsgruppen und Institutionen.

- **Praxisberatung/Supervision** ist die theoretische Reflexion der praktischen Tätigkeit durch Gespräche in der Gruppe.

  Durch die Förderung von Selbstwahrnehmung soll unreflektiertes Verhalten in der sozialpädagog. Arbeit verändert werden.

Die einzelnen Methoden werden entsprechend ihren speziellen Wirkungsmöglichkeiten auf der Basis der jeweiligen Aufgaben- und Problemstellung ausgewählt und eingesetzt.

Der **Tätigkeitsbereich** sozialer Arbeit ist in drei **Hauptgebiete** aufgegliedert: *Jugendhilfe* (Jugendpflege und Jugendfürsorge), *Sozialhilfe* (materielle Hilfe und Beratung) und *Gesundheitshilfe.*

Wichtige **Teilbereiche** sind:

- *Beratung* und *soziale Administration* für Einzelpersonen und Familien in sozialer Not, bei Krankheit, Behinderung, altersbedingter Bedürftigkeit sowie für soziale Randgruppen (z. B. Obdachlose, Ausländer).

  Dazu gehört die Tätigkeit in Jugend-, Sozial- und Gesundheitsämtern, Geschäfts- und Beratungsstellen von öffentlichen und freien Trägern (z. B. Frauenhäusern, Familienberatungsstellen u. a.) sowie in der Sozialhilfe und Familienfürsorge mit den Schwerpunkten Aufklärung, Aktivierung und Therapie.

- *Rehabilitation* für Behinderte, psychisch Kranke und Suchtkranke.

  Darunter fällt die Betreuung mit therapeutischem Schwerpunkt in Heimen, Ganztageseinrichtungen, Werkstätten, Wohngemeinschaften und Beratungsstellen.

- *Resozialisation* für verhaltensgestörte Kinder und Jugendliche, Strafgefangene bzw. -entlassene.

  Hierzu gehören die Jugend(-gerichts-)hilfe mit präventiv-pädagog. und therapeutischem Schwerpunkt sowie die Gerichts- und Bewährungshilfe mit therapeutischem Schwerpunkt in Heimen, Tagesstätten, Wohngemeinschaften und Strafvollzugsanstalten.

- *Jugend-* und *Erwachsenenbildung.*

  Sie schließt die Tätigkeit in Stadt- und Gemeindeverwaltungen, Akademien, Einrichtungen freier Träger und Volkshochschulen ein und umfasst Jugendpflege, Berufs- und Bildungsberatung mit (pädagogisch-)informierendem Schwerpunkt sowie die Lehrtätigkeit an Fachschulen und Fachhochschulen.

- *Elementarpädagogischer Bereich/Vorschulerziehung.*

  Dazu gehören die erzieherisch einwirkende Betreuung sowie die Eltern- und Mitarbeiterberatung in Kindergärten, Kinderheimen, heilpädagogischen Einrichtungen für Kinder, Kinderkrankenhäusern und -sanatorien.

- *Sozialplanung* und *Organisation* für Behörden und öffentliche Einrichtungen.

  Dies umfasst die Tätigkeit in kommunalen und staatlichen Organen, Fachabteilungen freier Verbände und Großbetrieben sowie die Planung und Verwaltung zur Steuerung und Weiterentwicklung anderer Tätigkeitsbereiche (z. B. in der Großstadt- und Betriebsverwaltung).

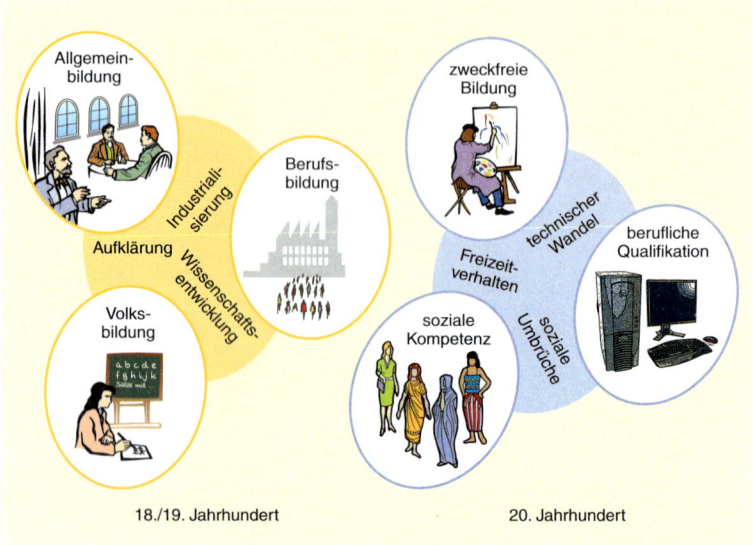

Allgemein-
bildung

Berufs-
bildung

Industriali-
sierung

Aufklärung

Wissenschafts-
entwicklung

Volks-
bildung

zweckfreie
Bildung

technischer
Wandel

berufliche
Qualifikation

Freizeit-
verhalten

soziale
Umbrüche

soziale
Kompetenz

18./19. Jahrhundert

20. Jahrhundert

A Ziele der Erwachsenenbildung

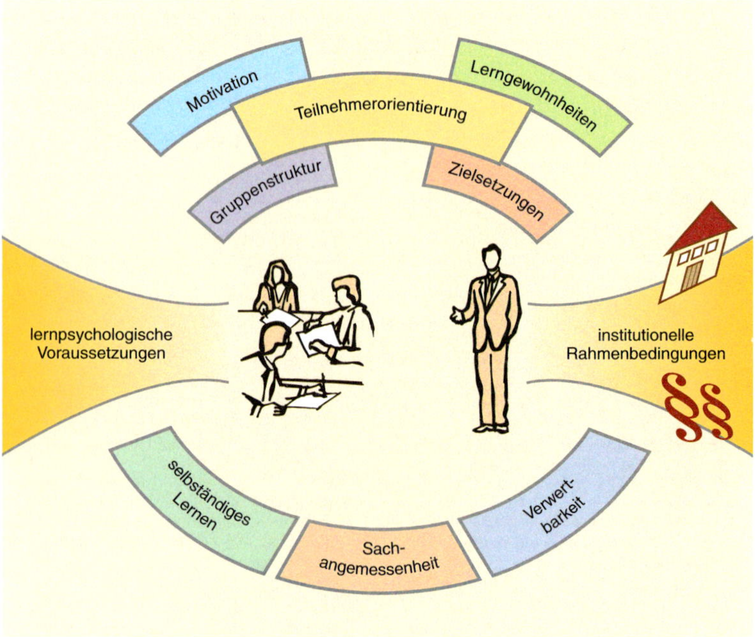

Motivation

Teilnehmerorientierung

Lerngewohnheiten

Gruppenstruktur

Zielsetzungen

lernpsychologische
Voraussetzungen

institutionelle
Rahmenbedingungen

§§

selbständiges
Lernen

Sach-
angemessenheit

Verwert-
barkeit

B Didaktische Gesichtspunkte des lebensweltlichen Ansatzes

Der Gedanke, dass der Mensch lebenslang lernen muss, findet sich bereits in der Antike. In modernen Gesellschaften verstärkt der beschleunigte soziale und technische Wandel sowie die von allen Seiten geforderte berufliche Flexibilität die Notwendigkeit der Weiterbildung über den Schul- bzw. Studienabschluss hinaus.

Das Feld der **Erwachsenenbildung** ist im Unterschied zum staatlich organisierten Schulwesen vielfältiger und offener. Das betrifft die Trägerschaft (Vereine, Kommunen, Gewerkschaften, Kirchen), das Spektrum der Lehrenden und Teilnehmer und die Inhalte (allgemeine Lebensorientierung, künstlerische Betätigung, berufliche Fortbildung usw.).

Die **Ziele** der Erwachsenenbildung lassen sich drei Grundbereichen zuordnen:

1. der primär zweckfreien *Bildung der Person* (Pflege, Entfaltung und Erweiterung geistig-kreativer Potenziale, Lebensorientierung, Selbsterfahrung),
2. dem Erwerb und der Aktualisierung *beruflicher Qualifikationen,*
3. der Vermittlung *sozialer* und *politischer Kompetenz* (Urteilsfähigkeit, Umgang mit bzw. Integration von Minderheitengruppen). (A)

Die **Geschichte** der Erwachsenenbildung in ihrer institutionalisierten Form beginnt im 18. Jh. Sie ist getragen sowohl von den Idealen der *Aufklärung* als bürgerlicher Emanzipationsbewegung als auch vom Gedanken einer alle Schichten der Bevölkerung erfassenden *Volksbildung.*

Hinzu kommt die Veränderung der Arbeitswelt im Zuge der *Industrialisierung,* die neue Anforderungen an Qualifikation und Ausbildung stellt. Aus den betroffenen Bevölkerungsschichten der Arbeiter und Handwerker heraus bilden sich Selbsthilfeorganisationen, die die nun notwendigen Fertigkeiten und Kenntnisse vermitteln und zugleich das Klassenbewusstsein stärken sollen.

Die Hauptziele der Erwachsenenbildung im 18./19. Jh. sind (A):

- *Volksbildung,* mit einer kompensatorischen (solange das allgemeine Schulwesen noch nicht flächendeckend ist) und einer integrativen Funktion, die auf die geistig-kulturelle Verknüpfung aller Volksgruppen zielt;
- *Allgemeinbildung,* im Hinblick auf die sich beschleunigende Entwicklung in allen Wissensbereichen;
- *Berufsbildung,* als Antwort der Arbeiterklasse auf die Herausforderungen der Industrialisierung und Urbanisierung.

Ab der Mitte des 20. Jh. etabliert sich die Erwachsenenbildung als vierte Säule des öffentlichen Bildungswesens mit der Aufgabe, ein flexibles, nachschulisches Lernangebot bereitzustellen.

Neben der Bildung der Person kommt nun der *Weiterqualifizierung* eine zunehmend wichtigere Rolle zu. Der beschleunigte wissenschaftlich-technische Fortschritt bedingt den unaufhörlichen Erwerb neuer Kenntnisse und Fertigkeiten.

Eine mit Beginn der 1990er Jahre schwieriger werdende Arbeitsmarktsituation in Deutschland verlangt zudem größere Flexibilität, der Umschulungsmaßnahmen Rechnung tragen sollen.

Der Pluralität der Erwachsenenbildung entsprechend gibt es eine Vielzahl von **theoretischen Ansätzen** bzgl. ihrer Begründung, Ziele und Methoden:

- Der *personorientierte* Ansatz versteht in humanistischer Tradition Bildung als Vervollkommnung der dem Individuum innewohnenden geistig-kreativen Potenziale. Bildung kann demnach nicht mit dem Schulabschluss beendet sein, sondern ist ein lebenslanger Prozess, für den entsprechende Institutionen den Raum bereitstellen.
- Mit der *Arbeitsmarktorientierung* wird die sog. »realistische Wende« in der Erwachsenenbildung markiert. Die technologische Entwicklung und die ökonomischen Gegebenheiten begründen die Notwendigkeit permanenter Weiterbildung (bzw. Umschulung). Erwachsenenbildung wird funktional im Hinblick auf ihre Leistung für andere gesellschaftliche Teilsysteme gesehen und zum Mittel der staatl. Beschäftigungspolitik.
- Der *lebensweltliche* Ansatz rückt das handelnde Subjekt und dessen Lernprozesse in das Zentrum der Überlegungen. Das Angebot der Erwachsenenbildung soll sich an der Relevanz für Probleme des alltäglichen Lebens und die Bedürfnisse nach Bewältigung biografischer Umbrüche und Neuausrichtungen orientieren.
  Dies betrifft auch die *didaktische Ausgestaltung:* Unterrichtsinhalte werden auf die Lebenssituation der Teilnehmer ausgerichtet, deren Motivationslage wird berücksichtigt, und es wird von eigenverantwortlichem Lernen ausgegangen (B).

Hinzu kommt eine Vielzahl weiterer pädagog. Ansätze, die z.B. die kritisch-emanzipatorische oder ökologische Aufgabe der Erwachsenenbildung betonen, ihre politisch-integrative Funktion hervorheben oder auch ihre offen-plurale Gestalt im Zusammenhang mit einer postmodern-pluralistischen Gesellschaft sehen.

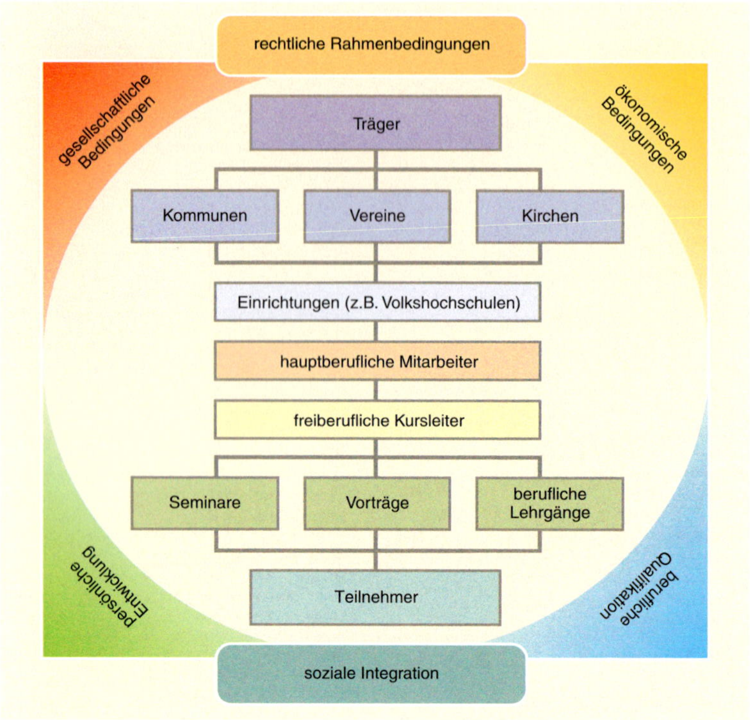

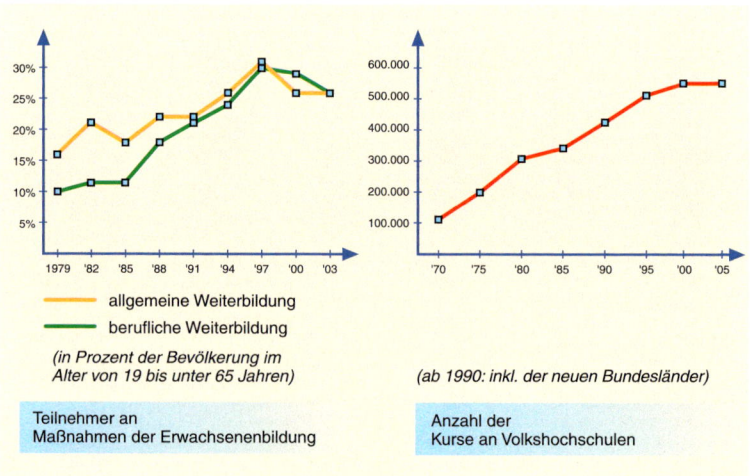

A Organisationsstruktur

B Entwicklung der Erwachsenenbildung in Deutschland

Die **didaktischen Anforderungen** in der Erwachsenenbildung ergeben sich aus den speziellen Voraussetzungen des Lernens bei Erwachsenen, die bereits über ausgeprägte kognitive Strukturen und Lerngewohnheiten verfügen.

Wie Erwachsene lernen ist abhängig von Alter, Erfahrungen, Bildungsgang und Arbeitsumfeld. Der Kursleiter muss deshalb in bes. Weise auf unterschiedliche Voraussetzungen der Teilnehmer eingehen und auf geeignete Kommunikations- und Interaktionsstrukturen achten.

Zu den grundlegenden Aspekten einer **Erwachsenendidaktik** gehören

• *Teilnehmerorientierung.* Lernererwartungen müssen berücksichtigt, die Teilnehmer an Entscheidungen über Inhalte und Methoden beteiligt werden. Dieses Prinzip muss verbunden werden mit den sachlichen Anforderungen, die sich aus dem Lernstoff selbst ergeben.

• *Verwertungsmöglichkeit.* Der Unterricht hat zu berücksichtigen, in welchem Zusammenhang die Teilnehmer das Gelernte später verwenden wollen.

• *Selbstlernen.* Das individuelle und eigenverantwortliche Lernen soll gefördert werden. Zu diesem Zweck sollte an bereits mitgebrachte Lernstrategien angeknüpft und zur Selbstkontrolle angeregt werden.

• *Kursleiterrolle.* Der Leiter steht den Teilnehmern nicht als übergeordneter Lehrer gegenüber, sondern als Organisator selbst gewählter Bildungsprozesse. Er moderiert, unterstützt und sichert die Sachgemäßheit des Lerngeschehens.

Die genannten Grundsätze sind in den verschiedenen Bereichen der Erwachsenenbildung nicht in gleichem Maße realisierbar. So gibt es z. B. in der beruflichen Weiterbildung ein höheres Maß an vorgegebenen Qualifikationszielen. Auch die Motivation der Teilnehmer ist unterschiedlich ausgeprägt: Wird z. B. jemand zu einer Weiterbildungsmaßnahme verpflichtet, ist sie geringer, als wenn er sich freiwillig darum bemüht hat.

In den 1970er Jahren wurde die Bedeutung der Weiterbildung für den sozioökonomischen Sektor verstärkt erkannt und durch eine entsprechende Rahmengesetzgebung der Bundesländer unterstrichen. Danach erkennt der Staat seine prinzipielle Verantwortung an, überlässt aber die organisatorische und inhaltliche Ausgestaltung den jeweiligen **Trägern.**

Als solche können Länder, Kommunen, Kirchen, Gewerkschaften, Betriebe, Vereine oder private Unternehmen fungieren.

Diese nehmen in unterschiedlichem Maß und ihren jeweiligen Zielvorstellungen entsprechend Einfluss auf die Programmgestaltung und üben eine Kontrollfunktion aus. (A)

Unter den **Institutionen** der Erwachsenenbildung kommt den *Volkshochschulen* eine bedeutende Rolle zu. Als historisch »von unten« gewachsene Bildungszentren bieten sie das umfangreichste und vielfältigste Programmangebot (B).

Da ein großer Teil der Kosten über Kursgebühren finanziert werden muss, spielt der Aspekt der Wirtschaftlichkeit und damit der Orientierung an den inhaltlichen und methodischen Ansprüchen der Teilnehmer eine wichtige Rolle.

Einen Schwerpunkt im Bereich der Lebensorientierung und sozialen Integration haben die von den *Kirchen* getragenen Einrichtungen. Ein bes. Angebot bieten die kirchlichen *Akademien,* die Gesprächsforen für kulturelle, soziale und ethische Themen darstellen.

Bis ins 19. Jh. reicht die Tradition der *gewerkschaftlichen* Organisationen zurück. Charakteristisch seit dieser Zeit ist der Anspruch einer Verknüpfung von allgemeiner, beruflicher und politischer Bildung. Schwerpunkte sind die Schulung von Gewerkschaftsfunktionären und die berufliche Weiterbildung.

Neben den allen offen stehenden Institutionen gibt es die auf einen bestimmten Adressatenkreis begrenzte *geschlossene Erwachsenenbildung,* wie z. B. die *betriebliche Weiterbildung.* Sie ist praxisnah ausgerichtet und dient dem Erwerb und Erhalt des erforderlichen Kenntnisstandes der Mitarbeiter.

Ein bes. Charakteristikum der Erwachsenenbildung besteht darin, dass der Unterricht zum größten Teil von *freiberuflichen Dozenten* erteilt wird. Dies ermöglicht ein hohes Maß an Praxisnähe, Flexibilität bei der Programmgestaltung und Vielfältigkeit des Angebots.

Das Aufgabenspektrum des kleineren Anteils der *hauptberuflichen Mitarbeiter* ist weit gefächert und umfasst

• Lehre, Entwicklung von didaktischen Konzepten, Erstellung von Lehr- und Prüfungsmaterial,

• Beratung von Teilnehmern und Kursleitern,

• Verwaltung, Organisation und Personalführung,

• Bedarfsermittlung, Öffentlichkeitsarbeit, Kooperation mit anderen Institutionen,

• Evaluation (Bewertung der Qualität des Unterrichts, des Programmangebots, der Wirtschaftlichkeit).

A Einteilung von Medien

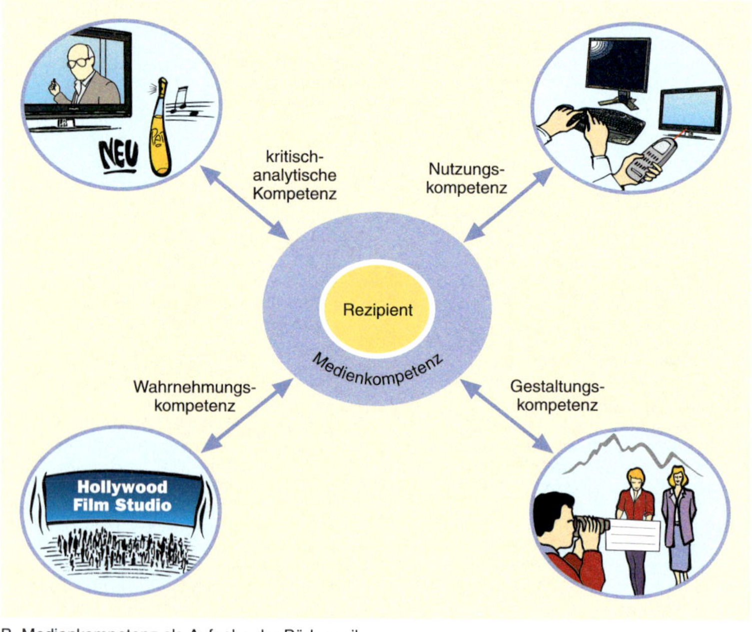

Printmedien

audiovisuelle

Massenmedien

auditive

multimediale

interaktive Medien

http://www....

kritisch-
analytische
Kompetenz

Nutzungs-
kompetenz

Rezipient

Medienkompetenz

Wahrnehmungs-
kompetenz

Gestaltungs-
kompetenz

NEU

Hollywood
Film Studio

B Medienkompetenz als Aufgabe der Pädagogik

Das Leben im 21. Jh. wird in starkem Maß von unterschiedlichen **Medien** (vom Buch bis zum Internet) (A) geprägt. Damit verändern diese auch die *Sozialisationsbedingungen,* unter denen Kinder und Jugendliche heranwachsen.

Pädagog. bedeutsame *Fragen* im Zusammenhang mit Medien sind: Wie nutzen Heranwachsende Medien? Welche Wirkungen hat dies auf die kognitive, emotionale und soziale Entwicklung? Wie kann zum kompetenten Umgang mit Medien erzogen werden?

Die **Medienpädagogik** lässt sich in drei Arbeitsbereiche unterteilen: Medienkunde, Mediendidaktik und Medienerziehung.

Medienkunde vermittelt fachliches Wissen in Bezug auf

- die *technische* Funktionsweise und Produktion von Medien, z. B. Handhabung des Computers, Zeitungsherstellung.
- Entstehung und Präsentation von *Inhalten* (z. B. Journalismus): Wie werden Inhalte ausgewählt, in welcher Form dargeboten, mit welcher Intention?
- die *gesellschaftlich-politische* Funktion von Medien: Welche Macht üben Medien aus, welche Gruppierungen stehen dahinter, wie wird die öffentliche Meinung beeinflusst?
- die *Wirkungen des Mediums selbst:* Welchen Einfluss hat die Art des Mediums auf die Rezeption des Inhalts, wie verändert es das Verhalten des Nutzers?

Mediendidaktik beschäftigt sich mit dem Einsatz von Medien im Unterricht. Die dabei zu klärenden Fragen sind, welche Inhalte durch welche Medien unter Berücksichtigung der Lernvoraussetzungen des Schülers am besten zu vermitteln sind.

Bildliche Darstellungen, z. B. im Schulbuch oder auf der Wandtafel, haben bereits eine lange Tradition als konkretes Anschauungsmaterial für solche Bereiche, die rein sprachlich nur unzureichend erfasst werden können. Audiovisuelle (z. B. Film) und multimediale (z. B. Computer) Medien erweitern die Möglichkeiten der Unterrichtsgestaltung.

Neben den methodischen Vorteilen des Medieneinsatzes für die Vermittlung von Inhalten besteht heute ein wichtiger Aspekt der Medienpädagogik im Erlernen des Umgangs mit den Medien selbst. Durch eigene Gestaltung (Hörspiel, Videofilm, Schülerzeitung, Homepages) erwirbt der Schüler nicht nur technische und kreative Fähigkeiten, sondern lernt auch die Funktion und Wirkungsweise von Medien zu durchschauen und kritisch zu beurteilen.

Medienerziehung zielt auf die Befähigung zu einem eigenverantwortlichen Umgang mit Medien, wofür es verschiedene Theorieansätze gibt:

Historisch gesehen entwickelten sich die ersten Ansätze zu Beginn des 20. Jh. aus einer traditionalistisch-medienkritischen Haltung heraus. Die Inhalte der zunehmend an Einfluss gewinnenden Massenmedien wurden als überwiegend oberflächlich oder gar gefährdend eingestuft (»Schundliteratur«, Gewaltdarstellungen in Film und Fernsehen). Hinzu kamen entwicklungspsychologische Bedenken (Reizüberflutung, Unterentwicklung der sozialen Kompetenz?)

Diese *bewahrpädagogische* Position hat ihre Schwächen zum einen darin, dass sie hinter den faktischen kulturellen und gesellschaftlichen Veränderungen zurückbleibt, zum anderen, dass sie zu einseitig von einem schutzbedürftigen und passiven Medienrezipienten ausgeht.

Vor dem Hintergrund der Gesellschaftstheorie der ›Frankfurter Schule‹ bewegen sich *kritisch-emanzipatorische Ansätze:*

Medienerziehung soll kritisch die gesellschaftlichen Machtverhältnisse offenlegen und Möglichkeiten der selbstbestimmten Einflussnahme auf die Medienlandschaft aufzeigen. Die Macht von Medienkonzernen gefährdet eine plurale Meinungsbildung und verstärkt Manipulationsmöglichkeiten. Dagegen gilt es, einen offenen Zugang zu Informationen und die Herrschaftsfreiheit des öffentlichen Diskurses zu verteidigen.

Heutige *handlungsorientierte Konzepte* sehen den Mediennutzer in einer aktiven Interaktion mit seiner medial geprägten Umwelt. Aufgabe der Medienerziehung in diesem Verständnis ist die Ausbildung individueller **Medienkompetenz.** Dazu gehören

- *Wahrnehmungskompetenz.* Medien vermitteln Weltbilder, verändern Verhaltensweisen, beeinflussen kognitive, emotionale und soziale Einstellungen. Diese Strukturen gilt es zu durchschauen und in Bezug zur eigenen Person zu setzen.
- *Nutzungskompetenz.* Sie zielt auf die Befähigung zu einer kritischen und selbstverantwortlichen Auswahl von Medienangeboten. Dies impliziert die Klärung eigener Zielsetzungen und Wertvorstellungen.
- *Gestaltungskompetenz.* Medien werden als Ausdrucksmöglichkeit eigener Fähigkeiten, Interessen und Kommunikationsanliegen eingesetzt. Dadurch sollen auch das Anspruchsniveau und die Beurteilungsmöglichkeiten gegenüber anderen Medienprodukten erhöht werden.
- *Kritisch-analytische Kompetenz.* Rechtliche, ökonomische, institutionelle und politische Bedingungen der Medienproduktion und -rezeption sollen analysiert und kritisch hinterfragt werden. (B)

Literaturverzeichnis

Das Literaturverzeichnis nennt die Quellen von direkten Zitaten oder bes. Hinweisen im Text (also u. U. entlegene Titel) und zentrale Literatur zur weiteren Information (also meist allgemein verbreitete Literatur).

1. Lexika

Enzyklopädie Erziehungswissenschaft. Hg. v. D. Lenzen/K. Mollenhauer. 12 Bde. Stuttgart/ Dresden 1995
Handbuch pädagogischer Grundbegriffe. Hg. v. J. Speck/G. Wehle. 2 Bde. München 1970
Handlexikon zur Erziehungswissenschaft. Hg. v. L. Roth. Reinbek 1980
Pädagogik-Lexikon. Hg. v. G. Reinhold u. a. München/Wien 1999
Pädagogische Grundbegriffe. Hg. v. D. Lenzen. 2 Bde. Reinbek [7]2004
Taschenbuch der Pädagogik. Hg. v. H. Hierdeis/T. Hug. 4 Bde. Baltmannsweiler [5]1997
Wörterbuch der Erziehung. Hg. v. Ch. Wulf. München [7]1989
Wörterbuch der Pädagogik. Hg. v. W. Böhm. Stuttgart [16]2005
Wörterbuch Erziehungswissenschaft. Hg. v. H. H. Krüger/C. Grunert. Wiesbaden 2004
Wörterbuch Pädagogik. Hg. v. H. Schaub/K. G. Zenke. München, Neuausgabe 2007

2. Geschichte der Pädagogik

Gesamtdarstellungen

Ballauff, Th./Schaller, K.: Pädagogik. Eine Geschichte der Bildung und Erziehung. 3 Bde. Freiburg/ München 1969–1973
Blankertz, H.: Die Geschichte der Pädagogik. Wetzlar 1982
Blättner, F.: Geschichte der Pädagogik. Heidelberg [15]1980
Böhm, W.: Geschichte der Pädagogik. Von Platon bis zur Gegenwart. München 2004
Dietrich, Th.: Geschichte der Pädagogik in Beispielen. 18.–20. Jh. Bad Heilbrunn [2]1975
Dolch, A.: Lehrplan des Abendlandes. Ratingen [3]1971
Driesch, J. v. d./Esterhues, J.: Gesch. der Erziehung und Bildung. 2 Bde. Paderborn [6]1967
Fischer, W./Löwisch, D.-J.: Pädagogisches Denken von den Anfängen bis zur Gegenwart. Darmstadt 1989
Garin, E. u. a.: Erziehung, Anspruch, Wirklichkeit. Geschichte und Dokumente abendländischer Pädagogik. 6 Bde. Starnberg 1971
Harney, K./Krüger, H.-H. (Hg.): Einführung in die Geschichte der Erziehungswissenschaft und der Erziehungswirklichkeit. Opladen [3]2006
Handbuch der deutschen Bildungsgeschichte. 6 Bde. München 1987 ff.
Hoffmann, E.: Pädagogischer Humanismus. Zürich/Stuttgart 1955
Knoop, K./Schwab, M.: Einf. in die Geschichte der Pädagogik. Heidelberg/Wiesbaden [4]1999
März, F.: Klassiker christlicher Erziehung. München 1988
März, F.: Personengeschichte der Pädagogik. Bad Heilbrunn 1998
Menck, P.: Geschichte der Erziehung. Donauwörth [2]1999
Rattner, J.: Große Pädagogen. München/Basel [2]1968
Reble, A.: Geschichte der Pädagogik. Stuttgart [21]2004
Scheuerl, H. (Hg.): Klassiker der Pädagogik. 2 Bde. München [2]1991
Schwenk, B.: Geschichte der Bildung und Erziehung von der Antike bis zum Mittelalter. Weinheim 1996
Speck, J. (Hg.): Problemgeschichte der neueren Pädagogik. 3 Bde. Stuttgart u. a. 1976
Tenorth, H.-E.: Geschichte der Erziehung. Weinheim/München [3]2000
Tenorth, H.-E. (Hg.): Klassiker der Pädagogik. 2 Bde. München 2003
Weimer, H.: Geschichte der Pädagogik. 19. völlig neu bearb. Aufl. von J. Jacobi. Berlin/ New York 1992
Winkel, R. (Hg.): Pädagogische Epochen. Düsseldorf 1988

Einzelne Epochen
■ *Antike*
Castle, E. B.: Die Erziehung in der Antike und ihre Wirkung in der Gegenwart. Stuttgart 1965

Christes, J./Klein, R./Lüth, Ch. (Hg.): Handbuch der Erziehung und Bildung der Antike. Darmstadt 2006

Hellinge, B. u. a.: Kleine Pädagogik der Antike. Frankfurt u. a. 1984

Jaeger, W.: Paideia. Die Formung des griechischen Menschen. Berlin/New York ⁴1973

Johann, H.-Th. (Hg.): Erziehung und Bildung in der heidnischen und christlichen Antike. Darmstadt 1976

Kühnert, F.: Allgemeinbildung und Fachbildung in der Antike. Berlin 1961

Lechner, M.: Erziehung und Bildung in der griechisch-römischen Antike. München 1933

Lichtenstein, E.: Der Ursprung der Pädagogik im griechischen Denken. Hannover 1970

Marrou, H.-I.: Geschichte der Erziehung im klassischen Altertum. Freiburg/München 1957

Nilsson, M. P.: Die hellenistische Schule. München 1955

Reichert, W.: Erziehungskonzeptionen in der griechischen Antike. Rheinfelden 1990

Ueding, G.: Klassische Rhetorik. München ⁴2005

■ *Mittelalter*

Boehm, L.: Das mittelalterliche Erziehungs- und Bildungswesen. In: Propyläen Geschichte der Literatur Bd. 2: Die mittelalterliche Welt. Berlin 1982. S. 143–181

Denifle, H.: Die Entstehung der Universitäten des Mittelalters bis 1400. Graz 1956

Grundmann, H.: Vom Ursprung der Universität im Mittelalter. Darmstadt ²1976

Helmer, K.: Bildungswelten des Mittelalters. Baltmannsweiler 1997

Illmer, D.: Erziehung und Wissensvermittlung im frühen Mittelalter. Kastellaun 1979

Limmer, R.: Bildungszustände und Bildungsideen des 13. Jh. München/Berlin 1928 (Nachdruck 1970)

Rückbrod, K.: Universität und Kollegium. Darmstadt 1977

Wühr, W.: Das abendländische Bildungswesen im Mittelalter. München 1950

■ *Frühe Neuzeit*

Böhme, G.: Bildungsgeschichte des frühen Humanismus. Darmstadt 1984

Böhme, G.: Bildungsgeschichte des europäischen Humanismus. Darmstadt 1986

Erlinghagen, K.: Katholische Bildung im Barock. Hannover 1972

Hofmann, F. (Hg.): Pädagogik und Reformation. Von Luther bis Paracelsus. Berlin 1986

Karg, H. H.: Reformationspädagogik. Frankfurt a. M. 1986

Müller, Gregor: Bildung und Erziehung im Humanismus der italienischen Renaissance. Wiesbaden 1969

Musolff, H.-U.: Erziehung und Bildung in der Renaissance. Köln/Weimar/Wien 1997

Reinhard, W. (Hg.): Humanismus im Bildungswesen des 15. und 16. Jahrhunderts. Weinheim 1984

■ *Aufklärung*

Ewers, H.-H.: Kinder- und Jugendliteratur der Aufklärung. Stuttgart 1980

Glautschnig, H.: Liebe als Dressur. Kindererziehung in der Aufklärung. Frankfurt a. M./New York 1987

Helmer, K.: Umbruch zur Moderne. Studien zur Bildungsgeschichte im 17. Jh. St. Augustin 1994

Herrmann, U. (Hg.): »Das pädagogische Jahrhundert«. Volksaufklärung und Erziehung zur Armut im 18. Jh. in Deutschland. Weinheim/Basel 1981

Herrmann, U. (Hg.): Die Bildung des Bürgers. Die Formierung der bürgerlichen Gesellschaft und die Gebildeten im 18. Jh. Weinheim/Basel 1982

Herrmann, U.: Aufklärung und Erziehung. Studien zur Funktion der Erziehung im Konstitutionsprozeß der bürgerlichen Gesellschaft im 18. und frühen 19. Jh. in Deutschland. Weinheim 1993

Heydorn, H. J./Koneffke, G.: Zur Pädagogik der Aufklärung. München 1973

Nieser, B.: Aufklärung und Bildung. Weinheim 1992

■ ■ *19./20. Jahrhundert*

Becker, H./Kluchert, G.: Die Bildung der Nation. Schule, Gesellschaft und Politik vom Kaiserreich zur Weimarer Republik. Stuttgart 1993

Blankertz, H.: Bildung im Zeitalter der großen Industrie. Hannover u. a. 1969

Böhm, W./Flores d'Arcais, G. (Hg.): Die italienische Pädagogik des 20. Jh. Stuttgart 1979

Böhm, W./Flores d'Arcais, G. (Hg.): Die Pädagogik der frankophonen Länder im 20. Jh. Stuttgart 1980

Herrmann, U. (Hg.): Schule und Gesellschaft im 19. Jh. Weinheim/Basel 1977

Pongratz, L. J.: Pädagogik in Selbstdarstellungen. 4 Bde. Hamburg 1975–1982

Ritzel, W.: Philosophie und Pädagogik im 20. Jh. Darmstadt 1980
Speck, J. (Hg.): Geschichte der Pädagogik des 20. Jh. Stuttgart u. a. 1978
Tenorth, H.-E.: Zur deutschen Bildungsgeschichte 1918–1945. München [3]1983
Wilhelm, Th.: Pädagogik der Gegenwart. Stuttgart [5]1977

Geschichte des Schulwesens
Anweiler, O. u. a.: Bildungssysteme in Europa. Weinheim/Basel [4]1996
Derbolav, J. (Hg.): Wesen und Werden der Realschule. Bonn 1960
Hamann, B.: Geschichte des Schulwesens. Bad Heilbrunn [2]1993
Herrlitz, H.-G./Hopf, W./Titze, H./Cloer, E.: Deutsche Schulgeschichte von 1800 bis zur Ge-
    genwart. Weinheim/München [4]2005
Kleinau, E./Opitz, C. (Hg.): Geschichte der Mädchen- und Frauenbildung. 2 Bde. Frankfurt/
    New York 1996
Kraul, M.: Das deutsche Gymnasium 1780–1980. Frankfurt a. M. 1984
Lundgreen, P.: Sozialgeschichte der deutschen Schule im Überblick. 2 Bde. Göttingen 1980/
    81
Maaßen, N./Schöler, W.: Geschichte der Mittel- und Realschulpädagogik. Hannover 1960
Marquardt, W.: Geschichte und Strukturanalyse der Industrieschule. Hannover 1975
Mors, A.: Die Entwicklung der Schulpflicht in Deutschland. Tübingen 1986
Müller, Rainer A.: Geschichte der Universität. München [2]1996
Paulsen, F.: Geschichte des gelehrten Unterrichts auf den deutschen Schulen und Universi-
    täten vom Ausgang des Mittelalters bis zur Gegenwart. 2 Bde. Berlin/Leipzig [3]1919/1921
    (Nachdruck 1965)
Petrat, G.: Schulunterricht. Seine Sozialgeschichte in Deutschland 1750–1850. München
    1979
Petrat, G.: Schulerziehung. Ihre Sozialgeschichte in Deutschland bis 1945. München 1987
Roeßler, W.: Die Entstehung des modernen Erziehungswesens in Deutschland. Stuttgart
    1961
Rüegg, W. (Hg.): Geschichte der Universität in Europa. 4 Bde. München 1993 ff.
Rupp, H. F.: Schule/Schulwesen. In: Theologische Realenzyklopädie. Bd. XXX. Berlin/New
    York 1999. S. 591–627
Schmitz, K.: Geschichte der Schule. Stuttgart u. a. 1980
Schöneberg, H.: Schulen. Geschichte des Unterrichts von der Antike bis zur Neuesten Zeit.
    Frankfurt 1981
UNESCO (Hg.): World education report 2000. Paris 2000

3. Quellen (zur Geschichte der Pädagogik)
Die Auswahl beschränkt sich auf deutschsprachige Ausgaben. Bei den Hinweisen auf die
Sekundärliteratur liegt der Schwerpunkt auf einführenden Monographien zur Pädagogik
des betreffenden Autors.

■ Antike

Aurelius Augustinus
Deutsche Augustinus-Ausgabe. Hg. u. übers. v. C. J. Perl. Paderborn 1955 ff.
Für die Pädagogik wichtige Werke: Über den Lehrer, Bekenntnisse, Vom ersten katecheti-
    schen Unterricht, Über die christliche Lehre

Marrou, H.-I.: Augustinus und das Ende der antiken Bildung. Paderborn 1982, 2. erg. Aufl.
    1995

Aristoteles
Werke in deutscher Übersetzung. Begr. v. E. Grumach, hg. v. H. Flashar. Berlin 1962 ff.
Aristoteles und die Paideia. Hg. u. übers. v. E. Braun. Paderborn 1974

Fink, E.: Metaphysik der Erziehung im Weltverständnis von Plato und Aristoteles. Frank-
    furt a. M. 1970
Willmann, O.: Aristoteles als Pädagoge und Didaktiker. Leipzig 1909

Isokrates
Sämtliche Werke. Hg. u. übers. v. Ch. Ley-Hutton/K. Brodersen. 2 Bde. Stuttgart 1993/97

Blass, F.: Die attische Beredsamkeit. 2. Abtlg. Nachdruck Hildesheim/New York 1979
Burk, A.: Die Pädagogik des Isokrates. Würzburg 1923
Wilms, H.: Techne und Paideia bei Xenophon und Isokrates. Stuttgart 1995

Platon
Sämtliche Dialoge. Hg. u. übers. v. O. Apelt. Sonderausgabe Hamburg 1988
Sämtliche Werke. Taschenbuchausgabe in sechs Bänden. Hamburg 1957 u. ö.
Werke in acht Bänden. Griech.-dt. Hg. v. G. Eigler. Darmstadt ⁴2005
Für die Pädagogik wichtige Dialoge: Gorgias, Protagoras, Menon, Symposion, Der Staat,
Die Gesetze

Derbolav, J.: Erkenntnis und Entscheidung. Philosophie der geistigen Aneignung in ihrem
Ursprung bei Platon. Wien/Stuttgart 1954
Fink, E.: Metaphysik der Erziehung im Weltverständnis von Plato und Aristoteles. Frank-
furt a. M. 1970
Hager, F.-P.: Plato paedagogus. Bern 1981
Stenzel, J.: Platon der Erzieher. Neudruck Hamburg 1961

Quintilian
Ausbildung des Redners. Hg. u. übers. v. H. Rahn. 2 Bde. Darmstadt ³1995

Appel, B.: Das Bildungs- und Erziehungsideal Quintilians nach der Institutio oratoria.
Donauwörth 1914

Sokrates
(Quellen: siehe *Platon*)

Rabbow, P.: Paidagogia. Die Grundlegung der abendländischen Erziehungskunst in der
Sokratik. Göttingen 1960
Waldenfels, B.: Das sokratische Fragen. Meisenheim 1961

Sophisten
Die Fragmente der Vorsokratiker. Griech.-dt. Hg. v. H. Diels/W. Kranz. 3 Bde. Dublin/Zü-
rich ⁶1985
Die Vorsokratiker. Hg. v. W. Capelle. Stuttgart ⁸1973
Gorgias von Leontinoi. Reden, Fragmente und Testimonien. Griech.-dt. Hg. u. übers. v.
Th. Buchheim. Hamburg 1989

Buchheim, Th.: Die Sophistik als Avantgarde normalen Lebens. Hamburg 1986
Gomperz, H.: Sophistik und Rhetorik. Darmstadt 1965

■ **Mittelalter**

Alkuin von York
Alkuins pädagogische Schriften. Hg. v. J. Freundgen. Paderborn ²1906

Fleckenstein, J.: Die Bildungsreform Karls des Großen. (...). Freiburg i. B./Bigge-Ruhr 1953

Benedikt von Nursia
Die Benediktusregel. Lat.-dt. Hg. v. B. Steidle. Beuron ⁴1980

Johannes Gerson
Pädagogische Schriften. Übers. v. F. X. Kunz. Freiburg 1904

Petzold, K.: Die Grundlagen der Erziehungslehre im Spätmittelalter und bei Luther. Heidelberg 1969

Thomas von Aquin
Über den Lehrer (De magistro). Lat.-dt. Hg. v. G. Jüssen u. a. Hamburg 1988

Kuckartz, W.: Die Bildsamkeit des menschlichen Trieblebens nach Thomas von Aquin. Aachen 1965

Linnenborn, M.: Das Problem des Lehrens und Lernens bei Thomas von Aquin. Freiburg 1956

■ **Frühe Neuzeit**

Erasmus von Rotterdam
Ausgewählte Schriften. Lat.-dt. Hg. v. W. Welzig. 8 Bde. Darmstadt 1967 ff.
Ausgewählte pädagogische Schriften. Hg. v. A. J. Gail. Paderborn 1963
Institutio principis christiani. Die Erziehung eines christlichen Fürsten. Hg. v. A. J. Gail. Paderborn 1968

Padberg, R.: Personaler Humanismus. Paderborn 1964
Schoch, G.: Die Bedeutung der Erziehung und Bildung aus der Sicht des Erasmus von Rotterdam. Zürich 1988
Schottenloher, O.: Erasmus im Ringen um die humanistische Bildungsreform. Münster 1933

Italienische Humanisten
Geschichte und Dokumente der abendländischen Pädagogik II: Humanismus. Hg. v. E. Garin. Reinbek 1966

Bischoff, C.: Studien zu P. P. Vergerio dem Älteren. Berlin 1909
Göing, A.-S.: Die Lebensbilder zu Vittorino da Feltre. Würzburg 1999
Schweyen, R.: Guarino Veronese. Philosophie und humanistische Pädagogik. München 1973

Martin Luther
Pädagogische Schriften. Hg. v. H. Lorenzen. Paderborn [2]1969

Asheim, I.: Glaube und Erziehung bei Luther. Heidelberg 1961

Philipp Melanchthon
Werke in Auswahl. Hg. v. R. Stupperich. 9 Bde. Gütersloh 1951–1975
Glaube und Bildung. Lat.-dt. Hg. u. übers. v. G. R. Schmidt. Stuttgart 1989

Stempel, H.-A.: Melanchthons pädagogisches Wirken. Bielefeld 1979

Michel de Montaigne
Essais. Übers. v. H. Stilett. Frankfurt 1998
Essays über Erziehung. Hg. v. U. Bühler. Bad Heilbrunn 1964

Jenzer, C.: Lebensnähe, Lebensferne und Realismus in den pädagogischen Ansichten von Michel de Montaigne. Bern 1969

Juan Luis Vives
Pädagogische Schriften. Hg. v. F. Kayser. Freiburg 1896
Pädagogische Hauptschriften. Hg. v. Th. Edelbluth. Paderborn 1912
Über die Gründe des Verfalls der Künste. Lat.-dt. Hg. v. E. Hidalgo-Serna. München 1990

Heine, H.: Vives' Schriften über Erziehung. Berlin 1905
Ilg, P.: Die Selbsttätigkeit als Bildungsprinzip bei Vives. Langensalza 1931
Siske, G.: Willens- und Charakterbildung bei Vives. Langensalza 1911

■ **Aufklärung**

Johann Amos Comenius
Ausgewählte Werke. Hg. v. K. Schaller/D. Tschiževskij. 6 Bde. Hildesheim/New York 1973–1983
Allweisheit. Schriften zur Reform der Wissenschaften, der Bildung und des gesellschaftlichen Lebens. Hg. u. übers. v. F. Hofmann. Neuwied u. a. 1992
Böhmische Didaktik. Hg. v. K. Schaller. Paderborn 1970
Große Didaktik. Die vollständige Kunst, alle Menschen alles zu lehren. Hg. u. übers. v. A. Flitner. Stuttgart/München [9]2000

Pampaedia/Allerziehung. Hg. v. K. Schaller. St. Augustin [3]2001
Der Weg des Lichtes. Übers. v. U. Voigt. Hamburg 1997

Dieterich, V.-J.: J. A. Comenius – mit Selbstzeugnissen und Bilddokumenten. Reinbek 1991
   u. ö.
Friedrichsdorf, J.: Umkehr. Prophetie und Bildung bei J. A. Comenius. Idstein 1995
Michel, G.: Die Welt als Schule. Ratke, Comenius und die didaktische Bewegung. Hannover
   u. a. 1979
Patočka, J.: Die Philosophie der Erziehung des J. A. Comenius. Paderborn 1971
Schaller, K.: Die Pampaedia des J. A. Comenius. Eine Einführung in sein pädagogisches
   Hauptwerk. Heidelberg [3]1963
Schaller, K.: Die Pädagogik des J. A. Comenius und die Anfänge des pädagogischen Realis-
   mus im 17. Jh. Heidelberg 1962
Schaller, K.: J. A. Comenius. Ein pädagogisches Porträt. Weinheim 2003

Antoine de Condorcet
Bericht und Entwurf einer Verordnung über die allgemeine Organisation des öffentlichen
   Unterrichtswesens. Hg. v. H.-H. Schepp. Weinheim 1966

Drechsel, W.: Erziehung und Schule in der Französischen Revolution. Frankfurt a. M. u. a.
   1969

August Hermann Francke
Pädagogische Schriften. Hg. v. H. Lorenzen. Paderborn 1957
Der große Aufsatz. A. H. Franckes Schrift über eine Reform des Erziehungs- und Bildungs-
   wesens (…). Hg. v. O. Podczeck. Berlin 1962

Dittrich-Jacobi, J.: Pietismus und Pädagogik im Konstitutionsprozeß der Bürgerlichen Ge-
   sellschaft. Bielefeld 1976
Menck, P.: Die Erziehung der Jugend zur Ehre Gottes und zum Nutzen des Nächsten. Die
   Pädagogik A. H. Franckes. Wuppertal 1969, 2. Aufl. Halle 2001
Oschlies, W.: Die Arbeits- und Berufspädagogik A. H. Franckes. Witten-Ruhr 1969

Johann Gottfried Herder
Schulreden. Hg. v. A. Reble. Bad Heilbrunn 1962
Humanität und Erziehung. Hg. v. C. Menze. Paderborn [3]1985

Leuser, C.: Theologie und Anthropologie. Die Erziehung des Menschengeschlechts bei J. G.
   Herder. Frankfurt u. a. 1996
Wisbert, R.: Das Bildungsdenken des jungen Herder. Frankfurt a. M. u. a. 1987

Immanuel Kant
Werke (Studienausgabe). Hg. v. W. Weischedel. 6 Bde. Frankfurt/Darmstadt 1956–1964
Ausgewählte Schriften zur Pädagogik und ihrer Begründung. Hg. v. H.-H. Groothoff/
   E. Reimers. Paderborn [2]1982

Hornstein, H.: Bildsamkeit und Freiheit. Ein Grundproblem des Erziehungsdenkens bei
   Kant und Herbart. Düsseldorf 1959
Kauder, P./Fischer, W. (Hg.): I. Kant über Pädagogik. Hohengehren 1999
Koch, L.: Kant – Pädagogik und Politik. Würzburg 2005
Niethammer, A.: Kants Vorlesung über Pädagogik. Frankfurt 1980
Pleines, J.-E. (Hg.): Kant und die Pädagogik. Würzburg 1985
Winkels, Th.: Kants Forderung nach Konstitution einer Erziehungswissenschaft. München
   1984

John Locke
Gedanken über Erziehung. Hg. v. H. Wohlers. Bad Heilbrunn [2]1966
Einige Gedanken über die Erziehung. Hg. v. J. B. Deermann. Paderborn 1967

Johann Heinrich Pestalozzi
Sämtliche Werke. Kritische Ausgabe. Hg. v. A. Buchenau u. a. Berlin 1927 ff.
Wie Gertrud ihre Kinder lehrt und Ausgewählte Schriften zur Methode. Hg. v. F. Pfeffer.
   Paderborn [2]1978

Ausgewählte Schriften. Hg. v. W. Flitner. Weinheim 2001
Meine Nachforschungen über den Gang der Natur (…). Hg. v. A. Stenzel. Bad Heilbrunn
⁵1998

Delekat, F.: J. H. Pestalozzi. Heidelberg ³1968
Gudjons, H.: Gesellschaft und Erziehung in Pestalozzis Roman »Lienhard und Gertrud«.
Weinheim u. a. 1971
Kraft, V.: Pestalozzi oder das pädagogische Selbst. Bad Heilbrunn 1996
Kuhlemann, G.: Pestalozzi in unserer Zeit. Hohengehren 1998
Liedtke, M.: J. H. Pestalozzi. Reinbek 1968; ¹⁶2002
Meier, Urs P.: Pestalozzis Pädagogik der sehenden Liebe. Bern/Stuttgart 1987
Stadler, P.: Pestalozzi. 2 Bde. Zürich 1988
Tröhler, D.: Philosophie und Pädagogik bei Pestalozzi. Bern/Stuttgart 1988

Philanthropen
Basedow, J. B.: Ausgewählte pädagogische Schriften. Hg. v. A. Reble. Paderborn 1965
Basedow, J. B.: Elementarwerk. Hg. v. Th. Fritzsch. 3 Bde. Nachdruck Hildesheim 1972
Campe, J. H.: Väterlicher Rath für meine Tochter. Paderborn 1988
Campe, J. H.: Über die früheste Bildung junger Kinderseelen. Hg. v. B. Niestroj. Frankfurt
a. M./Berlin 1985
Campe, J. H. (Hg.): Allgemeine Revision des gesamten Schul- und Erziehungswesens von
einer Gesellschaft praktischer Erzieher. Hg. v. G. Ulbricht. Berlin 1957
Salzmann, Ch. G.: Ameisenbüchlein oder Anweisung zu einer vernünftigen Erziehung der
Erzieher. Hg. v. R. Stach. Heinsberg 1996
Trapp, E. Ch.: Versuch einer Pädagogik. Hg. v. U. Herrmann. Paderborn 1977

Fertig, L.: Campes politische Erziehung. Darmstadt 1977
Rammelt, J.: J. B. Basedow, der Philanthropismus und das Dessauer Philanthropin. Dessau
1929
Stach, R. (Hg.): Theorie und Praxis der philanthropistischen Schule. Rheinstetten 1980
Visionäre Lebensklugheit. J. H. Campe in seiner Zeit (Ausstellungskatalog). Wiesbaden 1996

Wolfgang Ratke
Allunterweisung. Schriften zur Bildungs-, Wissenschafts- und Gesellschaftsreform. 2 Teile.
Hg. v. G. Hohendorf u. a. Berlin 1970/71
Kleine pädagogische Schriften. Hg. v. K. Seiler. Bad Heilbrunn 1967

Hohendorf, G.: Wolfgang Ratke. Berlin 1963
Seiler, K.: Das pädagogische System W. Ratkes. Erlangen 1931

Jean-Jacques Rousseau
Emil oder Über die Erziehung. Hg. v. L. Schmidts. Paderborn ¹³1998
Emile oder Über die Erziehung. Hg. v. M. Rang. Stuttgart 1980
Preisschriften und Erziehungsplan. Hg. v. H. Röhrs. Bad Heilbrunn ⁴1993
Schriften zur Kulturkritik. Frz.-dt. Hg. u. übers. v. K. Weigand. Hamburg 1971; ⁵1995
Seminar: Der pädagogische Rousseau. Bd. 1. Materialien. Hg. v. O. Hansmann. Weinheim
1993

Bolle, R.: Jean-Jacques Rousseau. Münster/New York ²2002
Hansmann, O. (Hg.): Seminar: Der pädagogische Rousseau. Bd. 2. Kommentare, Interpreta-
tionen, Wirkungsgeschichte. Weinheim 1996
Hansmann, O.: Die Pädagogik J.-J. Rousseaus. Hagen 2003
Kraft, V.: Rousseaus »Emile«. Lehr- und Studienbuch. Bad Heilbrunn ³1997
Rang, M.: Rousseaus Lehre vom Menschen. Göttingen ²1965
Schäfer, A.: J.-J. Rousseau. Ein pädagogisches Porträt. Weinheim u. a. 2002

■ 19. Jahrhundert

Adolph Diesterweg
Sämtliche Werke. Hg. v. H. Deiters u. a. Berlin 1956 ff.

Bloth, H.: A. Diesterweg. Heidelberg 1966

Kempelmann, J.: Didaktik als Prinzipienlehre. Essen 1995
Rupp, H. F.: F. A. W. Diesterweg. Pädagogik und Politik. Göttingen/Zürich 1989
Rupp, H. F.: Religion und ihre Didaktik bei F. A. W. Diesterweg. Weinheim/Basel 1987

Wilhelm Dilthey
Pädagogik. Geschichte und Grundlinien des Systems (Gesammelte Schriften Bd. IX). Stutt-
    gart/Göttingen [4]1974; Nachdruck 1986
Schriften zur Pädagogik. Hg. v. H.-H. Groothoff/U. Hermann. Paderborn 1971
Einleitung in die Geisteswissenschaften (Gesammelte Schriften Bd. I). Stuttgart/Göttingen
    [9]1990
Der Aufbau der geschichtlichen Welt in den Geisteswissenschaften (Gesammelte Schriften
    Bd. VII). Stuttgart/Göttingen [8]1992

Groothoff, H.-H.: Wilhelm Dilthey – Zur Erneuerung der Theorie der Bildung und des Bil-
    dungswesens. Hannover 1981
Herrmann, U.: Die Pädagogik W. Diltheys. Göttingen 1971

Friedrich Fröbel
Ausgewählte Schriften. Hg. v. E. Hoffmann/H. Heiland/R. Wächter. 5 Bde. Düsseldorf (Bd.
    1–3)/Stuttgart (Bd. 4–5) 1951–1986
Mutter- und Koselieder. Bad Neustadt 1982 (Faksimile der Ausg. v. 1844)

Frey, A. u. a.: F. Fröbel und seine Pädagogik. Landau 2006
Heiland, H.: F. Fröbel. Reinbek [4]2005
Heiland, H.: Die Pädagogik F. Fröbels. Hildesheim 1989
Heiland, H.: Die Schulpädagogik F. Fröbels. Hildesheim 1993
Heiland, H.: Die Spielpädagogik F. Fröbels. Hildesheim 1998
Hoof, D.: Handbuch der Spieltheorie F. Fröbels. Braunschweig 1977

Johann F. Herbart
Pädagogische Schriften. Hg. v. W. Asmus. 3 Bde. Stuttgart 1984
Systematische Pädagogik. Hg. v. D. Benner. Stuttgart 1985
Allgemeine Pädagogik. Hg. v. H. Holstein. Bochum [6]1983

Buck, G.: Herbarts Grundlegung der Pädagogik. Heidelberg 1985
Bellerate, B. M.: J. F. Herbart und die Begründung der wissenschaftlichen Pädagogik in
    Deutschland. Hannover u. a. 1979
Benner, D.: Die Pädagogik Herbarts. Weinheim/München [2]1993
Blaß, J. L.: Pädagogische Theoriebildung bei J. F. Herbart. Meisenheim 1982
Heesch, M.: J. F. Herbart zur Einführung. Hamburg 1999
Hopfner, J.: Das Subjekt im neuzeitlichen Erziehungsdenken. Weinheim/München 1999

Wilhelm von Humboldt
Gesammelte Schriften. Hg. v. A. Leitzmann u. a. 17 Bde. Berlin 1903–1936
Werke in 5 Bänden. Hg. v. A. Flitner/K. Giel. Darmstadt 1960–1981, Studienausgabe 2002
Bildung und Sprache. Hg. v. C. Menze. Paderborn [5]1997

Benner, D.: W. v. Humboldts Bildungstheorie. Weinheim/München [3]2003
Berglar, P.: W. v. Humboldt. Reinbek [9]2003
Menze, C.: W. v. Humboldts Lehre und Bild vom Menschen. Ratingen 1965
Menze, C.: Die Bildungsreform W. v. Humboldts. Hannover u. a. 1975
Vallentin, R.: W. v. Humboldts Bildungs- und Erziehungskonzept. München 1999

Karl Marx
Bildung und Erziehung. Hg. v. H. E. Wittig. Paderborn 1968

Groth, G.: Die pädagogische Dimension im Werk von K. Marx. Neuwied/Darmstadt 1978
Karras, H.: Grundgedanken der sozialistischen Pädagogik in Marx' Hauptwerk »Das Kapi-
    tal«. Frankfurt a. M. 1972
Suchodolski, B.: Einführung in die marxistische Erziehungstheorie. Köln 1972

Friedrich Schleiermacher
Texte zur Pädagogik. Hg. v. M. Winkler/J. Brachmann. 2 Bde. Frankfurt a. M. 2000

Pädagogische Schriften. Hg. v. E. Weniger/Th. Schulze. 2 Bde. Düsseldorf/München 1957
Ausgewählte pädagogische Schriften. Hg. v. E. Lichtenstein. Paderborn [4]1994

Fuchs, B.: Schleiermachers dialektische Grundlegung der Pädagogik. Bad Heilbrunn 1998
Riemer, M.: Bildung und Christentum. Der Bildungsgedanke Schleiermachers. Göttingen 1989
Schurr, J.: Schleiermachers Theorie der Erziehung. Düsseldorf 1975
Sünkel, W.: F. Schleiermachers Begründung der Pädagogik als Wissenschaft. Ratingen 1964

Herbert Spencer
Die Kunst der Erziehung. Hg. v. P. E. Maxheimer. Wiesbaden 1947

Muhri, J. G.: Normen von Erziehung. Analyse und Kritik von H. Spencers evolutionistischer Pädagogik. München 1982

■ 20. Jahrhundert

John Dewey
Demokratie und Erziehung. Hg. v. J. Oelkers. Weinheim [2]2004
Erziehung durch und für Erfahrung. Ausgewählt v. H. Schreier. Stuttgart [2]1994
Psychologische Grundfragen der Erziehung. München/Basel 1974

Apel, H.-J.: Theorie der Schule in einer demokratischen Industriegesellschaft. Düsseldorf 1974
Bohnsack, F.: Erziehung zur Demokratie. J. Deweys Pädagogik und ihre Bedeutung für die Reform unserer Schule. Ravensburg 1976
Bohnsack, F.: J. Dewey. Ein pädagogisches Porträt. Weinheim 2004
Suhr, M.: John Dewey zur Einführung. Hamburg, 1994; Neuaufl. 2005

Wilhelm Flitner
Gesammelte Schriften. Hg. v. K. Erlinghagen u. a. 10 Bde. Paderborn 1982 ff.
Allgemeine Pädagogik. Stuttgart [15]1997
Das Selbstverständnis der Erziehungswissenschaft der Gegenwart. Paderborn u. a. [6]1989

Burmeister, J.: W. Flitner – von der Jugendbewegung zur Volkshochschule und Lehrerbildung. Köln 1987
Peukert, H./Scheuerl, H. (Hg.): Ortsbestimmung der Erziehungswissenschaft. Weinheim u. a. 1992

Célestin Freinet
Die moderne französische Schule. Hg. u. übers. v. H. Jörg. Paderborn [2]1979
Methoden der Emanzipation und Techniken des Unterrichts. Hg. v. R. Kock. Frankfurt a. M. u. a. 1999
Pädagogische Werke. Hg. v. H. Jörg/H. Zilgen. 2 Bde. Paderborn 1998/2000
Praxis der Freinet-Pädagogik. Hg. u. übers. v. H. Jörg. Paderborn u. a. 1981
C. u. Elise Freinet: Befreiende Volksbildung. Frühe Schriften. Hg. v. R. Kock. Bad Heilbrunn 1996

Dietrich, I. (Hg.): Handbuch Freinet-Pädagogik. Eine praxisbezogene Einführung. Weinheim/Basel 1995
Eichelberger, H.: Freinet-Pädagogik und die moderne Schule. Innsbruck/München 2003
Freinet, E.: Erziehung ohne Zwang. Der Weg C. Freinets. Stuttgart [2]1997
Hagstedt, H. (Hg.): Freinet-Pädagogik heute. Weinheim 1997
Jörg, H.: C. Freinet, die Bewegung ›Moderne Schule‹ und das französische Schulwesen heute. In: Freinet: Die moderne französische Schule. Paderborn [2]1979. S. 144–257
Kock, R.: Die Reform der laizistischen Schule bei C. Freinet. Frankfurt 1995

Paulo Freire
Bildung und Hoffnung. Hg. v. P. Schreiner u. a. Münster/Berlin 2007
Dialog als Prinzip. Wuppertal 1980
Erziehung als Praxis der Freiheit. Reinbek 1980
Pädagogik der Autonomie. Hg. v. P. Schreiner u. a. Münster/Berlin 2008

Pädagogik der Solidarität. Wuppertal 1974
Pädagogik der Unterdrückten. Bildung als Praxis der Freiheit. Reinbek 1973; Neuaufl. 2002
Unterdrückung und Befreiung. Hg. v. P. Schreiner u. a. Münster/Berlin 2007

Bendit, R./Heimbucher, A.: Von P. Freire lernen. München [2]1979
Figueroa, D.: P. Freire zur Einführung. Hamburg 1989
Rösch, C.: Die Erziehungskonzeption P. Freires. Frankfurt a. M. u. a. 1987
Wener, L. K.: Alphabetisierung und Bewußtwerdung. Mettingen 1991

Theodor Litt
Pädagogische Schriften. Eine Auswahl ab 1927. Hg. v. A. Reble. Bad Heilbrunn 1995
Führen oder Wachsenlassen. Stuttgart [15]1976
Mensch und Welt. München 1948
Das Bildungsideal der deutschen Klassik und die moderne Arbeitswelt. Bochum [6]1959; NA Darmstadt 2003
Pädagogik und Kultur. Kleine pädagogische Schriften 1918–1926. Hg. v. F. Nicolin. Bad Heilbrunn 1965

Klafki, W.: Die Pädagogik Th. Litts. Königstein 1982
Lassahn, R.: Das Selbstverständnis der Pädagogik Th. Litts. Ratingen 1968
Reble, A.: Th. Litt. Eine einführende Überschau. Bad Heilbrunn 1973; NA 1996
Vogel, P.: Th. Litt. Berlin 1955

Anton S. Makarenko
Gesammelte Werke. Hg. v. L. Froese u. a. 13 Bde. Stuttgart 1976 ff.
Pädagogische Texte. Hg. v. H. E. Wittig. Paderborn 1976

Anweiler, O.: Geschichte der Schule und Pädagogik in Rußland. Wiesbaden [2]1978
Furrer, H.: Mut zur Utopie. Zur Pädagogik A. S. Makarenkos. Frankfurt a. M. 1988
Hillig, G. (Hg.): Stand und Perspektiven der Makarenko-Forschung. München 1994
Rüttenauer, I.: A. S. Makarenko. Freiburg/Basel/Wien 1965

Maria Montessori
Die Entdeckung des Kindes. Freiburg [18]2006
Grundlagen meiner Pädagogik und weitere Aufsätze zur Anthropologie und Didaktik. Wiebelsheim [9]2005
Kinder sind anders. Stuttgart [13]1998
Schule des Kindes. Freiburg [6]1996

Böhm, W.: Maria Montessori. Bad Heilbrunn [2]1991
Böhm, W. (Hg.): Maria Montessori – Texte und Gegenwartsdiskussion. Bad Heilbrunn [5]1996
Esser, B./Wilde, C.: Montessori-Schulen. Zu Grundlagen und pädagogischer Praxis. Reinbeck [10]2002
Hedderich, I.: Einführung in die Montessori-Pädagogik. München/Basel [2]2005
Heiland, H.: Maria Montessori. Reinbek [9]2003
Helming, H.: Montessori Pädagogik. Freiburg [17]1998
Holtstiege, H.: Modell Montessori. Grundsätze und aktuelle Geltung der Montessori-Pädagogik. Freiburg [13]2004
Waldschmidt, I.: Maria Montessori. München [2]2006
Winkel, R. (Hg.): Reformpädagogik konkret. Hamburg [2]1997

Herman Nohl
Ausgewählte pädagogische Abhandlungen. Hg. v. J. Offermann. Paderborn 1967
Charakter und Schicksal. Eine pädagogische Menschenkunde. Frankfurt [7]1970
Die pädagogische Bewegung in Deutschland und ihre Theorie. Frankfurt [11]2002

Bartels, K.: Die Pädagogik H. Nohls. Weinheim/Berlin 1968
Blochmann, E.: H. Nohl in der pädagogischen Bewegung seiner Zeit. Göttingen 1969
Klika, D.: H. Nohl. Köln/Weimar/Wien 2000

Berthold Otto
Ausgewählte pädagogische Schriften. Hg. v. K. Kreitmair. Paderborn 1963

Baumann, P.: B. Otto. 6 Bde. Berlin 1958–62
Dorn, B.: Die Zukunftsschule B. Ottos und ihr Verhältnis zur deutschen Bildungsreform der Gegenwart. Münster 1974
Langen, P.: Untersuchungen zur Pädagogik B. Ottos. Berlin 1989
Schnücker, E.: Die Zukunftsschule im Zukunftsstaat. Eine Analyse des Zusammenhangs von Pädagogik, Psychologie und Politik im Werk B. Ottos. Bochum 1990
Weiss, E.: Pädagogische Neuerungen im Kontext politischer Reaktion. B. Otto und seine »kindzentrierte« Hauslehrerpädagogik. Kiel 1994

Peter Petersen
Allgemeine Erziehungswissenschaft. Berlin [2]1962
Der Kleine Jena-Plan einer freien allgemeinen Volksschule. Weinheim/Basel [62]2001
Führungslehre des Unterrichts. Reprint Weinheim 1984
Peter und Else Petersen: Die pädagogische Tatsachenforschung. Paderborn 1965

Dietrich, Th.: Die Pädagogik P. Petersens. Bad Heilbrunn [6]1995
Döpp-Vorwald, H.: Die Erziehungslehre P. Petersens. Ratingen [2]1969
Krick, W.: Die humane Schule als Lebensraum. Oberursel 1981
Ofenbach, B.: P. Petersen: »Allgemeine Erziehungswissenschaft«. Darmstadt 2002
Rutt, Th.: P. Petersen – Leben und Werk. Heinsberg 1984
Slotta, G.: Die pädagogische Tatsachenforschung P. und E. Petersens. Weinheim 1962

Jean Piaget
Gesammelte Werke. 10 Bde. (Studienausgabe). Stuttgart 1975
Das moralische Urteil beim Kinde. Stuttgart [2]1983
Der Aufbau der Wirklichkeit beim Kinde. Stuttgart [2]1999
Theorien und Methoden der modernen Erziehung. Frankfurt 1994
Über Pädagogik. Weinheim/Basel 1999

Buggle, F.: Die Entwicklungspsychologie J. Piagets. Stuttgart [4]2001
Kesselring, T.: J. Piaget. München [2]1999
Kubli, F.: Erkenntnis und Didaktik. J. Piaget und die Schule. München/Basel 1983
Montada, L.: Die Lernpsychologie J. Piagets. Stuttgart 1970; TB 1988

Reformpädagogik
(siehe auch Literaturangaben bei *Dewey, Freinet, Montessori, Otto, Petersen*)
Die Arbeitsschule. Texte zur Arbeitsschulbewegung. Hg. v. A. Reble. Bad Heilbrunn [4]1979
Die deutsche Reformpädagogik. Hg. v. W. Flitner/G. Kudritzki. Stuttgart [5]1995
Die Kunsterziehungsbewegung. Hg. v. H. Lorenzen. Bad Heilbrunn 1966
Die pädagogische Bewegung »Vom Kinde aus«. Hg. v. Th. Dietrich. Bad Heilbrunn 1963
Die Reformpädagogik des Auslands. Hg. v. H. Röhrs. Stuttgart [2]1982
Gaudig, H.: Die Schule der Selbsttätigkeit. Hg. v. L. Müller. Bad Heilbrunn [2]1969
Kerschensteiner, G.: Ausgewählte pädagogische Schriften. Hg. v. G. Wehle. 2 Bde. Paderborn 1966/1968
Kerschensteiner, G.: Begriff der Arbeitsschule. München u. a. 1961
Key, E.: Das Jahrhundert des Kindes. Hg. v. U. Herrmann. Weinheim 1992
Lietz, H.: Schulreform durch Neugründung. Ausgewählte pädagogische Schriften. Hg. v. R. Lassahn. Paderborn 1970
Neill, A. S.: Theorie und Praxis der antiautoritären Erziehung. Das Beispiel Summerhill. Reinbek 1969 u. ö.
Oestreich, P.: Entschiedene Schulreform. Hg. v. H. König/M. Radtke. Berlin 1978

Adrian, R.: Die Schultheorie G. Kerschensteiners. Frankfurt 1998
Benner, D./Kemper, H.: Theorie und Geschichte der Reformpädagogik. 3 Bde. Weinheim 2001–2005
Bernhard, A. (Hg.): Der Bund der entschiedenen Schulreformer. Frankfurt 1990
Böhm, Winfried: Kulturpolitik und Pädagogik P. Oestreichs. Bad Heilbrunn 1973
Böhm, Winfried/Oelkers, J. (Hg.): Reformpädagogik kontrovers. Würzburg [2]1999
Dräbing, R.: Der Traum vom Jahrhundert des Kindes. Frankfurt 1990
Ellerbrock, W.: P. Oestreich. Weinheim/München 1992
Günther, H.: Über die Persönlichkeitspädagogik H. Gaudigs. Berlin 1957
Kühn, A. D.: A. S. Neill. Reinbek 1995
Kupffer, H.: G. Wyneken. Stuttgart 1970

Näf, M.: P. Geheeb. Seine Entwicklung bis zur Gründung der Odenwaldschule. Weinheim 1998
Oelkers, J.: Reformpädagogik. Eine kritische Dogmengeschichte. Weinheim/München [4]2005
Röhrs, H.: Die Reformpädagogik. Ursprung und Verlauf unter internationalem Aspekt. Weinheim [6]2001
Röhrs, H. (Hg.): Die Schulen der Reformpädagogik heute. Düsseldorf 1986
Scheibe, W.: Die reformpädagogische Bewegung 1900–1932. Weinheim/Basel [10]1999
Skiera, E.: Reformpädagogik in Geschichte und Gegenwart. München 2003
Wilhelm, Theodor: Die Pädagogik Kerschensteiners. Stuttgart 1957

Heinrich Roth
(Hg.) Begabung und Lernen. Ergebnisse und Folgerungen neuer Forschungen. Stuttgart [12]1980
Erziehungswissenschaft, Erziehungsfeld und Lehrerbildung. Hg. v. H. Thiersch/H. Tütken. Hannover 1967
Pädagogische Anthropologie. 2 Bde. Hannover [4]1976
Psychologie des Lehrens und Lernens. Hannover [16]1983

Hoffmann, D.: H. Roth oder die andere Seite der Pädagogik. Weinheim 1995
Hoffmann, D./Tütken, H. (Hg.): Realistische Erziehungswissenschaft. Hannover 1972

Eduard Spranger
Gesammelte Schriften. Hg. v. W. Bähr. 11 Bde. Heidelberg/Tübingen 1969 ff.
Lebensformen. Geisteswissenschaftliche Psychologie und Ethik der Persönlichkeit. Tübingen [9]1966
Psychologie des Jugendalters. Heidelberg [29]1979

Han, Y.-Y.: E. Sprangers Pädagogik. Frankfurt a. M. u. a. 1994
Klussmann, R.: Die Idee des Erziehers bei E. Spranger. Frankfurt 1984
Sacher, W.: E. Spranger 1902–1933. Frankfurt 1988

Rudolf Steiner
Anthroposophische Pädagogik und ihre Voraussetzungen. Dornach [5]1981
Die Erziehung des Kindes vom Gesichtspunkte der Geisteswissenschaft. Dornach 1992
Die Erziehungsfrage als soziale Frage. Dornach [4]1991
Die pädagogische Grundlage und Zielsetzung der Waldorfschule. Dornach 1982
Erziehungs- und Unterrichtsmethoden auf anthroposophischer Grundlage. Dornach 1979

Hansmann, O. (Hg.): Pro und Contra Waldorfpädagogik. Würzburg 1987
Hemleben, J.: R. Steiner. Reinbek 1963 u. ö.
Leber, S.: Waldorfschule heute. Stuttgart [3]2001
Leber, S.: Die Pädagogik der Waldorfschule und ihre Grundlagen. Darmstadt [3]1992
Wehr, G.: Der pädagogische Impuls R. Steiners. Stuttgart 1994

Erich Weniger
Didaktik als Bildungslehre. Weinheim [8]1965
Die Eigenständigkeit der Erziehung in Theorie und Praxis. Weinheim 1953
Ausgewählte Schriften zur geisteswissenschaftlichen Pädagogik. Hg. v. B. Schonig. Weinheim/Basel 1975
Erziehung, Politik, Geschichte. Hg. v. H. Gaßen. Weinheim/Basel 1990

Dahmer, I./Klafki, W. (Hg.): Geisteswissenschaftliche Pädagogik am Ausgang ihrer Epoche – E. Weniger. Weinheim 1968
Gaßen, H.: Geisteswissenschaftliche Pädagogik auf dem Wege zur kritischen Theorie. Weinheim/Basel 1978
Neff, G.: Neue Aspekte der geisteswissenschaftlichen Pädagogik E. Wenigers. Stuttgart 1973

4. Systematische Einführungen

Benner, D.: Allgemeine Pädagogik. Weinheim/München [5]2005
Bernhard, A./Rothermel, L. (Hg.): Handbuch Kritische Pädagogik. Weinheim/Basel [2]2001
Böhm, W.: Entwürfe zu einer Pädagogik der Person. Bad Heilbrunn 1997
Braun, W.: Einführung in die Pädagogik. Nürnberg [3]1997
Giesecke, H.: Einführung in die Pädagogik. Weinheim/München [7]2004

Gudjons, H.: Pädagogisches Grundwissen. Bad Heilbrunn [9]2006
Hoffmann, D.: Erziehungswissenschaft. Eine Einführung. Stuttgart u. a. 1980
Kaiser, Armin u. Ruth: Studienbuch Pädagogik. Berlin [10]2001
Klafki, W. u. a.: Erziehungswissenschaft. Eine Einführung. 3 Bde. Frankfurt a. M. 1970 u. ö.
Kluge, N.: Einführung in die systematische Pädagogik. Darmstadt 1983
Kron, F. W.: Grundwissen Pädagogik. München/Basel [6]2001
Krüger, H.-H./Helsper, W. (Hg.): Einführung in Grundbegriffe und Grundfragen der Erziehungswissenschaft. Opladen [2]1996
Krüger, H.-H./Rauschenbach, Th. (Hg.): Einführung in die Arbeitsfelder des Bildungs- und Sozialwesens. Opladen 4., aktualisierte Aufl. 2006
Lassahn, R.: Einführung in die Pädagogik. Wiebelsheim [9]2000
Lassahn, R.: Grundriß einer Allgemeinen Pädagogik. Heidelberg/Wiesbaden [3]1993
Lenzen, D. (Hg.): Erziehungswissenschaft. Ein Grundkurs. Reinbek [6]2004
Löwisch, D.-J.: Einführung in die Erziehungsphilosophie. Darmstadt 1982
Raithel, J. u. a.: Einführung Pädagogik. Wiesbaden [3]2007
Roth, Leo (Hg.): Pädagogik. Handbuch für Studium und Praxis. München [2]2001
Rupp, H. F.: Religion – Bildung – Schule. Weinheim 1994
Speck, J. (Hg.): Problemgeschichte der neueren Pädagogik. 3 Bde. Stuttgart u. a. 1976

5. ■ Grundlagen der Erziehung

Anthropologie
Bollnow, O. F.: Die anthropologische Betrachtungsweise in der Pädagogik. Essen 1965
Gehlen, A.: Der Mensch. Seine Natur und seine Stellung in der Welt. Wiebelsheim [14]2003
Gerner, B.: Einführung in die pädagogische Anthropologie. Darmstadt [3]1992
Lassahn, R.: Pädagogische Anthropologie. Heidelberg 1983
Lochner, W.: Die anthropologische Dimension der Pädagogik. Essen 1963
Plessner, H.: Die Stufen des Organischen und der Mensch (Gesammelte Schriften Bd. IV). Frankfurt 1981
Portmann, A.: Biologische Fragmente zu einer Lehre vom Menschen. Basel [2]1951
Roth, Heinrich: Pädagogische Anthropologie. 2 Bde. Göttingen u. a. 1966/1971
Wulf, C.: Einführung in die Anthropologie der Erziehung. Weinheim 2001

Psychologie
Bandura, A.: Lernen am Modell. Stuttgart 1979
Bronfenbrenner, U.: Die Ökologie der menschlichen Entwicklung. Stuttgart 1981
Edelmann, W.: Lernpsychologie. Weinheim [6]2000
Erikson, E. H.: Identität und Lebenszyklus. Frankfurt [18]2000
Flammer, A.: Entwicklungstheorien. Bern [3]2002
Gage, N. L./Berliner, D. C.: Pädagogische Psychologie. Weinheim [5]1996
Kohlberg, L.: Die Psychologie der Moralentwicklung. Frankfurt [4]2002
Mielke, R.: Psychologie des Lernens. Stuttgart u. a. 2001
Oerter, R./Montada, L. (Hg.): Entwicklungspsychologie. Weinheim [5]2002
Pawlow, I. P.: Die bedingten Reflexe. München 1972
Piaget, J.: siehe Abschnitt 3: *Quellen*
Preiser, S.: Pädagogische Psychologie. Weinheim 2003
Schermer, F. J.: Lernen und Gedächtnis. Stuttgart u. a. [4]2006
Seel, N. M.: Psychologie des Lernens. München/Basel [2]2003
Skinner, B. F.: Wissenschaft und menschliches Verhalten. München 1973
Steinebach, Ch.: Pädagogische Psychologie. Stuttgart 2003

Soziologie
Böhnisch, L.: Pädagogische Soziologie. Weinheim/München [2]2003
Henecka, H. P.: Grundkurs Erziehungssoziologie. Freiburg 1980
Hurrelmann, K.: Einführung in die Sozialisationstheorie. Weinheim/Basel [8]2002
Hurrelmann, K./Grundmann, M./Walper, S. (Hg.): Handbuch Sozialisationsforschung. Weinheim/Basel [7]2008
Luhmann, N.: Soziale Systeme. Frankfurt [12]2006
Mead, G. H.: Geist, Identität und Gesellschaft. Frankfurt [14]2005
Parsons, T.: Sozialstruktur und Persönlichkeit. Frankfurt [8]2005
Tillmann, K.-J.: Sozialisationstheorien. Reinbek [14]2006
Zimmermann, P.: Grundwissen Sozialisation. Opladen 2003

6. ■ Theorien und Richtungen

Allgemeine Darstellungen
Benner, D.: Hauptströmungen der Erziehungswissenschaft. Weinheim [4]2001
Blaß, J. L.: Modelle pädagogischer Theoriebildung. 2 Bde. Stuttgart u. a. 1978
Brinkmann, W./Petersen, J. (Hg.): Theorien und Modelle der Allgemeinen Pädagogik.
  Donauwörth 1998
Gudjons, H.: Erziehungswissenschaftliche Theorien. Hamburg 1994
König, E./Zedler, P.: Theorien der Erziehungswissenschaft. Weinheim [2]2002
Krüger, H.-H.: Einführung in Theorien und Methoden der Erziehungswissenschaft. Opladen
  [4]2006
Petersen, J./Reinert, G.-B. (Hg.): Pädagogische Konzeptionen. Donauwörth 1992
Retter, H.: Grundrichtungen pädagogischen Denkens. Bad Heilbrunn 1997
Schäfer, A.: Einführung in die Erziehungsphilosophie. Weinheim 2004
Dörpinghaus, A./Poenitsch, A./Wigger, L.: Einführung in die Theorie der Bildung. Darm-
  stadt 2005
Wulf, Ch.: Theorien und Konzepte der Erziehungswissenschaft. München [3]1983

Geisteswissenschaftliche Pädagogik
Brinkmann, W./Harth-Peter, W. (Hg.): Freiheit – Geschichte – Vernunft. Grundlinien geis-
  teswissenschaftlicher Pädagogik. Würzburg 1997
Danner, H.: Methoden geisteswissenschaftlicher Pädagogik. München [5]2006
Klafki, W.: Geisteswissenschaftliche Pädagogik. Fernuniversität Hagen 1978
Klafki, W./Dahmer, I. (Hg.): Geisteswissenschaftliche Pädagogik am Ausgang ihrer Epoche.
  Weinheim 1968
(zu Flitner, Litt, Nohl, Spranger, Weniger: siehe Abschnitt 3: *Quellen*)

Phänomenologie
Bollnow, O. F.: Die pädagogische Atmosphäre. Heidelberg 1964; Essen 2001
Langeveld, M. J.: Studien zur Anthropologie des Kindes. Tübingen [3]1968
Lippitz, W.: Phänomenologische Studien in der Pädagogik. Weinheim 1993
Lippitz, W.: »Lebenswelt« oder die Rehabilitierung vorwissenschaftlicher Erfahrung. Wein-
  heim/Basel 1980
Meyer-Drawe, K.: Leiblichkeit und Sozialität. Paderborn [3]2001

Transzendentalphilosophische Pädagogik
Blankertz, H.: Der Begriff der Pädagogik im Neukantianismus. Weinheim 1959
Heitger, M. (Hg.): Pädagogische Grundprobleme in transzendentalkritischer Sicht. Bad
  Heilbrunn 1969
Heitger, M.: Beiträge zu einer Pädagogik des Dialogs. Wien 1983
Hönigswald, R.: Studien zur Theorie pädagogischer Grundbegriffe. Neudruck Darmstadt
  1966
Löwisch, D. J./Ruhloff, J./Vogel, P. (Hg.): Pädagogische Skepsis. St. Augustin 1988
Natorp, P.: Sozialpädagogik. Theorie der Willensbildung auf der Grundlage der Gemein-
  schaft. Bearb. v. R. Pipper auf der Basis der 6. Aufl. v. 1924. Paderborn [7]1974
Natorp, P.: Allgemeine Pädagogik in Leitsätzen zu akademischen Vorlesungen. Marburg
  [3]1927
Oelkers, J./Schulz, W./Tenorth, H.-E. (Hg.): Neukantianismus. Weinheim 1989
Petzelt, A.: Grundzüge systematischer Pädagogik. Freiburg [3]1964
Schmied-Kowarzik, W.: R. Hönigswalds Philosophie der Pädagogik. Würzburg 1995

Empirische Erziehungswissenschaft
Albert, H.: Traktat über kritische Vernunft. Tübingen [5]1991
Brezinka, W.: Von der Pädagogik zur Erziehungswissenschaft. Weinheim u. a. [3]1975
Cube, F. v.: Erziehungswissenschaft. Stuttgart 1977
Fischer, Aloys: Leben und Werk. 8 Bde. München 1950–1971
Ingenkamp, K. u. a. (Hg.): Empirische Pädagogik 1970–1990. 2 Bde. Weinheim 1992
König, E.: Theorie der Erziehungswissenschaft. 3 Bde. München 1975/1978
Lay, W. A.: Experimentelle Pädagogik. Leipzig [2]1912
Lehner, H.: Einführung in die empirisch-analytische Erziehungswissenschaft. Bad Heil-
  brunn 1994
Lochner, R.: Erziehungswissenschaft. München 1934
Meumann, E.: Abriß der experimentellen Pädagogik. Leipzig [2]1920

Pollak, G.: Fortschritt und Kritik. Paderborn 1987
Popper, K. R.: Logik der Forschung. Tübingen [11]2005
Rössner, L.: Rationalistische Pädagogik. Stuttgart u. a. 1975
(zu Petersen, Roth: siehe Abschnitt 3: *Quellen*)

Kritische Erziehungswissenschaft
Adorno, Th. W.: Erziehung zur Mündigkeit. Frankfurt a. M. 1963 u. ö.
Adorno, Th. W.: Negative Dialektik. Frankfurt a. M. 1966 u. ö.
Claußen, B./Scarbath, H. (Hg.): Konzepte einer kritischen Erziehungswissenschaft. München 1979
Habermas, J.: Erkenntnis und Interesse. Frankfurt a. M. 1969 u. ö.
Habermas, J.: Theorie des kommunikativen Handelns. 2 Bde. Frankfurt a. M. 1981 u. ö.
Horkheimer, M./Adorno, Th. W.: Dialektik der Aufklärung. Frankfurt a. M. 2002
Horkheimer, M.: Traditionelle und Kritische Theorie. Frankfurt a. M. 1992 u. ö.
Klafki, W.: Aspekte kritisch-konstruktiver Erziehungswissenschaft. Weinheim/Basel 1976
Mollenhauer, K.: Erziehung und Emanzipation. München 1968
Mollenhauer, K.: Theorien zum Erziehungsprozeß. München 1972
Schäfer, A.: Th. W. Adorno. Ein pädagogisches Porträt. Weinheim 2003
Schaller, K.: Einführung in die kritische Erziehungswissenschaft. Darmstadt 1974
Sünker, H. (Hg.): Kritische Erziehungswissenschaft am Neubeginn. Frankfurt a. M. 1999

Symbolischer Interaktionismus
Berger, P. L./Luckmann, Th.: Die gesellschaftliche Konstruktion der Wirklichkeit. Frankfurt a. M. [20]2004
Brumlik, M.: Der symbolische Interaktionismus und seine pädagogische Bedeutung. Frankfurt a. M. 1973
Goffman, E.: Wir alle spielen Theater. Die Selbstdarstellung im Alltag. München [11]2003
Habermas, J.: Kultur und Kritik. Frankfurt a. M. 1977
Krappmann, L.: Soziologische Dimensionen der Identität. Stuttgart [10]2005
Mead, G. H.: Geist, Identität und Gesellschaft. Frankfurt a. M. [14]2005

Systemtheorie
Huschke-Rhein, R. B.: Systemische Pädagogik. 4 Bde. Köln 1987–1990
Luhmann, N.: Soziale Systeme. Frankfurt a. M. [12]2006
Luhmann, N./Schorr, K. E.: Reflexionsprobleme im Erziehungssystem. Frankfurt a. M. [3]2006
Parsons, T.: Sozialstruktur und Persönlichkeit. Frankfurt a. M. [8]2005
Reich, K.: Systemisch-konstruktivistische Pädagogik. Weinheim [5]2005
Schäfer, A.: Systemtheorie und Pädagogik. Königstein 1983

Psychoanalyse
Bernfeld, S.: Sisyphos oder Die Grenzen der Erziehung. Frankfurt a. M. 1967 u. ö.
Bittner, G.: Psychoanalyse und soziale Erziehung. München [3]1972
Bittner, G.: Tiefenpsychologie und Kleinkindererziehung. Paderborn 1979
Bittner, G.: Metaphern des Unbewußten. Eine kritische Einführung in die Psychoanalyse. Stuttgart u. a. 1998
Bittner, G./Ertle, C. (Hg.): Pädagogik und Psychoanalyse. Würzburg 1985
Füchtner, H.: Einführung in die psychoanalytische Pädagogik. Frankfurt a. M. 1979
Hasenclever, W.-D. (Hg.): Pädagogik und Psychoanalyse. Bern 1990
Trescher, H.-G.: Theorie und Praxis der Psychoanalytischen Pädagogik. Mainz [2]1992

Strukturalismus
Dosse, F.: Geschichte des Strukturalismus. 2 Bde. Frankfurt a. M. 1999
Foucault, M.: Die Ordnung des Diskurses. Frankfurt a. M. [9]2003
Foucault, M.: Überwachen und Strafen. Die Geburt des Gefängnisses. Frankfurt a. M. [15]2004
Lenzen, D.: Didaktik und Kommunikation. Frankfurt a. M. 1973
Lenzen, D. (Hg.): Die Struktur der Erziehung und des Unterrichtes. Frankfurt a. M. 1976
Nezel, I.: Strukturalistische Erziehungswissenschaft. Weinheim/Basel 1976
Pongratz, L. A.: Pädagogik im Prozeß der Moderne. Weinheim 1989
Thiemann, F.: Schulszenen. Vom Herrschen und Leiden. Frankfurt a. M. 1975

Postmoderne
Beck, Ch.: Ästhetisierung des Denkens. Zur Postmoderne-Rezeption der Pädagogik. Bad Heilbrunn 1993

Fromme, J.: Pädagogik als Sprachspiel. Neuwied u. a. 1995
Lenzen, D.: Mythologie der Kindheit. Reinbek 1985
Lenzen, D.: Handlung und Reflexion. Weinheim/Basel 1996
Lyotard, J.-F.: Das postmoderne Wissen. Graz/Wien [5]2005
Meder, N.: Der Sprachspieler. Der postmoderne Mensch oder das Bildungsideal im Zeit-
    alter der neuen Technologien. Würzburg [2]2004
Rapp Wagner, R.: Postmodernes Denken und Pädagogik. Bern u. a. 1997
Welsch, W.: Unsere postmoderne Moderne. Berlin [6]2002

Genderforschung
Beer, U.: Geschlecht, Struktur, Geschichte – soziale Konstituierung des Geschlechterver-
    hältnisses. Frankfurt a. M. 1990
Faulstich-Wieland, H.: Geschlecht und Erziehung. Darmstadt 1995
Faulstich-Wieland, H./Horstkemper, M. (Hg.): »Trennt uns bitte, bitte nicht!« Koedukation
    aus Mädchen- und Jungensicht. Opladen 1995
Forum Grazer Pädagoginnen (Hg.): Lebenszeilen. Frauenforschung und Erziehungswissen-
    schaft. München/Wien 1993
Gieseke, W. (Hg.): Handbuch zur Frauenbildung. Opladen 2001
Glumpler, E. (Hg.): Mädchenbildung, Frauenbildung. Bad Heilbrunn 1992
Horstkemper, M.: Schule, Geschlecht und Selbstvertrauen. Weinheim/München [3]1995
Kleinau, E./Opitz, C. (Hg.): Geschichte der Mädchen- und Frauenbildung. 2 Bde. Frankfurt
    a. M. 1995/1996
Prengel, A.: Pädagogik der Vielfalt. Opladen [3]2006

Interkulturelle Pädagogik
Auernheimer, G.: Einführung in die interkulturelle Erziehung. Darmstadt [4]2005
Borelli, M. (Hg.): Interkulturelle Pädagogik. Baltmannsweiler 1986
Diehm, I./Radtke, F.-O.: Erziehung und Migration. Stuttgart 1999
Gogolin, I./Krüger-Pongratz, M.: Einführung in die interkulturelle Pädagogik. Opladen
    2006
Hamburger, F.: Pädagogik der Einwanderungsgesellschaft. Frankfurt a. M. 1994 u. ö.
Nieke, W.: Interkulturelle Erziehung und Bildung. Opladen 2000
Niekrawitz, C.: Interkulturelle Pädagogik im Überblick. Frankfurt a. M. 1991

7. ■ Methoden

Abel, J./Möller, R./Treumann, K. P.: Einführung in die Empirische Pädagogik. Stuttgart u. a.
    1998
Allemann-Ghionda, C.: Einführung in die Vergleichende Erziehungswissenschaft. Weinheim
    2004
Atteslander, P.: Methoden der empirischen Sozialforschung. Berlin/New York [11]2006
Böhm, W./Schriewer, J. (Hg.): Geschichte der Pädagogik und systematische Erziehungswis-
    senschaft. Stuttgart 1975
Böhme, G./Tenorth, H.-E.: Einführung in die Historische Pädagogik. Darmstadt 1990
Danner, H.: Methoden der Geisteswissenschaftlichen Pädagogik. München/Basel [2]1989
Diekmann, A.: Empirische Sozialforschung. Reinbek [13]2005
Hilker, F.: Vergleichende Pädagogik. München 1962
König, E./Zedler, P.: Theorien der Erziehungswissenschaft. Weinheim [2]2002
Krüger, Heinz-H.: Einführung in Theorien und Methoden der Erziehungswissenschaft.
    Opladen [4]2006
Lamnek, S.: Qualitative Sozialforschung. Weinheim [4]2005
Lenhart, V. (Hg.): Historische Pädagogik. Wiesbaden 1977
Mayring, P.: Qualitative Inhaltsanalyse. Weinheim [7]2000
Rittelmeyer, Ch./Parmentier, M.: Einführung in die pädagogische Hermeneutik. Darmstadt
    [2]2006
Röhrs, H.: Forschungsmethoden in der Erziehungswissenschaft. Stuttgart u. a. 1968
Röhrs, H.: Forschungsstrategien in der Vergleichenden Erziehungswissenschaft. Weinheim/
    Basel 1975
Roth, Leo (Hg.): Methoden erziehungswissenschaftlicher Forschung. Stuttgart u. a. 1978
Uhle, R.: Verstehen und Pädagogik. Weinheim 1989
Wellenreuther, M.: Quantitative Forschungsmethoden in der Erziehungswissenschaft. Wein-
    heim/München 2000

8. ■ Teildisziplinen

Schulpädagogik/Didaktik
Apel, H. J.: Theorie der Schule. Donauwörth 1995
Apel, J./Sacher, W. (Hg.): Studienbuch Schulpädagogik. Bad Heilbrunn [3]2007
Arnold, R./Pätzold, H.: Schulpädagogik kompakt. Berlin 2002
Aschersleben, K.: Didaktik. Stuttgart u. a. 1983
Blankertz, H.: Theorien und Modelle der Didaktik. Weinheim/München [14]2000
Borsum, W. u. a.: Einführung in die Didaktik. München u. a. 1982
Fend, H.: Neue Theorie der Schule. Wiesbaden 2005
Gasser, P.: Lehrbuch Didaktik. Bern [2]2003
Glöckel, H.: Vom Unterricht. Lehrbuch der Allgemeinen Didaktik. Bad Heilbrunn [4]2003
Glöckel, H. u. a. (Hg.): Bedeutende Schulpädagogen. Bad Heilbrunn 1993
Gudjons, H. (Hg.): Didaktische Theorien. Hamburg [11]2002
Kiper, H.: Einführung in die Schulpädagogik. Weinheim/Basel 2001
Kron, F. W.: Grundwissen Didaktik. München/Basel [4]2004
Memmert, W.: Didaktik in Grafiken und Tabellen. Bad Heilbrunn [5]1995
Peterßen, W. H.: Handbuch Unterrichtsplanung. München [9]2000
Plöger, W.: Allgemeine Didaktik und Fachdidaktik. München 1999
Schröder, Hartwig: Studienbuch Allgemeine Didaktik. München [2]1996

Sonderpädagogik
Bach, H.: Sonderpädagogik im Grundriß. Berlin [15]1995
Bleidick, U. u. a.: Einführung in die Behindertenpädagogik. 3 Bde. Stuttgart [5]1998
Bleidick, U.: Pädagogik der Behinderten. Berlin [5]1984
Bleidick, U. (Hg.): Theorie der Behindertenpädagogik. Berlin 1985
Bleidick, U. (Hg.): Allgemeine Behindertenpädagogik. Studientexte zur Geschichte der Behindertenpädagogik. Bd. 1. Neuwied 1999
Bundschuh, K.: Einführung in die sonderpädagogische Diagnostik. München/Basel [6]2005
Drave, W./Rumpler, F./Wachtel, P. (Hg.): Empfehlungen zur sonderpädagogischen Förderung. Würzburg 2000
Dupuis, G./Kerkhoff, W. (Hg.): Enzyklopädie der Sonderpädagogik, der Heilpädagogik und ihrer Nachbargebiete. Berlin 1992
Ellger-Rüttgardt, S.: Geschichte der Sonderpädagogik. München 2007
Heese, G./Wegener, H. (Hg.): Enzyklopädisches Handbuch der Sonderpädagogik und ihrer Grenzgebiete. Berlin 1969
Jantzen, W.: Allgemeine Behindertenpädagogik. 2 Bde. Weinheim 1990/1992
Vernooij, M. A.: Einführung in die Heil- und Sonderpädagogik. Wiebelsheim [8]2007

Sozialpädagogik
Böhnisch, L.: Sozialpädagogik des Kindes- und Jugendalters. Weinheim/München [2]1993
Buchkremer, H.: Handbuch Sozialpädagogik. Darmstadt [2]1995
Engelke, E.: Soziale Arbeit als Wissenschaft. Freiburg 1992
Mair, Helmut: Einführung in die Sozialpädagogik, soziale Arbeit. Münster 1997
Martin, E.: Didaktik der sozialpädagogischen Arbeit. Weinheim [6]2005
Mollenhauer, K.: Einführung in die Sozialpädagogik. Weinheim 2001
Otto, H.-U./Thiersch, H. (Hg.): Handbuch Sozialarbeit/Sozialpädagogik. München [3]2005
Rauschenbach, T.: Das sozialpädagogische Jahrhundert. Weinheim/München 1999
Schilling, J.: Didaktik/Methodik Sozialer Arbeit. Grundlagen und Konzepte. München [4]2005

Erwachsenenbildung
Kade, J./Nittel, D./Seitter, W.: Einführung in die Erwachsenenbildung. Stuttgart u. a. 1999
Lenz, Werner: Lehrbuch der Erwachsenenbildung. Stuttgart 1987
Seitter, W.: Geschichte der Erwachsenenbildung. Bielefeld [2]2002
Siebert, H.: Theorien für die Bildungspraxis. Bad Heilbrunn 1993
Tietgens, H.: Reflexionen zur Erwachsenendidaktik. Bad Heilbrunn 1992
Tippelt, R. (Hg.): Handbuch Erwachsenenbildung/Weiterbildung. Opladen [2]1999
Weinberg, J.: Einführung in das Studium der Erwachsenenbildung. Bad Heilbrunn [3]2000
Weisser, J.: Einführung in die Weiterbildung. Weinheim/Basel 2002

Medienpädagogik
Baacke, D.: Medienpädagogik. Tübingen 1997
Kron, F. W./Sofos, A.: Mediendidaktik. München 2003

Maier, Wolfgang: Grundkurs Medienpädagogik/Mediendidaktik. Weinheim/Basel 1998
Merkert, R.: Medien und Erziehung. Darmstadt 1992
Moser, H.: Einführung in die Medienpädagogik. Opladen [4]2006
Tulodziecki, G.: Medienerziehung in Schule und Unterricht. Bad Heilbrunn 1992
Vollbrecht, R.: Einführung in die Medienpädagogik. Weinheim/Basel 2001

Internetadressen

Deutscher Bildungsserver: www.bildungsserver.de
Fachportal Pädagogik: www.fachportal-paedagogik.de
Bundesministerium für Bildung und Forschung: www.bmbf.de
Statistisches Bundesamt: www.destatis.de
UNESCO, Grundinformation zum weltweiten Bildungswesen: www.ibe.unesco.org/links/all-
  coun.htm
Max-Planck-Institut für Bildungsforschung: www.mpib-berlin.mpg.de
Deutsche Gesellschaft für Erziehungswissenschaft: www.dgfe.de
Bildungsportal Österreich: www.bildung.at
Bundesministerium für Unterricht, Kunst und Kultur Österreich: www.bmukk.gv.at
Bildungsserver der Schweiz: www.educa.ch
Schweizer Konferenz der kantonalen Erziehungsdirektoren: www.edk.ch
Informations- und Dokumentationszentrum Erziehung Schweiz: www.ides.ch

Abbildungsnachweis

Die Abbildungen wurden für diesen dtv-Atlas nach Entwürfen der Autoren neu gezeichnet; für die folgenden Abbildungen wurden Vorlagen verwendet:

Geschichte der Pädagogik

■ Antike
Frühchristliche Erziehung
A: Gemeinden nach Putzger: Historischer Weltatlas. 90. Aufl. Bielefeld u. a., S. 33
Die Organisation des Unterrichts I
A: Schale des Duris, nach A. Dolch: Lehrplan des Abendlandes. Ratingen 1971, S. 19; B: Gymnasion von Pergamon, aus Mitteilungen des Archäologischen Instituts, Athenische Abteilung, Bd. XXXIII, Tafel XVIII

■ Mittelalter
Kloster- und Domschulen
A: nach R. Alt: Bilderatlas zur Schul- und Erziehungsgeschichte. Bd. 1. Berlin 1966, S. 108; B: nach R. Alt: Bilderatlas zur Schul- und Erziehungsgeschichte. Bd. 1. Berlin 1966, S. 130
Universitäten I
B u. C: nach K. Rückbrod: Universität und Kollegium. Darmstadt 1977, Abb. 21 u. 7

■ Frühe Neuzeit
Humanismus I
A: nach S. Dresden: Humanismus und Renaissance. München 1968, S. 67
Reformation I
A: nach Putzger: Historischer Weltatlas. 90. Aufl. Bielefeld u. a., S. 65
Reformation II; Gegenreformation
B: Szene aus der Jesuitenoper »St. Alexis«, nach R. Alt: Bilderatlas zur Schul- und Erziehungsgeschichte. Bd. 1. Berlin 1966, S. 333

■ Aufklärung
Comenius II
A: nach G. Michel: Die Welt als Schule. Hannover 1978, S. 175; C: aus Comenius: Orbis sensualium pictus (1659). Kap. LXXXIV
Ratke; Francke
B: Ansicht von Franckes Stiftungen, nach P. Menck: Geschichte der Erziehung. Donauwörth 1993, S. 174
Aufklärung
A: Titelblatt der ›Encyclopédie‹, Paris u. a. 1751
Rousseau II
Illustrationen nach Moreau le Jeune (unten), de Staal (oben), in: Emile. Hg. v. E.-P. Duharcourt. Paris o. J.; Mitte: Illustration nach der Amsterdamer Ausgabe von Defoe: Robinson Crusoe (1726/27)
Philanthropen
B: Meritentafel, nach Visionäre Lebensklugheit. J. H. Campe in seiner Zeit. Wiesbaden 1996, S. 58; D: Frontispice von Campes Büchern, nach ebd., S. 158, 164, 207
Pestalozzi II
A: nach Pestalozzi: Anschauungslehre der Maßverhältnisse. Zürich/Bern 1803
Schulwesen im 17./18. Jh. II
A: nach zeitgenössischen Bildern, enthalten in R. Alt: Bilderatlas zur Schul- und Erziehungsgeschichte. Bd. 2. Berlin 1971, S. 148, 150, 156

■ 19. Jahrhundert
Herbart II
D: nach T. Ziller: Materialien zur speziellen Pädagogik. Dresden ³1886, S. 20
Fröbel
B: Ball: nach F. Fröbels gesammelte pädagogische Schriften. 2. Abt. Hg. v. W. Lange. Berlin 1862, Tafel 1; Schönheitsformen: nach R. Boldt/W. Eichler: F. W. A. Fröbel. Köln 1982, S. 83

Diesterweg; Spencer
A: Tabellen oben: Daten nach W. Neugebauer: Absolutistischer Staat und Schulwirklichkeit in Brandenburg-Preußen. Berlin 1985, S. 327, 347; Tabelle unten: Daten nach P. Lundgreen: Sozialgeschichte der deutschen Schule im Überblick. Teil 1. Göttingen 1980, S. 97
Schulwesen im 19. Jh.
A: Quelle: E. François: Alphabetisierung in Frankreich und Deutschland während des 19. Jh. In: Zeitschrift für Pädagogik 29 (1983), S. 759; B: Daten nach H.-G. Herrlitz u. a.: Deutsche Schulgeschichte (…). Weinheim/München ²1998, S. 68; D: Daten nach Ch. Berg (Hg.): Handbuch der dt. Bildungsgeschichte. Bd. IV. München 1991, S. 307

■ 20. Jahrhundert
Reformpädagogik III
A: nach G. Kerschensteiner: Begriff der Arbeitsschule. München u. a. 1961, S. 33–38
Waldorfpädagogik II
B: nach Weltliste der Waldorf- und Rudolf-Steiner-Schulen (http://waldorfschule.info/upload/pdf/schulliste.pdf)
Petersen
A: nach Th. Dietrich: Geschichte der Pädagogik. Bad Heilbrunn 1970, S. 256; B: nach P. Petersen: Der Kleine Jena-Plan. Weinheim 2001, S. 93; C: nach P. u. E. Petersen: Die pädagogische Tatsachenforschung. Paderborn 1965, S. 387 u. 374
Freinet
A: nach H. Hagstedt (Hg.): Freinet-Pädagogik heute. Weinheim 1997, S. 17
Freire
A: Daten rechts nach World Education Report 2000 (UNESCO), S. 30 und R. H. Strahm: Warum sie so arm sind. Wuppertal 1985, S. 24 f.
Schulwesen in Deutschland I
A: (oben links) Daten nach P. Lundgreen: Sozialgeschichte der deutschen Schule im Überblick. Teil II. Göttingen 1981, S. 119; (oben rechts) Quelle: H. Titze: Das Hochschulstudium in Preußen und Deutschland 1820–1944. Göttingen 1987, S. 26; (unten) Daten nach C. Huerkamp: Bildungsbürgerinnen. Göttingen 1996, S. 93, 99, 101, 111; B: nach H. Schaub/K. G. Zenke: Wörterbuch Pädagogik. München ⁶2004, S. 142
Schulwesen in Deutschland II
In Anlehnung an Arbeitsgruppe Bildungsbericht am Max-Planck-Institut für Bildungsforschung: Das Bildungswesen in der BRD. Reinbek 1994, S. 19
Bildungssysteme international I
A: Daten nach EFA Global Monitoring Report 2007 (www.portal.unesco.org/education); B: Daten nach Unesco Institute for Statistics (www.uis.unesco.org) und World illiteracy at midcentury. Westport 1970, Karte im Anhang
Bildungssysteme international II
nach H. Schaub/K. G. Zenke: Wörterbuch Pädagogik. München ⁶2004, S. 217 u. S. 574

Systematische Pädagogik

■ Grundlagen der Erziehung
Entwicklungspsychologie I
B: nach: N. L. Gage/D. C. Berliner: Pädagogische Psychologie. Weinheim/München 1986, S. 177
Lerntheorien II
A: in Anlehnung an A. u. R. Kaiser: Studienbuch Pädagogik. Berlin ¹⁰2001, S. 138
Pädagogische Soziologie II
A: nach K. Hurrelmann: Einführung in die Sozialisationstheorie. Weinheim/Basel 1986, S. 137

■ Theorien und Richtungen
Psychoanalyse
C: in Anlehnung an W. J. Schraml: Einführung in die Tiefenpsychologie. Stuttgart ⁶1976, S. 64
Strukturalismus
B: nach D. Lenzen (Hg.): Die Struktur der Erziehung. Kronberg 1976, S. 16
Interkulturelle Pädagogik
B: Daten nach Statistisches Bundesamt Deutschland (www.destatis.de/basis/d/biwiku/schultab9.php) 28.10.2005

■ **Methoden**
Empirische Forschung I
A: mit Modifikationen nach J. Abel/R. Möller/K. Treumann: Einführung in die Empirische Pädagogik. Stuttgart 1998, S. 40
Empirische Forschung II
B: nach P. Atteslander: Methoden der empirischen Sozialforschung. Berlin/New York [9]2000, S. 284
Empirische Forschung IV
B: teilweise nach J. Abel/R. Möller/K. Treumann: Einführung in die Empirische Pädagogik. Stuttgart 1998, S. 159 f.

■ **Teildisziplinen**
Schulpädagogik III
B: nach H. Riedel: Systemische Modelle zur Differenzierung von Operations-Objekten (http://bidok.uibk.ac.at/library/riedel-objekte.html)
Sonderpädagogik II
B: nach M. Hellmann/H.-R. Drunkenmölle: Die Fachambulanz für Kinder und Jugendliche. In: Jahrbuch Heilpädagogik 2001, S. 108
Sonderpädagogik IV
B: nach Statistisches Bundesamt, Allgemeinbildende Schulen – Schuljahr 2006/07 Fachserie 11 Reihe 1 – 2006/07
Sozialpädagogik II
A: Daten nach B. Hock/G. Holz/W. Wüstendörfer: Frühe Folgen – langfristige Konsequenzen (Institut für Sozialarbeit und Sozialpädagogik Frankfurt), S. 10 f.; Statistisches Bundesamt (www.destatis.de/jetspeed/portal/cms/Sites/destatis/Internet/DE/Content/Publikationen/Querschnittsveroeffentlichungen/WirtschaftStatistik/Sozialleistungen/ Asylbewerber2004)
Erwachsenenbildung II
B: Daten nach Bundesministerium für Bildung und Forschung (Hg.): Grund- und Strukturdaten 2000/2001, S. 308/310; Deutscher Volkshochschul-Verband (http://www.dvv.vhs-bildungsnetz.de)

Register

Halbfett gedruckte Zahlen beziehen sich auf zentrale Stellen im Text. *Kursiv* gedruckte Einträge lassen erkennen, dass es sich um ein *Werk* zur Pädagogik handelt.

Sachregister

dtv-Atlanten

informativ, zuverlässig, handlich und preisgünstig

dtv-Atlas Akupunktur
von C.-H. Hempen
ISBN 978-3-423-03232-2

dtv-Atlas Astronomie
Mit Sternatlas
von J. Herrmann
ISBN 978-3-423-03267-4

dtv-Atlas Baukunst
von W. Müller und
G. Vogel
2 Bände
Band 1: ISBN 978-3-423-03020-5
Band 2: ISBN 978-3-423-03021-2

dtv-Atlas Bibel
von A. Ohler
ISBN 978-3-423-03326-8

dtv-Atlas Biologie
von G. Vogel und
H. Angermann
3 Bände
Band 1: ISBN 978-3-423-03221-6
Band 3: ISBN 978-3-423-03223-0

dtv-Atlas Chemie
von H. Breuer
2 Bände
Band 1: ISBN 978-3-423-03217-9
Band 2: ISBN 978-3-423-03218-6

dtv-Atlas Deutsche Literatur
von H. D. Schlosser
ISBN 978-3-423-03219-3

dtv-Atlas Deutsche Sprache
von W. König
ISBN 978-3-423-03025-0

dtv-Atlas Englische Sprache
von W. Viereck, K. Viereck
und H. Ramisch
ISBN 978-3-423-03239-1

dtv-Atlas Erde
Physische Geographie
von D. Heinrich und M. Hergt
ISBN 978-3-423-03329-9

dtv-Atlas Ernährung
von G. Hauber-Schwenk und
M. Schwenk
ISBN 978-3-423-03237-7

dtv-Atlas Ethnologie
von D. Haller
ISBN 978-3-423-03259-9

dtv-Atlas Keramik und Porzellan
von S. Frotscher
ISBN 978-3-423-03258-2

dtv-Atlas Mathematik
von F. Reinhardt und H. Soeder
2 Bände
Band 1: ISBN 978-3-423-03007-6
Band 2: ISBN 978-3-423-03008-3

Bitte besuchen Sie uns im Internet: www.dtv.de

dtv-Atlanten

Bitte besuchen Sie uns im Internet: www.dtv.de

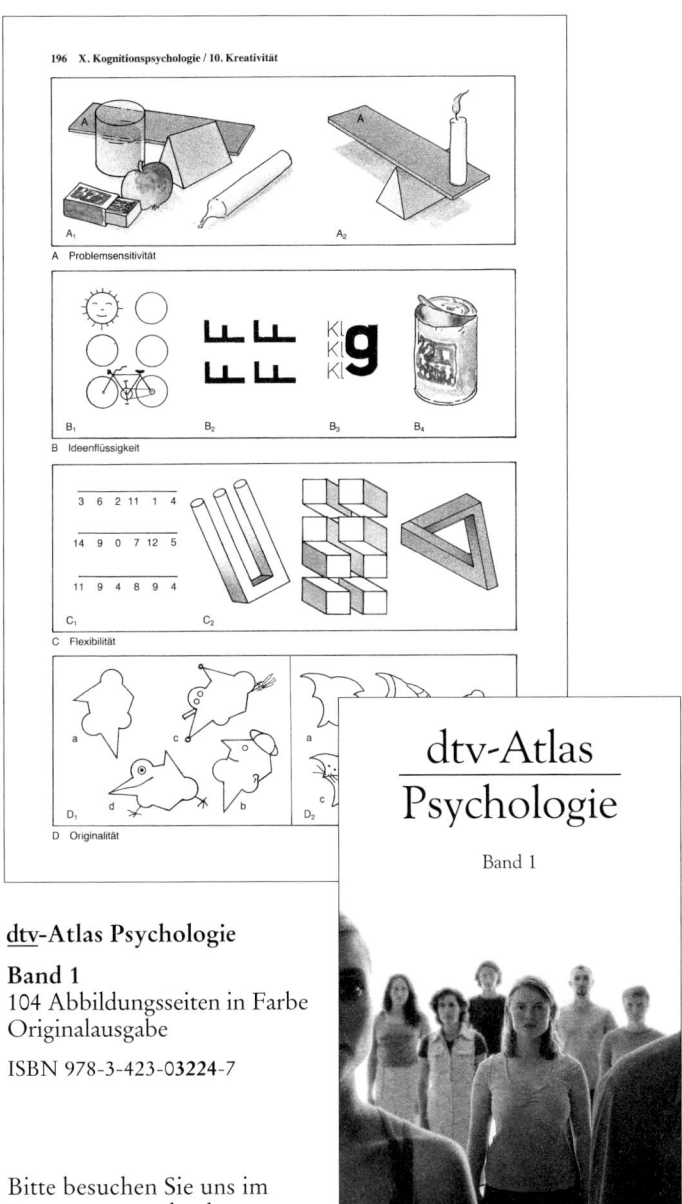

A   Problemsensitivität

B   Ideenflüssigkeit

C   Flexibilität

D   Originalität

dtv-Atlas Psychologie

Band 1
104 Abbildungsseiten in Farbe
Originalausgabe

ISBN 978-3-423-0**3224**-7

Bitte besuchen Sie uns im
Internet: www.dtv.de

dtv-Atlas
Psychologie

Band 1

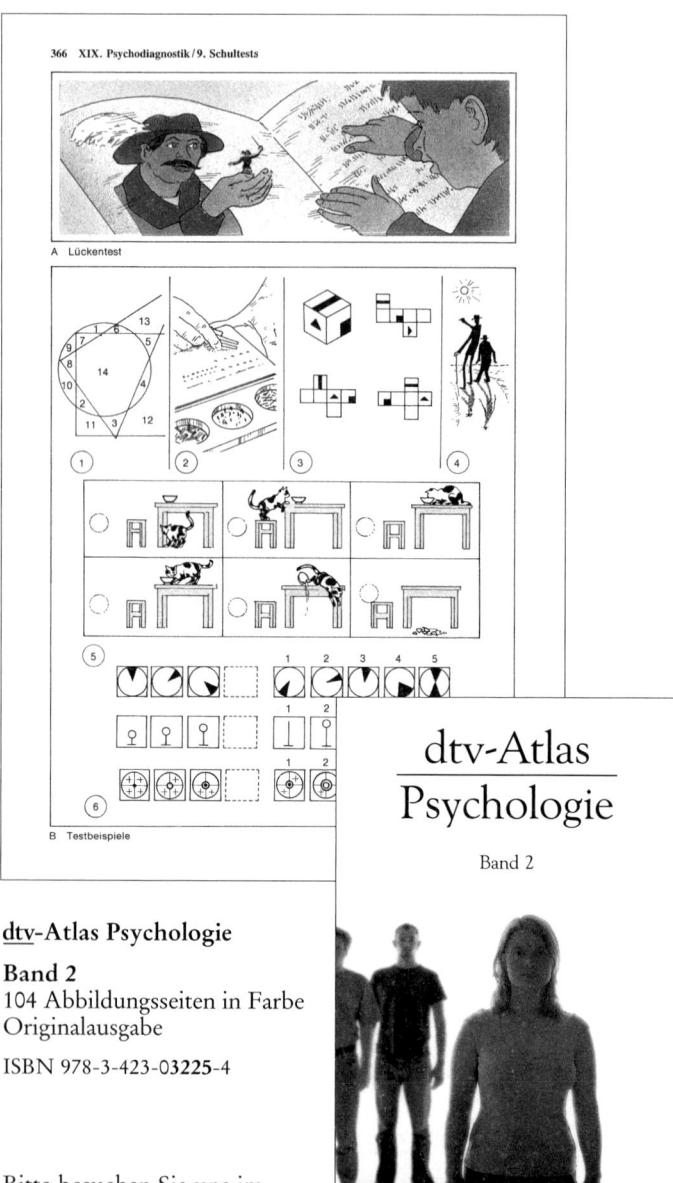

A   Lückentest

B   Testbeispiele

dtv-Atlas Psychologie

Band 2
104 Abbildungsseiten in Farbe
Originalausgabe

ISBN 978-3-423-03225-4

dtv-Atlas
Psychologie

Band 2

Bitte besuchen Sie uns im
Internet: www.dtv.de

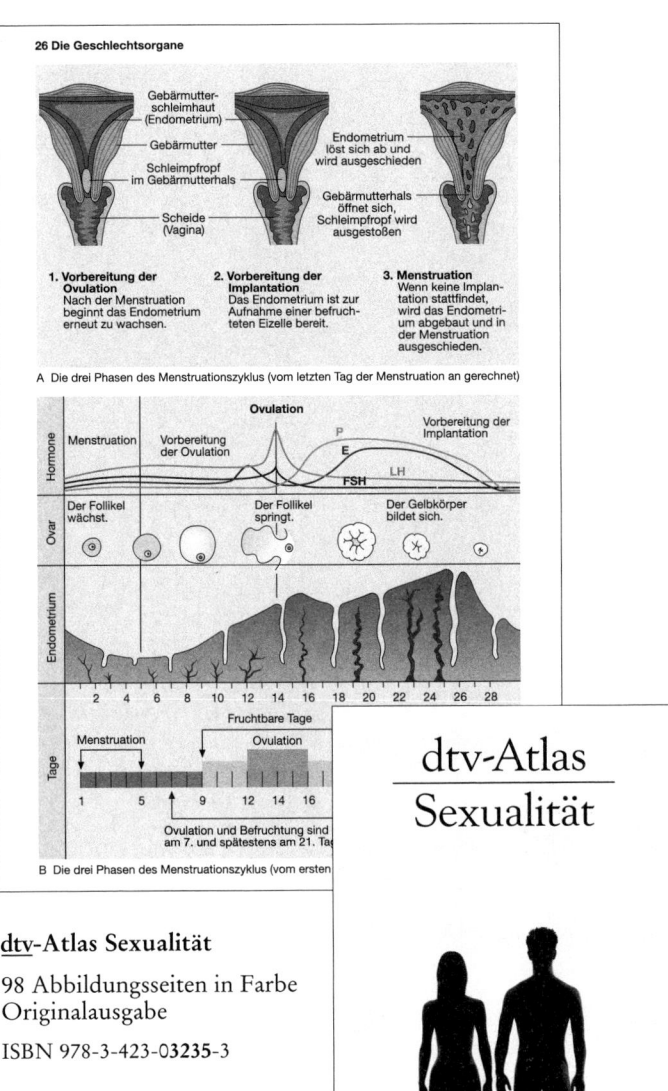

26 Die Geschlechtsorgane

Gebärmutter-
schleimhaut
(Endometrium)

Gebärmutter

Schleimpfropf
im Gebärmutterhals

Scheide
(Vagina)

Endometrium
löst sich ab und
wird ausgeschieden

Gebärmutterhals
öffnet sich,
Schleimpfropf wird
ausgestoßen

1. Vorbereitung der Ovulation
Nach der Menstruation beginnt das Endometrium erneut zu wachsen.

2. Vorbereitung der Implantation
Das Endometrium ist zur Aufnahme einer befruchteten Eizelle bereit.

3. Menstruation
Wenn keine Implantation stattfindet, wird das Endometrium abgebaut und in der Menstruation ausgeschieden.

A Die drei Phasen des Menstruationszyklus (vom letzten Tag der Menstruation an gerechnet)

Ovulation

Hormone

Menstruation   Vorbereitung
                 der Ovulation

Vorbereitung der
Implantation

P

E

FSH   LH

Ovar

Der Follikel
wächst.

Der Follikel
springt.

Der Gelbkörper
bildet sich.

Endometrium

2   4   6   8   10   12   14   16   18   20   22   24   26   28

Fruchtbare Tage

Tage

Menstruation   Ovulation

1   5   9   12   14   16

Ovulation und Befruchtung sind
am 7. und spätestens am 21. Tag

B Die drei Phasen des Menstruationszyklus (vom ersten

dtv-Atlas Sexualität

98 Abbildungsseiten in Farbe
Originalausgabe

ISBN 978-3-423-03235-3

Bitte besuchen Sie uns im
Internet: www.dtv.de

dtv-Atlas
Sexualität

... Eltern sein dagegen sehr
Erziehungsberater im <u>dtv</u>

Christiane Alvarez
**Hochbegabung: Tipps für
den Umgang mit** *fast*
normalen Kindern
ISBN 978-3-423-**34404**-3

Cheryl Benard, Edit Schlaffer
Einsame Cowboys
Jungen in der Pubertät
ISBN 978-3-423-**36295**-5

Bruno Bettelheim
Kinder brauchen Märchen
ISBN 978-3-423-**35028**-0

Deepak Chopra
Mit Kindern glücklich leben
Die sieben geistigen Gesetze
für Eltern
Übers. v. P. A. Schmidt
ISBN 978-3-423-**36267**-2

Karin Deckenbach
Die Mutterglück-Falle
Warum wir unser Familien-
bild ändern müssen
ISBN 978-3-423-**24553**-1

Martha Heinemann-Pieper
William J. Pieper
Smart Love
Erziehen mit Herz und
Verstand
Übers. v. C. Trunk
ISBN 978-3-423-**34032**-8

Lisa Lindberg
Wenn ohne Joint nichts läuft
Was man über Cannabis
wissen muß
ISBN 978-3-423-**34280**-3

Maria Montessori
Kinder sind anders
Übers. v. P. Eckstein und
U. Weber
ISBN 978-3-423-**36047**-0

**Leichter lernen mit
FOCUS-SCHULE**
Hg. v. Gaby Miketta

Ischta Lehmann
Motivation
Wie Eltern ihr Kind
unterstützen können
ISBN 978-3-423-**34475**-3

Claudia Tebel-Nagy
Gedächtnis
Wie Eltern ihr Kind
unterstützen können
ISBN 978-3-423-**34506**-4

Petra Thorbrietz
Konzentration
Wie Eltern ihr Kind
unterstützen können
ISBN 978-3-423-**34445**-6

Bitte besuchen Sie uns im Internet: www.dtv.de

Schule und Erziehung

Experten klären Ihre Fragen und helfen bei Problemen.

Christiane Alvarez
Hochbegabung: Tipps für den Umgang mit *fast* **normalen Kindern**
ISBN 978-3-423-**34404**-3

Roland Geisselhart
Cordula Kießling
Gute Noten mit legalen »Spickzetteln«
So lernen Kinder schneller und besser
ISBN 978-3-423-**34374**-9

Leichter lernen mit FOCUS-SCHULE
Hg. v. Gaby Miketta

Petra Thorbrietz
Konzentration
Wie Eltern ihr Kind unterstützen können
Mit Tests und Übungen
ISBN 978-3-423-**34445**-6

Ischta Lehmann
Motivation
Wie Eltern ihr Kind unterstützen können
Mit Tests und Übungen
ISBN 978-3-423-**34475**-3

Claudia Tebel-Nagy
Gedächtnis
Wie Eltern ihr Kind unterstützen können
ISBN 978-3-423-**34506**-4

Lisa Lindberg
Wenn ohne Joint nichts läuft
Was man über Cannabis wissen muss
ISBN 978-3-423-**34280**-3

Julia Rogge
Der Familienführerschein
ISBN 978-3-423-**34330**-5

Claudia Schäfer
Montessori in der Pubertät
Ein Elternratgeber
ISBN 978-3-423-**34195**-0

Angelika Steffen
Schule – und dann?
So helfen Eltern ihren Kindern bei der Berufswahl
Ein FOCUS-SCHULE-Buch
ISBN 978-3-423-**34510**-1

Johannes Wilkes
Der kleine Kindertherapeut
Erste Hilfe für Kinder in seelischen Nöten
ISBN 978-3-423-**34423**-4

Peer Wüschner
Pubertät
Das Überlebenstraining für Eltern
ISBN 978-3-423-**34182**-0

Katharina Zimmer
Widerstandsfähig und selbstbewußt
Kinder stark machen fürs Leben
ISBN 978-3-423-**34225**-4

Bitte besuchen Sie uns im Internet: www.dtv.de

Kleine Unruhegeister brauchen Hilfe

Gerhard W. Lauth
Peter F. Schlottke
Kerstin Naumann

**Rastlose Kinder,
ratlose Eltern**

Hilfen bei Überaktivität und
Aufmerksamkeitsstörungen
Originalausgabe
ISBN 978-3-423-34356-5

In diesem umfassenden und kompetenten Ratgeber finden
Eltern, Lehrer und Erzieher alles über Ursachen, Erschei-
nungsbild und Behandlung von Aufmerksamkeitsstörungen
und Überaktivität.

- Was ist aufmerksamkeitsgestört
- Was Eltern im Alltag tun können
- Zusammenarbeit mit der Schule
- Psychologische Behandlung
- Behandlung mit Medikamenten
- Diättherapie
- Mit einem ausführlichen Anhang

Bitte besuchen Sie uns im Internet: www.dtv.de